NOTFALL
NAVIGATION

Orientierungsmethoden für den wissbegierigen und verantwortungsbewussten Seefahrer

Copyright © 2009 by David F. Burch

Alle Rechte vorbehalten. Ohne ausdrückliche Erlaubnis des Verlages darf das Werk, auch nicht Teile daraus, weder reproduziert, übertragen noch kopiert werden, wie z. B. manuell oder mit Hilfe elektronischer und mechanischer Systeme inklusive Fotokopieren, Bandaufzeichnung und Datenspeicherung.

ISBN 978-0-914025-17-7

Published by
Starpath Publications
3050 NW 63rd Street, Seattle, WA 98107
www.starpathpublications.com

NOTFALL-NAVIGATION

Orientierungsmethoden für den wissbegierigen und verantwortungsbewussten Seefahrer

David Burch

Das Buch *Notfall-Navigation* ist viel allgemeiner anwendbar als der Titel verspricht. Zuerst und vor Allem ist es eine detaillierte Beschreibung, wie man seine Position irgendwo auf den Ozeanen der Welt bestimmen kann, auch wenn elektronische Geräte versagt haben und man Sextant, Uhr und Almanach verloren hat; aber das ist wirklich erst der Anfang. Es ist voll von guten, fehlerfreien Navigationsmethoden und -prinzipien, die gute Dienste leisten, egal wo und unter welchen Umständen man segelt. Hoffentlich werden Sie nie mit der Notwendigkeit von Notfall-Navigation konfrontiert, aber auch ein höchst vergnüglicher Segelnachmittag kann durch das Fachwissen und die Fertigkeiten, welche in diesem Buch gelehrt werden, belebt werden.

Jedes Kapitel setzt grundsätzliche Kenntnis von Navigationsmethoden voraus, vertieft und erweitert dieses Verständnis danach und behandelt schließlich wenig bekannte Verfahren und selbstgebaute Hilfsmittel. Beginnend mit der These, dass die Vorbereitung auf Notfall-Navigation gute Seemannschaft bedeutet, präsentiert Burch detaillierte Diskussionen über das Finden von Zeit und Standort auf See, Bestimmung der Richtung, Steuern nach Wind und Wellenbild, Steuern nach Sonne, Sternen und anderen Himmelskörpern. Weiters finden Sie Kapitel über das Steuern bei reduzierter Sicht oder im Strom, über Koppelnavigation, über geographische Länge und Breite sowie über Küstennavigation ohne Instrumente. Die Zusammenfassung am Schluss sagt Ihnen, was Sie in einer bestimmten Situation tun können, mit den Mitteln, die gerade zur Verfügung stehen.

David Burch schreibt klar verständlich und der Text wird durch 127 detaillierte Abbildungen gut ergänzt. Das Buch bietet exzellente Einblicke in einwandfreie Seemannschaft, welche Ihnen bei all Ihren Segelaktivitäten gute Dienste leisten wird.

David Burch wurde vom Institute of Navigation (Washington D.C.) mit dem „Superior Achievement Award" für herausragende Leistungen als praktizierender Navigator ausgezeichnet. Er ließ mehr als 70.000 Seemeilen in seinem Kielwasser, überquerte bei zwölf Hochseeregatten mehrere Ozeane, einige Male auf der jeweiligen Siegeryacht, und hielt für über 16 Jahre den Rekord für die schnellste Ozean-Passage für Boote unter 36 Fuß. Weiters fuhr er auf dem sturmgepeitschten Sydney-Hobart-Rennen 1993 als Navigator auf der einzigen amerikanischen Yacht.

Als Gründer und Direktor der Starpath School of Navigation in Seattle, und als deren leitender Lehrer, unterrichtet er nun seit über 30 Jahren Navigation und Seewetter. Sein Werk setzt er jetzt in der Entwicklung von Online-Kursen für alle Bereiche der marinen Navigation und des Wetters unter starpath.com fort.

Seine akademische Laufbahn begann David Burch als Fulbright-Student, wo er als Doktor der Physik promovierte. Danach studierte er am Max-Planck-Institut für Kernphysik in Heidelberg. Nachdem er an der Universität von Texas weitere Studien mit einem Doktortitel abschloß, widmete er sich am Hahn-Meitner-Institut in Berlin sowie an der University of Washington in Seattle der Forschung.

Weitere Bücher von David Burch:

The Barometer Handbook (2009)

Modern Marine Weather (2008)

Radar for Mariners (2008)

Celestial Navigation (2003, 2008)

Inland and Coastal Navigation (2003, 2008)

The Star Finder Book (1984, 2007)

Fundamentals of Kayak Navigation (1987, 2008)

INHALTSVERZEICHNIS

1	***Einführung***	***13***
1.1	Was bedeutet Notfall-Navigation	13
1.2	Der Umfang dieses Buches	14
1.3	Vorbereitung für den Notfall in der Navigation	15
2	***Zeit und Ort auf See***	***20***
2.1	Spezielle Breitenzonen und definierte Jahreszeiten	20
2.2	Zeit in der Navigation	23
2.3	Positionsbestimmung versus Positionsverfolgung (Koppeln)	24
3	***Richtungen auf See***	***26***
3.1	Die Auswahl einer Route	27
3.2	Kompass-Kontrollen	30
3.3	Steuern ohne Kompass	34
4	***Steuern nach Wind und Wellen***	***42***
4.1	Das „Lesen" des Windes	43
4.2	Dünung (Schwell), Wellen und Riffel	48
4.3	Winddrehungen	52
5	***Steuern nach den Sternen***	***58***
5.1	Der Nordstern (Polarstern, Polaris)	63
5.2	Nordstern und Großer Wagen (Großer Bär, Ursa Major)	63
5.3	Leitsterne und „Folgesterne"	64
5.4	Zirkumpolare Sterne	65
5.5	Die Helligkeit der Sterne	67
5.6	Nordstern und Kassiopeia	68
5.7	Nordstern und Kleiner Wagen (Kleiner Bär, Ursa Minor)	68
5.8	Nordstern und Fuhrmann (Auriga)	71
5.9	Das Sommerdreieck	71
5.10	Nordstern und Schwan (Kreuz des Nordens, Cygnus)	71
5.11	Das Herbstviereck des Pegasus	72
5.12	Norden zu finden ohne Polarstern	72
5.13	Orion	75
5.14	Zwillinge (Gemini) und Procyon	76
5.15	Skorpion	76
5.16	Kreuz des Südens und Südpol	78
5.17	Südpol von Achernar und Canopus	81
5.18	Südpol von den Magellanschen Wolken	81

5.19	Sterne im Zenith	81
5.20	Regel der „halben Breite"	82
5.21	Die Tropenregel	86
5.22	Polynesische Sternenpfade	89
5.23	Zirkumpolare Sternenpfade	92
5.24	Zeitnehmung bei niedrig stehenden Sternen	93

6 Steuern nach der Sonne — 96

6.1	Sonnenaufgang und Sonnenuntergang	96
6.2	Morgensonne und Nachmittagssonne	99
6.3	Lokaler (scheinbarer) Mittag	103
6.4	Sonnenzeit-Methode	108
6.5	Die Schattenspitzen-Methode	111
6.6	Die Tropenregel für die Sonne	115
6.7	Zug der Sonne genau von Ost nach West	116
6.8	Sonnenkompasse	116

7 Steuern nach anderen Objekten am Himmel — 121

7.1	Der Mond	121
7.2	Die Planeten	129
7.3	Wolken, Vögel und Flugzeuge	131

8 Steuern im Nebel und bei bedecktem Himmel — 138

8.1	Wie man einen Magnetkompass macht	138
8.2	Richtung mit einem Kofferradio finden	140
8.3	Eine Leine in Kiellinie nachschleppen	143

9 Strömung — 145

9.1	Meeresströme	145
9.2	Gezeitenströme	148
9.3	Strömung durch Wind	149
9.4	Küstenströme	149

10 Koppelung (Dead Reckoning) — 151

10.1	Bestimmung der Bootsgeschwindigkeit	152
10.2	Koppelfehler bei Kurs und Geschwindigkeit	154
10.3	Koppelfehler wegen Abdrift und Strom	161
10.4	Vorankommen gegenan	165

11 Breitenbestimmung auf See — 166

11.1	Behelfsmäßige Höhenmessung und Kalibrierung	167
11.2	Behelfsmäßige Höhenkorrekturen	173
11.3	Polarsternbreite	176

11.4	Breitenbestimmung nach Zenith-Sternen	178
11.5	Breitenbestimmung nach horizontnahen Sternen	182
11.6	Breitenbestimmung nach doppeltem Durchgang zirkumpolarer Sterne	189
11.7	Breitenbestimmung nach der Sonne zum Schiffsmittag	189
11.8	Breitenbestimmung nach der Länge des Tages	193
11.9	Aufzeichnung der Breite	197
12	*Längenbestimmung auf See*	*201*
12.1	Längenbestimmung nach Sonnenauf- und -untergang	202
12.2	Längenberechnung nach dem Schiffsmittag (die Zeitgleiche)	205
12.3	Von bekannter Position aus UT berechnen	211
12.4	Aufzeichnung der geographischen Länge	212
13	*Küstennavigation ohne Instrumente*	*216*
13.1	Anzeichen von Land auf See	216
13.2	Sichtweite zu Lichtern und Land	223
13.3	Den Abstand zu einem Objekt berechnen	226
13.4	Versegelung von Funkpeilungen	232
13.5	„Course Made Good" in der Strömung	234
14	*Was tun mit dem was man hat (eine Zusammenfassung)*	*236*
14.1	Routine-Navigation mit allem	236
14.2	Position durch Funkkontakt	243
14.3	Alles außer UT	245
14.4	Alles außer einem Sextant	252
14.5	Alles außer HO-Tafeln (Sight Reduction Tables)	254
14.6	Alles außer einem Kompass	260
14.7	Alles außer einem Almanach	260
14.8	Nichts als UT	263
15	*Bibliographie*	*264*
16	*Index*	*271*

ABBILDUNGSVERZEICHNIS

Abbildung 1-1. Ausschnitt aus einer U.S. Pilot Chart — 18
Abbildung 1-2. Reserve-Navigationsausrüstung — 19
Abbildung 2-1. Breitenregionen in der Notfall-Navigation — 22
Abbildung 3-1. Ein Boot, das mit dem Bug nach Norden Kurs nach Nord-Nordwest gut macht — 27
Abbildung 3-2. Am-Wind-Segeln als eine Variante des Parallel-Segelns — 29
Abbildung 3-3. Back-Up-Methode zur Überprüfung des Kompass auf hoher See — 32
Abbildung 3-4. Tragbare Kompass-Rosen — 35
Abbildung 3-5. Eine tragbare Kompass-Rose im Einsatz — 36
Abbildung 3-6. Das Schätzen von Winkeln mit Hand und Fingern bei ausgestrecktem Arm — 37
Abbildung 3-7. Die Schätzung, wie weit man aufgrund von falschem Steuern vom Kurs abgekommen ist — 39
Abbildung 4-1 Verwendung von Verklickern zum Ablesen des scheinbaren Windes — 44
Abbildung 4-2. Wahre und scheinbare Windrichtung gegenübergestellt — 45
Abbildung 4-3. Ausschnitt aus einer U.S. Pilot Chart — 47
Abbildung 4-4. Windsee, Dünung und Riffel — 50
Abbildung 4-5. Winddrehung in einer Kaltfront — 53
Abbildung 4-6. Windmuster von Schauerböen — 54
Abbildung 4-7. Richtlinien, um in einer Gewitterbö so wenig wie möglich vom Kurs abzukommen — 55
Abbildung 5-1. Der nächtliche Zug der Sterne — 59
Abbildung 5-2. „Säulen des Lichts" — 61
Abbildung 5-3 Die Bewegung von östlichen Sternen auf verschiedenen Breiten — 62
Abbildung 5-4. Das Auffinden von Polaris mittels der Zeigersterne des Großen Wagens — 64
Abbildung 5-5. Sterne der nördlichen und der südlichen Polarregion — 65
Abbildung 5-6. Alle Sterne verblassen bei ihrem Abstieg zum Horizont — 67
Abbildung 5-7. Das Auffinden des Polarsterns (Polaris) mittels Kassiopeia — 69
Abbildung 5-8. Verschiedene Arten Polaris zu finden — 70
Abbildung 5-9. Die Verwendung von Zeigersternen bei verdecktem Polarstern — 73
Abbildung 5-10. Orion am Horizont — 74
Abbildung 5-11. Das Zurückverfolgen von Mintaka — 74
Abbildung 5-12. Die Zwillinge-Procyon-Linie — 77
Abbildung 5-13. Die Bestimmung von Süden nach dem Skorpion — 77
Abbildung 5-14. Das Kreuz des Südens — 78
Abbildung 5-15. Methoden zur Bestimmung des Südpols am Himmel — 79
Abbildung 5-16. Bestimmung von Süden mittels Achernar und Canopus — 80
Abbildung 5-17. Westen finden durch Sterne über dem Kopf — 83
Abbildung 5-18. Die Anwendung der „Regel der halben Breite" — 85
Abbildung 5-19. Die Genauigkeit der „Regel der halben Breite" — 86
Abbildung 5-20. Die Bestimmung der Deklination eines unbekannten Sterns — 88
Abbildung 5-21. Die graphische Lösung der Amplitude — 90
Abbildung 5-22. Polynesische Sternenpfade — 91
Abbildung 5-23. Zirkumpolare Sternenpfade — 92
Abbildung 5-24. Die Aufzeichnung von Sternpeilungen durch die Zeitnehmung niedriger Sterne — 94
Abbildung 6-1. Der Pfad der Sonne — 97
Abbildung 6-2. Die maximale Amplitude der Sonne auf verschiedenen Breiten — 98
Abbildung 6-3. Wie sich die Amplitude der Sonne mit dem Datum verändert — 98
Abbildung 6-4. Bestimmung des Ortes des Sonnenaufgangs durch den Aufgangswinkel — 100
Abbildung 6-5. Aufgangs- und -untergangswinkel bei verschiedenen Amplituden — 101
Abbildung 6-6. Nach Zeit eingeteilter Bogen zur Ermittlung des Ortes des Sonnenaufgangs — 103

Abbildung 6-7. Ein Kamal kann zum Markieren von Zeiten eingesetzt werden _____ *106*
Abbildung 6-8. Bestimmung des wahren Schiffsmittags (LAN) _____ *107*
Abbildung 6-9. Das Prinzip der Sonnenzeit-Methode zur einfachen Bestimmung der Mittagshöhe der Sonne _____ *109*
Abbildung 6-10. Die Verwendung der Sonnenzeit-Methode _____ *110*
Abbildung 6-11. Schattenspitzen bewegen sich im Laufe des Tages nach Osten _____ *111*
Abbildung 6-12. Schattenbrett zur Bestimmung der Ost-Richtung _____ *112*
Abbildung 6-13. Ein Kompass mit Schattenstift _____ *117*
Abbildung 6-14. Ein Stab oder Kamal als Sonnenkompass zur Bestimmung der Peilung der Sonne _____ *118*
Abbildung 7-1. Die Ost-Bewegung des Mondes zwischen den Sternen _____ *122*
Abbildung 7-2. Situation rund um Vollmond zur lokalen Mitternacht _____ *124*
Abbildung 7-3. Die beleuchtete Seite des Mondes weist in Richtung der Sonne _____ *125*
Abbildung 7-4. Betrachtung des abnehmenden Halbmondes am Morgen _____ *126*
Abbildung 7-5. Abendliche Betrachtung des zunehmenden Halbmondes _____ *127*
Abbildung 7-6. Identifikation von Planeten _____ *129*
Abbildung 7-7. Schematische Darstellung der scheinbaren Bewegung von Venus und Jupiter _____ *130*
Abbildung 7-8. Höhenwinde _____ *132*
Abbildung 7-9. Zirrus-Wolken sind Anzeichen von Höhenwinden _____ *133*
Abbildung 7-10. Wellen in Zirrokumulus- und Altokumulus-Wolken _____ *135*
Abbildung 7-11. Flugrouten über dem Nordatlantik _____ *136*
Abbildung 8-1. Ein behelfsmäßiger Kompass _____ *139*
Abbildung 8-2. Die Verwendung eines tragbaren AM-Radios zur Richtungsbestimmung _____ *141*
Abbildung 8-3. Das Nachziehen einer Leine entlang der Bootsmittellinie um im Nebel Kurs zu halten _____ *143*
Abbildung 9-1. Die wichtigsten Meeresströmungen der Welt _____ *146*
Abbildung 9-2. Ein aus Pilot Charts errechnetes Strömungslog _____ *147*
Abbildung 10-1. Behelfsmäßige Koppel-Graphik _____ *151*
Abbildung 10-2. Messen der Bootsgeschwindigkeit mit einem Relingslog _____ *153*
Abbildung 10-3. Die Kombination unabhängiger Fehler _____ *156*
Abbildung 10-4. Graphische Lösung zur Bestimmung der Positions-Unsicherheit _____ *159*
Abbildung 10-5. Prozentueller Positionsfehler _____ *160*
Abbildung 10-6. Die Messung der Abdrift mittels einer Leine _____ *163*
Abbildung 10-7. Der Fortschritt nach Luv _____ *164*
Abbildung 11-1. Konstruktion und Verwendung eines Kamals _____ *167*
Abbildung 11-2. Ausgesuchte Winkel zwischen Sternenpaaren zur Kalibrierung _____ *168*
Abbildung 11-3. Graphische Bestimmung der Abstände der Sterne im Kreuz des Südens _____ *169*
Abbildung 11-4. Kalibrierung eines Kamals _____ *170*
Abbildung 11-5 Konstruktion und Verwendung eines Senkblei-Sextanten _____ *171*
Abbildung 11-6. „Zwinkern" beim Peilen entlang eines Fingers _____ *173*
Abbildung 11-7. Die Korrektur von Sextantenhöhen für die Refraktion bei niedrigen Winkeln _____ *175*
Abbildung 11-8. Die erforderliche Korrektur bei der Breitenbestimmung nach Polaris _____ *177*
Abbildung 11-9. Breitenbestimmung nach Zenith-Sternen _____ *179*
Abbildung 11-10. Die Verwendung eines Lotes bei der Beobachtung von Zenith-Sternen _____ *181*
Abbildung 11-11. Stier und Orion über den Inseln des mittleren Pazifik _____ *183*
Abbildung 11-12. Szene aus einem Traum eines Navigators _____ *185*
Abbildung 11-13. Gelegenheiten zur Breitenbestimmung durch Sterne entlang der Kimm _____ *187*
Abbildung 11-14. Die Deklination der Sonne _____ *191*
Abbildung 11-15. Berechnung der Deklination der Sonne nach dem Datum _____ *192*
Abbildung 11-16. Wie sich die Zeiten von Sonnenauf- und -untergang am 5. Juli mit dem Ort ändern _____ *196*
Abbildung 11-17. Ein behelfsmäßiges „Plotting-Sheet" _____ *198*
Abbildung 11-18. Fortschritt nach Süden, aufgezeichnet durch absteigende Sterne _____ *199*
Abbildung 12-1. Durch die Erddrehung bewegt sich die Sonne um 15° pro Stunde nach Westen _____ *201*

Abbildung 12-2. Ausschnitt aus den Tafeln für Sonnenauf- und -untergang _____ *203*
Abbildung 12-3. Die Interpolation der Tafeln für Sonnenauf- und -untergang für Datum und Breite _____ *205*
Abbildung 12-4. Die Messung des Zeitpunktes des wahren Schiffsmittags (LAN) _____ *206*
Abbildung 12-5. Der Vergleich der drei Arten UT mittels Mittag von Greenwich zu erhalten _____ *207*
Abbildung 12-6. Die Zeitgleiche sowie UT von Greenwich zu Mittag _____ *208*
Abbildung 12-7. Behelfsmäßige Beschreibung zur Berechnung der Zeitgleiche (Equation of Time) _____ *210*
Abbildung 12-8. Der Fehler in der behelfsmäßigen Beschreibung für die Zeitgleiche _____ *211*
Abbildung 12-9. Ein behelfsmäßiges „Plotting Sheet" _____ *213*
Abbildung 12-10. Eine behelfsmäßige Karte, welche eine diagonale Fahrt mit einer Kursänderung zeigt _____ *214*
Abbildung 13-1. Wolkenkappen über einer Insel _____ *218*
Abbildung 13-2. Wellenförmige Wolken in Lee von Gebirgszügen an der Küste _____ *218*
Abbildung 13-3. Mögliche Anflugsrouten von Luftverkehr _____ *219*
Abbildung 13-4. Reflektierter Schwell _____ *220*
Abbildung 13-5. Muster von abgelenkter Dünung in der Nähe einer isolierten Insel _____ *221*
Abbildung 13-6. Die Sichtweite zum Land _____ *222*
Abbildung 13-7. Vergleich von geographischer Sichtweite und Nenntragweite _____ *224*
Abbildung 13-8. Vergleich von Nenntragweite und Tragweite _____ *225*
Abbildung 13-9. Abstandsbestimmung durch Horizontalwinkel _____ *228*
Abbildung 13-10. Abstandsbestimmung durch Höhenwinkel _____ *229*
Abbildung 13-11. Die „Verdoppelung des Winkels am Bug" _____ *231*
Abbildung 13-12. Versegelung von Funkpeilungen ohne Karte _____ *232*
Abbildung 13-13. Berechnung der Stromversetzung _____ *233*
Abbildung 14-1. Besteckversetzung auf einem Plotting Sheet _____ *238*
Abbildung 14-2. Ausschnitt aus einem Logbuch _____ *239*
Abbildung 14-3. Vektorenzeichnung von Koppelfehlern _____ *241*
Abbildung 14-4. Eine andere Vektorenzeichnung von Koppelfehlern _____ *242*
Abbildung 14-5. Ausschnitt aus einer Karte des Seewetterdienstes _____ *244*
Abbildung 14-6. Zweites Plotten eines Sternen-Mond-Fix _____ *249*
Abbildung 14-7. Letzte Zeichnung des Sternen-Mond-Fix _____ *250*
Abbildung 14-8. Standlinienberechnung von Beobachtung von Sonne und Mond am Horizont _____ *255*
Abbildung 14-9. Das Plotten eines Sonnen-Mond-Fix _____ *256*
Abbildung 14-10. Die Zeichnung eines Fix von Überkopf-Sternen _____ *258*
Abbildung 14-11. Ein Standort mit sehr großer Höhe _____ *259*
Abbildung 14-12. Ausschnitt aus dem 2102-D Star Finder _____ *261*

VORWORT DER ÜBERSETZER

Es wäre zu einfach, die Beschäftigung mit den eigentlichen Grundlagen der Navigation als Anachronismus zu betrachten. Die Einführung der satellitenunterstützten Positions- und Kursbestimmung samt den dazugehörigen elektronischen Seekarten, Hafenplänen und Detailinformationen hat den Fahrten außer Landsicht einen Großteil ihrer Schrecken genommen und die Ozeane vielen von uns Hobby-Seglern eröffnet, was uneingeschränkt zu begrüßen ist. Selbst in der Ausbildung der Berufsschifffahrt verliert das Thema immer mehr an Bedeutung, da sich die Satellitensysteme als verlässliche, genaue und billige Hilfsmittel erwiesen haben. Auch die willkürlich gesteuerte Verfügbarkeit von GPS-Daten wird durch das Entstehen von Netzen anderer Länder bald der Vergangenheit angehören.

Dennoch gibt es unverändert gute Gründe für den Erhalt dieses schönen Handwerks. Einer davon betrifft die Sicherheit. Niemand hofft, jemals völlig orientierungslos auf hoher See verloren zu gehen und dennoch kann dies auch niemand wirklich ausschließen. In diesem unwahrscheinlichen Fall wäre das Wissen um einige technikunabhängige Orientierungsmethoden möglicherweise lebenswichtig.

Wahrscheinlicher ist aber, dass man als verantwortlicher Navigator oder Skipper sehr dankbar für das Bewusstsein ist, bei dem jederzeit möglichen Versagen der Technik auf sein persönliches „Backup" zurückgreifen zu können. Dies verleiht Selbstsicherheit und notfalls die erforderliche Souveränität, die richtigen Entscheidungen zu treffen und seine Mannschaft auch unter außergewöhnlichen Bedingungen sicher nach Hause zu bringen.

Schließlich könnte unser Zugang auch die reine Freude an dem Metier sein. Wenn wir während einer langen Überfahrt nachts auf Freiwache sind, könnten wir uns mit den Gestirnen beschäftigen und daran denken, wie viele Menschen vor uns dieses jahrtausendealte Handwerk erarbeitet, verbessert und überliefert haben, erfolgreich waren und teilweise auch gescheitert sind. Es wäre schade, all dies Wissen in wenigen Jahren zu verlieren und auf dem Altar der Zubehörindustrie zu opfern. Selbstverständlich gilt dies auch für die terrestrische Navigation, die auf einigen Booten vernachlässigt und kaum mehr geübt wird.

Der österreichische Navigator und Ausbildner Bernhard Kotnig hat es im Rahmen eines seiner Astro-Kurse einmal sinngemäß wie folgt auf den Punkt gebracht: „Nutzt alle zur Verfügung stehenden Hilfsmittel, aber lasst euch von ihnen nicht blind machen. Der laufende Sprung den Niedergang hinunter zur Positionskontrolle am Plotter birgt die Gefahr, dabei zu übersehen, dass einem seit einer Stunde der Wind aufs andere Ohr weht!".

David Burch hat in dem vorliegenden Buch mit dem Originaltitel „Emergency Navigation", das lange vergriffen war, von dem aber mittlerweile eine aktualisierte Ausgabe erschienen ist, die Ergebnisse der Erfahrungen seines ganzen nautischen Lebens zusammengeführt, die theoretischen Grundlagen dafür gewissenhaft recherchiert und somit ein Werk von fundamentaler Bedeutung geschaffen. Einige der darin erwähnten technischen Hilfsmittel (Loran, Decca, SatNav etc.) haben heute ihre Bedeutung größtenteils verloren, am Lauf der Gestirne oder der Interpretation von Wellenmustern hat sich jedoch nichts geändert. Das Buch soll bewusst einfach zu lesen und durch interessante Ausflüge in die Geschichte der Navigation sowie durch humorvolle Passagen auch unterhaltsam sein.

Keinesfalls beabsichtigte David Burch, dass dieses Buch die Schapps von Yachten oder die Regale der Schiffseigner zieren sollte; vielmehr wollte er, dass es mit Freude immer wieder gelesen würde und sich uns die darin aufgearbeiteten, einfachen Grundlagen – und seien es auch nur einige davon – mit der Zeit ins Gedächtnis einprägen sollten.

Peer REEH & Heinz RESSL
sea-man-ship Austria

VORWORT

von David Lewis

Das Buch von David Burch ist eine umfassende Betrachtung von Notfall-Navigation auf See und ein Vergnügen zu lesen. Im gesamten Text kehrt David immer wieder zu den wichtigsten Prinzipien der Navigation zurück, welche er mit bewundernswerter Klarheit darlegt. Seine Maßnahmen im Notfall werden in Begriffen der natürlichen (oft astronomischen) Gesetze erklärt, was ihre Grundprinzipien voll verständlich macht und ihre praktischen Anwendungen sowie auch ihre Grenzen klar definiert. Das Buch ist weit entfernt von einigen Notfall-Handbüchern, mit ihren Sammlungen von halb anekdotenhaften Ratschlägen, und ist auch nicht als solches gedacht. Es wird jedoch dem unglücklichen Seefahrer, dessen Sextant über Bord und dessen Uhr zu Bruch gegangen ist, viel hilfreicher sein.

Dieses Werk ist – trotz seines Titels – viel mehr als ein Aufsatz über Prinzipien und Praxis von Verfahren im Notfall. Es ist eine ganz besonders gut geschriebene Bearbeitung von Navigationsgrundlagen im Allgemeinen und kann als solche nicht verfehlen, uns allen neue Erkenntnisse zu bringen. Sicherlich hat es mir einige Bereiche der nautischen Astronomie klar gemacht, welche ich zwar glaubte verstanden zu haben, dies aber nicht wirklich hatte.

Selten liest man ein Buch, das gleichermaßen erfolgreich die theoretischen Grundlagen wie auch deren praktische Anwendung in der Realität auf dem Ozean darlegt, aber David Burch hat auch das geschafft.

Es ist sicher gut, in Angelegenheiten der Navigation allzu konservativ zu sein – die Riffe des Pazifiks sind übersät mit Wracks von Schiffen von zu selbstsicheren Kapitänen. Ich will lediglich betonen, dass Notfall-Navigation, wie von David Burch beschrieben, nicht besonders schwierig ist.

Nach dem Studium dieses Buches liegt dessen Anwendung innerhalb unser aller Reichweite.

An instrumentenlose Navigation wird oft im Kontext des tropischen Pazifiks gedacht, wo die Leistungen der Polynesier und Mikronesier unsere Aufmerksamkeit erregt haben. David Burch stellt klar, dass deren Anwendung weltweit möglich ist. Schließlich hatten die nordischen Entdecker Amerikas auch nicht mehr Instrumente (den dubiosen Sonnenstein einmal außer Acht gelassen) als die Besiedler von Neuseeland. Als wir im Südsommer 1981/82 den magnetischen Südpol überschritten, war der Kompass während 600 Meilen nutzlos. Zugegebenermaßen hatten wir ein SatNav zur Verfügung, aber für die Richtung zwischen zwei Fixen konstruierten wir Sonnendiagramme, sehr ähnlich wie in diesem Buch erklärt. Zusammen mit Schwell, Wind und Wellenbild versetzten uns diese in die Lage, exakt zu steuern, außer bei zwei Gelegenheiten, bei denen wir beigedreht liegen bleiben mussten, da Schneefall die Sonne verdeckte.

Polare und tropische Meere sind zugegebenermaßen extreme Gegenden – vor Allem die Ersteren. Weniger exotisch, aber genauso ernst können Navigationsnotfälle auch vor Maine oder Kalifornien sein, und Leser dieses Buches mit der Fähigkeit, diese Kenntnisse auch anzuwenden, werden gut gewappnet sein. Tauchen Sie darin ein, zu Ihrem Vergnügen und Ihrer Bereicherung;

auch wenn man das Schreckgespenst einer Katastrophe weglässt, ist das Buch anregend und leicht zu lesen und wir alle können daraus etwas lernen.

Ein Punkt zuletzt, aber besonders bezeichnend: jedes Kapitel und jeder Abschnitt ist von solider, praktischer Seemannschaft durchsetzt. Neben allen anderen Vorzügen dieses Werkes macht es allein diese Tatsache so wertvoll.

DANKSAGUNG

Man kann nicht über Notfall-Navigation schreiben, ohne zu beteuern, wie tief alle Seeleute in der Schuld von Harold Gatty, dem Autor von „The Raft Book" und von anderen Studien über Notfall-Navigation zu Lande und auf See, stehen. Ich habe viel von seinen Werken gelernt und wurde durch sie motiviert.

Besonders dankbar bin ich Dr. David Lewis für die Durchsicht des Manuskriptes, sowie für sein Vorwort zu diesem Text. Seine umfassende Studie über polynesische Navigation, „We, the Navigators", war meine Einführung in das Thema der instrumentenlosen Navigation, brachte mich dazu, die Anwendung der polynesischen Methoden auch auf anderen Breiten zu erproben, und führte schließlich zu diesem Buch.

Die Inangriffnahme dieser Arbeit im Jahre 1979 wurde durch eine Förderung des Washington Sea Grant Program (NOAA Grant No. NA79AA-D-00054) möglich gemacht. Diese Unterstützung bleibt besonders geschätzt.

1 Einführung

Haben Sie jemals darüber nachgedacht, was zu tun wäre, wenn Sie der Zufall auf ein Boot inmitten des Ozeans verschlagen hätte, ohne jegliche Navigationsausrüstung? Angenommen Sie hätten eine Uhr, aber kein SatNav oder Loran (oder GPS, Anm. d. Ü.), keine Handbücher oder Tafeln, keine Logge, keinen Sextant und keinen Kompass. Und weiter angenommen, dass Sie – zu allem Überfluss – überhaupt keine Ahnung hätten, wo Sie sich befänden. Könnten Sie mithilfe Ihrer Uhr und der Sterne Ihre Position errechnen und ohne Kompass einen Kurs über einen halben Ozean steuern? Ein Ziel dieses Buches ist, Ihnen zu zeigen, wie Sie den Umgang mit einer solchen Situation erlernen können – und andere, weniger dramatische Leistungen von Navigation im Notfall.

Auf See müssen wir akzeptieren, dass alles nass werden, durchgeschüttelt oder zu Boden geworfen werden kann. Jedes Stück der Ausrüstung, wie sorgfältig versorgt auch immer, kann versagen oder verloren gehen; irgendwie kann es geschehen, dass wir ohne es dastehen. Daran führt kein Weg vorbei; es ist ein Teil der Herausforderung, auf See zu gehen. Wir müssen uns auf uns selbst verlassen können. Wenn die Ausrüstung versagt, müssen wir ohne sie weitermachen oder zurückfahren, eine oder tausend Meilen.

Navigationsausrüstung bildet da keine Ausnahme. Im schlimmsten Fall müssen wir darauf vorbereitet sein, ganz ohne die üblichen Hilfsmittel auszukommen. Die Beherrschung von instrumentenloser Navigation kann nicht vernachlässigt werden, nur weil die Chance, sie jemals zu benötigen, gering ist. Sie ist sogar sehr gering. Es reicht aber, sie nur ein einziges Mal wirklich zu benötigen, um die Statistik in neuem Licht zu sehen.

1.1 Was bedeutet Notfall-Navigation

Dieses Buch verwendet den Begriff „Notfall-Navigation" (im Original Emergency Navigation, Anm. d. Ü.) auf besondere Weise. Es ist hier einfach Navigation mit begrenzten oder behelfsmäßigen Instrumenten gemeint, ungeachtet der Umstände. Natürlich ist auch eine Absicht des Buches, genau den gegenteiligen Fall aufzuzeigen: wenn das einzige Problem darin besteht, die üblichen Navigationsmittel verloren zu haben, so muss noch lange kein Notfall vorliegen – sofern man vorbereitet ist.

Ein weiteres Ziel des Buches ist es, aufzuzeigen, dass jeder Hochsee-Navigator die notwendigen Fertigkeiten erlernen kann. Man muss kein auf See geborener und aufgewachsener Meister-Seemann und auch kein direkter Nachkomme einer Elite-Linie von polynesischen Navigatoren sein um seinen Standort und den Weg über den Ozean ohne konventionelle Instrumente zu finden. Man muss aber seine Hausaufgaben machen. Die Ozeane sind groß und fließen in verschiedene Richtungen. Die Richtung von Wind und Wellen, die Peilung von Sonne und Sternen verändert sich mit jeder Stunde und mit jedem Tag, den wir vorankommen. Das Meer um uns könnte Millionen von Quadratmeilen groß, die Insel, welche wir finden müssen aber nur 30 Meilen weit zu sehen sein.

Notfall-Navigation schließt die auf der Hand liegenden Themen, an die wir sofort denken, mit ein: Steuern ohne Kompass, Bestimmung der Bootsgeschwindigkeit ohne Logge, Standortbestimmung ohne Sextant. Sie hängt aber auch davon ab, woran wir gewöhnt sind. Sie kann auch einfach grundlegende Astro- bzw. terrestrische Navigation bedeuten, die wir vielleicht seit Jahren nicht mehr verwendet haben, da Radar, Loran und SatNav (GPS) all unseren Anforderungen genügt haben – bis diese nass oder deren Batterien leer wurden oder ein Sturm die Antennen fortgerissen hat.

Tausend Meilen von Land entfernt, ohne Instrumente in einer Rettungsinsel treibend, muss man natürlich mit Notfallmethoden navigieren. Das ist aber ein Extremfall. Es muss aber auch der Navigator einer komfortablen, gut ausgerüsteten Yacht, dem lediglich der Sextant zu Bruch oder über Bord gegangen ist, mit den Mitteln der Notfall-Navigation zurechtkommen. Auch der Sportfischer, eine Meile von der Küste entfernt, könnte ohne Kompass sein, wenn Nebel aufkommt. An einer gefährlichen Küste ist Notfall-Navigation für diese Person genauso lebenswichtig.

Notfallmethoden sind Schätzungen und Tricks. Einige dieser Tricks sind aber gut und manche Schätzung liegt nicht weit von der Wahrheit entfernt. In vielen Fällen kann unsere Routine-Navigation von diesen behelfsmäßigen Methoden profitieren. Schließlich müssen wir beim genauen Kalibrieren jedes Instrumentes dieselbe Messung auch mit einem einfacheren Mittel durchführen. Am Ende können wir jedes Instrument auf einen Maß-Stock und eine Uhr reduzieren – obwohl ich im Falle des Kompasses nicht gerne gezwungen wäre, dies zu beweisen.

Fertigkeiten ohne Instrumente sind für jedermanns Navigation von vitalem Interesse. Es ist aber nicht der Navigator der Fähigste, der die besten Ergebnisse mit den wenigsten Instrumenten erzielt, sondern Jener, der dies mit den Hilfsmitteln erreicht, welche er gerade zur Verfügung hat. Das Ziel von Navigation ist, genau zu wissen, wo man sich befindet, und den kürzesten sicheren Kurs dorthin, wo man hin will, zu bestimmen – unter allen Bedingungen und mithilfe von *allen* Mitteln, welche zur Verfügung stehen – inklusive SatNav (heute GPS, Anm. d. Ü.), zwei Radars, Echolot, Loran, Kreiselkompass, Wetterfax und Computer – oder eben einem Stab mit einem daran befestigten Stück Leine.

1.2   Der Umfang dieses Buches

Das Buch ist keinesfalls ein „Überlebens-Handbuch". Das eigentliche Thema beschränkt sich auf Navigation oder Dinge, die mit dieser zusammenhängen. Ich kann keinen Rat anbieten zu so grundlegenden Entscheidungen wie zu der Frage, ob man nach einem Seeunfall versuchen soll, Land zu erreichen, oder ob man besser abwartet – die Umstände bei einem Unglück auf See sind nie gleich. Was ich stattdessen anbiete, sind die Grundlagen von Techniken im Notfall, welche helfen sollen, die eine oder andere Navigationsentscheidung unter den gerade vorliegenden Bedingungen zu treffen.

Das Anliegen dieses Buches ist, die Möglichkeiten und Grenzen der behelfsmäßigen Navigation aufzuzeigen. Das Thema ist begrenzt, aber gründlich durchdacht und praxisbezogen. Die beschriebenen Methoden sind keine Mätzchen, sondern erprobte Verfahren. Auch Irrtümer und Unsicherheiten werden analysiert. Die Methoden dieses Buches können auf jedem Schiff angewandt werden, überall auf der Welt und zu jeder Jahreszeit. Auf Ausnahmen davon wird klar hingewiesen. Manche der Verfahren werden im Original gezeigt, andere wurden überarbeitet, um ihre Brauchbarkeit oder Grenzen hervorzuheben, aber die Meisten sind grundlegende Methoden der astronomischen oder terrestrischen Navigation, die mit behelfsmäßigen Mitteln ausgeführt werden können.

Das Buch wendet sich an alle, denen die Grundzüge der marinen Navigation vertraut sind. Viele der Methoden basieren auf den Prinzipien der Astronavigation; Sie müssen aber darin kein Experte sein, um das Buch zu verwenden. Jedes Themengebiet beginnt mit den Grundlagen. Erfahrene Navigatoren werden hier Dinge finden, die für sie bereits selbstverständlich sind, aber die spezielleren, weniger bekannten instrumentenlosen Verfahren dürften auch für sie von Interesse sein. Schließlich gewinnt jeder Navigator Zuversicht und Vielseitigkeit, wenn er weniger abhängig von anfälligen Hilfsmitteln ist.

Die einzigen konventionellen Navigationshilfsmittel, welche bei den Notfall-Methoden Verwendung finden, sind Uhren oder Tafeln für Sonnenauf- und -untergänge (Tabellen, in denen der Zeitpunkt von Sonnenaufgang bzw. Sonnenuntergang auf verschiedenen geographischen Breiten im Laufe eines Jahres aufgelistet ist). Uhren sind deshalb genannt, weil Sie, erstens, vermutlich eine haben, und weil sie, zweitens, eine so enorme Hilfe in der Navigation bedeuten. Methoden ohne Uhr werden natürlich auch behandelt. Methoden, welche die Sonnenauf- und -untergangs-Tafeln verwenden, werden deshalb gezeigt, weil sich diese Tafeln auf der Rückseite der „US Tide Tables" befinden. Von allen speziellen Publikationen für Navigation sind diese Gezeitentafeln am weitesten verbreitet, und es gibt daher reelle Chancen, dass sie auf dem Boot verfügbar sind. Wie wir sehen werden, kann man aus diesen Sonnentafeln weit mehr lernen, als nur den Zeitpunkt von Auf- und Untergang.

Natürlich, wenn ein Sextant, Chronometer, Kompass oder Nautical Almanac (Nautisches Jahrbuch, A. d. Ü.) zur Verfügung stünde, wäre dies ein Vorteil. Der Einsatz dieser Hilfsmittel wäre bei der Notfall-Navigation selbstverständlich. Man könnte z.B. in manchen Fällen die Sternenhöhe verwenden, um dessen Peilung zu schätzen und ohne Kompass zu steuern. Mit einem Sextant könnte man diese Höhe genau messen und müsste sie nicht schätzen.

Das Buch ist nicht dazu bestimmt, für einen Notfall im Boot gestaut zu werden. Es ist viel gescheiter, einen zweiten Kompass zu stauen, als ein Buch über das Steuern ohne Kompass – er benötigt weniger Platz! Es gibt in dem Werk keine Tafeln oder Falt-Diagramme, welche das Buch selbst zu einem Navigationsmittel machen würden. Die inkludierten Tafeln können im Notfall verwendet werden, sind aber primär für Übungen bestimmt. Die Techniken in diesem Buch sollten unbedingt erlernt und geübt werden, bevor man sie braucht.

Viele dieser Techniken können auch an Land oder bei kurzen Törns in Binnen- oder Küstengewässern geübt werden – sogar bis zur Perfektion. Es wäre eine gute Idee, vor dem Aufbruch zu einer Ozeanreise soviel wie möglich zu üben – die riesigen Mengen von freier Zeit, welche wir bei einer langen und langsamen Ozeanpassage erwarten, werden nicht immer Wirklichkeit.

In gewisser Weise bietet Ihnen dieses Buch ein Hobby – einen Zeitvertreib, der Ihre Auffassungsgabe, Ihre Messgenauigkeit und Ihr Gedächtnis trainiert. Ein Hobby, das darauf abzielt, Ihnen die See und den Himmel vertrauter zu machen. Und ein Hobby, das Ihr Boot retten könnte – sozusagen!

1.3 Vorbereitung für den Notfall in der Navigation

Nochmals – wenn wir von Vorbereitungen für den Notfall sprechen, so beschränken wir uns auf Navigationsangelegenheiten. Eine komplette Check-Liste für die Notfallvorbereitung beinhaltet Dinge wie Rettungsinsel, Nahrungsmittel- und Wasservorräte, Erste-Hilfe-Ausrüstung, Mittel gegen Seekrankheit, Angelzeug, Signalmittel und viele andere. Bücher über Seemannschaft und über das Überleben auf See besprechen diese Vorbereitungen. Um auf einer Ozeanreise navigatorisch gerüstet zu sein, bilden folgende Gegenstände die Basis:

(1) Die Kardinal-Regel: Tun Sie alles, um ihren Standort festzustellen – überall und zu jeder Zeit. Auf hoher See sind Yachtskipper versucht, in der Navigation nachlässig zu werden. Das ist eine schlechte Angewohnheit. Es könnte sein, dass man gerade dann eine genaue Position benötigt, wenn Sonne und Sterne verdeckt sind. Das könnte Sie dazu zwingen, die nächsten ein, zwei Tage koppelnd weiterzumachen. In der Nähe Ihres Bestimmungsortes könnte das gefährlich oder zumindest ineffizient sein. Auch wenn man einen Hilferuf per Funk absetzen muss, sind die Chancen, gerettet zu werden, umso höher, je genauer man seine Position angeben kann. Denken wir daran, dass die Sichtweite von der Brücke eines Schiffes, welches zu unserer Hilfe geschickt worden ist, möglicherweise nur 10 Seemeilen oder sogar weniger beträgt.

(2) Tragen Sie eine Uhr und führen Sie Aufzeichnungen darüber, wie viel diese vor- oder nachgeht. Wie wir sehen werden, kann man rund um die Welt exakt navigieren, lediglich mit einer Uhr ausgestattet. Eine Uhr ist das wichtigste Stück der Notfallausrüstung, das Sie haben können.

(3) Führen Sie eine Klasse-B EPIRB an Bord mit. EPIRB steht für *Emergency Position Indicating Radio Beacon*. Es sind dies relativ kostengünstige, wasserdichte Funksender, welche – wenn aktiviert - ein Notsignal abgeben, das von Flugzeugen oder Satelliten in der Region aufgefangen werden kann. Die Batterien von EPIRBs liefern zwei bis sieben Tage lang Energie, abhängig von der Wassertemperatur. Der Empfangsbereich eines Flugzeugs liegt bei rund 200 Meilen in allen Richtungen. In der Nähe von Großkreis-Flugrouten zwischen größeren Städten bietet dies eine hohe Wahrscheinlichkeit, von Flugzeugen gefunden zu werden, auch wenn es schwierig ist, solche Flugrouten genau vorherzusagen, da sie, abhängig von Wetter und Höhenwinden, variieren.

Die Entdeckung durch Satelliten ist wahrscheinlicher. Das COSPAS/SARSAT-Satellitensystem bietet globale Abdeckung, wobei jeder Punkt der Erde mehrmals täglich im Empfangsbereich eines Satelliten liegt. Vorüberfliegende Satelliten können eine aktivierte EPIRB auf 10 bis 20 Meilen genau lokalisieren. Sie leiten das Signal an Bodenstationen weiter, welche dann die Rettungsaktion veranlassen. Dieses „*Satellite Search And Rescue*"-Program ist eine Zusammenarbeit von USA, UdSSR, Kanada und Frankreich (heute USA, Kanada, Russland und EU, Anm. d. Ü.). Seit der Einführung im Herbst 1982 hat es eine eindrucksvolle Reihe von marinen Hilfseinsätzen zu verzeichnen. Durch die geplanten Erweiterungen und Verbesserungen dürfte das Programm in Zukunft sogar noch effizienter werden. Aber keinesfalls sollte man sich seiner Rettung sicher sein, nur weil man eine EPIRB aktiviert hat. Klasse A EPIRBs sind gleich wie Klasse B, werden jedoch bei Kontakt mit Wasser automatisch aktiviert. Klasse C Einheiten sind nur für Küstengewässer geeignet; sie senden im Nahbereich Signale auf den UKW-Kanälen 15 und 16.

(4) Informieren Sie jemanden, wohin Sie fahren und wann Sie anzukommen erwarten, und lassen Sie es alle natürlich wissen, wenn Sie angekommen sind oder wenn Ihre Pläne sich ändern. Die Küstenwache nennt diese Informationen „*Float Plan*". Sie sind für die Rettung auf allen Gewässern von fundamentaler Bedeutung.

(5) Haben Sie Funk an Bord, so machen Sie sich mit allen Möglichkeiten der Geräte und der speziellen Verwendung verschiedener Frequenzen vertraut, vor Allem mit den üblichen Notruf-Frequenzen und anderen Kanälen, welche von der Küstenwache abgehört werden. Erklären Sie anderen Personen an Bord die Bedienung der Funkgeräte. Im Notfall muss möglicherweise der Skipper am Ruder und jemand Anderer daher am Funk bleiben. Hören Sie Wetterberichte mindestens einmal am Tag ab. Funkzeiten und Frequenzen von Wetterberichten sind in den „*Selected World-Wide Weather Broadcasts*", herausgegeben von der NOAA (National Oceanic and Atmospheric Administration), aufgelistet.

(6) Studieren Sie die saisonalen Wettererscheinungen, vorherrschende Winde und Meeresströmungen entlang Ihrer geplanten Route. Für amerikanische Küsten- und Anschlussgewässer erhält man diese Informationen aus den U.S. Coast Pilots (NOAA). Entsprechende Publikationen für Kanada sind die *„Sailing Directions"*. Diese Bücher enthalten eine Fülle von, über die von Seekarten hinausgehenden, Informationen für die Navigation; auch Wind-, Wetter- und Strömungsdaten. Für internationale Gewässer gibt es ähnliche Informationen in den *„U.S. Sailing Directions"*, herausgegeben vom Defense Mapping Agency Hydrographic/Topographic Center (DMAHTC). Weltweite Segelanweisungen, *„Pilots"* genannt, werden auch von der Britischen Regierung publiziert.

Spezielle Monatskarten, *„U.S. Pilot Charts"* genannt, sind praktische und verlässliche Quellen für saisonale Wind- und Strömungsdaten. Sie werden vom DMAHTC für alle Monate und die meisten Seegebiete (s. Abb. 1-1) herausgegeben. Auch die jeweilige magnetische Variation und verschiedene Großkreis-Routen können den Pilot Charts entnommen werden. Es gibt auch Britische Pilot-Charts.

(7) Zusammen mit Ihrer anderen Notausrüstung stauen Sie einen Wanderkompass, einen Davis Mark III Plastik-Sextant, eine wasserdichte Quarz-Uhr (mit bekanntem Gang), Pilot Charts, Bleistifte und Notizbuch (vorzugsweise aus wasserfestem Papier) und eine Ausgabe der *„Davies Concise Tables for Sight Reduction"* (welche einen Langzeit-Almanach für Sonne und Sterne inkludieren). Das alles passt in einen Schuhkarton und kostet sehr wenig (s. Abb. 1-2). Damit finden Sie Ihren Weg zu jedem Hafen dieser Welt.

(8) Führen Sie Aufzeichnungen darüber, wo Sie sich in der Nähe von Schifffahrtsrouten (Großkreis-Routen zwischen den wichtigsten Häfen) befinden, welche in den Pilot Charts verzeichnet sind. Wenn Sie den Kurs von Berufsschifffahrt kreuzen, sind Sie einer dieser Routen vermutlich nahe. Sucht man Hilfe, so sind Schifffahrtsrouten dafür die besten Gegenden. Auch wenn man keine Hilfe sucht, so sollte man hier besonders auf den Verkehr achten. Kommt ein Frachter über die Kimm, so kann er das Boot in 15 Minuten überrennen. Für sichere Navigation – wie auch aufgrund internationaler Gesetze – ist es von fundamentaler Wichtigkeit, jederzeit Wache zu gehen.

(9) Und schließlich, studieren Sie die Prinzipien und üben Sie die Verfahren der Notfall-Navigation. Alle erdenklichen Sicherheitsvorkehrungen können nicht garantieren, dass Ihnen nichts mehr bleibt, als eigenes Wissen und Geschick.

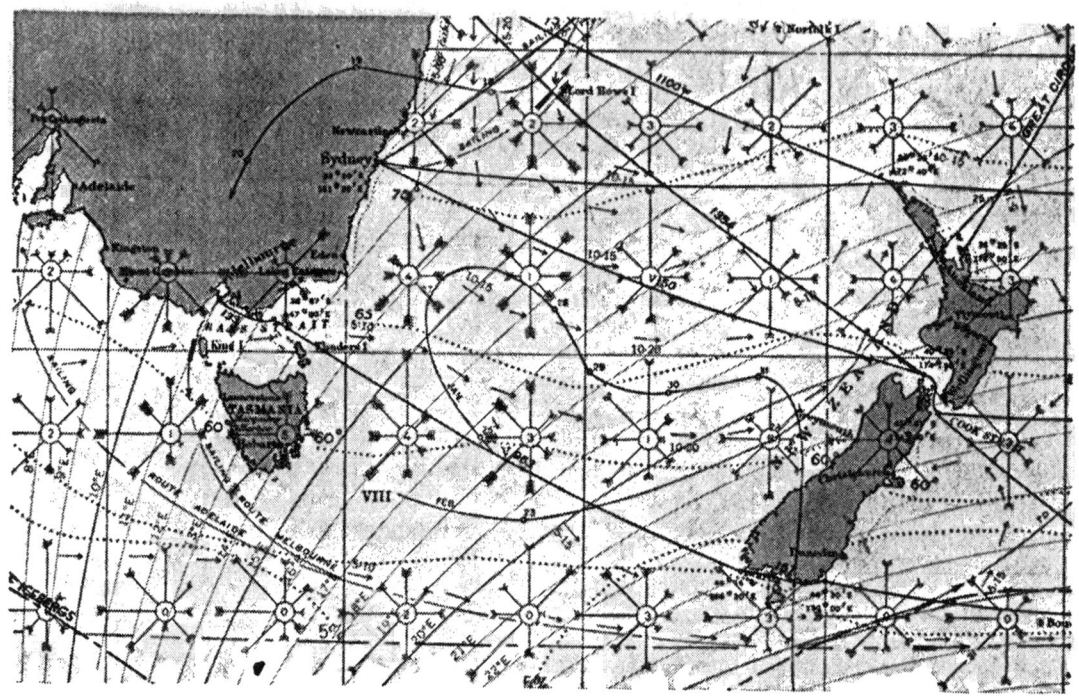

Abbildung 1-1. *Ausschnitt aus einer U.S. Pilot Chart, gültig für Dezember, Januar und Februar. Pilot Charts zeigen Windrosen (Pfeile, die in Windrichtung fliegen; die Anzahl ihrer Federn entspricht der durchschnittlichen Windstärke in Beaufort), magnetische Variation (in der gezeigten Region zwischen 9° Ost und 24° Ost), vorherrschende Strömungen (kleine Pfeile samt täglicher Drift in Seemeilen), Großkreis-Routen zwischen wichtigen Häfen, traditionelle Segelrouten (welche – in einigen Fällen, aber nicht notwendigerweise – häufiger vor dem Wind verlaufen, als mit modernen Yachten erforderlich) und verschiedene Treibeisgrenzen, welche auf diesen niedrigen Breiten von Interesse sein könnten. Andere Teile der Karte geben Wasser- und Lufttemperaturen, Luftdruck, Sturmhäufigkeit und andere maritime Informationen an. Siehe auch Abb. 4-3.*

Wenn Sie Crew oder Passagier auf einem Hochseeschiff sind, liegt die Verantwortung für Notfallvorkehrungen und Sicherheit der Navigation beim Kapitän oder bei den Offizieren. Aber selbst in diesem Fall ist es (für echte Autarkie) sinnvoll, wenn alle an Bord die Grundzüge der ersten und letzten oben genannten Punkte beherrschen: zeichnen Sie die Positionen mit soweit es Ihre Pflichten erlauben und befassen Sie sich mit den Grundlagen der Notfall-Navigation. Erinnern wir uns, dass in jedem Notfall die Führungsrolle an den gehen wird, der am besten vorbereitet ist.

Eine lange Ozeanreise ohne moderne Instrumente ist ein Full-Time-Job. Sie verlangt andauernde Konzentration. Sind wir jedoch vorbereitet, so können wir die Spur unserer Positionen auf allen Meeren aufzeichnen. Kolumbus gelang dies vor fünf Jahrhunderten, mit wenig mehr als einem Kompass, und er wusste nicht einmal, wie dieser funktionierte. Heutzutage sind wir für ähnliche Reisen mit ähnlichen „Instrumenten" wesentlich besser vorbereitet.

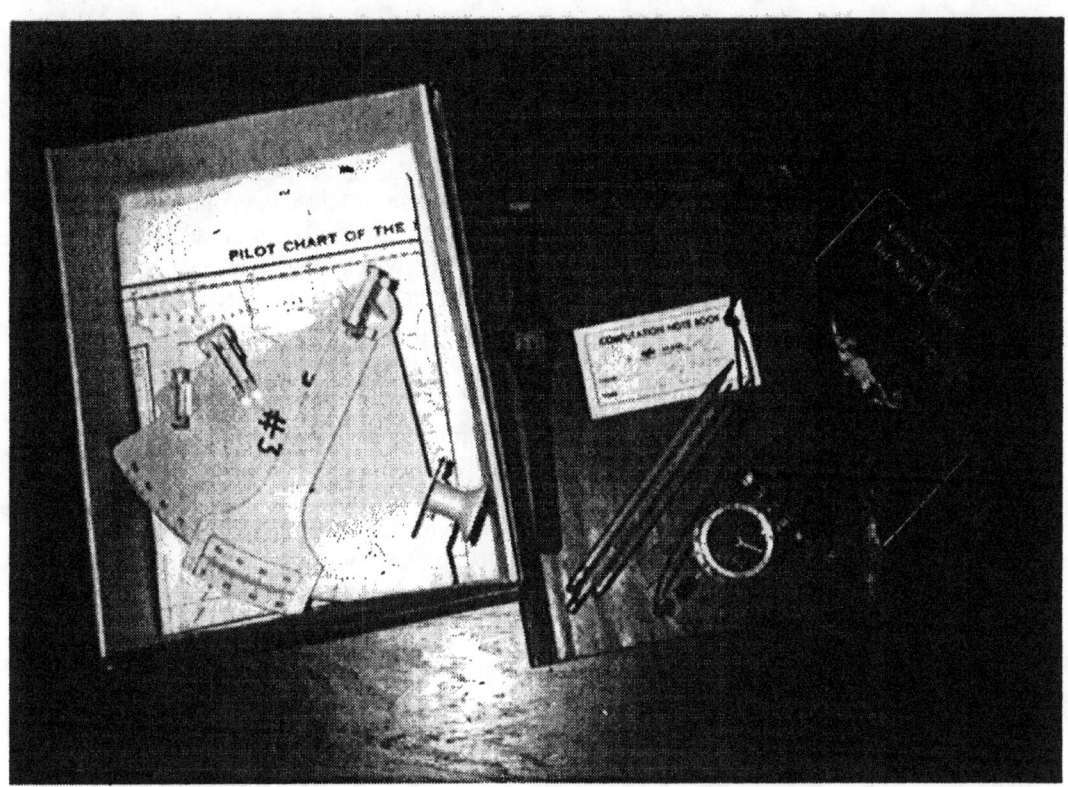

Abbildung 1-2. *Reserve-Navigationsausrüstung. Stauen Sie diese Dinge in einer wasserdichten Tasche, in der Nähe Ihres regulären Notfall-Paketes. Die diesbezüglichen Notfall-Verfahren werden in Kapitel 14 diskutiert. Seit 1989 inkludiert der Nautical Almanac eine Kopie der Davis Concise Tables in leicht modifizierter Form, welche jetzt NAO Sight Reduction Tables genannte werden. Diese können jedem abgelaufenen Almanach entnommen und als Back-Up aufgehoben werden. Ein Langzeit-Almanach kann von Bowditch, Ausgabe 2, kopiert werden. Sowohl den Reserve-Almanach, als auch die NAO-Tafeln kann man mit dem üblichen Kartenschutz wasserdicht machen. Die Emergency Navigation Card des Autors (8,5 x 11 Zoll, wasserfest) wäre eine wertvolle Ergänzung. Sie beinhaltet Sight Reduction Tables, Sonnenalmanach, Methoden zum Erhalt von Sonnenpeilungen, Notizen zum Steuern nach den Sternen und einige Erinnerungen an die wichtigsten Prozeduren aus diesem Buch.*

2 Zeit und Ort auf See

In Landsicht ist die beste Art, die Position auf dem Wasser zu bestimmen, der Bezug zu Landmarken, welche auf der Karte verzeichnet sind. Ruft man in Küstennähe um Hilfe, so ist es, wenn man seinen Standort durchgibt, normalerweise besser, diesen z.B. mit „zwei Meilen nördlich von Point Wilson" als mit geographischer Länge und Breite, welche man aus einer Karte oder der Elektronik gewonnen hat, anzugeben. Letzteres ist viel fehleranfälliger und setzt voraus, dass auch der Retter eine entsprechende Karte an Bord hat. Ich betone dies, da in letzter Zeit immer mehr Skipper beginnen, sich auf Längen- und Breitenangaben aus ihrem Loran (GPS) zu verlassen, sogar auf Binnengewässern. Das erscheint präziser, muss aber keinesfalls so sein.

Obwohl Loran als Unterstützung bei Küstenfahrten gedacht war, funktioniert es aber grundsätzlich auch in anderen Gewässern. Bei sauberer Kalibrierung können moderne Loran-Geräte auch auf Binnengewässern oder weit draußen auf See, an der Grenze ihrer Reichweite, sehr genau sein. Trotzdem ist es immer gefährlich, sich auf nur ein einziges Hilfsmittel zu verlassen. Je mehr wir uns auf die Elektronik verlassen, desto weniger Übung haben wir in grundlegender Navigation und beim Koppeln. Kurz gesagt – wir werden faul! Es gibt viele dokumentierte Unfälle, welche auf zuviel Vertrauen in Loran-Positionen beruhen.

Andererseits haben wir außer Landsicht, ohne besondere Anhaltspunkte, keine Wahl, als uns auf Längen- und Breitenangaben zu verlassen. Für Kursaufzeichnungen auf Ozeanpassagen könnten wir eine kleine Darstellung des gesamten Meeres („Übersegler", Anm. d. Ü.) bzw. ein „Plotting-Sheet", auf dem nur ein Gitternetz der Längen- und Breitengrade gezeigt wird, verwenden. Im Notfall würde auch einfach ein Blatt Papier, auf das wir parallele Breitengrade skizzieren, genügen. Hiermit hätten wir eine fiktive Positionsaufzeichnung, welche unsere geographische Breite und – ausgehend von einem bestimmten Längengrad - die in Richtung Ost oder West abgelaufene Distanz angibt.

Was wir verwenden hängt davon ab, was wir zur Verfügung haben. Im Extremfall könnten wir unsere Breite astronomisch schätzen, nur mithilfe von Fingern, Händen und Armen; hierfür ist sehr wenig Fachwissen erforderlich. Wenn dieser Arm aber keine Uhr trägt, werden wir niemals in der Lage sein, unsere Länge zu bestimmen. Wir können nur aufzeichnen, wie weit wir nach Osten oder Westen gesegelt sind. Hierin liegt die potenzielle Brauchbarkeit des Plottens („Hybrid Notation").

2.1 Spezielle Breitenzonen und definierte Jahreszeiten

In der Notfall-Navigation und in der Meteorologie ist es sinnvoll, den Globus in Zonen bestimmter Breite, entsprechend der Stellung der Sonne zur Erde, einzuteilen. Diese drei Zonen sind die Tropen, die gemäßigten Breiten und die Polar-Regionen.

Die Tropen sind als ein Gürtel um die Erde, welcher sich zwischen 23°27' N und 23°27' S befindet, definiert. Diese spezielle Breite von 23°27' leitet sich von der Erdachse ab, welche gegenüber der Normalen auf die Ebene der Erdumlaufbahn um diesen Betrag geneigt ist. Aufgrund dieser Neigung kann die Sonne nur innerhalb der Tropen genau im Zenith beobachtet werden. Im Herbst und im Winter (vom 23. September bis zum 21. März) steht die Sonne genau über dem Kopf eines Beobachters irgendwo in den südlichen Tropen. Während Frühling und Sommer befindet sie sich über einer Breite der nördlichen Tropen. Wir kommen auf diesen Punkt zurück, wenn wir die

Navigation mithilfe der Sonne besprechen.

Im ganzen Buch beziehen wir uns auf Sommer und Winter, wie diese auf der nördlichen Hemisphäre definiert sind. Auf der Südhalbkugel sind die Jahreszeiten umgekehrt. Juli und August nennt man in den Vereinigten Staaten Sommermonate, in Australien hingegen Wintermonate.

Aus subtilen Gründen sind die tropischen Breiten für die Notfall-Navigation von besonderer Signifikanz. Die scheinbaren Bewegungen von Sonne und Sternen werden von trigonometrischen Gleichungen beherrscht, nämlich von Sinus- und Cosinus-Funktionen der Breite des Beobachters. Überall in den Tropen ist der Breitenwinkel klein und demzufolge sind Sinus- und Cosinus-Funktionen näherungsweise gleich ihren Grenzwerten von 0,0 oder 1,0. Dies vereinfacht die trigonometrischen Gleichungen sehr und wir können einfache Regeln für die Anwendung in den Tropen erlernen – wir werden diese Regeln anwenden, ohne in die eigentliche Trigonometrie involviert zu werden. Innerhalb der Tropen ist es z.B. sehr einfach, die Peilung eines Sterns am Horizont vorauszusagen, und so ohne Kompass zu steuern. Das ist auf anderen Teilen des Globus nicht so leicht.

Die beiden Polar-Regionen werden durch Breiten größer als 66°33' definiert, nördlich oder südlich. Diese Regionen sind insofern einzigartig, als es nur hier möglich ist, dass die Sonne länger als einen Tag über oder unter dem Horizont bleibt. In gewissem Sinn sind die Polar-Regionen das Gegenteil der Tropen (die Breite von 66°33' kommt von 90° minus 23°27'), vor Allem in der Notfall-Navigation. Grundsätzlich muss die Navigation für die Polar-Regionen speziell abgestimmt werden, und viele unserer astronomischen Notfall-Methoden können hier nicht angewandt werden. Auf diese Einschränkungen wird klar hingewiesen, wenn sie auftauchen.

Den Bereich zwischen den Tropen und der (gleichnamigen, Anm. d. Ü.) Polar-Region, also zwischen 23°27' und 66°33' nennt man die „gemäßigten Breiten", oder einfach „die Breiten". In diesem Buch bedeutet der Ausdruck „nördliche Breite" grundsätzlich die Region nördlich der Tropen und südlich der nördlichen Polar-Region.

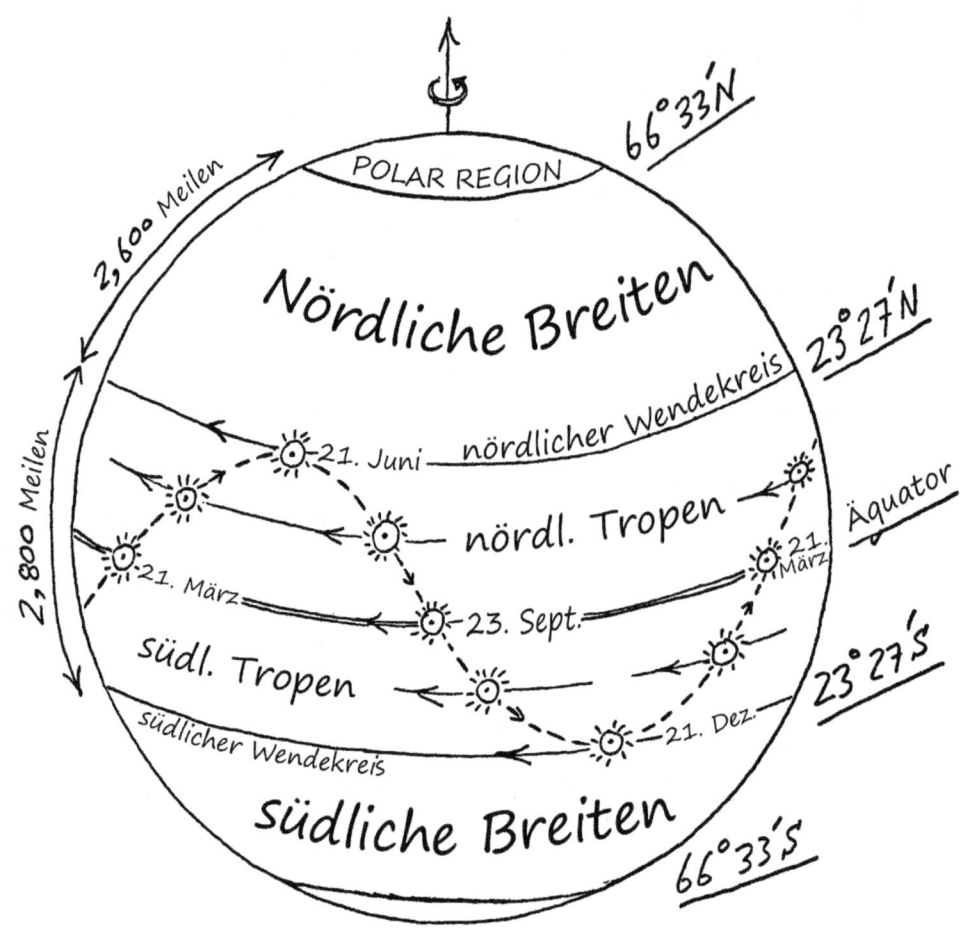

Abbildung 2-1. *Breitenregionen in der Notfall-Navigation. Auf manchen Breiten der Tropen, welche durch die nördliche oder südliche Grenze der Breite der Sonne definiert werden, zieht die Sonne über unseren Kopf hinweg. Einige der Regeln bzw. Verfahren der Notfall-Navigation funktionieren nur in den Tropen (40 % der Erdoberfläche), und viele unserer Methoden sind für die Polarregionen ungeeignet (8% der Erdoberfläche). Die gemäßigten Breiten zwischen den beiden vorgenannten Regionen machen rund 52 % der Erdoberfläche aus.*

Diese von der Sonne definierten Breitenzonen sind für die Navigation wichtig, da wir nach der Position der Sonne navigieren können. Für die Meteorologie sind sie wichtig, da die durchschnittliche Position der Sonne das Klima bestimmt (s. Abb. 2-1). Es gibt keine ähnliche Einteilung der Erde für die geographische Länge. Aufgrund ihrer täglichen Rotation ist die Erde in Ost-West-Richtung im Wesentlichen symmetrisch.

Man kann sich Breitenunterschied leicht in nautischen Meilen denken, denn genau zu diesem Zweck wurde die nautische Meile auch eingeführt. Für die Praxis kann eine nautische Meile als die Distanz einer Breitenänderung von einer Winkelminute definiert werden, oder im Begriff von Graden:

$$1° \text{ Breitendifferenz} = 60 \text{ nautische Meilen}$$

Diese Beziehung ist der Schlüssel zur Sprache der Navigation. Wenn meine Breite 20° südliche Breite beträgt, befinde ich mich 1.200 Meilen südlich des Äquators. Wenn ich von Kap Hatteras auf der Breite von 35° N geradewegs nach Nassau auf der Breite von 25° N segeln möchte, so muss ich 10° Richtung Süden fahren, also eine Distanz von 600 nautischen Meilen. Bei manchen Anwendungen in der Navigation muss man sich daran erinnern, dass eine nautische Meile 6.000 Fuß beträgt (ca. 15 % mehr als eine Landmeile). In diesem Buch sind die Begriffe „Meile" und „nautische Meile" untereinander austauschbar. Jeder Bezug zu Meilen meint nautische Meilen.

Am Äquator entspricht auch 1° Länge 60 nautischen Meilen, und das gilt – aus den oben erwähnten trigonometrischen Gründen – näherungsweise auch in den gesamten Tropen. Entfernt man sich jedoch weiter vom Äquator, so ist diese Näherung nicht länger gültig. Die Umwandlung von Längenzunahme in Meilen ist nicht ganz so einfach wie die der Breitenzunahme, da die Längenkreise (Meridiane) in Richtung der Pole zusammenstreben. Auf einer Breite von 48° entspricht ein Längenunterschied von 1° nur mehr 40 nautischen Meilen. Später, wenn wir die geographische Länge diskutieren, werden wir auf dieses Problem zurückkommen.

2.2 Zeit in der Navigation

Viele Arten von „Zeit" finden sich in den Navigationsbüchern. Es gibt die „Uhr-Zeit", die Standard-Zeit, die Zonenzeit, die Chronometer-Zeit, die Greenwich Mean Time (GMT) und die Universal Coordinated Time (UTC); darüber hinaus liest man „mittlere Zeit", „scheinbare Zeit", „Sonnenzeit", „siderische Zeit" und vermutlich noch andere. Dies müssen wir schnellstmöglich vereinfachen oder wir werden uns auf ewig verzetteln.

Um zu navigieren, müssen wir nur eine Zeit kennen, nämlich die Greenwich Mean Time, GMT (heute eher UT, Anm. d. Ü.). Unglücklicherweise gehen alle Uhren etwas vor oder nach, sodass wir von keiner Uhr die exakte GMT ablesen können. Die Zeit, welche wir wirklich von unserer Armbanduhr ablesen, wollen wir „Uhr-Zeit" nennen. Unsere Uhren sind auf irgendeine Standardzeit eingestellt, welche sich durch eine ganzzahlige Anzahl von Stunden von GMT unterscheidet. Östliche Standardzeit (an der Ostküste der USA, Anm. d. Ü.) ist z.B. 5 Stunden hinter GMT. Wenn ich eine auf östliche Standardzeit eingestellte Uhr trage, welche 10 Sekunden pro Monat vorgeht, so werde ich immer GMT kennen, vorausgesetzt ich merke mir, an welchem Datum ich sie gestellt habe. Stelle ich sie am 4. Juli, und sie zeigt zwei Monate später 13:20:45, so weiß ich, dass die korrekte östliche Standardzeit 13:20:25 und GMT 18:20:25 ist – ich subtrahiere 20 Sekunden für den falschen Gang der Uhr und addiere 5 Stunden, um auf GMT umzurechnen. Beachten Sie stets, dass es keinerlei Rolle spielt, wo ich mich gerade befinde, wenn ich die Uhr ablese. Ich werde GMT immer kennen. Um die Zeit zu berechnen, ist die Zeitzone, auf die die Uhr eingestellt ist, entscheidend, nicht die Zone, in der das Boot sich befindet.

Das ist eine Standard-Prozedur in der astronomischen Navigation. Die springenden Punkte sind, den Gang der Uhr zu kennen (wie viel die Uhr vor- oder nachgeht), und zu wissen, ob es sich bei dieser Uhr wirklich um ein Chronometer handelt. Ein Chronometer ist schlicht eine Uhr, welche immer um denselben Betrag vor- oder nachgeht. Es ist weniger wichtig, wie hoch dieser Betrag ist, solange er nur gleichmäßig bleibt. Eine typische Quarzuhr hat heutzutage einen Gang von einigen 15 Sekunden pro Monat, manchmal auch weniger. Man lernt den Gang der Uhr kennen und überzeugt sich davon, dass dieser auch konstant ist, indem man während einiger Monate täglich mit dem Zeitsignal vergleicht, welches vom „National Bureau of Standards" auf WWV, oder von einem anderen vergleichbaren Funkdienst dieser Welt ausgestrahlt wird. Diese Funkdienste beziehen sich auf GMT unter der eher offiziellen Bezeichnung „Universal Time Coordinated" (UTC, UT).

Ein weiterer wichtiger Punkt ist dieser: ändern Sie niemals Ihre Uhrzeit auf See. Dazu könnten Sie versucht sein, wenn Sie unterwegs in eine andere Zeitzone gelangen, oder um den Fehler der Uhr von Zeit zu Zeit auszugleichen, aber dies wäre ein gefährliches Unterfangen. Es ist viel besser, bis zum Landfall zu warten, um dann auf die neue Lokalzeit genau einzustellen. Diese Annehmlichkeit auf See ist das Risiko nicht Wert und außerdem müssten Sie sich dann noch mehr Dinge merken.

Um alle anderen Typen von „Zeit" wollen wir uns nicht weiter kümmern. Die einzige andere Zeit, welche in der Notfall-Navigation noch von Interesse ist, ist die Sonnenzeit, und wir werden auf diese zurückkommen, wenn wir die Richtung der Sonne während des Tages besprechen.

2.3 Positionsbestimmung versus Positionsverfolgung (Koppeln)

In der Notfall-Navigation müssen wir unterscheiden zwischen der Bestimmung unserer Position an einem unbekannten Ort und dem Aufzeichnen bzw. dem Verfolgen unseres Weges seit dem letzten bekannten Ort. Dieses Aufzeichnen von Kurs und Distanz (aufgrund von Bootsgeschwindigkeit und Zeit, Anm. d. Ü.) nennt man koppeln. In Notfällen müssen wir uns sehr auf das Koppeln verlassen, da es nicht leicht ist, ohne gute Instrumente die Position nach den Gestirnen exakt zu bestimmen.

Unsere Beurteilung des Unterschiedes zwischen Positionsbestimmung und Koppeln bleibt immer auch eine Frage der Genauigkeit. Mit modernen elektronischen Geräten wie Loran oder SatNav (GPS, Anm. d. Ü.) kann ein Navigator seine Länge und Breite einfach von einem Display ablesen, mit einer Genauigkeit von ein paar hundert Yards. Diese Hilfen sind auf privaten Booten aber noch immer eher unüblich (das ist heute anders, Anm. d. Ü.), vor allem wegen ihrer hohen Kosten und ihrer Verwundbarkeit durch die Unbill der See. Die wesentlich verlässlichere und weniger teure Alternative für die Hochseefahrt ist die traditionelle Astronavigation mit Sextant, Chronometer, Almanach und Tafeln. Hiermit kann der Navigator eines kleinen Bootes seine Position an einem völlig unbekannten Ort auf 5 bis 10 Seemeilen genau bestimmen, mit viel Übung routinemäßig sogar auf 1 bis 2 Meilen. Die Genauigkeit kann bis zu 0,5 Meilen gebracht werden, was aber nicht typisch ist und spezielle Verfahren und großes Geschick verlangt, vor allem bei Seegang.

Sobald eines unserer astronomischen Werkzeuge (Sextant, Chronometer oder Tafeln) verloren gegangen sind, müssen wir auf irgendeine Form von Notfall-Navigation zurückgreifen. Welche Form wir wählen hängt von der Genauigkeit ab, die sie bietet.

Um das zu illustrieren, stellen wir uns ein Flugzeugunglück vor, irgendwo mitten auf einem Ozean. Sie tragen eine sehr genaue Uhr – das heißt, dass Sie UT bis auf wenige Sekunden genau kennen –, haben aber sonst keinerlei Navigationsinstrumente. Mit den Methoden der Notfall-Navigation können Sie auf rund 300 Meilen genau feststellen, wo Sie sich befinden, ohne viel mehr zu tun, als den Himmel zu beobachten. Diesen Grad an Genauigkeit können Sie immer erreichen, egal wo Sie sich befinden und an jedem Tag des Jahres, lediglich durch die Anwendung der elementarsten Prinzipien und mit sehr wenig speziellem Wissen. Übt man diese Methoden und hat man ein paar der hier gezeigten, etwas spezielleren Techniken gelernt, so könnte man die Genauigkeit signifikant verbessern. Unter sehr günstigen Bedingungen kann man seine Position von Anfang an auf 100 Meilen, manchmal sogar auf 50 Meilen genau bestimmen. Ohne guten Sextant ist es aber jedenfalls sehr unwahrscheinlich, größere Genauigkeit als 50 Meilen zu erreichen, ungeachtet der Vorbereitung und der Umstände. Weiters kann man ohne genaue Uhrzeit seine geographische Länge überhaupt nicht bestimmen, wobei es jedoch – auch mit ungenauer Zeitinformation – möglich ist, Veränderungen der Länge auch anders als mittels Koppeln zu verfolgen.

Obwohl man hier keineswegs von Punktgenauigkeit sprechen kann, so bedeutet es doch eine bemerkenswerte Leistung, seine Position von Beginn an auf 100 Meilen genau zu bestimmen, lediglich durch eigenes Wissen und mithilfe einer Uhr und behelfsmäßigen Instrumenten, wenn man bedenkt, dass die Erdoberfläche etwa 200.000.000 Quadratmeilen groß ist. Außer Landsicht reicht es auch, seine Position auf 100 Meilen genau zu kennen, um zu entscheiden, in welcher Richtung man sich in Sicherheit bringen kann. Dieses Buch zeigt die bestmöglichen Arten, seine Position „von Null an" zu bestimmen, wenngleich es – realistischerweise - eher unwahrscheinlich ist, dass man sich dieser Herausforderung jemals wird stellen müssen. Weiters ist dieser Grad von Genauigkeit ohne jede Vorinformation wenig hilfreich, wenn man z.B. auf einem der Great Lakes verloren gegangen wäre; eher sinnvoll wäre er vermutlich in Küstengewässern, denn bei Annäherung an eine Küste in Zentralamerika oder auch an zahlreichen anderen Plätzen dieser Welt tut es gut zu wissen, welcher Staat voraus liegt.

Der wahrscheinlichere Fall, auf den wir vorbereitet sein sollten, ist der Verlust eines Teils unserer Navigationsausrüstung, wie Kompass, Sextant oder genaue Uhr. Vermutlich würden wir hier bei der Notfall-Navigation von der letzten bekannten Position ausgehen. Der Punkt ist der: von einer bekannten Position kann man lange mit Notfallmethoden koppeln, bis man eine Unsicherheit von 100 Meilen erreicht.

Es gibt noch einen weiteren Aspekt bei der Unterscheidung zwischen Positionsbestimmung und Positionsaufzeichnung. Spätere Kapitel erklären verschiedene Verfahren, Längen- und Breitenveränderungen zu verfolgen, indem man Änderungen der Position von Sonne und Sternen notiert. Grundsätzlich sind es die selben Methoden wie bei der Positionsbestimmung, der Unterschied liegt jedoch in der Tatsache, dass man dabei nur relative Winkel und relative Zeitunterschiede messen muss, um Änderungen der eigenen Position festzuhalten. Um Länge und Breite „von Null an" zu finden, muss man exakte Winkel messen und die exakte Zeit kennen. Absolute Werte sind wesentlich schwieriger zu messen als relative.

Um dies spezifischer zu zeigen: geht die Sonne heute um 5 Minuten später unter als gestern, so kann ich mittels dieser Beobachtung die Veränderung meiner geographischen Länge errechnen. Zur genauen Bestimmung meiner Länge hingegen müsste ich den genauen Zeitpunkt des Sonnenunterganges und somit die genaue GMT kennen. Gleichermaßen kann man zur Breitenbestimmung den Winkel der Höhe des Polarsterns über dem Horizont (der Kimm, Anm. d. Ü.) messen. In höheren Breiten wird das ohne Sextant nicht sehr genau. Es ist einfacher zu bestimmen, um wie viel sich dieser Winkel seit der vorangegangenen Messung verändert hat – kurz gesagt, die Breitenveränderung herauszufinden. Wieder steht hier eine relative Messung derjenigen absoluter Werte gegenüber. Relative Gestirnsmessungen liefern viel genauere Informationen für die Navigation als wenn man versuchen würde, die aktuelle Position mithilfe von Sonne oder Sternen zu finden. Auf langen Fahrten kann dies gegenüber reinem Koppeln eine signifikante Verbesserung bedeuten.

Von relativen Messungen kann man aber nicht profitieren, wenn man seinen Ausgangspunkt nicht kennt. Die Grundregel für die Sicherheit der Navigation und für die Vorbereitung auf den Notfall ist, jederzeit zu wissen, wo man sich befindet – so gut, wie nur irgend möglich. Eine gleichermaßen wichtige Regel ist, eine genaue Uhr zu tragen. Der Wert einer Uhr tritt in fast jedem Aspekt der Notfall-Navigation zu Tage. Man kann sehr genau rund um die Welt navigieren, nur mit einer Uhr ausgerüstet. Nimmt man diese weg, so hat man alle Hände voll zu tun, nur 100 Meilen geradeaus zu fahren.

3 Richtungen auf See

Richtungen mitzuverfolgen ist auf See wesentlich schwieriger als an Land. Verirrt man sich an Land ohne Kompass, so kann man die Richtungen mithilfe von Sonne und Sternen zuerst feststellen, und dann für Peilungen zu entfernten Landmarken verwenden. Von da an benützt man diese Landmarken, um seine Peilungen zu behalten. Auf See gibt es keine solchen dauernden Referenzpunkte. Wind und Dünung erfüllen diesen Zweck für kurze Zeit, aber schlussendlich müssen wir uns an den wechselnden Positionen der Gestirne orientieren.

In einer klaren Nacht haben wir auf der nördlichen Hemisphäre den Polarstern zur Orientierung – es ist der einzige Stern, welcher sich so gut wie gar nicht bewegt und fast genau nördlich peilt. Es bleiben aber noch immer bedeckte Nächte, Tageslicht und die gesamte Südhalbkugel. Kurz – wir sind nicht besonders gut auf den Notfall vorbereitet, wenn alles, was wir wissen, die Tatsache ist, dass der Polarstern im Norden steht. Glücklicherweise müssen wir uns nicht auf den Polarstern allein verlassen; Richtungen können wir aus vielen verschiedenen Sternpeilungen gewinnen, auf nördlichen und südlichen Breiten, und tagsüber auch von der Sonne.

Ein wichtiger Punkt hinsichtlich der Richtungen auf See ist, dass weder das Bestimmen einer richtigen Peilung noch das genaue Kurshalten garantieren können, dass wir auch wirklich an der gewünschten Destination ankommen. Das Problem sind Strömung und Abdrift. Die Strömung versetzt in Richtung des Stromes und die Abdrift bringt in Windrichtung vom Kurs ab. Auf einem Ozean setzen die meisten Strömungen in der vorherrschenden Windrichtung, sodass sich die Probleme addieren. Ein Segelboot z.B., welches bei 15 Knoten Wind aus Nord-Ost in Richtung Norden gegenan stampft, wird vermutlich rund 10° Abdrift haben, abhängig von seinem Tiefgang. Macht dieses Boot nun 6 Knoten Fahrt durchs Wasser, und der Strom setzt mit über 1 Knoten nach Westen, so würde die Strömung das Fahrzeug weitere 10° nach Lee ablenken.

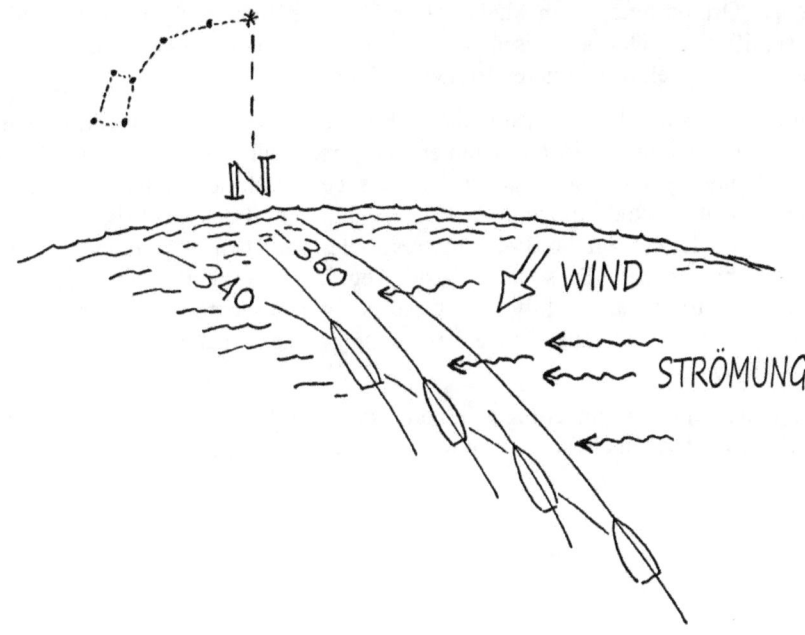

Abbildung 3-1. *Ein Boot, das mit dem Bug nach Norden Kurs nach Nord-Nordwest gut macht. Meeresströmungen tendieren oft dazu, sich nach den vorherrschenden Winden auszurichten, sodass Abdrift und Versatz durch Strom oft in derselben Hauptrichtung liegen. Die gesamte Versetzung ist bei starkem oder sehr schwachem Wind üblicherweise viel größer, als wir vor einer Messung vermuten würden.*

Unter diesen Umständen könnten wir den Polarstern beim Steuern über dem Bug fixieren, im Glauben, genau nach Norden zu fahren, obwohl wir in Wahrheit einen Kurs von rund 20° westlich davon gutmachen.

Orientierung und Steuern sind essentielle Teile der Navigation, aber das erfolgreiche Meistern einer Reise mit Notfällen kann genauso gut von unserem Wissen um die Strömungen und um das Verhalten des Bootes im Seegang und im Wind abhängen. Wir werden später auf diese Themen zurückkommen, mit hilfreichen Tricks, die Effekte von Strom und Abdrift abzuschätzen. Woher wusste ich z.B. sofort – ohne spezielles Plotten oder Berechnungen –, dass ein seitlicher Strom von 1 Knoten das Boot um 10° vom Kurs abbringt, wenn es 6 Knoten Fahrt macht?

3.1   Die Auswahl einer Route

Steht eine lange Reise an, so kann man mehrere Routen in Betracht ziehen. In der Navigation auf kleinen Booten wählt man als Route zwischen zwei Punkten normalerweise die Loxodrome. Das ist einfach eine Gerade, welche man auf nautischen Karten zwischen zwei Punkten zieht. Entlang dieser Loxodrome bleibt der Kurs über Grund konstant, obwohl sich der Kompass-Kurs mit wechselnder magnetischen Ablenkung (Variation, Anm. d. Ü.) laufend ändert. Genau genommen ist die Loxodrome auf der Weltkugel nicht die kürzeste Verbindung zweier Orte. Die kürzeste Distanz wäre die Großkreis-Route (Orthodrome, Anm. d. Ü.). Der Unterschied zwischen dieses beiden Routen ist jedoch nicht signifikant, außer bei Reisen von über ca. 1000 Meilen, und selbst dann nur, wenn sich sowohl Start- als auch Zielort in höheren Breiten befinden.

In einer Notsituation könnte es möglicherweise unmöglich sein, einen genauen loxodromischen Kurs zu bestimmen. Auch wenn es möglich wäre, könnten vorherrschende Winde und Strom diese Route verhindern. Eine Alternative ist das so genannte Parallelsegeln (Latitude Sailing). In diesem Fall schätzen wir die gewünschte Loxodrome zum Ziel und segeln dann hoch am Wind zu einem Punkt in Luv des Zielortes. Sobald wir nun die Breite unseres Zieles erreichen, ändern wir den Kurs und laufen auf dieser Breite bis ans Ziel. Dies ist der beste Weg für lange Fahrten mit begrenzten Instrumenten, da wir ohne Instrumente, mithilfe der Gestirne, die gesuchte Breite finden und verfolgen können, wohingegen wir für die Längenbestimmung eine genaue Uhr und andere Informationen benötigen würden.

Dieselbe Philosophie sollte bei der Annäherung an eine Küstenlinie Anwendung finden. Steuern Sie nie direkt auf Ihr Ziel zu, sondern zu einem Ort gut luvwärts davon (s. Abb. 3-2).

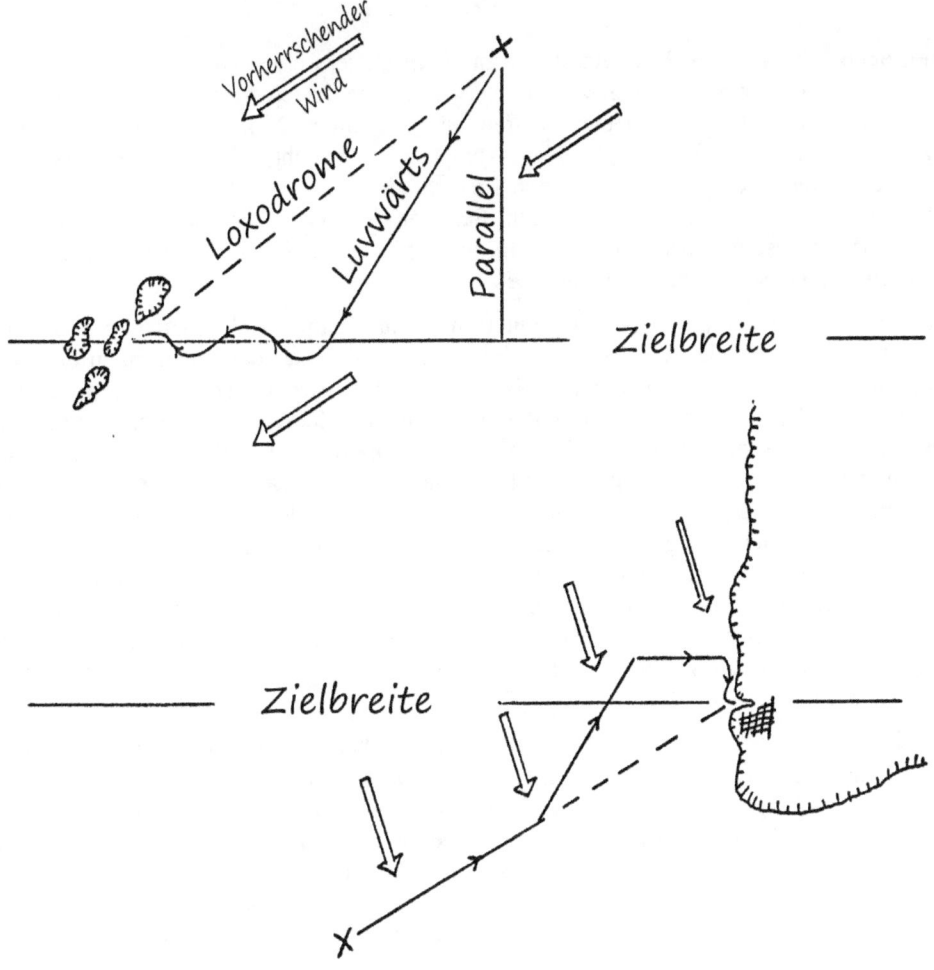

Abbildung 3-2. *Am-Wind-Segeln als eine Variante des Parallel-Segelns. Grundsätzlich liegt die sicherste Route immer gut in Luv unseres Ziels. Bei etwas Übung in Notfall-Navigation muss man es aber nicht so konservativ angehen und wirklich strikt „parallel" segeln. Auch vorherrschende Strömungen und zu erwartende Winddreher entlang der Küste sollten einkalkuliert werden. Bedenken wir, dass uns beim Erreichen einer unidentifizierten Küste eine Gesamtpeilung der Küstenlinie zeigen kann, wo wir gelandet sind – dies kann bei unregelmäßiger Küstenlinie oder eingeschränkter Sicht aber irreführend sein.*

Wenn man dann die Küste erreicht, weiß man sofort, in welche Richtung man sich wenden muss. Steuert man genau auf einen Hafen oder eine Landmarke zu, und diese sind bei Erreichen der Küste nicht in Sicht, so weiß man nicht, wohin man sich wenden soll. Bei leichten Winden und unter Maschine ist die Wahl zwischen luv- oder leewärtiger Seite des Ziels nicht so kritisch, solange man sich definitiv auf einer der beiden Seiten befindet. In schwerem Wetter hingegen ist es – auch unter Maschine - besser, sich gut frei von der Küste gegenan zu kämpfen – wenn man kann! In hohem Seegang hat man vielleicht keine andere sichere Wahl als vor den Seen abzulaufen.

3.2 Kompass-Kontrollen

Ein großer Teil dieses Buches befasst sich mit dem Steuern ohne Kompass. Ein Unfall auf See muss den Kompass nicht unbedingt zerstören. Er könnte Schaden nehmen, aber augenscheinlich weiterhin funktionieren – das bedeutet, er dreht sich, wenn das Boot dreht. Aber arbeitet er auch richtig? Es könnte auch sein, dass der Hauptkompass kaputt geht, wir aber einen Ersatzkompass haben. Hier besteht die Aufgabe darin, den Reservekompass entsprechend zu montieren und zu justieren. Auch ein Blitzschlag könnte auf See den Kompass beschädigen und die gesamte elektronische Ausrüstung auslöschen. Kontrollieren Sie Ihren Kompass nach einem Blitzschlag genau, auch wenn er scheinbar korrekt arbeitet.

Wenn Sie aus irgendeinem Grund vermuten, dass Ihr Kompass fehlerhaft wäre, so stellen Sie zuerst sicher, dass sich die Scheibe frei drehen kann. Man testet das, indem man den Kompass magnetisch beeinflusst (mit einem magnetischen Schraubenzieher oder dem Lautsprecher eines Radios etc.) und danach sorgfältig beobachtet, ob er weich in die Ausgangsstellung vor der Störung zurückdreht. Tut er das nicht, oder ist die Bewegung ruckartig, so könnte die Lagerung beschädigt oder abgenützt sein. Mitten auf dem Ozean kann man nicht viel dagegen unternehmen, außer sich immer daran zu erinnern und zu hoffen, dass die Bewegung des Bootes ausreicht, die richtige durchschnittliche Orientierung der Scheibe zu gewährleisten. Bleibt die Scheibe (oder Kugel) gelegentlich überhaupt stecken, so muss man bei den unten genannten Deviationskontrollen ganz besonders vorsichtig sein. Wir müssen sicher gehen, dass der Kompass nicht gerade dann steckt, wenn wir seine Abweichung prüfen. Ohne einen magnetischen Gegenstand, um die Magnetnadel herumzudrehen, kann man nur versuchen, das Boot leicht zu bewegen und dabei beobachten, ob sich die Nadel ruckfrei bewegt.

Als nächstes überprüfen wir die Ausrichtung der Lubber Line (die Linie zwischen Kompass-Drehpunkt und Ablesepunkt, Schiffslängsachse, Peilachse, Anm. d. Ü.). Sie sollte parallel zur Kiellinie des Bootes sein. Eine Abweichung von mehr als nur ein paar Grad kann man normalerweise leicht feststellen, indem man sie betrachtet und in Bezug zu den Strukturen des Schiffes bringt. Sollte die Linie abweichen, so richten wir sie nach Möglichkeit wieder aus. Ist dies unmöglich, so bringen wir eine neue Linie zum Ablesepunkt an, parallel zur Schiffsmittellinie, und lesen den Kompass künftig dementsprechend ab. Oder wir notieren einfach, dass der Kompass auf allen Kursen z.B. um 5° zuviel anzeigt – mit dem Effekt, dass wir beim Ablesen konstant diesen Betrag abziehen müssen. Normalerweise wird eine gewissenhafte Kompasskontrolle auch eine Abweichung der Lubber Line von nur 1° enthüllen. Aber unsere Tricks, welche wir auf See ohne besondere Hilfsmittel anwenden müssen, werden keine so genauen Ergebnisse liefern. Wir müssen unser Bestmögliches tun um die Linie auszurichten, annehmen, dass sie stimmt, und weiterfahren.

Unsere nächste Überprüfung gilt dem Kompass-Fehler durch die Deviation. Dabei ist zu beachten, dass die Deviation auf jedem Kurs verschieden groß ist. Natürlich betrifft uns dieser Fehler am meisten am Generalkurs, den wir laufen möchten, und deshalb prüfen wir die Deviation auf diesem Kurs zuerst und erinnern uns nach späteren Kursänderungen daran, auch hier zu kontrollieren.

Die Standard-Deviationskontrolle erfolgt auf See durch astronomische Navigation. Dazu hält man einen genauen Steuerkurs, notiert sich die Peilung der Sonne über den Steuerkompass, und entnimmt die rechtweisende Peilung (Azimut) der Sonne den Sight Reduction Tables, für genau diesen Zeitpunkt und für diesen Ort. Diese rechtweisende Peilung korrigiert man dann um die lokale magnetische Ablenkung (in der Seekarte angegeben) und vergleicht die daraus resultierende Kompass-Peilung mit der aktuellen Peilung der Sonne über den Steuerkompass. Stimmen diese beiden überein, so zeigt der Kompass auf dem zum Zeitpunkt des Vergleiches gesteuerten Kurs richtig an. Verfügt der Kompass über einen Schattenstift im Zentrum, so kann man diese Kontrolle bei tief stehender Sonne sehr genau durchführen. Man nimmt das Reziprok des Schattens der Sonne um ihre Peilung zu gewinnen.

Diese Standard-Prozedur setzt die Kenntnis der korrekten GMT, Sight Reduction Tables (HO-Tafeln), einen Nautischen Almanach sowie einen genau bekannten Schiffsort voraus. Verfügt man über diese Mittel und Informationen, so ist das die naheliegendste Art, den Kompass zu überprüfen. Fehlt nur eines dieser Dinge, so ist die Prozedur unmöglich. Später (im Abschnitt 14.7) werden wir einen Trick, den Almanach zu ersetzen, erörtern, was aber mehr als nur durchschnittliche Gedächtnisarbeit verlangt.

Aber auch ohne all diese Hilfsmittel, ohne freie Sicht auf Sonne oder Sterne, außer Landsicht und von einer vollkommen unbekannten Position aus, kann man trotzdem seinen Kompass überprüfen. Dieses Verfahren ist für die Notfall-Vorbereitung in allen Gewässern von fundamentaler Bedeutung. Dafür wirft man eine Rettungsweste, einen Kanister oder irgendeinen anderen schwimmenden Gegenstand über Bord und steuert direkt von ihm weg, dem eigentlich gewollten Kurs ungefähr entgegensetzt. Während man sich ziemlich weit von dem Gegenstand entfernt und ihn dabei möglichst recht achteraus hält, notiert man den Kompass-Kurs. Das verlangt etwas Übung, aber nicht viel. Man versucht, ihn mit einem in Schiffsmittellinie fixierten Baum auszurichten oder man peilt achteraus entlang des Kajütdaches, eines Handlaufes oder entlang einer anderen, zur Mittellinie parallelen Bootsstruktur. Zwei Personen tun sich hier viel leichter als nur eine allein. Hat man nun auf diese Art seinen Kompass-Kurs (vom Objekt weg) bestimmt, so wendet man so scharf wie möglich und fährt zu dem Gegenstand zurück; dabei notiert man nun den Kompass-Kurs zum Objekt hin. Ist der „Hin"-Kurs zum „Weg"-Kurs genau um 180° verschieden, so hat der Kompass auf diesen beiden Kursen keine Deviation. Man hat nun sichergestellt, dass der Kompass in diesen beiden Richtungen genau funktioniert.

Wenn aber der Kompass auf dem „Hin"-Kurs nicht genau den reziproken Wert vom „Weg"-Kurs zeigt (nicht exakt 180° Unterschied), und man diesen Unterschied durch mehrere Versuche (mehrfache Umkehr auf Gegenkurs) verifiziert hat, so unterliegt der Kompass auf dieses beiden Kursen einer Deviation. Diesen aktuellen Fehler stellt man sich so vor: der korrekte Kompass-Kurs ist das Mittel zwischen dem, den man erwartet und dem, den man tatsächlich abliest. Wir segeln z.B. mit Kompass-Kurs 040 vom Objekt weg, und danach mit Kompass-Kurs 240 wieder zum Objekt hin (ungefähr in der Richtung, in die wir eigentlich wollen). Der reziproke Wert von 040 beträgt aber 220, und demzufolge ist „das Mittel zwischen dem, was ich erwartete und dem, was ich bekam (220 bzw. 240)" genau 230. Der korrekte Magnetkompass-Kurs zum Objekt hin wäre in diesem Fall also 230°. Wenn der Kompass auf diesem Kurs nun 240 anzeigt, so zeigt er in meiner gewünschten Richtung also um 10° zuviel an (s. Abb. 3-3).

Mit einigen Versuchen kann man seinen Kompass-Fehler auf diese Art auf ca. 5° genau bestimmen. Beachten Sie, dass dieses Verfahren (unter guten Bedingungen) gleiche Abdrift von Objekt und Boot voraussetzt.

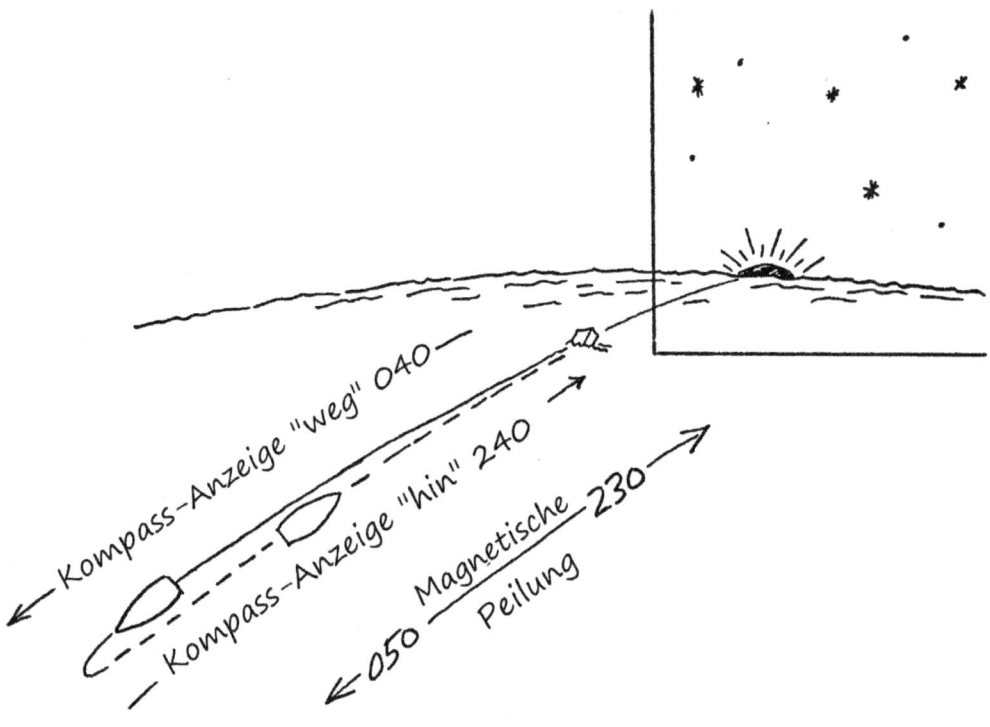

Abbildung 3-3. *Back-Up-Methode zur Überprüfung des Kompasses auf hoher See. Man wirft ein Objekt über Bord und segelt auf dem Gegenkurs des gewünschten Kurses davon weg; das Objekt hält man dabei genau achteraus. Die korrekte magnetische Peilung zum Objekt ist „die Hälfte von dem, was man bekommt (hin zur Kompass-Angabe) und dem, was man erwartet hat (Reziprokwert, weg von der Kompass-Angabe)". Die Prozedur setzt voraus, dass der Wenderadius im Vergleich zum Abstand vom Objekt sehr klein ist. Diese Methode kann sich auch auf Binnen- bzw. Küstengewässern bei eingeschränkter Sicht als nützlich erweisen. Sofern verfügbar, eignet sich ein Himmelskörper oder eine weit entfernte Landmarke besser als Peilobjekt als ein weggeworfener Gegenstand.*

  Vertreibt der Wind unser Boot stärker seitlich durchs Wasser als den zu peilenden Gegenstand, so sind unsere Rückschlüsse hinsichtlich des Kompass-Fehlers falsch. Bei starken Seitenwinden ist diese Methode unverlässlich. Strömungen haben keinerlei Auswirkungen, da sie Boot und Objekt gleichermaßen betreffen. Auf Binnen- oder Küstengewässern kann man diese Überprüfung leichter durchführen, indem man eine weit entfernte Landmarke als Peilobjekt heranzieht. In der Nacht kann man dazu auch einen Stern verwenden, wenngleich dabei durch die Höhe des Sterns der Kurs vom Objekt weg weniger genau gehalten werden kann, selbst mit einer zweiten Person als Steuerhilfe. Verwendet man Sonne oder Sterne als Peilobjekte, so muss man den „Hin"- bzw. „Weg"-Kurs außerdem ziemlich rasch erledigen, da sich diese Objekte über den Himmel bewegen. Hat man beide Kurse aber innerhalb von 10 Minuten gemessen, so sollten sich keine Probleme ergeben.

  Die „Hin"- bzw. „Weg"-Kurse, wie wir sie verwendet haben, sind reziproke anliegende Magnetkompasskurse. Bei dieser Methode gehen wir davon aus, dass die Ablenkung (Deviation) des Kompasses auf reziproken „magnetischen" Kursen gleich groß und entgegengesetzt ist. Streng genommen ist dies nur eine Annäherung an die korrektere Behauptung, dass die Deviation auf reziproken „Kompass-Kursen" gleich groß und entgegengesetzt ist.

Diese Deviationskontrolle wirklich exakt durchzuführen erfordert schwierigere Messungen. Im Prinzip müsste man zuerst vom Objekt weg segeln um den „Weg"-Kurs zu bekommen, danach umkehren und den nach dem Kompass reziproken Kurs zurück steuern. Während man diesen genau hält, peilt man das Objekt über den Kompass und notiert sich diese Peilung. Der Fehler durch die Ablenkung entspricht dann genau der Hälfte des Winkels zwischen dieser Peilung und jener über den Bug. Die Unterscheidung dieser beiden Methoden ist normalerweise aber vernachlässigbar. Einen Unterschied macht es lediglich, wenn die maximale Deviation auf einem der Kurse sehr groß ist, sagen wir 20° oder so. In diesem Fall wäre eine zweite Überprüfung mittels dieser Methode die Mühe wert.

Sollten Sie vorhaben, den Kompass durch Adjustierung der inneren Magnete zu kompensieren, so können Sie beim der ersteren Verfahren bleiben, auch wenn die Deviation anfänglich sehr groß ist. Die erste Kompensation wird vermutlich noch nicht ganz korrekt sein, jedoch gut genug, um mit sehr geringer Ablenkung fort zu fahren. Für die abschließende Adjustierung bei kleiner Deviation ist dann die erste Methode genau genug.

Eine alternative Kompass-Kontrolle ist die Verwendung der rechtweisenden Peilung zu Sonne oder Sternen, welche man durch Berechnungen mittels der Methoden der Kapitel 5 und 6 erhält. Bei diesem Zugang muss man die örtliche Missweisung (Variation) nicht kennen. Die genaueste dieser Methoden verwendet auf der nördlichen Hemisphäre zu jeder Nachtzeit den Nordstern (Polaris, Anm. d. Ü.) und auf allen beliebigen Breiten – sofern man eine Uhr zur Verfügung hat – die Sonne. In speziellen Fällen sind auch einige andere Stern-Verfahren auf ca. 5° genau und verlässlich. Indem man diese rechtweisenden Peilungen sowie eine behelfsmäßige Steuertafel (in Abschnitt 3.3 beschrieben) verwendet, kann man das Boot in die gewünschte Richtung steuern und dann den Kompass ablesen. Der Unterschied zwischen dem Kompass-Kurs und dem rechtweisenden Kurs ist der Kompass-Fehler; die Summe aus Deviation auf diesem Kurs und Variation an diesem Ort.

Auf anderen als Stahlbooten gibt es auch noch ein weiteres Verfahren, den Steuerkompass zu überprüfen, welches man in Betracht ziehen sollte. Man verwendet einfach einen in der Hand gehaltenen Peilkompass als Referenz. Dieser gehört bei Binnen- und Küstennavigation zur Standard-Ausrüstung und es ist daher sehr wahrscheinlich, einen solchen an Bord vorzufinden. Der Vorteil dieser Kompasse ist, dass sie keine inneren Magnete haben, welche sie ablenken könnten. Weiters ist man, wenn man aufsteht und den Kompass auf Augenhöhe hält, üblicherweise weit genug von allen ablenkenden Eisenteilen entfernt, um das Magnetfeld der Erde genau abzulesen. Um den Steuerkompass auf diese Weise zu überprüfen, peilt man den anliegenden Kurs über den Handpeilkompass und vergleicht den Wert mit jenem des Steuerkompasses; eine Differenz findet sich höchstwahrscheinlich aufgrund eines Fehlers des Steuerkompasses.

Diese Methode – und überhaupt alle Peilkompasse – versagen möglicherweise auf Stahlbooten, aufgrund der störenden magnetischen Einflüsse, welche diese verursachen. Auf jedem Schiff ist es aber am besten, den Peilkompass mithilfe des Polarsterns oder der mittäglichen Sonne zu überprüfen und zu verifizieren, ob dieser an einer bestimmten Stelle an Deck auch die erwarteten Ergebnisse liefert. Noch besser ist es, einen Himmelskörper (oder in Küstengewässern eine weit entfernte Landmarke) zu peilen, während man einen Vollkreis fährt. Bleibt die Peilung zu diesem Objekt auf allen Kursen des Bootes konstant, so kann man sicher sein, dass der Handpeilkompass nicht vom Schiff beeinflusst wird. Hüten Sie sich vor stählernen Brillenrahmen, lehnen Sie sich nicht gegen eiserne Riggteile, halten Sie keine Taschenlampe zu nahe neben dem Kompass und beachten Sie auch alle anderen Standard-Vorsichtsmaßnahmen bei Peilungen von Objekten.

3.3 Steuern ohne Kompass

Ohne Kompass müssen wir die Richtungen mittels Sonne und Sternen bestimmen. Die Richtungen, die wir dabei erhalten, sind immer „wahre" (rechtweisende, Anm. d. Ü.) Richtungen. Lokale magnetische Variation oder störende Einflüsse des Bootes sind vollkommen irrelevant, wenn wir keinen Kompass verwenden.

Auf jeden Fall ist eine behelfsmäßige Kompass-Karte extrem wertvoll. Das ist einfach ein auf eine glatte Oberfläche gezeichneter Kreis mit Gradeinteilung. Wir zeichnen zuerst ein Kreuz für die Haupthimmelsrichtungen, dann zwei Diagonale für die Nebenhimmelsrichtungen und von da an schätzen wir die weitere Einteilung. Man kann auch ein Blatt Papier kreuzweise und in den Diagonalen falten; diese faltet man schließlich weiter, um kleinere Referenzwinkel zu bekommen. Eine gezeichnete Kompass-Karte im freien Blickfeld des Steuermannes wird sicher sehr praktisch sein. Er wird dadurch das Boot viel genauer in einem relativen Winkel zur Sonne oder zu einem Stern halten können, als wenn er diesen Winkel nur schätzt.

Mit ein wenig Übung werden Sie in der Lage sein, den Kreis in genaue Teile von jeweils 5° einzuteilen. Es gibt hierbei viele Arten der Improvisation. Man kann den Kreis immer mit einem Schnürsenkel und einem Nagel ziehen. Ein Trick ist, diesen Kreis mit einem Radius von 57 Einheiten zu zeichnen. Der Umfang des Kreises beträgt dann genau 360 Einheiten und jede dieser Einheiten am Kreisbogen ergibt daher 1°. Die Einheit kann ein Millimeter, ein Zehntel von einem Zoll oder auch jede andere zweckmäßige Distanz zwischen zwei Markierungen, welche man zuvor auf einem Stück Papier aufgetragen hat, sein. In Abb. 3-4 erkennt man, dass die Windrose von jeder Seekarte eine fertige Kompass-Karte liefert. Man kann sie ausschneiden, auf ein Brett kleben und die Radien zur besseren Ablesbarkeit verlängern.

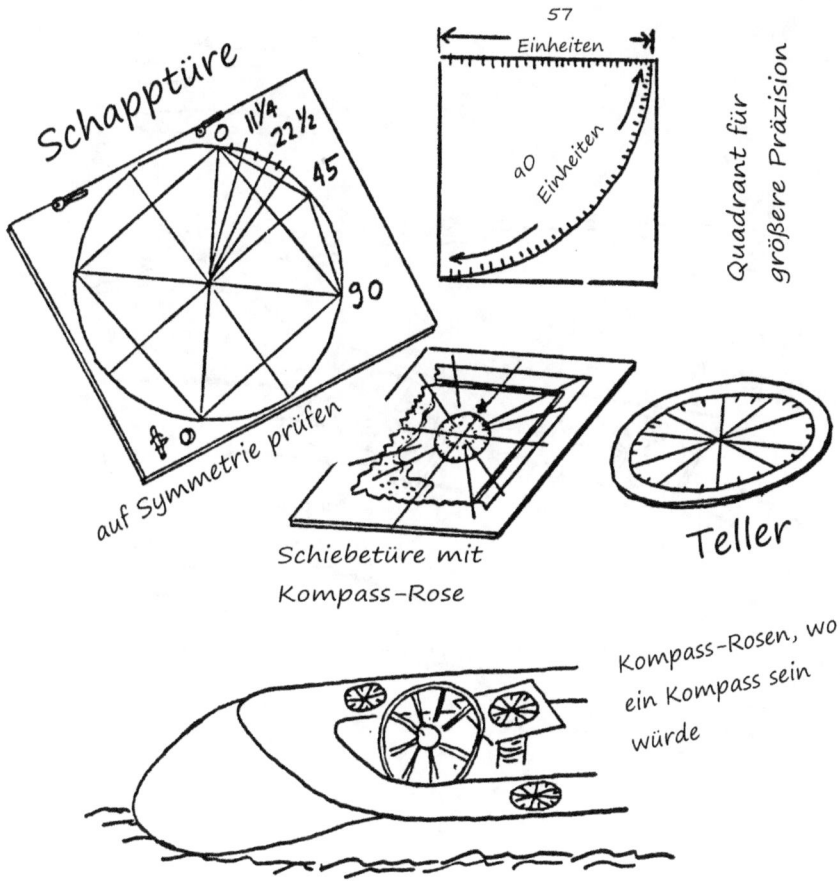

Abbildung 3-4. *Tragbare Kompass-Rosen. Für diese gibt es in der Notfall-Navigation eine ganze Reihe von Anwendungen. Man bestimmt eine Richtung nach Himmelskörpern, richtet die Kompass-Rose danach aus und verwendet sie schließlich als (eine Art von) Kompass. Die Quadranten solcher Kompass-Karten (im Wesentlichen ja Winkelmesser) leisten bei den verschiedensten Anwendungen beim Messen relativer Winkel gute Dienste.*

Abbildung 3-5. *Eine tragbare Kompass-Rose im Einsatz. Hier wird der Morgenwind als Referenz zur Bestimmung der Richtung des Sonnenaufgangs verwendet. Die Venus ist oft eine wertvolle, allgemeine Referenz, sowohl für die Richtung zu bestimmten Sternen, als auch zu Sonnenauf- bzw. -untergang, da man sie oft mit bloßem Auge während der Nacht, wie auch im helleren Teil der Dämmerung erkennen kann. Siehe auch Abb. 7-6.*

Es gibt zahlreiche Anwendungen für eine tragbare Kompass-Karte, für die man auch einen Teller verwenden kann. Nützt man z.B. die Sonnenzeit-Methode aus Abschnitt 6.4, so findet man heraus, dass sich die Sonne 30° östlich von rechtweisend Süd befindet, wenn sie mit 150° peilt. Man kann dann die 150°-Richtung der Kompass-Karte auf die Sonne ausrichten und so den Kurs des Bootes bestimmen oder durch Peilung entlang der Wellentäler die Richtung der Dünung erkennen. Abb. 3-5 zeigt, wie man die Windrichtung mittels einer Kompass-Karte bestimmt.

Eine andere große Hilfe beim notdürftigen Bestimmen von Richtungen, bzw. bei der Notfall-Navigation überhaupt, ist die Fähigkeit, mithilfe seiner Hände bei ausgestreckten Armen Winkel zu schätzen (s. Abb. 3-6). Grundsätzlich gibt es hierbei keinen Unterschied zu Peilungen über eine Kompass-Karte, es kann aber in manchen Fällen sogar genauer sein. Die Armeslänge korrespondiert mit dem Radius der Kompass-Karte, und je größer der Referenzkreis ist, desto genauer können die Winkelmessungen sein.

In den meisten Fällen sind Sterne die besten Quellen für die Richtungsbestimmung. Aber mit Ausnahme des Polarsterns, welchen wir für das „Steuern nach den Sternen" hier nicht in Betracht ziehen wollen, sind Sterne nie auf ein Grad richtungsgenau. Trotzdem gibt es üblicherweise zu jeder Zeit mehrere Möglichkeiten, die Richtung nach den Sternen genau zu bestimmen. Der beste Zugang ist, so viele Verfahren wie möglich anzuwenden, und die Resultate zu mitteln.

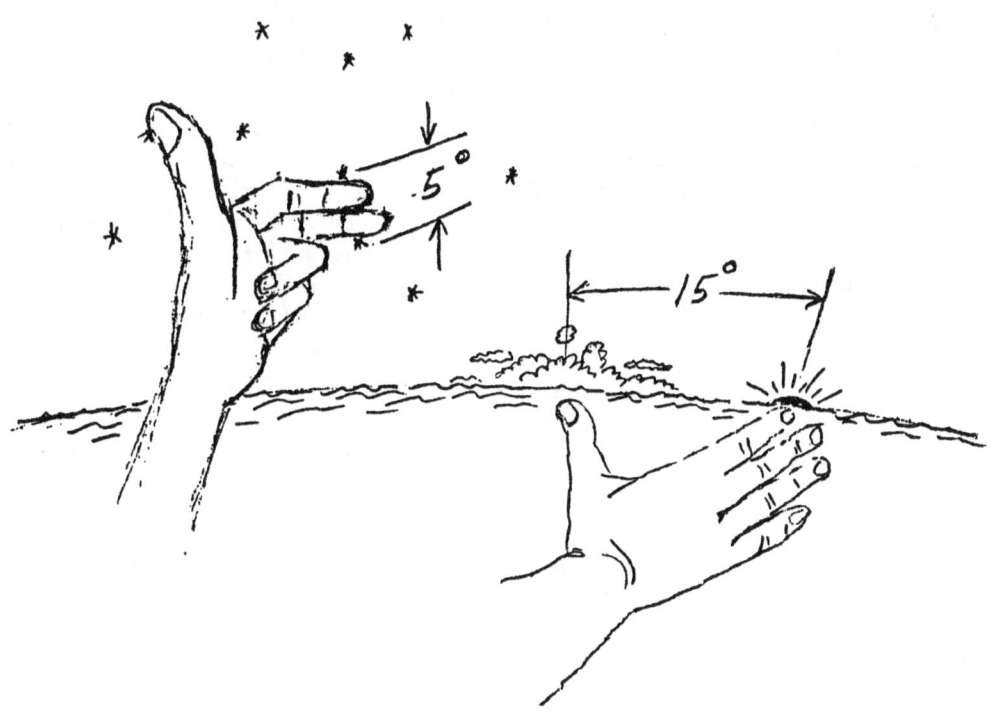

Abbildung 3-6. *Das Schätzen von Winkeln mit Hand und Fingern bei ausgestrecktem Arm. Die Größe der gezeigten Winkel stellen lediglich grobe Durchschnittswerte dar. Mit einem Sextant kann man die eigene Hand „kalibrieren", indem man Winkel zwischen weit entfernten Landmarken, welche man mit dem Sextant gemessen hat, verwendet. Die Fertigkeit, Winkel mittels der eigenen Hand zu messen, ist in der Notfall-Navigation ein wichtiger Vorzug. Ähnliche Kalibrierung kann auf hoher See auch mithilfe von niedrigen Sternen durchgeführt werden, wobei man sicherstellen sollte, dass beim Blick hinaus zu den Sternen der Abstand zwischen Auge und Hand gleich groß ist wie beim Blick zum Horizont. Ändert sich diese Länge, so ändert sich auch die Kalibrierung des Winkels.*

Als Beispiel nehmen wir an, dass wir einen hell strahlenden Stern knapp über der Kimm sehen. Eine Sternen-Methode könnte uns sagen, dass dieser Stern 40° südlicher als West peilt. Ein anderes, komplett unabhängiges Verfahren ergibt, dass die Peilung des Sterns 20° südlicher als West beträgt. Ist das alles, was man zur Verfügung hat, und gibt es keinen Grund, die eine oder die andere Methode vorzuziehen, so muss man – zumindest im Augenblick – davon ausgehen, dass der Stern 30° südlich von West steht, und die Unsicherheit mit 10° plus oder minus beurteilen.

Für kurze Zeit kann man nach Sternen oder Wolkenformationen am Horizont steuern, aber diese Richtungen ändern sich rasch. Oberflächenwinde oder Dünungen können oft viel länger eine Referenzrichtung liefern – vor Allem die Dünung kann in manchen Fällen über mehrere Tage aus derselben, genau definierten Richtung kommen. In den gemäßigten Breiten liefert auch die Richtung der Höhenwinde, erkennbar an Wellenmustern der hohen und mittelhohen Wolken, weitere Anhaltspunkte. Diese Jetstreams sind viel konstanter als der Bodenwind, wir können ihre Richtungen aber nur gelegentlich wirklich erkennen.

Das generelle Verfahren, nach Bodenwind oder Schwell zu steuern, ist, deren Richtung mithilfe von Sonne oder Sternen laufend zu beobachten. Je öfter man diese Richtungen kontrolliert und umso vielfältiger die angewandten Verfahren, desto genauer wird der gefahrene Kurs.

Tatsächlich tendiert gerade diese spezielle Bewegung der Sonne und der Sterne, welche uns einerseits bei der Richtungsfindung immer so große Schwierigkeiten bereitet, andererseits dazu, unsere durchschnittlichen Ergebnisse genauer zu machen.

Allgemein kann man sagen, dass die Sternen-Methode, welche einen bestimmten Fehler liefert, wenn die beobachteten Sterne im Osten liegen, sich genau gegensätzlich irrt, wenn sich diese Sterne westlich befinden. Betrachten wir die Sonne als Beispiel: auf nördlichen Breiten peilt die Sonne zu Mittag genau südlich. Wenn ich beabsichtige, genau nach Süden zu fahren, so steuere ich im mittleren Teil des Tages also auf die Sonne zu. Ich werde mich am Vormittag zwar Richtung Osten irren, am Nachmittag wird mein Fehler Richtung Westen aber gleich groß sein. Das Netto-Ergebnis wird ein einigermaßen guter Kurs Richtung Süden sein, aber kein sehr effizienter. Wir können das viel besser machen!

Um ein Gefühl dafür zu bekommen, müssen wir zwischen der jeweiligen Kursabweichung zu einem bestimmten Zeitpunkt und dem durchschnittlichen Netto-Fehler bei einer ausgedehnten Fahrt unterscheiden. Was wir wissen wollen ist, wie weit wir aufgrund von Steuerfehlern vom Kurs abkommen, nachdem wir eine bestimmte Distanz versegelt haben. Auch Strömung und Abdrift bringen uns vom Kurs ab, aber das ist eine andere Geschichte.

Hat Jemand alle Methoden der Richtungsfindung aus Kapitel 5 und 6 angewandt, viele Male und über lange Zeiträume, und die Resultate dieser Methoden jedes Mal mit einem Kompass überprüft, so wird er herausfinden, dass der durchschnittliche Fehler all dieser Werte ungefähr 12° beträgt, vielleicht sogar etwas mehr. Die größten Einzelfehler werden ungefähr 30° betragen, wenn wir einmal von jenen Methoden absehen, welche nur Generalkurse wie Norden oder Süden, Osten oder Westen liefern.

Steuern wir also einen perfekt geradlinigen Kurs, mit einem Kursfehler von 6°, so werden wir nach jeweils 10 Meilen Fahrt um 1 Meile vom Weg abgekommen sein – ein „10-prozentiger Positionsfehler".

Diese Schlussfolgerung kann mit ausreichender Genauigkeit um den Faktor 5 ausgedehnt werden (s. Abb. 3-7).

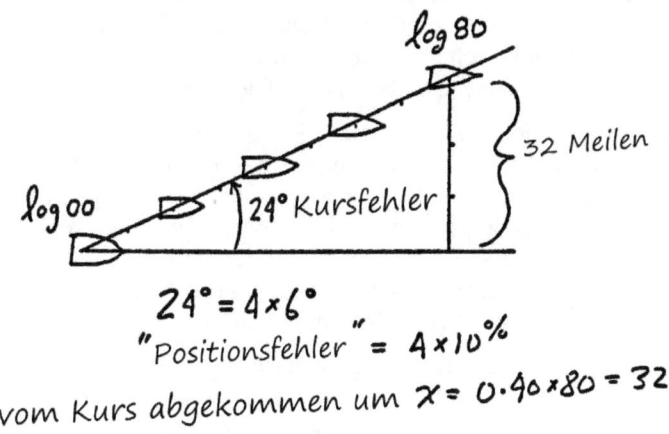

Abbildung 3-7. *Die Schätzung, wie weit man aufgrund von falschem Steuern vom Kurs abgekommen ist. Dieser Trick kann sich auch bei der Konstruktion von behelfsmäßigen Instrumenten für Winkelmessungen als nützlich erweisen.*

Ein gleichmäßiger Steuerfehler von 12° erzeugt einen 20-prozentigen Positionsfehler (2 x 10%), und ein dauernder Steuerfehler von 18° einen 30-prozentigen Positionsfehler. Mit einem anhaltend um 12° falschen Kurs würden wir also nach einer Fahrt von 1000 Meilen um 200 Meilen danebenliegen. Mit anderen Worten – ein andauernder Kursfehler von rund 12° würde nach einer langen Fahrt einen riesigen Positionsfehler ergeben. Trotzdem wird – bei genauerer Betrachtung – die Situation nicht so schlimm sein. Der Fehler wird nämlich nicht andauernd vorliegen.

Fehler beim Steuern nach den Sternen entstehen aus unterschiedlichen Quellen. Erstens sind manche Methoden grundsätzlich nicht sehr genau, oder nur unter bestimmten Umständen. Eine imaginäre Linie durch Procyon z.B., welche zwischen Kastor und Pollux durchgeht, schneidet auf nördlichen Breiten den Horizont ziemlich genau im Süden, vorausgesetzt, dass Procyon zumindest halbhoch am Himmel steht. Stehen diese Sterne sehr hoch (nicht jedoch über unserem Kopf), so ist diese Methode genau. Gehen die Sterne gerade erst auf, so irrt sich diese Regel Richtung Osten, gehen sie bereits unter, so liegt der Fehler westwärts. Die Bedingung „halbhoch am Himmel" soll diesen Fehler prinzipiell reduzieren.

Die zweite Fehlerquelle beruht auf der Anwendung der Prinzipien durch den Navigator. In dem Beispiel von Procyon (Zwilling) muss der Navigator irgendwie eine gedachte Linie zum Horizont ziehen. Er könnte sie sich nur vorstellen oder auch einen Stab zu Hilfe nehmen. In jedem Fall kann man aber nicht erwarten, dass das Ergebnis auf 1° genau sein wird. Der Betrag des Fehlers, welcher an dieser Stelle eintritt, hängt individuell von der Person ab, und davon, wie viel Übung sie dabei hat. Sogar mit viel Übung ist ein Fehler von 5° auf die eine oder die andere Seiten schwer zu vermeiden.

In den meisten Fällen stehen die Fehler der Prinzipien in keiner Beziehung zu den Fehlern beim Ausführen. Es ist genauso wahrscheinlich, dass sie sich gegenseitig aufheben, wie dass sie sich addieren. Um die Größe seiner eigenen Fehler herauszufinden, kann man an Land üben, und sich dabei mit einem Kompass oder durch die Richtung von Straßen überprüfen.

Nochmals – der erwähnte typische Fehler von 12° ist nur jener, welchen wir bei einer einzigen Messung erwarten könnten. Unser Rettungsanker ist, dass der Fehler bei einer zweiten Messung, von anderen Sternen, in die entgegengesetzte Richtung liegen könnte. Mittelt man die beiden Ergebnisse, so hat man eine grob 50-prozentige Chance, dass dieser Wert genauer als die beiden Einzelmessungen ist. Die Wahrscheinlichkeit, dass sich beim Mitteln die Einzelfehler gegenseitig aufheben, steigt mit der Anzahl der Messungen und der Anzahl der verschiedenen Methoden.

In einer klaren Nacht stehen zu jeder Zeit vielerlei Stern-Methoden zur Verfügung, sodass genaue durchschnittliche Ergebnisse auf der Stelle gefunden werden können. Wenn man auf eine einzige Methode beschränkt ist, wie tagsüber bei der Sonne oder bei wenigen Sternen in einer diesigen Nacht, so ist es möglich, dass man manchmal 20° oder mehr vom Weg abkommt, der durchschnittliche Kurs während des Tages und der Nacht wird jedoch genauer sein. Grundsätzlich kann man sagen, dass, je länger man auf einem bestimmten Kurs segelt und je kontinuierlicher man seine Richtung mithilfe der Gestirne überprüft, der Kurs umso genauer sein wird.

Die erforderliche Genauigkeit beim Steuern hängt natürlich von der Situation ab. Hundert Meilen vor der Küste von New York, reicht es zu wissen, wo Westen liegt. Ist das einzig erreichbare Land aber eine einsame Insel, nur 30 Meilen weit sichtbar und mit 1000 Meilen Ozean auf allen Seiten, dann ist das Steuern schon kritischer. Auf jeden Fall müssen wir die Wichtigkeit genauen Steuerns im Auge behalten. Angenommen, wir befinden uns 200 Meilen vor dieser Insel, und können 3 Knoten Fahrt erreichen. Auf dem direkten Weg wäre die Insel 3 Tagesreisen entfernt. Bei einem Netto-Steuerfehler von 6° lägen wir nach 200 Meilen 20 Meilen neben der Insel, aber immerhin noch Sichtweite von ihr. Es könnte aber auch ein Strom vorliegen, und eine typische ozeanische Strömung versetzt ein Boot ungefähr 12 Meilen täglich, wenngleich der Strom in der Nähe von tropischen Inseln auch leicht das Doppelte betragen kann. Sollte ein solcher Strom quer zu unserem Kurs vorliegen, und wir würden ihn nicht erkennen, so würde er uns in 3 Tagen 36 Meilen vom Kurs abbringen, weit genug, um die Insel zu verpassen. In diesem Fall wäre das Erkennen des Stromes genauso wichtig wie die Fähigkeit, nach Sonne und Sternen zu steuern.

Ein wichtiger Punkt in der Praxis, den man nicht oft genug erwähnen kann, ist die Auswirkung von Regen und niedrigen Wolken auf die Sichtbarkeit von Inseln. Die Insel in unserem Beispiel könnte bei gutem Wetter auf 30 Meilen (s. Abschnitt 13.2), bei schwerer, niedriger Wolkendecke aber nur auf 10 Meilen oder weniger sichtbar sein. Je länger wir auf das Aufklaren des Himmels warten müssen, umso wichtiger ist es, zu wissen, wie die Strömung sich verhält.

Glücklicherweise folgen die vorherrschenden Strömungen in den meisten Teilen der Welt auch den vorherrschenden Winden. Da wir uns in einer Notsituation einem Landfall vermutlich vor dem Wind annähern, ist es eher unwahrscheinlich, dass wir dabei direkt quer zum Strom segeln. Wenn wir nicht gerade quer zur Strömung fahren, dann wird uns auch ein unerkannter Strom nicht sehr weit versetzen, er würde lediglich den Zeitpunkt unserer Ankunft beeinflussen. Trotzdem müssen wir immer an mögliche Strömungen denken, sofern wir Grund zur Annahme haben, dass sie signifikant sein könnten.

Segeln wir auf Am-Wind-Kurs, so müssen wir auch die Abdrift einkalkulieren – wie viel unser Boot dabei nach Lee versetzt wird. Bei einem typischen Kielboot wird die Abdrift (in der Praxis, nicht in der Theorie) irgendwo zwischen 5° und 15° liegen, abhängig von Boot und Windstärke – wir werden in Abschnitt 10.3 darauf zurückkommen. Aber der Effekt der Abdrift aufs Steuern unterscheidet sich in einem wichtigen Punkt von jenem des Stromes. Wir können die Abdrift unter allen Umständen messen oder realistisch schätzen, wohingegen wir beim Strom nur Vermutungen anstellen können.

4 Steuern nach Wind und Wellen

Nach Wind und Wellen zu steuern bedeutet, einen stetigen Kurs zu halten, mit der Richtung des Windes und der Dünung oder Windsee als Referenz. Ohne Kompass muss der aktuelle Kurs nach Sonne oder Sternen bestimmt werden. Einmal auf Kurs, suchen wir uns für einige Zeit eine Referenzmarke am Horizont, möglichst recht voraus. Wir halten danach unseren Kurs und beobachten, in welchem Winkel dazu der Wind oder die Wellen einkommen. Von da an ist das grundsätzliche Verfahren des Steuerns ohne Kompass nicht mehr viel anders als das normale Steuern eines Segelbootes.

Das erste und sofortige Ziel ist, den Bug genau auf die vorübergehende Referenzmarke am Horizont zu halten. In der Nacht wird dies üblicherweise ein Stern sein. Tagsüber kann es eine Wolkenformation oder sogar eine leicht veränderte Schattierung des Himmels über der Kimm sein.

Jedes Mal, wenn sich der Bug von dieser Marke entfernt, bringen wir ihn wieder dorthin zurück. Und immer, wenn wir ihn zurückbringen (wie auch zwischendurch von Zeit zu Zeit), überprüfen wir die Windrichtung, sobald wir wieder auf Kurs sind. Gelegentlich könnte der Windeinfallswinkel verändert sein, obwohl der Bug ausgerichtet ist. Ist dies der Fall, so beobachten wir die Richtung der Wellen bzw. der Dünung. Passt deren Richtung noch immer zur Windrichtung, so ist es Zeit, unseren Kurs auch anzupassen und uns einen neuen, vorübergehenden Referenzpunkt zu suchen. Sehr allgemein gesprochen, würde man auf Am-Wind-Kursen vielleicht eher zuerst die Windrichtung, auf Kursen vor dem Wind eher die Richtung der Wellen überprüfen. Beim normalen Segeln gilt in diesem Moment wahrscheinlich der erste Blick dem Kompass.

Beim neuerlichen Abstimmen des Kurses auf die Referenzmarke könnte man diese z.B. von „recht vor dem Bug" auf „seitlich, am halben Bugkorb" übernehmen, und so auch noch weiter. Oder man verwendet überhaupt einen neuen Referenzpunkt. Tun Sie, was immer notwendig ist, damit der Windeinfallswinkel wieder korrekt ist, um dann eine neue Marke zu übernehmen. Bei dieser Anpassung gehen wir davon aus, dass sich die Richtung der Referenzmarke verändert hat, und nicht die des Windes oder der Wellen. Da wir aber keinen Kompass haben, um diese Frage eindeutig beantworten zu können, können wir nicht viele solche Korrekturen machen, bevor wir wieder zu Sonne oder Gestirnen zurückkehren müssen, um zu sehen, ob sich nicht doch Wind- oder Wellenrichtung verändert hat.

Man kann auch ohne temporäre Referenzmarke, nur nach Wind oder Zugrichtung der Seen, steuern, aber in der Praxis ist es einfacher, eine Marke zu verwenden, sofern eine solche verfügbar ist. Außer in den dunkelsten, wolkenverhangenen Nächten kann man normalerweise immer irgendeinen Punkt heraussuchen. Nur selten bietet ein Tag nicht einmal einen kleinen Wolkenstreifen über der Kimm.

Eine vorübergehende Markierung, wie eine weit entfernte Wolkenformation, kann über eine Stunde oder länger die Peilung behalten. Sie könnte möglicherweise ihre Form ändern, aber doch in derselben Richtung bleiben. Andererseits könnten sich Wolken vor uns sehr rasch über den Horizont bewegen, ohne von irgendwelchem Nutzen zu sein. Alles hängt davon ab, wie weit sie entfernt sind und wie schnell sie ziehen. Die Bewegung von Sternen oder Sonne hingegen ist viel leichter vorherzusagen (wir werden das später im Detail behandeln). Die schnellsten Gestirne bewegen sich, wenn sie niedrig über der Kimm stehen, mit rund $15°$ pro Stunde. Kurz gesagt, jede Referenzmarke recht voraus wird nie länger als bestenfalls ein Stunde in fixer Richtung bleiben. Es gibt natürlich Ausnahmen, welche wir in Kapitel 5, beim Steuern nach den Sternen, behandeln werden. Das sind aber dann keine zufällig vor uns auftauchenden Sterne. Nur ausnahmsweise und durch glücklichen Zufall fahren wir manchmal auf Gestirne zu, welche ihre Richtung über einen längeren Zeitraum kaum ändern.

Abgesehen von ziehenden Wettersystemen, bleibt die Windrichtung grundsätzlich über viel längere Zeiträume stabil. Wenn wir Glück haben, bleibt sie den ganzen Tag, oder sogar länger, konstant. Es hängt davon ab, wo man sich befindet, und zu welcher Zeit. Aber ungeachtet unseres Aufenthaltsortes können wir uns niemals auf Wind- und Wellenrichtung allein zur Richtungsbestimmung verlassen. Das Steuern nach Wind und Schwell ist lediglich das Verfahren, um die Zeit zwischen zwei astronomischen Richtungsbestimmungen zu überbrücken. Haben wir längere Zeit weder Sonne noch Sterne zur Verfügung, bleibt einfach nur beizudrehen und auf sie zu warten.

Wie lange genau wir nur nach Wind und Wellen steuern dürfen, hängt ab von der Gegend, in der wir uns befinden, sowie von unserer Kenntnis des örtlichen Wetters und der Ozeanographie. Es gehört nicht zum Ziel dieses Buches, all diese Themen im Detail zu behandeln – angebrachter wäre dies bei der allgemeinen Routinevorbereitung einer Seereise als bei der Vorbereitung für den Notfall – aber wir werden einige wichtige Punkte erwähnen, sobald wir auf sie stoßen.

4.1 Das „Lesen" des Windes

Nach dem Wind zu steuern ist auf einem Segelboot eine völlig normale Sache. Einige Segelboote werden sich bei bestimmten Segelstellungen selbst steuern. Auch Windfahnen und ähnliche Ausrüstungen können dabei eingesetzt werden. Aber ein nur nach dem Wind gesteuertes Boot würde auf einem grenzenlosen Ozean im Kreis fahren, wenn der Wind umläuft. Und sogar die beständigsten Winde drehen manchmal. Auch die berühmten Passatwinde können ihre Richtung um 90° ändern, ohne dass sich der Wettermann besonders aufregt. Wir können lange Distanzen einfach nicht nur nach dem Wind segeln. Seine Richtung muss so oft wie möglich mittels der Gestirne überprüft werden.

Um die Windrichtung zu beobachten, ist das Anbringen eines Verklickers, eines Bandes oder Streifens aus leichtem Stoff, hoch oben im Rigg und außerhalb von behindernden Strukturen, besonders hilfreich (s. Abb. 4-1).

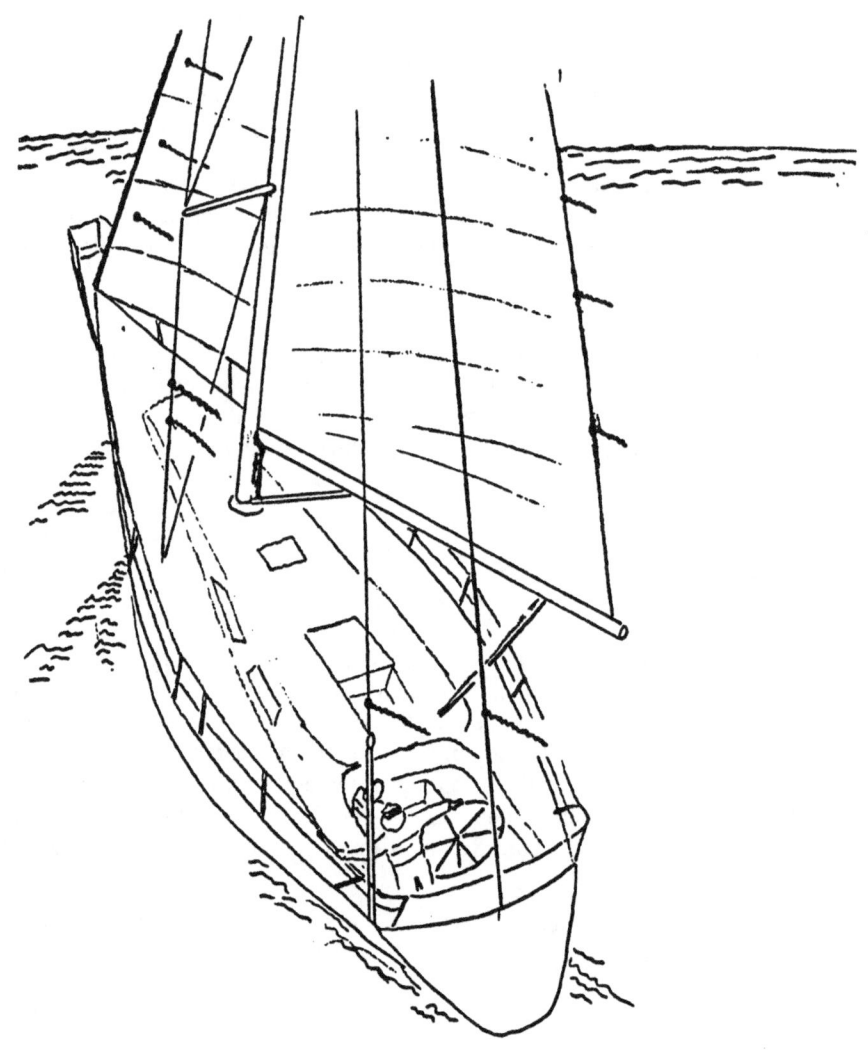

Abbildung 4-1 *Verwendung von Verklickern zum Ablesen des scheinbaren Windes. Hier sieht man sie an der Luvseite des Vorsegels, am Achterliek des Großsegels, an den Luvwanten, von Achter- und Backstagen. Lange Windfäden, welche über unseren Köpfen am Achterstag fliegen sind bei Kursen vor dem Wind oft nützlich.*

Auch Streifen eines Plastiksacks oder Kassetten-Tapes ergeben gute Verklicker. Sie zeigen die Windrichtung ohne Verzögerung an. Es ist immer besser, einen Verklicker zu benutzen, als die Windrichtung nur nach Gefühl zu schätzen. Auf Segelbooten sind Verklicker üblich, auf Motorbooten kaum. Endet man jedoch ohne Kompass, und muss daher die Windrichtung genau beachten, so ist der erste Schritt auf jedem Boot, einen Verklicker zu riggen. Dies ist ein Instrument, auf das man sich verlassen kann.

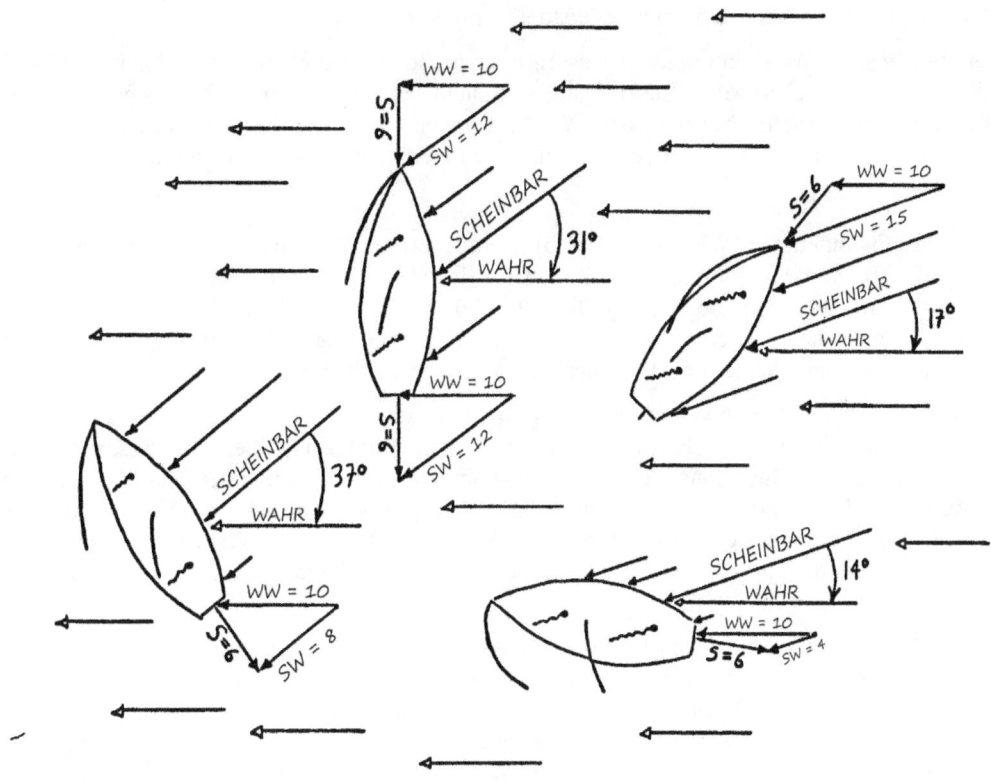

Abbildung 4-2. *Wahre und scheinbare Windrichtung gegenübergestellt. Der wahre Wind kommt immer achterlicher als der scheinbare Wind ein. Diese Differenz ist auf Halbwindkurs am größten.*

Beobachten wir einen Verklicker, so dürfen wir nicht vergessen, dass wir dabei den scheinbaren Wind sehen, ganz im Gegensatz zum wahren Wind. Der scheinbare Wind ist die Kombination vom wahren Wind über dem Wasser und jenem, welcher durch die Bewegung des Bootes erzeugt wird. Der Unterschied zwischen scheinbarem und wahrem Wind hängt von der Geschwindigkeit ab, mit der sich das Boot im Verhältnis zur wahren Windgeschwindigkeit bewegt. Bei einem Boots-Speed von nur 10 oder 20 Prozent der wahren Windgeschwindigkeit ist diese Differenz vernachlässigbar, und man kann die wahre Windrichtung direkt vom Verklicker ablesen.

Wenn man sich bewegt, so kommt der wahre Wind immer achterlicher ein als der scheinbare Wind. Kommt der scheinbare Wind von querab, so muss man sich also Richtung Heck drehen, um zu sehen, woher der wahre Wind kommt. Das ist immer so, ungeachtet der Segelstellung. Kommt der scheinbare Wind 45° vom Bug seitlich ein, so weht der wahre Wind etwa von querab, haben wir den scheinbaren Wind raumschots, so wird der wahre Wind schon ziemlich achterlich einkommen, wie in Abb. 4-2 gezeigt.

Der genaue Unterschied in Graden, mit dem der wahre Wind achterlicher als der Scheinbare einkommt, hängt von der Geschwindigkeit relativ zum Wind und von der Segelstellung ab. Bei jeder Relativgeschwindigkeit wird diese Differenz am größten sein, wenn der scheinbare Wind von querab kommt. Die Differenz liegt typischerweise zwischen 10° und 40°, wobei, grob gesprochen, der Unterschied umso größer sein kann, je leistungsfähiger das Boot ist.

Wenn wir uns auf Windrichtungen verlassen müssen, so ist es ausschließlich der wahre Wind, der zählt. Wahre und scheinbare Windrichtung sind nicht immer unterschiedlich genug, dass diese Tatsache eine Rolle spielt, aber um nach Windrichtungen steuern zu können, dürfen wir diesen potenziellen Unterschied nicht vergessen. Das sind die Punkte, an die wir denken müssen:

(1) Auf Halbwindkursen (Wind von querab) kann der wahre Wind deutlich achterlicher als der scheinbare Wind einkommen. Bei wahrem Wind von 5 – 10 Knoten z.B. wird ein durchschnittliches Segelboot ungefähr 60 – 70 Prozent der Geschwindigkeit des wahren Windes erreichen. Bei einem Boots-Speed von 65 Prozent der wahren Windgeschwindigkeit kommt der wahre Wind um 41° achterlicher ein als der scheinbare Wind.

(2) Ändert sich die Geschwindigkeit des wahren Windes, ohne dass sich der Boots-Speed ändert, so ändert sich die Richtung des scheinbaren Windes auch bei unveränderter wahrer Windrichtung. Läuft man z.B. bei scheinbarem Wind von querab mit 7 Knoten Rumpfgeschwindigkeit in 10 Knoten wahrem Wind, so wird, wenn der wahre Wind auf 15 Knoten zunimmt, bei gleich bleibender Bootsgeschwindigkeit der scheinbare Wind um 20° nach achtern drehen, auch wenn der wahre Wind seine Richtung überhaupt nicht geändert hat.

(3) Segelt man fast platt vor dem Wind, so kann eine kleine Änderung des wahren Windes eine große Drehung des scheinbaren Windes hervorrufen. Läuft man z.B. mit 6 Knoten bei wahrem Wind von 12 Knoten aus 170° (Seitenpeilung, Anm. d. Ü.), und der Wind dreht plötzlich um 20° nach vorne und flaut auf 10 Knoten ab, so würde der Boots-Speed ungefähr gleich bleiben, der scheinbare Wind jedoch um fast 40° nach vorne drehen. Beurteilen wir also lediglich den scheinbaren Wind, so könnten wir die Winddrehung leicht falsch interpretieren.

Eine auf der Hand liegende Möglichkeit, den wahren Wind zu erkennen, ist, das Boot zu stoppen. Normalerweise muss man aber nicht so weit gehen; in der Regel erkennt man den wahren Wind an der Richtung der Wellen oder an „Riffeln" (kleinste Wellen, Anm. d. Ü.) auf dem Wasser. Diese „Katzenpfoten", wie sie manchmal genannt werden, sind muschelförmige Riffeln, welche wie Fischschuppen auf der Oberfläche der Wellen aussehen. Größere Wellen ziehen in Windrichtung, sofern diese konstant bleibt, ändern die Richtung aber nicht sofort nach einer Winddrehung. Riffel an der Oberfläche folgen der veränderten Windrichtung hingegen sofort, als würde der Wind mit einem Pinsel übers Wasser streichen. Manchmal muss man längere Zeit aufs Wasser starren, um sie zu sehen, aber es gibt sie bei jeder Windstärke von über einigen Knoten und man kann die Windrichtung daran erkennen.

Beim Steuern nach einem Verklicker hält man das Boot so auf Kurs, dass das Band im Verhältnis zu einem Bezugspunkt am Boot immer in der gleichen Richtung flattert. Der Trick ist, den Verklicker an einem geeigneten Platz am Boot, üblicherweise auf der Luvseite und gut weg vom Deck, anzubringen. Vor dem Wind kann man auf manchen Booten ein langes, ans Achterstag gebundenes Band gut sehen, wenn man den Kopf vom Steuer hebt. Wenn das funktioniert, so funktioniert es gut. Hoch am Wind kann man auf die „normale" Art nach Verklickern steuern, indem man sie am Vorliek des Großsegels befestigt, je einen in der Mitte einer Segelbahn, weg von allen Nähten und ungefähr 30 cm hinter dem Liek. Dann steuert man, bei ordentlich getrimmten Segeln, einen Kurs, welcher die Bänder entlang des Segels nach hinten strömen lässt.

Ohne Kompass zu steuern erfordert am Tage mehr Konzentration als in einer klaren Sternennacht. Um tagsüber eine genaue Orientierung zu behalten, muss man nicht nur Verklicker und weit entfernte Wolken, sondern auch Wellen und Dünung, Schatten am Boot und sogar am Himmel ziehende Wolken beobachten. In gewissem Sinn bedeutet Steuern während des Tages lediglich, einen stetigen Kurs bis zum Abend zu halten. Speziell bei wolkenverhangendem Himmel, oder wenn man die Sonne zwar sieht, jedoch keine Uhr zur Verfügung hat. In der Nacht kann man fast immer genaue Peilungen von den Sternen bekommen.

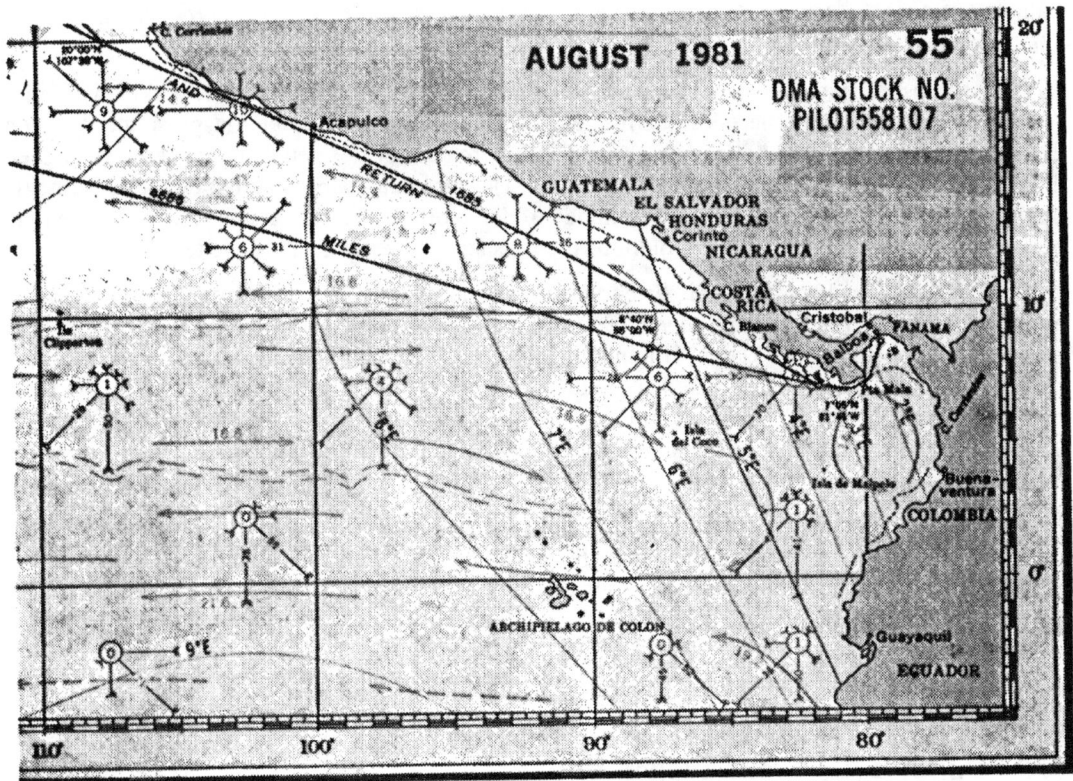

Abbildung 4-3. *Ausschnitt aus einer U.S. Pilot Chart. Im August liegt die Wahrscheinlichkeit für südliche Winde mit Windstärke 3 (auf der Beaufort-Skala, gemeint sind Winde von 7 bis 10 Knoten) bei 50 %, und jene für südwestliche Winde der Stärke 3 bei 36 %. Wo die Wahrscheinlichkeit nicht in Zahlen angegeben ist, muss man sie aus der Länge der Pfeile ableiten, wofür man irgendwo auf der Karte eine Skala findet. Zahlen in den Kreisen im Mittelpunkt der Windrosen zeigen die Wahrscheinlichkeit von Flauten. Die Beaufort-Skala für Wind- und Seestärke findet man im Bowditch, Band 1. Gebogene Pfeile weisen auf vorherrschende Strömungsrichtungen hin, deren Stärke in Seemeilen pro Tag angeführt wird.*

Um den Wind für die Navigation voll ausnützen zu können, sollte man die vorherrschenden Winde auf der geplanten Route bereits vor Abreise studieren. Bei einer Fahrt unter Segeln ist das eine Standard-Prozedur, nicht jedoch auf einem Schiff, welches keinen Wind als Antrieb benötigt. Pilot Charts sind die geeignetsten Informationsquellen hinsichtlich der klimatischen ozeanischen Winde. Sie zeigen Windrichtungen und -stärken auf allen Meeren während eines bestimmten

Monats. Die Informationen werden in Form von Windrosen dargestellt, welche die Wahrscheinlichkeit der verschiedenen Winde an dem jeweiligen Ort angeben (s. Abb. 4-3). Ein vorherrschender Wind ist einfach jener mit sehr hoher Wahrscheinlichkeit. Ähnliche Windvorhersagen für Küstengewässer finden wir in den Anhängen der U.S. Coast Pilots, herausgegeben von der NOAA. Lokale Winde werden im Text der Coast Pilots besprochen.

Der Bereich, in dem ein bestimmter Wind vorherrscht, legt fest, inwieweit man sich auf die Windrichtung als annähernd richtige Peilung verlassen kann. Die Passatwinde sind in dieser Hinsicht besonders beachtenswert. Sie zeigen eine hohe Wahrscheinlichkeit (ca. 80 %), auf der nördlichen Hemisphäre aus Nordost oder Ost, auf der Südhalbkugel aus Südost oder Ost zu wehen (mit einer Stärke von 10 bis 15 Knoten, wobei auch 5 oder 20 Knoten nicht außergewöhnlich sind). Die Richtung des Passats kann über mehrere Tage oder noch länger stabil bleiben.

Ein weiteres Beispiel für vorherrschende Winde in globalem Maßstab sind die Zirkulationen im Uhrzeigersinn um atlantische oder pazifische Hochdruckgebiete bzw. der Entsprechungen gegen den Uhrzeigersinn auf den südlichen Meeren. Die Zentren dieser riesigen Hochs andererseits bieten über lange Zeiträume wenig oder gar keinen Wind. Der Ordnung halber und um die beste Strategie planen zu können, hilft es bei der Vorbereitung auf den Notfall sehr, zu wissen, welche Winde man erwarten kann. Zu wissen, dass die Doldrums die Passatzonen trennen und so weiter.

Unter Umständen kann man mit Erfahrung die Windrichtung von der Wetterlage ableiten. In einigen Gebieten der Breiten mit hohen Temperaturen kann man z.B. im Sommer annehmen, dass moderate, stetige Winde bei klarem Himmel irgendwo aus dem Nordwest-Quadrant, Starkwind und Schlechtwetter hingegen eher aus dem Süden kommen werden. Aber das ist nicht mehr als allgemeine, umsichtige Vertrautheit mit vorherrschenden Winden und Wettererscheinungen. Es kann nicht genau genug sein, um sich auf lange Strecken danach zu orientieren.

Beim Steuern nach dem Wind muss man sich nicht immer allein auf den Bodenwind verlassen. Manchmal kann man die Windrichtung auch von Winden hoch in der Atmosphäre ablesen, durch die Bewegung, das Erscheinungsbild und die Formation der hohen Wolken. Die Richtung des Höhenwindes ist nicht dieselbe wie jene auf der Wasseroberfläche, aber sie bleibt oft für längere Perioden gleich. Da diese Richtungsreferenz aber nur anhand der Wolken erkannt werden kann, heben wir uns dieses Thema bis zum Abschnitt 7.3, Wolken, auf.

4.2 Dünung (Schwell), Wellen und Riffel

Üblicherweise unterscheidet man drei Arten von Wellenbewegungen auf der Meeresoberfläche: Riffel (Katzenpfoten), Wellen (Windsee) und Schwell (Dünung; Anm. d. Ü.), s. Abb.4-4. Riffel haben wir im vorangegangenen Abschnitt besprochen. Das sind die so genannten Katzenpfoten, kleinste Wellen (Wavelets), welche uns die Windrichtung unmittelbar anzeigen. Riffel sind winzige Wellen mit sehr geringem Beharrungsvermögen. Mangels aufrechterhaltender Trägheit verschwinden sie in dem Moment, in dem der Wind einschläft, bzw. ändern sie ihre Richtung mit neuer Windrichtung sofort. Die Richtung der Riffel kann augenblicklich auf Böen oder auch auf den geringsten Windhauch reagieren. Sie finden sich normalerweise auf der Oberfläche der Wellen, welche wiederum oft eine darunter liegende, sanft rollende Bewegung des Meeres überlagern, die wir Dünung oder Schwell nennen.

Die Unterscheidung zwischen Windsee und Dünung ist manchmal schwierig, speziell wenn die Windsee höher geht als die Dünung. Sind die Wogen der Dünung aber zumindest gleich hoch wie die Windsee, so sind sie doch deutlich erkennbar. Auch Dünung ohne Windsee kann vorkommen.

Es ist nicht ungewöhnlich, in einer Flaute die See ohne Wellen rollen zu sehen, wie ein riesiges, gewelltes Blechdach oder Waschbrett. Meistens zeigt sich das Meer jedoch als eine verwirrende Kombination aus Dünung und Wellen. Um sich nach der See zu orientieren müssen wir zwischen Dünung und Windsee unterscheiden, da vorherrschende Dünung anhaltende Richtungsangaben liefern kann, ungeachtet der Änderungen von Wind und Wellen.

Wellen (Windsee) werden durch lokale Winde erzeugt. Sie wachsen oder klingen mit dem Wind ab, und sie pflanzen sich in der momentanen Windrichtung fort. Die Richtung und Höhe der Dünung jedoch hat mit dem lokalen Wind nichts zu tun. Die Dünung kann mit oder gegen die aktuelle Windrichtung laufen, oder auch in jedem beliebigen Winkel zu ihr. Der Ursprung des Schwells liegt meist weit entfernt von den lokalen Bedingungen.

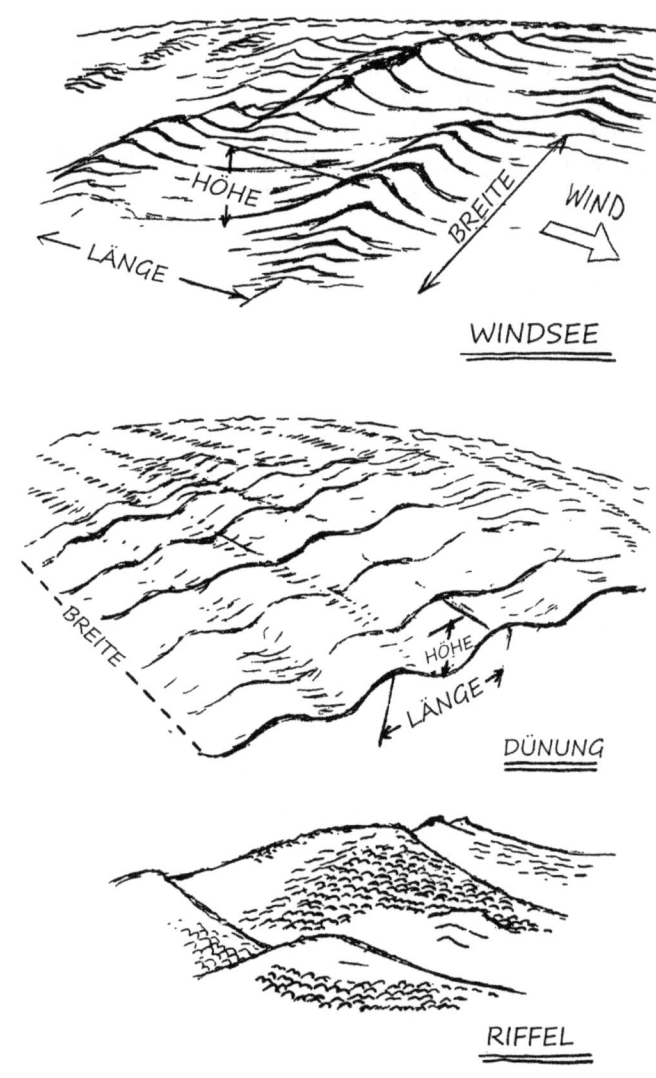

Abbildung 4-4. *Windsee, Dünung und Riffel.* Die Dünung kann viele Stunden oder sogar Tage lang Richtungsreferenzen liefern. Obwohl hier nur eine gezeigt ist, können gleichzeitig auch mehrere Dünungen aus verschiedenen Richtungen übereinander laufen. Die Ausbreitungsrichtung der Dünung ist vom lokalen Wind völlig unabhängig. Windsee hingegen läuft in Richtung des aktuellen (stetigen) Windes. Ändert sich plötzlich und dauerhaft die Windrichtung, so entwickelt sich bald darauf auch die Windsee in neuer Richtung. Riffeln auf der Oberfläche von Windsee oder Dünung weisen auf den unmittelbaren, momentanen Wind hin. Andauernde Riffel auf den Wellen könnten das erste Anzeichen für eine Winddrehung sein.

Die Dünung ist das Überbleibsel von Wogen, welche nicht länger von dem Wind, der sie erzeugt hat, angetrieben werden. Entweder sind sie von einem Sturm übergeblieben, oder der Wind ist eingeschlafen bzw. hat seine Richtung geändert. Der Schwell erhält sich nur aufgrund seiner eigenen, immensen Trägheit. Wird sie nicht durch gegenläufige Winde gehindert, so kann die Dünung mehrere Tage lang und über tausend Meilen weiterlaufen. In manchen Gegenden und zu manchen Jahreszeiten gibt die vorherrschende Dünung Auskunft über weit entfernte Sturmgebiete,

Um Schwell von Wellen zu unterscheiden, erinnern wir uns daran, wie diese definiert sind. Die Wellenhöhe ist der vertikale Abstand vom Wellental bis zum Kamm der Welle. Die Wellenlänge ist die horizontale Distanz von einem Wellenkamm zum nächsten, gemessen in Zugrichtung. Die Breite der Welle schließlich ist deren Ausdehnung quer zur Zugrichtung, im rechten Winkel zu Ihrer Bewegung gemessen.

Die Wellenhöhe hängt von der Windstärke und der Größe des Windfeldes (Fetch), sowie von der Dauer der Windeinwirkung ab. Tafeln über Wellenhöhen in ozeanographischen Büchern zeigen, wie die Wellenhöhe durch Windstärke, Fetch und Zeit bestimmt wird. Wind von 20 Knoten erzeugt Wellen von 1,8 bis 2,5 Meter Höhe („signifikante Wellenhöhe" bedeutet die durchschnittliche Höhe des höchsten Drittels aller Wellen), wenn dieser Wind rund einen Tag lang und über eine Distanz von ca. 100 Meilen weht.

Die Höhe der Dünung hängt von der Höhe der Windsee, aus der sie sich entwickelt hat, und von der Distanz, welche sie seit ihrer Entstehung zurückgelegt hat, ab. Wenn sich die Dünung von ihrem Ursprungsort wegbewegt, so nimmt dabei die Höhe ab und die Wellenlänge zu. Die Wellen werden weniger steil. Im Allgemeinen sind die höchsten Wogen der Dünung nicht einmal so steil wie die kleinsten Wellen der Windsee.

Obwohl die Dünung nie so steil wie die Wellen der Windsee ist, liegen die Unterschiede hauptsächlich in der Form. Die Dünung zeigt sanfte, abgerundete Kämme, wogegen jene der Windsee scharf und zackig sind. Wellen können brechen, die Dünung tut das nicht. Schließlich ist die Wellenlänge der Dünung wesentlich länger als die der Windsee. Die Länge der Dünung kann uns grenzenlos erscheinen. Die Tröge einer gut entwickelten Dünung bei ruhigem Wetter sehen wie Autobahnen aus, die am Horizont enden – und können fast genauso gute Richtungsangaben liefern. Andererseits beträgt die Breite von Windseen typischerweise nur ein paar Mal ihre Länge, und sie erscheint sogar noch geringer, da die Kämme in der Nähe der Wellenmitte am höchsten sind. Weiters sind die aufeinander folgenden Wogen der Dünung bemerkenswert gleichförmig, wie die Riffel eines Waschbrettes, während die Muster frischer Windsee sehr unregelmäßig sein können. Sofern wir überhaupt Wellen haben, so haben wir viele verschiedene Wellenhöhen.

Die Richtung der Windsee kann manchmal wertvoll sein, um die Richtung des Windes oder sogar Winddrehungen zu beurteilen, aber zur generellen Richtungsbestimmung interessiert uns die Dünung, nicht die Windsee. Ihre Richtung kann über Stunden, in manchen Fällen sogar über Tage gleich bleiben, ungeachtet aller Änderungen von Wind oder Windsee. In einer sternenlosen Nacht oder bei Tag liefert die vorherrschende Dünung die beste Referenz, um zu steuern.

Die erste Aufgabe ist, die Dünung(en) zu identifizieren. Das kann in manchen Fällen sehr einfach sein und manchmal große Konzentration erfordern. Es können zwei oder drei Dünungen gleichzeitig in verschiedenen Richtungen über einander laufen. Ist das der Fall, so müssen wir die Markanteste herausfinden. Üblicherweise gilt, dass es umso besser ist, je höher die Dünung geht, vor allem, weil höhere Dünung leichter zu erkennen ist und länger anhält. Manchmal aber kommt eine niedrigere Dünung gerade von vorne oder von achtern, oder auch genau querab ein, was leichteres Steuern als nach einer höheren, schräg einkommenden Dünung bedeutet.

Ein Trick, der oft hilft, eine Dünung zu identifizieren, ist, die Augen zu schließen und die Abfolge der Seen zu erfühlen. Am besten legt man sich dazu ins Cockpit oder unter Deck, entspannt und ohne Ablenkung. Hat man den Rhythmus der Wogen einmal herausgefunden (wie z.B. „KLEINE WELLE, eins, zwei, KLEINE WELLE, eins zwei, drei, GROSSE WELLE, eins, zwei..."), so kann man das Wasser studieren und die Abfolge der Seen, die dieses Gefühl erzeugt haben, verfolgen. Es kann auch helfen, sich auf das Stampfen und Rollen, im Zusammenhang mit dem Wellenmuster, zu konzentrieren. Dieses Muster erkennt man am besten von einem hohen Aussichtspunkt (auf dem Großbaum zu stehen eröffnet eine solche Perspektive).

Um Änderungen und wiederholende Muster in der Dünung zu erkennen, merkt man sich Richtung und ungefähre Höhe der Wellen, sowie die zeitliche Periode von einem Wellenkamm zum nachfolgenden – in der Regel einige wenige bis zu vielleicht 15 Sekunden. Wir dürfen nicht vergessen, dass diese Periode von Geschwindigkeit und Kurs des Bootes, relativ zur Wellenrichtung, abhängt. Ändern wir den Kurs, so müssen wir das bei der Identifikation des Wellenmusters einkalkulieren. Möglicherweise findet man heraus, dass die vorherrschende Dünung immer aus der gleichen Richtung kommt. Ist das der Fall, und man liegt einmal ohne Dünung, Sterne oder Sonne fest, so kann man daraus auf eine bestimmte Richtung schließen, wenn die Dünung wiederkommt.

Erreicht man nun Land, so kann es sein, dass man in einen Hafen nur durch einen engen Kanal oder über eine Flussbarre einfahren kann, oder dass man sich im Dinghi oder in einem Rettungsfloß einem Strand nähert. Vergessen wir nicht, dass auch heftige Brandung von See aus gutmütig und sanft aussehen kann. Seien Sie am Ende einer Reise besonders vorsichtig. Der Übergang über eine Flussbarre ist notorisch gefährlich, wenn auflandige Dünung gegen den Ebbstrom in einer Flussmündung steht.

4.3 Winddrehungen

Das größte Problem beim Steuern ohne Kompass ist Schlechtwetter – weder Sonne noch Sterne, rasche Änderungen der Wolkenmuster entlang des Horizonts, und viele Winddrehungen. Eine Option ist, zu stoppen und abzuwarten, und unter bestimmten Umständen muss man auch genau das tun. Aber zu stoppen, wie gerne auch immer man das tun würde (indem man beidreht, sich treiben lässt oder was auch immer), ist nicht immer die sicherste Lösung. Bei hohem Seegang kann das gefährlich sein. Muss man vor einem Sturm ablaufen, und dabei seine Position lediglich mithilfe von Wind und Wellen verfolgen, so erfordert es viel Erfahrung, Winddrehungen zu beurteilen. Man kann nur begründete Vermutungen über die Ereignisse anstellen, und später die Bruchstücke, an die man sich erinnert, wieder zusammensetzen, um einzuschätzen, wie weit man vom Kurs abgekommen sein könnte.

Bei leichtem Wind und schönem Wetter kann man plötzliche Winddrehung anhand von temporären Anhaltspunkten am Horizont leicht feststellen, vor allem wenn eine vorherrschende Dünung dies bestätigt. Bei stärkerem Wind könnte die Windsee die Dünung überlagern und die Beobachtung schwieriger machen. Starker Wind erzeugt aber auch höhere Wellen, deren veränderte Zugrichtung eine signifikante Winddrehung erkennen lässt. Obwohl die Windsee in der Richtung des aktuellen Windes zieht, so dauert es doch eine Weile, bis sie sich an eine Winddrehung ganz angepasst hat. In dieser Übergangszeit kommen Wind und Wellen aus leicht unterschiedlichen Richtungen. Ändert man seinen Kurs mit dem drehenden Wind, so kommen die Wellen bald aus einer anderen Richtung als man es gewöhnt war, und das ist oft sehr leicht zu erkennen.

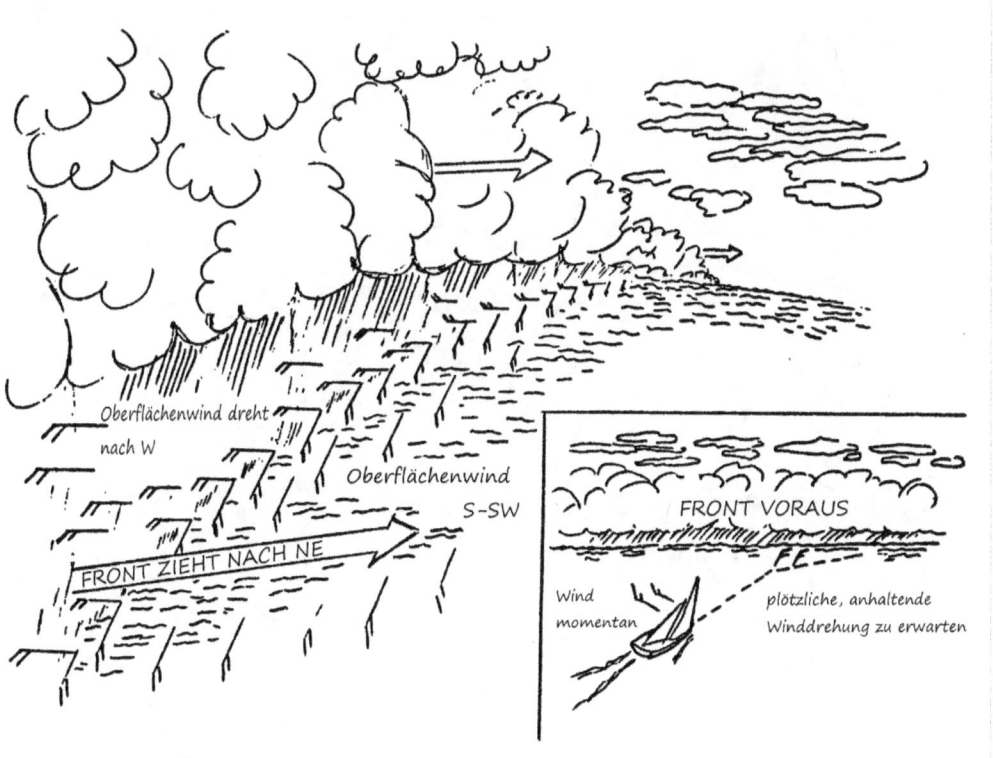

Abbildung 4-5. *Winddrehung in einer Kaltfront. Auf der Nordhalbkugel dreht der Wind in jeder Art von Front fast immer im Uhrzeigersinn. Weht einem der Wind im Moment ins Gesicht, so wird der neue Wind nach dem Durchzug der Front von rechts einkommen. Warmfronten geht typischerweise immer niedrigere Bewölkung voraus, gefolgt von lang andauerndem Regen und einer schrittweisen Rückdrehung des Windes auf Süden. Kaltfronten folgen oft dicht dahinter, nach dem Warmsektor mit ziemlich stetigem Wind und aufgelockerter Bewölkung. Sie zeigen meist eine auffällige Linie großer Kumulus-Wolken mit schweren Regenfällen. Okkludierte Fronten sind nicht so einfach durch ihr Erscheinungsbild zu charakterisieren, da sie eine Kombination von Kalt- und Warmfront darstellen, aber auch Okklusionen bringen ein Rechtsdrehen (Ausschießen) des Windes mit sich.*

Man sollte aber vorsichtig sein, aus diesem Phänomen immer auf eine Winddrehung zu schließen. Manchmal beobachtet man exakt dieselben Effekte, wenn ein neues Wellenmuster erstmalig aufs Boot trifft. Eine neue Dünung kann hohe Wellen schräg überlagern und dadurch scheinbar deren Richtung ändern, ohne selbst über einige Zeit vorherrschend zu werden. Hier kann man nur die Auswirkungen des Windes direkt auf die Wellen selbst beobachten, die Richtung der „Katzenpfoten" in Bezug zur Zugrichtung der Dünung. Bei Winddrehungen kann man auch oft erkennen, dass die Gischt in einem bestimmten Winkel von den Wellenkämmen geweht wird. Auch Verzerrungen in den Kämmen von Brechern können eine Winddrehung anzeigen.

Wir haben die Bedeutung der vorherrschenden Dünung als längerfristige Richtungsangabe betont, was aber nicht immer der Fall ist. Man kann auch über kurze Zeiträume die Muster einer neuen, vorherrschenden Dünung beobachten, als ob jemand einen riesigen Stein in der Nähe ins Wasser geworfen hätte. Dieser vorübergehende Schwell ist normalerweise steiler und durch eine lokale Quelle erzeugt; die beständigere Dünung zeigt sich eher lang und niedrig, von sehr weit herkommend. Es ist dieser steilere, temporäre Schwell, der auf eine Winddrehung hinweist. Man sieht das oft beim Routinesegeln. Man hält bei gleicher Segelstellung ständig seinen Kompasskurs und plötzlich kommen die Wellen aus einer anderen Richtung. Dann, nach 20 Minuten oder so, ist alles wieder beim Alten.

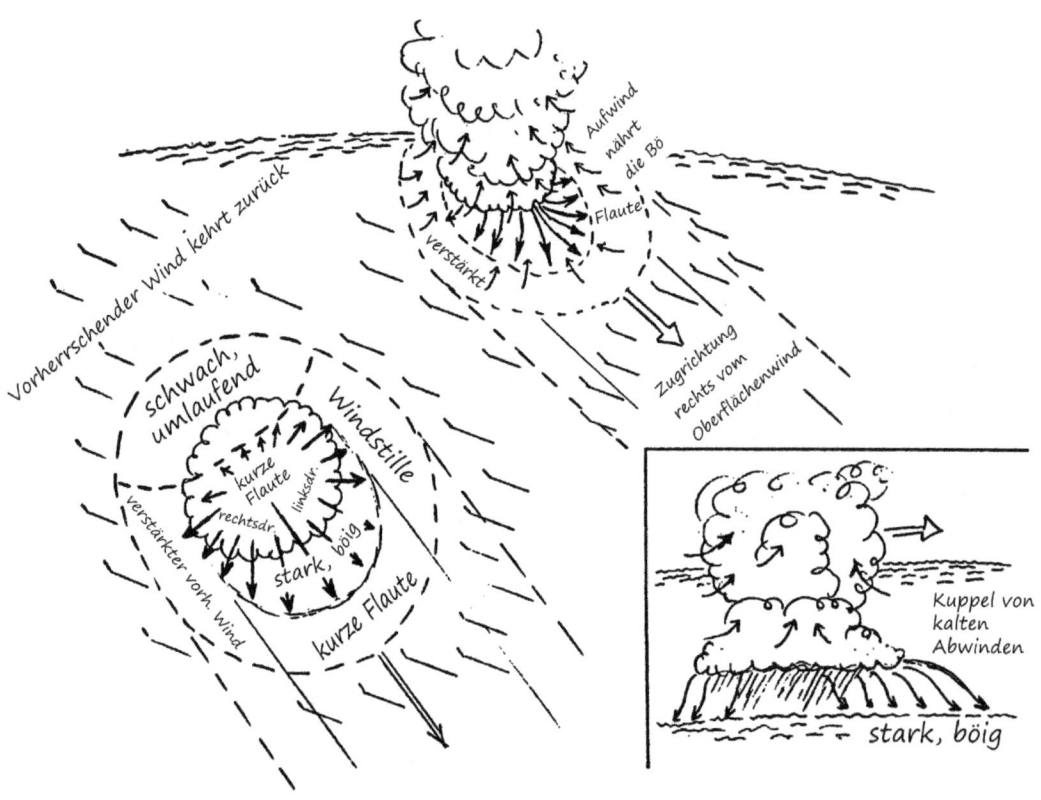

Abbildung 4-6. *Windmuster von Schauerböen. Gerade außerhalb der Region mit den stärksten Winden in einer Gewitterbö tendiert der Aufwind dazu, den Oberflächenwind in Richtung der Bö zu verstärken und jenen von der Bö weg abzuschwächen. Der starke, böige Fallwind kalter Luft geht mit heftigen Regenfällen einher. Zeigt die Gewitterwolke eine dunkle Basis, und es regnet bisher noch nicht, so steht das Schlimmste noch bevor. Nähert sich das Gewitter mit leichtem Regen, so ist das Übelste bereits vorbei. Normalerweise trifft man hinter der Schauerbö auf eine längere Periode leichter und wechselnder Winde.*

Um Winddrehungen vorhersagen zu können, muss man mit den Wettererscheinungen der Region vertraut sein. Hat man, zum Beispiel, in den gemäßigten Breiten der nördlichen Hemisphäre ein sich annäherndes Frontensystem anhand des Wolkenbildes erkannt, so kann man beim Durchgang desselben mit einer Winddrehung nach rechts, im Uhrzeigersinn, rechnen, egal um welchen Typ von Front es sich handelt (s. Abb. 4-5). Mit anderen Worten: hält man sein Gesicht in den momentanen Wind, so wird er später von weiter rechts kommen. Ist man in der Lage, durch das Wolkenbild auch die Art der Front zu bestimmen, so kann man in seiner Vorhersage ambitionierter sein. Kaltfronten bringen üblicherweise stärkeren Wind mit sich und drehen stärker nach rechts als Warmfronten. Jeder Frontentyp hat spezielle Wolkenformationen und Wettererscheinungen.

Lokale Gewitter und Sturmböen zeigen andere Winddrehungen. Sie kommen auf allen Meeren vor, sind aber über wärmeren Gewässern leichter zu erkennen, wobei sie oft gegen Abend entstehen und lokale, große Cumuli mit tiefer Basis und heftigen Regenschauern zeigen. Gewitter sind komplexe Konvektionszellen mit komplizierten Winddrehungen (s. Abb. 4-6). Warme, feuchte Luft steigt in ihnen auf, was den Oberflächenwind bei ihrer Annäherung allmählich verändert, und fällt nach Abkühlung plötzlich als starker, böiger Wind entlang der Außenkanten der Gewitterzellen wieder herab. In der Notfall-Navigation vermeidet man Gewitter am besten, aber da man das oft nicht kann, sollte man zumindest wissen, was einen erwartet. Es könnte sonst leicht geschehen, dass man in einer Folge von Gewittern in einer bedeckten Nacht vollends die Orientierung verliert.

Abbildung 4-7. *Richtlinien, um in einer Gewitterbö so wenig wie möglich vom Kurs abzukommen. Man kann von einem kurzen Abflauen des vorherrschenden Oberflächenwindes bei den gezeigten Booten ausgehen, mit anschließend auffrischenden, starken Winden aus laufend wechselnden Richtungen unter dem heranziehenden Gewitter. Merken wir uns, dass es essentiell ist, die Zugbahn der Bö (und wo man sich relativ zu dieser befindet) so genau wie möglich zu bestimmen. Zuerst mag es scheinen, als ob sich das Gewitter von rechts vom Bodenwind annähert, aber ernste Schauer entstehen aus riesigen Wolken, welche bis in die Höhenwinde hinaufreichen und auch von diesen mitgetragen werden.*

Diese Winde können aus völlig anderen Richtungen als der des Bodenwindes wehen. Beobachten Sie die Zugrichtung der Gewitterwolke (sofern Sie diese sehen können) genauso aufmerksam wie ein Schiff auf möglichem Kollisionskurs. In einer dunklen Nacht würden Sie den Schauer nicht kommen sehen, aber diese Bilder helfen Ihnen möglicherweise bei der Planung der restlichen Nacht, wenn die Bö durchgezogen ist. Obwohl solche Schauer üblicherweise isoliert und einzeln auftreten, so sind die umgebenden Bedingungen natürlich auch für weitere Gewitter günstig, und diese würden alle in derselben Richtung ziehen.

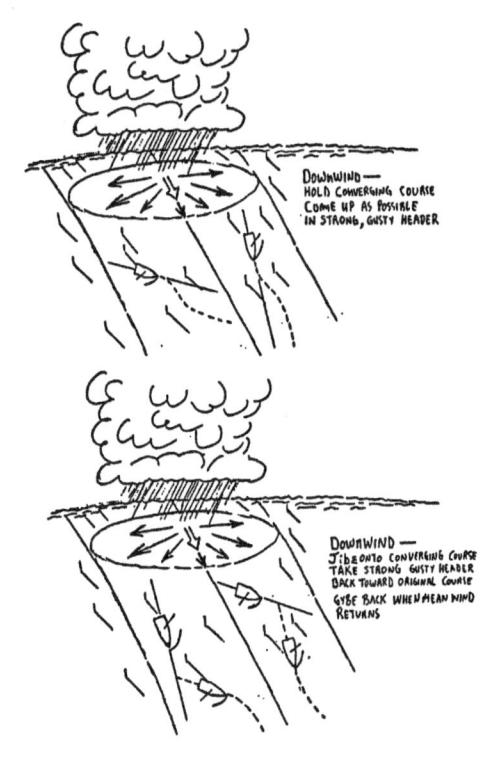

Richtlinien, um in einer Gewitterbö so wenig wie möglich vom Kurs abzukommen

Auf Amwind-Kurs: Wende weg von der Zugrichtung der Bö

Auf Vorwind-Kurs: Halse in Zugrichtung der Bö

Diese Regeln sind in Abbildung 4-7 illustriert. Natürlich basieren sie auf einem idealisierten Windmuster rund um ein Gewitter, das nicht immer genau so aussehen muss. Weiters können wir die Zugbahn der Bö nicht immer genau bestimmen, was kritisch hinsichtlich unserer Entscheidung sein könnte (beobachten Sie das Zentrum des Regen- oder Wolkenfleckes, wie Sie ein anderes Schiff auf Gegenkurs beobachten würden). Nichtsdestotrotz verhilft es uns zu einigen Ratschlägen, um die Situation zu bewältigen.

Um diese Regeln beim normalen Segeln zu testen, kann man Kurs halten oder in die empfohlene Richtung wenden oder halsen, sobald feststeht, dass man der Bö nicht mehr entkommen kann – warten Sie damit aber nicht zu lange; der Dom der kalten Fallwinde erstreckt sich bis mehrere Meilen vor den Wolken- und Regenbereich. Wenn die Regeln funktionieren, sollten wir nicht gezwungen sein zu halsen, zu wenden, oder bis nach China abzulaufen wenn das Gewitter zuschlägt. Im Gegenteil: die Bö wird das Boot für uns wenden oder halsen, und ohne Kompass, bei schlechter Sicht, werden wir noch einige Zeit in der nachfolgenden Flaute herumschaukeln ohne zu wissen, wie es weitergehen soll.

Ein Gewitter dauert üblicherweise 20 Minuten bis zu einer Stunde, außer man befindet sich gerade auf einem schnellen Vorwindkurs, zufällig in Zugrichtung der Bö, und bleibt deshalb für mehrere Stunden in deren Einflussbereich. Grundsätzlich gehen harte Winddrehungen von Sturmböen schnell vorüber, und manchmal kehrt der Wind, den man vor dem Gewitter hatte, nach dem Durchzug wieder zurück. Demgegenüber hält die Rechtsdrehung beim Durchgang einer Front viel länger an, da diese Wettererscheinung auch viel großräumiger ist.

Um die Interpretation des Windes zu üben, sollte man beim Routinesegeln an diese Regeln der Winddrehungen in Fronten bzw. Gewitterböen denken. Hat man sich selbst einmal davon überzeugt, dass sie öfter funktionieren als fehlschlagen, so wird man auf Unwetter, wie auch auf das Steuern ohne Kompass nach dem Wind, besser vorbereitet sein.

5 Steuern nach den Sternen

Sterne sind ein Teil unserer Umwelt, auf den wir uns verlassen können, wo auch immer wir uns befinden. In der Arktis, in der Wüste oder auf See, tausend Meilen vom Land entfernt, ist der Anblick vertrauter Sterne wie ein Treffen mit guten Freunden. Unter allen Umständen ist es tröstlich, einen Teil der Umwelt wieder zu erkennen, und dadurch zumindest einige Peilungen zu erhalten. Mit dieser Einstellung wird man versuchen, sich die Namen dieser „Freunde" in Erinnerung zu rufen und gelegentlich nach ihnen zu sehen, auch wenn man sie gerade nicht braucht.

Die hier gezeigten Methoden der Astronavigation funktionieren in allen Teilen der Welt, denn sie verwenden Sterne des ganzen Himmels. Der Schlüssel zu verlässlichem Steuern nach den Sternen ist die größtmögliche Kenntnis des gesamten Himmels. Dies ist aus zwei Gründen zutreffend. Erstens sind nicht alle Methoden der Astronavigation gleich genau. Einige Verfahren, wie die des Polarsterns, sind immer auf ca. 1° genau, während andere nur bei Konstellationen hoch am Himmel oder tief am Horizont brauchbare Ergebnisse liefern, und das hängt vom Zeitpunkt in der Nacht oder der Jahreszeit ab. Auch wenn eine Methode prinzipiell gut funktioniert, so können doch Fehler in der Beurteilung oder beim Messen nicht immer vermieden werden. Kombiniert man aber verschiedene, unabhängige Verfahren beim Suchen nach einer Richtung, so tendieren die Fehler der einzelnen Methoden dazu, sich gegenseitig aufzuheben, und man gelangt schließlich zu genauer Orientierung.

In einer klaren Nacht wird man schlussendlich nach dem Gesamtanblick des Himmels steuern, viel eher als nach irgendwelchen Regeln. Es ist, als würde man auf eine Karte des Himmels blicken. Die meisten Menschen können nach einem Blick auf die Karte Nordamerikas – in jeder Ausrichtung, auch wenn sie sich dreht – sagen, wo darauf Norden ist. Wir tun dies, indem wir den Gesamtanblick und die Ausrichtung des Kontinents erlernen. Dasselbe geschieht beim Steuern nach den Sternen.

Der zweite, vielleicht noch wichtigere Grund, den gesamten Himmel genau zu kennen, ist, dass man aufgrund von bewölktem Wetter eventuell nur einen kleinen Teil des Anblicks zur Verfügung hat. Das erstrebenswerte Ziel ist die Fähigkeit, Richtungen auch nach einem isolierten Flecken von Sternen, irgendwo am Firmament, zu bestimmen – im Extremfall nach einem einzelnen, unidentifizierten Stern. Das trifft zumindest auf die vielen verschiedenen Arten, den Nordstern zu finden, zu. Bei klarem Himmel benötigt man nur eine einzige Methode, den Nordstern (Polarstern) zu finden; ist es aber bewölkt, so kann jede von sechs weit verteilten Konstellationen fast genauso gut geeignet sein, um rechtweisend Nord zu finden.

Über kürzere Zeiträume nach den Sternen zu steuern ist in der Routinenavigation üblich. Jeder Seemann weiß, dass es einfacher ist, auf einen Stern zuzuhalten, als nach dem Kompass zu steuern. Man kann aber einem Stern nicht ewig folgen. Die Peilung der Sterne ändert sich mit ihrer Bewegung über den Himmel. Um längere Zeit nach den Sternen steuern zu können, ist es wichtig zu wissen, wie sie sich bewegen.

Alle Sterne gehen im Osten auf und im Westen unter. Auf halbem Weg zwischen Auf- und -untergang erreichen sie ihre maximale Höhe am Himmel. Zum Zeitpunkt dieser höchsten Höhe peilt jeder Stern genau nördlich oder südlich. Unglücklicherweise können wir diese Tatsache nicht oft nutzen, da wir in der Finsternis die Kimm nicht erkennen und daher nicht genau sagen können, wann der Stern seine maximale Höhe erreicht hat.

Eine nützlichere Richtung liefert die Peilung zu einem hellen Stern bei seinem Auf- oder -

untergang. Auf jeder bestimmten geographischen Breite bleibt der Ort des Aufganges eines bestimmten Sterns auf der Kimm immer derselbe, das ganze Jahr über und Jahr für Jahr. Gelangt man auf eine andere Breite, so wird sich an den meisten Orten der Welt auch die Peilung zu einem aufgehenden Stern entsprechend ändern. Obwohl es hier Ausnahmen gibt, wollen wir diesen Vorteil doch beim Steuern nützen.

Mit dem jährlichen Umlauf der Erde um die Sonne schreiten auch die Jahreszeiten voran und neue Sterne werden sichtbar. Der Zeitpunkt des Sonnenunterganges ändert sich mit den Jahreszeiten, aber ungeachtet dessen gehen alle Sterne jeden Tag um vier Minuten früher auf als am vorangegangenen, entsprechend dem Umlauf der Erde auf ihrer Bahn. Das bedeutet, dass – wenn man den östlichen Himmel jede Nacht zur selben Zeit beobachtet – man die Sterne täglich etwas höher stehen sieht als in der vorhergehenden Nacht. Umgekehrt sieht man am westlichen Himmel die Sterne jeweils etwas tiefer stehen. In der Abenddämmerung werden Sterne nahe der westlichen Kimm bald für dieses Saison verschwunden sein (s. Abb. 5-1).

Die Saison eines Sterns hängt davon ab, wo dieser sich befindet und wo wir uns gerade befinden. Manche Sterne sehen wir die ganze Nacht lang und das ganze Jahr über; andere lediglich einige Stunden pro Nacht und nur während weniger Monate im Jahr. Aber wie auch immer die Saison eines Sterns ist, sie bleibt jedes Jahr gleich. Jeder Stern am Himmel – ob wir ihn von unserer geographischen Breite aus sehen können oder nicht – kreuzt an einem bestimmten Tag des Jahres um Mitternacht unserer Lokalzeit unseren Meridian, ganz unabhängig davon, wo wir uns gerade befinden. In diesem Sinn hat jeder Stern seinen „Geburtstag", seinen eigenen, ganz speziellen Tag, an dem er seine höchste Höhe genau um Mitternacht erreicht (und hier ist die „Mitte der Nacht" gemeint, nicht 2400 h, sondern der Zeitpunkt genau zwischen Sonnenauf- und -untergang).

Diesbezüglich erhalten wir durch die Sterne einen exzellenten Kalender, wenn nur Mitternacht nicht ein so unangenehmer Zeitpunkt wäre, einen Kalender zu lesen (der frühe Abend wäre viel besser). Unglücklicherweise hängt aber der „frühe Abend" vom Zeitpunkt des Sonnenunterganges, und dieser wiederum von unserer Breite ab, was unseren abendlichen „Sternenzeitplan" wieder über den Haufen wirft, wenn wir nach Norden oder Süden segeln. Hingegen auf die Saisonen der Sterne, welche durch den Mitternachtskalender bestimmt werden, können wir uns auf jeder geographischen Breite verlassen. Orion z.B. wird Mitte Dezember in der Mitte der Nacht auf unserem Meridian stehen. Der Skorpion wird das Anfang Juni tun, egal ob wir gerade in Australien oder Kanada, in New York oder Hongkong sind.

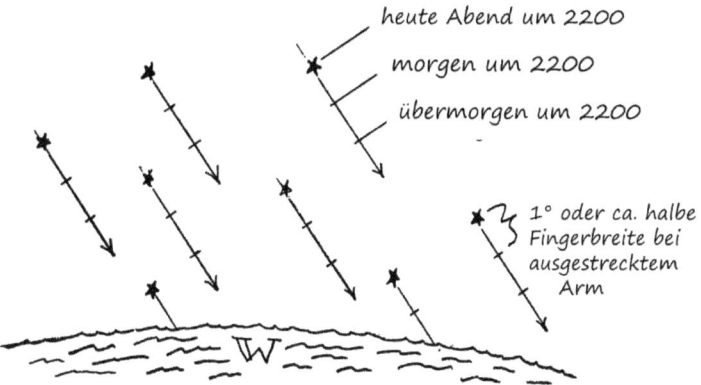

Abbildung 5-1. *Der nächtliche Zug der Sterne. Aufgrund der jährlichen Bewegung der Erde um die Sonne tauchen die Sterne jede Nacht um 1° weiter auf ihrem Weg auf, wenn man sie um dieselbe Zeit beobachtet. Sterne im Osten stehen höher, Sterne im Westen niedriger.*

Wie vorher erwähnt, ist das Erlernen der Sterne ähnlich wie Geographie zu lernen. Um das zu verstehen mag es hilfreich sein, sich die Sterne als auf eine Glaskugel gemalte Punkte vorzustellen, in deren Zentrum die Erde steht. Die Sterne sind in Konstellationen gruppiert, deren Positionen sich auf der Himmelskugel niemals verändern, wie auch Städte innerhalb der Länder immer am selben Fleck bleiben. In diesem Sternenmodell steht die Erde unbeweglich im Zentrum und die Himmelskugel dreht sich einmal pro Tag um die Erdachse. Das Modell zeigt, wie jeder Stern die Erde über einem bestimmten Breitengrad umkreist, und dass diese Breite für den Stern immer gleich bleibt, sozusagen für die Ewigkeit. Diese bestimmte Breite jedes Sterns nennt man seine Deklination.

Der helle Stern Arcturus zum Beispiel hat eine Deklination von 19° 17' N. Er umkreist die Erde über der geographischen Breite von 19° 17' N, der Breite von Wake Island im westlichen Pazifik, Hawaii im Zentralpazifik oder Grand Cayman in der Karibik. Auf Wake Island, Hawaii, Grand Cayman, oder an jedem anderen Ort der Erde auf derselben geographischen Breite, passiert Arcturus einmal am Tag genau den Zenith, an jedem Tag des Jahres. Im Winter und im Frühling geschieht das während der Nacht, wenn wir den Stern auch sehen können. Er ist aber wirklich jeden Tag hier, auch während anderer Jahreszeiten, in denen wir ihn nicht sehen, weil zu der Zeit die Sonne scheint (s. Abb. 5-2).

Die auffällige Konstellation des Orion spannt sich über den Äquator, den Oberkörper auf nördlichen, den unteren Teil auf südlichen Breiten. Der westlichste Stern des Gürtels hat eine Deklination von nahezu 0°, was ihn direkt über den Äquator setzt. Ein Beobachter auf der Nordhalbkugel sieht Orion am Südhimmel seinen Bogen von links nach rechts ziehen. Gleichzeitig sieht man ihn von der Südhalbkugel aus am Nordhimmel von rechts nach links wandern. In beiden Fällen bewegen sich die Sterne von Osten nach Westen. Nur am Äquator, der „Breite vom Gürtel des Orion", sieht man ihn direkt im Osten aufgehen, über den Scheitel wandern und im Westen untergehen.

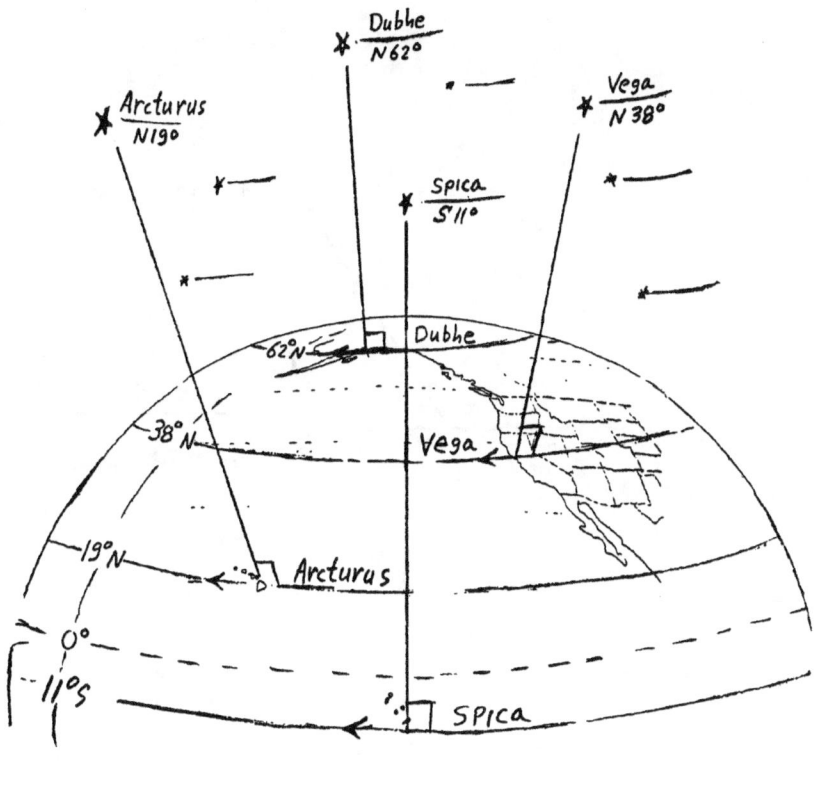

Abbildung 5-2. *„Säulen des Lichts". Jeder Stern umkreist die Erde täglich über einer bestimmten geographischen Breite, die seiner Deklination entspricht. Hier sehen wir Dubhe über Anchorage, Vega über San Francisco, Arcturus über Hawaii und Spica über den Marquesas. Die Abbildung ist speziell schematisch, da diese Sterne aufgrund ihrer geographischen Länge auf der Himmelskugel nie gleichzeitig über diesen Orten stehen würden.*

Segeln wir von Norden oder Süden, so sehen wir Orion jede Nacht etwas höher klettern. Wenn wir den Äquator schließlich erreichen, zieht Orions Gürtel direkt über unseren Kopf. Später, in Kapitel 11, werden wir sehen, dass wir unsere geographische Breite immer anhand der Sterne, welche über unseren Scheitel ziehen, bestimmen können. Unsere Breite muss der Deklination der Sterne im Zenith entsprechen.

Sterne mit südlichen Deklinationen, welche die Erde auf südlicher Breite umkreisen, nennt man „Südliche Sterne", jene mit nördlichen Deklinationen „Nördliche Sterne". Nun zu einem wichtigen Punkt, auf den wir immer wieder zurückkommen werden: Südsterne gehen immer südlich von genau Osten auf und gehen immer südlicher als genau im Westen unter, Nördliche Sterne gehen immer nördlicher als genau im Osten auf und nördlicher als West unter (s. Abb. 5-2). Das trifft immer zu, egal wo man sich gerade befindet und von wo aus man die Sterne beobachtet.

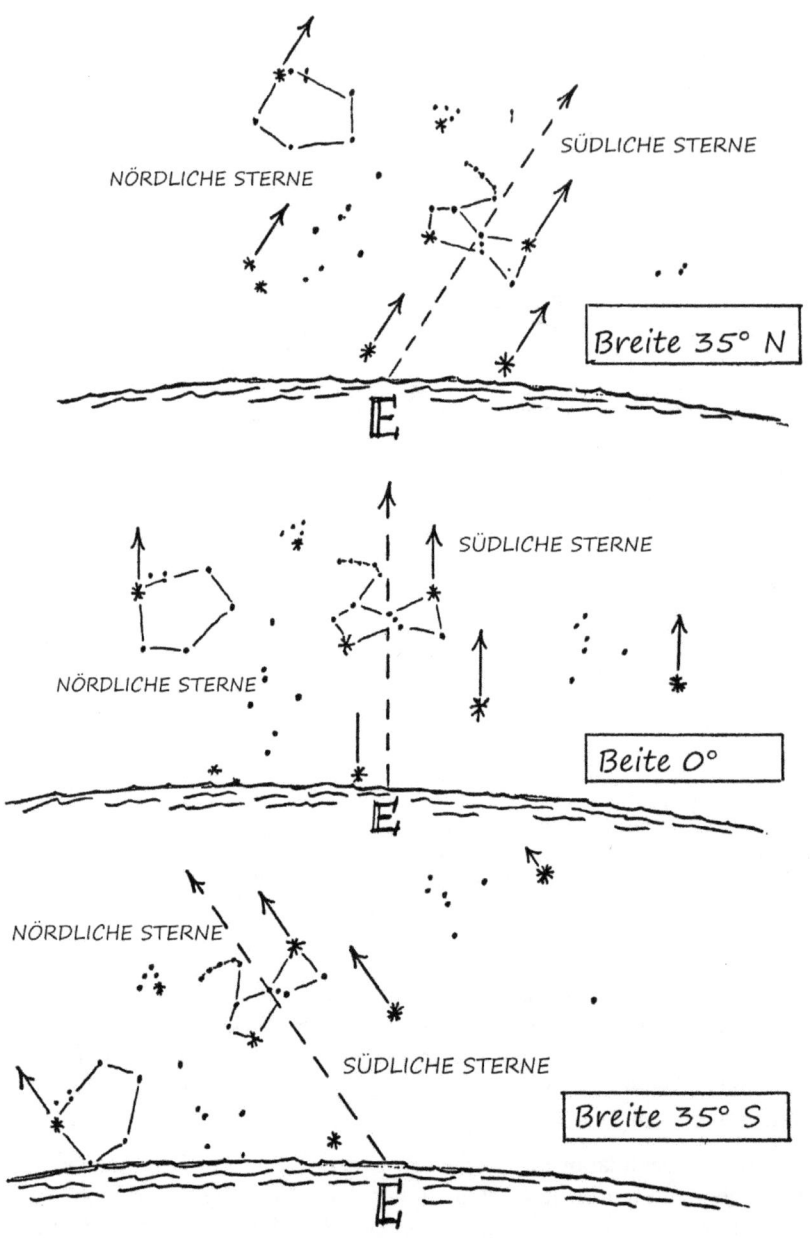

Abbildung 5-3 *Die Bewegung von östlichen Sternen auf verschiedenen Breiten. Beachten Sie, dass südliche Sterne immer südlich, und nördliche Sterne immer nördlich von genau Osten aufgehen, ungeachtet der geographischen Breite, von der aus man beobachtet.*

5.1 Der Nordstern (Polarstern, Polaris)

Der Nördlichste aller Sterne ist Polaris (Nordstern, Polarstern). Polaris befindet sich über unserem Nordpol, sein Standort liegt auf der Erdachse. Das setzt ihn genau auf den Drehpunkt des Firmaments. Alle Sterne kreisen um Polaris, gegen den Uhrzeigersinn.

Um ganz präzise zu sein, muss man sagen, dass Polaris nicht wirklich genau am Himmelsnordpol liegt, sondern lediglich fast dort. Genau genommen hätte Polaris, befände er sich exakt über dem Nordpol, eine Deklination von genau 90° N, aber tatsächlich beträgt diese nur 89° 12' N, sein Standort ist also 48' vom Pol entfernt. Folglich kreist auch Polaris, wie es alle anderen Sterne tun, um den Nordpol, aber der Kreis seiner Bahn (mit dem Radius von 48') ist so klein, dass er still zu stehen scheint. In speziellen Fällen können wir unsere geographische Breite von der Höhe des Polarsterns ableiten, wobei wir diese winzige Bewegung berücksichtigen müssen; in der Notfall-Navigation ist dies jedoch ohne Bedeutung.

Polaris peilt immer genau nördlich. Sieht man ihn genau recht voraus, so segelt man also genau Richtung Norden. Man kann jede gewünschte Richtung steuern, indem man den Polarstern an einem bestimmten Punkt am Bug, seitlich oder am Heck hält. Um nach Westen zu segeln hält man Polaris querab an Steuerbord. Wenn Polaris sichtbar ist, bildet er bestimmt eine bestmögliche Referenz beim Steuern, man sieht ihn jedoch nur auf der Nordhalbkugel. Der Stern liegt genau im Norden, in einer Höhe über dem Horizont, die unserer geographischen Breite entspricht. In hohen nördlichen Breiten sieht man ihn hoch oben am Himmel. Segeln wir nach Süden, so nimmt seine Höhe mit unserer Breite ab. Der nördliche Teil von Oregon an der Pazifikküste oder das Zentrum von Maine am Atlantik liegen auf 45° N; man sieht Polaris dort auf der halben Höhe des Himmels. In den nördlichen Tropen steht der Nordstern sehr tief am Himmel und wenn man den Äquator überquert, dann verschwindet er hinter dem Horizont. In der Praxis ist Polaris jedoch auf Breiten von weniger als 5° N wegen niedrigen Wolken oder Dunst kaum jemals zu sehen.

Mit einer tragbaren Kompassrose nach dem Nordstern zu steuern ist fast so einfach wie mit einem richtigen Kompass. Das Auffinden von Polaris zwischen all den anderen Sternen ist in der Notfall-Navigation von fundamentaler Bedeutung. Er ist kein sehr heller Stern, ungefähr so hell wie die Sterne des Großen Wagens.

5.2 Nordstern und Großer Wagen (Großer Bär, Ursa Major)

Die beiden Sterne (Dubhe und Merak) der Hinterwand vom Großen Wagen weisen die Richtung zu Polaris. Man nennt sie daher die „Zeigersterne". Die Distanz zu Polaris entspricht dem fünffachen Abstand der beiden Sterne untereinander. Beträgt die Distanz von Dubhe zu Merak bei ausgestrecktem Arm zwei Finger breit, so ist der Abstand von Dubhe zum Polarstern zehn Fingerbreiten, auf einer Geraden durch Merak und Dubhe (s. Abb. 5-4).

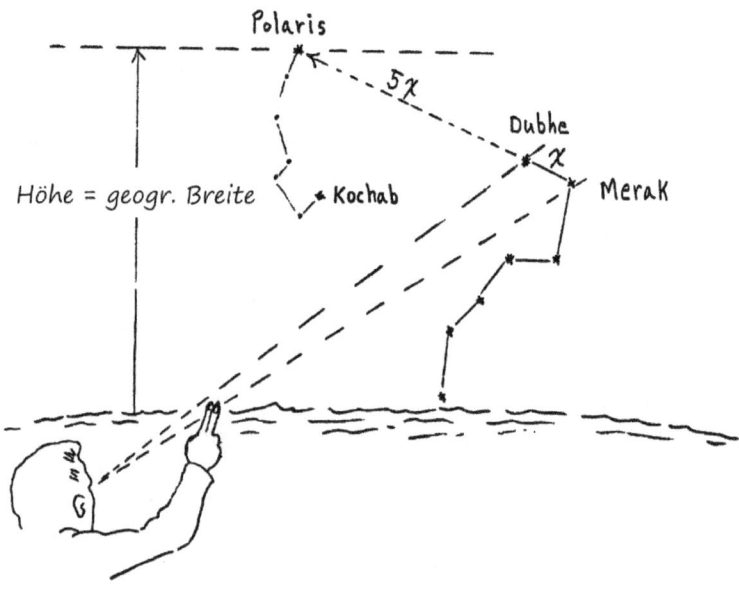

Abbildung 5-4. *Das Auffinden von Polaris mittels der Zeigersterne des Großen Wagens. Der Abstand zum Polarstern entspricht der fünffachen Distanz zwischen den Zeigersternen.*

5.3 Leitsterne und „Folgesterne" (engl. Trailing Stars, im Deutschen nicht gebräuchlich, Anm. d. Ü.)

Die Zeigersterne des Großen Wagens nennt man auch seine Leitsterne, da sie beim Rotieren der Konstellation um Polaris an derer Vorderseite liegen. Alle Sterne kreisen ja einmal in 24 Stunden, gegen den Uhrzeigersinn, um den Polarstern. Leitsterne befinden sich am „Bug" des Sternbildes, wenn dieses Polaris umsegelt. Sterne am „Heck" der Konstellation nennt man dementsprechend „Trailing Stars" (Im Englischen heißt der Große Wagen „Big Dipper", die „Große Schöpfkelle", wobei die Kelle „leitet" und der Griff nachfolgt bzw. nachgeschleppt wird; Anm. d. Ü.).

Zur Orientierung ist es sehr hilfreich zu wissen, welche Sterne eines Sternbildes die Leitsterne sind – es könnte sogar das Wichtigste überhaupt sein, denn wenn man die Leitsterne einer Konstellation erkannt hat, kann man sofort sagen, wohin diese sich bewegt. Nur durch die Beobachtung der Bewegung irgendeines Sternes kann man das in einer Nacht ohne Kimm nur sehr schwer feststellen. Es dauert zu lange und es gibt zu Vieles, an das man denken muss. Kennt man erst einmal die Leitsterne, so wird jede Konstellation zu einem Pfeil am Firmament. Nach den Sternen zu steuern ist sehr einfach, mit einem Himmel voller Pfeile, die entgegen dem Uhrzeigersinn um den Himmelsnordpol, bzw. im Uhrzeigersinn um den Himmelssüdpol weisen.

Sterne gehen im Osten auf und im Westen unter. Wenn wir wissen, wo Osten ist, können wir auch sagen, wohin sie ziehen werden. Der Trick ist, zu wissen, wohin die Sterne ziehen um herauszufinden, in welcher Richtung Osten liegt.

5.4 Zirkumpolare Sterne

Sterne, welche bei ihrer Umkreisung des Polarsternes nie unter dem Horizont verschwinden, nennt man zirkumpolare Sterne. Ist ein Stern zirkumpolar, so sieht man ihn die ganze Nacht lang, jede Nacht des Jahres. Auf hohen nördlichen Breiten sieht man viele zirkumpolare Sterne, denn Polaris steht sehr hoch am Himmel. Auf einer Reise Richtung Süden beginnen alle Sterne, die vor kurzem den nördlichen Horizont gerade erst berührt haben, plötzlich hinter diesem zu verschwinden. Eine spezifische Breite (die 90° minus der Deklination des Sternes entspricht) markiert das zirkumpolare Limit eines jeden Sternes. Alle Sterne des Großen Wagens sind ab einer Breite von 41° N zirkumpolar. Nördlich des Cape Mendoceno im Pazifik oder von New York City am Atlantik ist der gesamte Große Wagen das ganze Jahr über sichtbar.

In der nördlichen Hemisphäre kreisen alle Sterne gegen den Uhrzeigersinn um den Himmelsnordpol, in der südlichen Hemisphäre im Uhrzeigersinn um den Himmelssüdpol (s. Abb. 5-5). Das bedeutet, dass die Zugrichtung aller Sterne oberhalb jedes der beiden Pole nach Westen, und unterhalb davon nach Osten weist. Zirkumpolare Sterne befinden sich auf ihrem höchsten Punkt, wenn sie direkt oberhalb ihres jeweiligen Pols stehen, am tiefsten Punkt ihrer Bahn direkt unterhalb des Pols. Auf der Nordhalbkugel gibt es einen Stern direkt am Pol, auf der Südhalbkugel nicht.

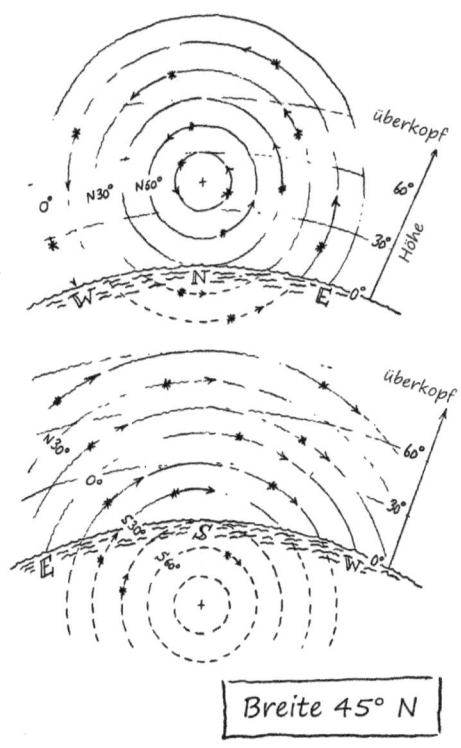

Abbildung 5-5. *Sterne der nördlichen und der südlichen Polarregion, von verschiedenen Breiten aus betrachtet. Zirkumpolare Sterne sind jene, deren Kreisbahn zur Gänze über dem Horizont zu sehen ist. Da sie niemals untergehen, sind zirkumpolare Sterne die ganze Nacht über sichtbar, jede Nacht des Jahres. Beachten Sie, dass sich der Bereich aller Deklinationen von Sternen, die wir am Meridian beobachten können, von Norden (90° minus der Breite) bis Süden (90° minus der Breite) erstreckt.*

Fortsetzung auf der nächsten Seite

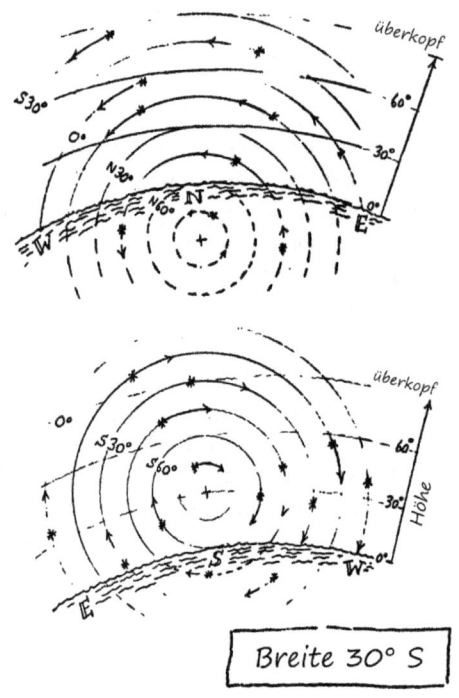

„Gleichnamige" Sterne mit Deklinationen größer als 90° minus der Breite sind zirkumpolar, „ungleichnamige" Sterne mit Deklinationen größer als 90° minus der Breite sind hingegen nie zu sehen. Am Äquator sehen wir jeden Stern irgendwann einmal im Laufe des Jahres.

Breite 30° S

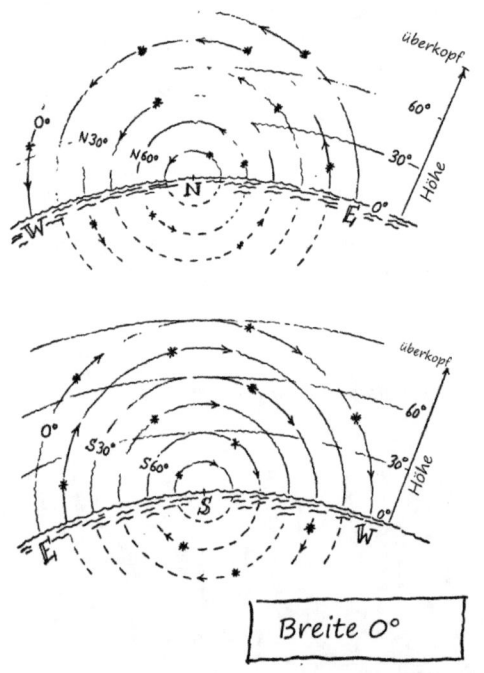

Breite 0°

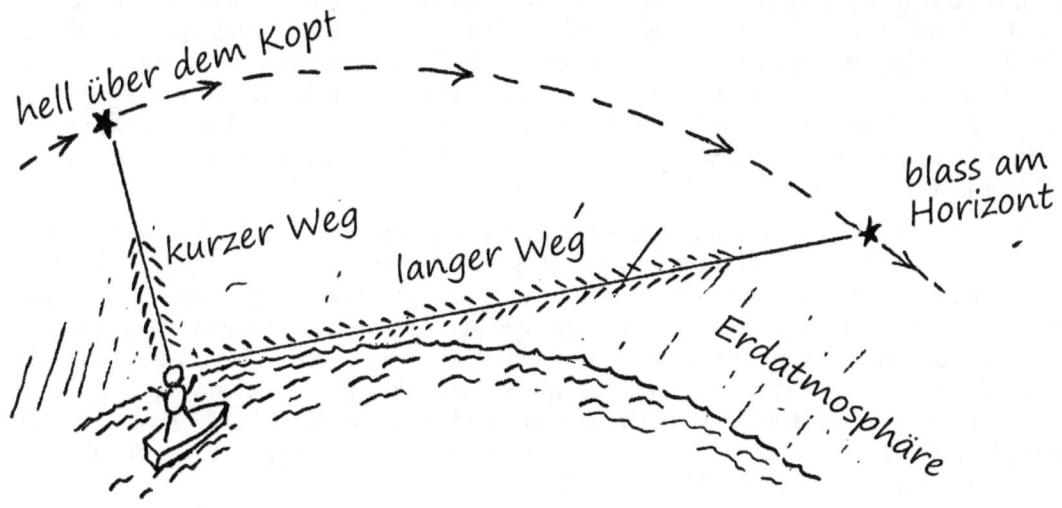

Abbildung 5-6. *Alle Sterne verblassen bei ihrem Abstieg zum Horizont. Das Sternenlicht wird auf seinem Weg durch die Erdatmosphäre gestreut und absorbiert. Folglich wird das Licht mit längerem Weg durch die Luftschichten immer schwächer. Nur in außergewöhnlich klaren Nächten sieht man Sterne tief über der Kimm, was schade ist, denn solch niedrige Sterne sind für die Notfall-Navigation extrem wertvoll.*

5.5 Die Helligkeit der Sterne

In der Praxis sind zirkumpolare Sterne am tiefsten Punkt ihrer Bahn nicht immer zu sehen. Wegen des dicken Dunstes in der Atmosphäre bedarf es einer ungewöhnlich klaren Nacht, um Sterne direkt an der Kimm beobachten zu können. Blickt man Richtung Kimm, so sieht man durch den dicksten Teil der irdischen Atmosphäre; direkt oberhalb des Scheitels schaut man durch den dünnsten Teil. Als Resultat davon verblassen helle Sterne bei ihrem Abstieg zum Horizont und blassere Sterne verschwinden gänzlich (s. Abb. 5-6). Sieht man einen einzelnen Stern tief am Horizont, so kann man wetten, dass es sich um einen hellen Stern handelt, auch wenn er einem eher blass vorkommt. Da uns helle Sterne oft gut bekannt sind, so genügt oft diese Beobachtung, um sie zu identifizieren.

Es gibt ungefähr 20 sehr helle Sterne; man nennt sie Sterne der Größenklasse eins. Ca. die Hälfte von ihnen sind nördliche Sterne, Vega, Capella und Arcturus mit eingeschlossen. Die beiden hellsten Sterne überhaupt sind die südlichen Sterne Sirius und Canopus.

Nach den Größenklasse-Eins-Sternen kommen ungefähr 70 Sterne der Größenklasse zwei. Sie leuchten durchschnittlich zwei- bis dreimal schwächer als jene der Größenklasse eins. Die Sterne des Großen Wagens sind typisch für die Größenklasse zwei. Die meisten Größenklasse-Zwei-Sterne haben richtige Namen, im Gegensatz zu den wissenschaftlichen Bezeichnungen, die alle Sterne haben.

Sterne der Größenklasse drei sind nochmals zwei- bis dreimal lichtschwächer als die hellsten Sterne. Jene des Kleinen Wagens sind typische Vertreter der Größenklasse drei, außer Kochab (oben an der Hinterwand) und Polaris (an der Spitze der Deichsel), welche zur Größenklasse zwei gehören. Es gibt ungefähr 200 Sterne der Größenklasse drei, aber nur wenige haben ordentliche Namen. In einer klaren Nacht sind viel, viel mehr Sterne als diese mit bloßem Auge zu erkennen, die aber zu schwach leuchten, um in der Navigation verlässlich zu sein. Generell gesprochen: die ungefähr hundert hellsten Sterne, von denen die Hälfte jede Nacht sichtbar ist, sind für die Navigation völlig ausreichend. Obwohl wir einige der helleren Sterne kennen müssen, ist es glücklicherweise nicht notwendig, die Namen aller potentiell brauchbaren Sterne auswendig zu wissen. Wenn Sie einen für Ihren Kurs günstigen Stern finden, seinen Namen aber nicht kennen, so geben Sie ihm einfach einen. Wichtig ist nur, zu wissen, wo sich dieser Stern in Bezug zu anderen, bekannten Sternen befindet.

Die meisten Sterne haben eine Farbe, oder „fast-Farbe", jedenfalls sind sie nicht weiß, aber bei den meisten von ihnen muss man ein sehr trainiertes Auge haben, um das zu erkennen. Ausnahmen davon sind selten, dafür aber sehr schön und sehr auffallend. Das sind die Roten Riesen. Diese sind rot – oder orange, oder gelb -, selbst für ein ungeübtes Auge. Hat man das erst einmal erkannt, so ist es eine große Hilfe beim Identifizieren von ihnen oder den Sternen ihrer Umgebung. Die prominentesten Roten Riesen sind Antares im Sternbild Skorpion, Arcturus im Bärenhüter, Aldebaran im Stier und Beteigeuze im Orion. Castor und Pollux im Sternbild der Zwillinge bieten eine gute Möglichkeit, das eigene Farbsehen zu überprüfen. Sie sind nahe und hell, aber nur Pollux im Süden, in Richtung Procyon, ist leicht rötlich.

5.6 Nordstern und Kassiopeia

Ist der Große Wagen nicht sichtbar, so weist uns das Sternbild der Kassiopeia genauso einfach den Weg zu Polaris. Kassiopeia, die Königin Äthiopiens, liegt dem Großen Wagen gegenüber, auf der anderen Seite des Polarsterns. Sie sieht wie ein großen „M" oder „W" aus, abhängig von ihrer Position am Himmel (s. Abb. 5-7). Das Sternbild ist nahezu symmetrisch, auch wenn die Leitsterne etwas heller als die „Folgesterne" sind, und die Rückseite des Buchstabens etwas flacher als die Vorderseite ist. Es gibt aber eine einfachere Art herauszufinden, in welche Richtung sich die Konstellation bewegt. Von Polaris aus betrachtet, sieht Kassiopeia immer wie ein „M" aus. Polaris liegt an der „M-Seite" von Kassiopeia - „M" wie „Mitte".

Die Distanz von Kassiopeia zum Polarstern beträgt zweimal die Länge des „M's". Um Polaris nun zu finden, misst man diese Distanz im rechten Winkel zur Basis des „M's", ausgehend vom letzten Folgestern. Nördlich von Cape Hatteras in North Carolina und nördlich von Point Conception in Kalifornien ist Kassiopeia zirkumpolar.

5.7 Nordstern und Kleiner Wagen (Kleiner Bär, Ursa Minor)

Polaris ist der letzte Stern am Deichselende des Kleinen Wagens. Die Sterne des Kleinen Wagens leuchten nur schwach, mit Ausnahme von Polaris und Kochab. Letzterer befindet sich am dem Polaris gegenüberliegenden Ende des Kleinen Wagens, oben an der Rückwand.

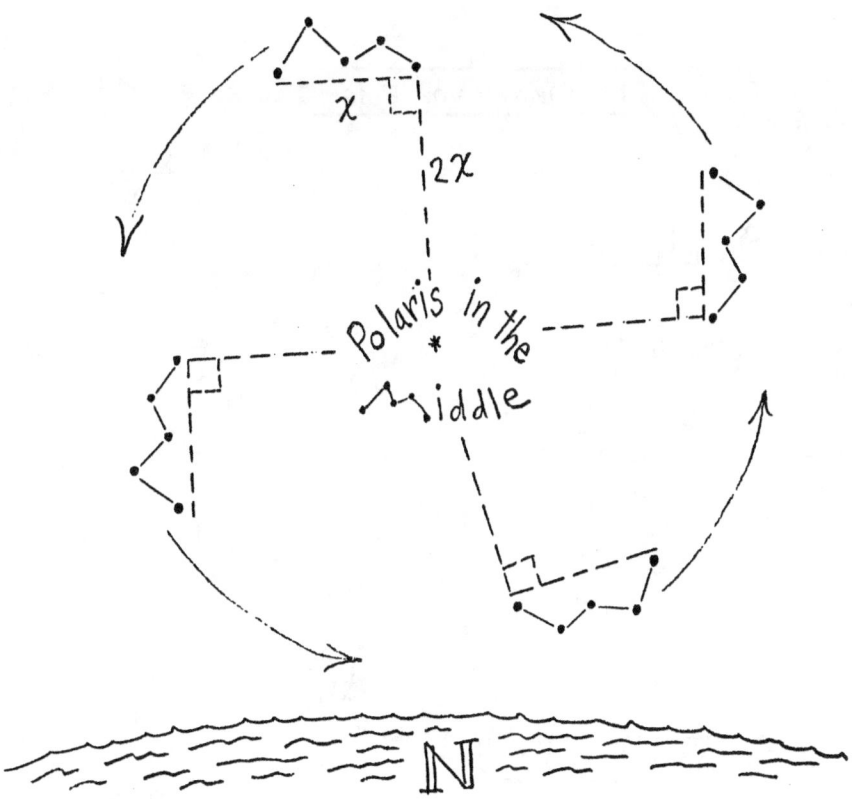

Abbildung 5-7. *Das Auffinden des Polarsterns (Polaris) mittels Kassiopeia. Auch der Anblick von Kassiopeia allein zeigt uns, wo Norden liegt. Blickt man von einem Winkel auf Kassiopeia, der diese wie ein „M" aussehen lässt und denkt sich dann eine Linie, die doppelt so lang wie die Basis des „M's" ist und vom Folgestern ganz rechts im rechten Winkel hinunter führt, so liegt unter dem Endpunkt dieser Linie genau rechtweisend Nord auf der Kimm.*

Oft, bei diesigem Himmel, sind Polaris und Kochab die beiden einzigen sichtbaren Sterne in der ganzen Region zwischen Kassiopeia und dem Großen Wagen. Die Regeln zum Auffinden des Polarsterns, entweder von Kassiopeia oder vom Großen Wagen, zeigen immer, welcher der beiden Sterne Polaris ist. In klaren, dunklen Nächten sieht man viele Sterne in der Nähe des Pols, und dann ist es gut, wenn man sich daran erinnert, dass Polaris an der Spitze der Deichsel des Kleinen Wagens steht.

Die Deichseln des Großen und des Kleinen Wagens krümmen sich in entgegengesetzter Richtung. Beide Wagen haben sieben Sterne. Der Kleine Wagen ist nördlich von 18° N zirkumpolar, oder – vielleicht etwas praktischer – nördlich der Tropen.

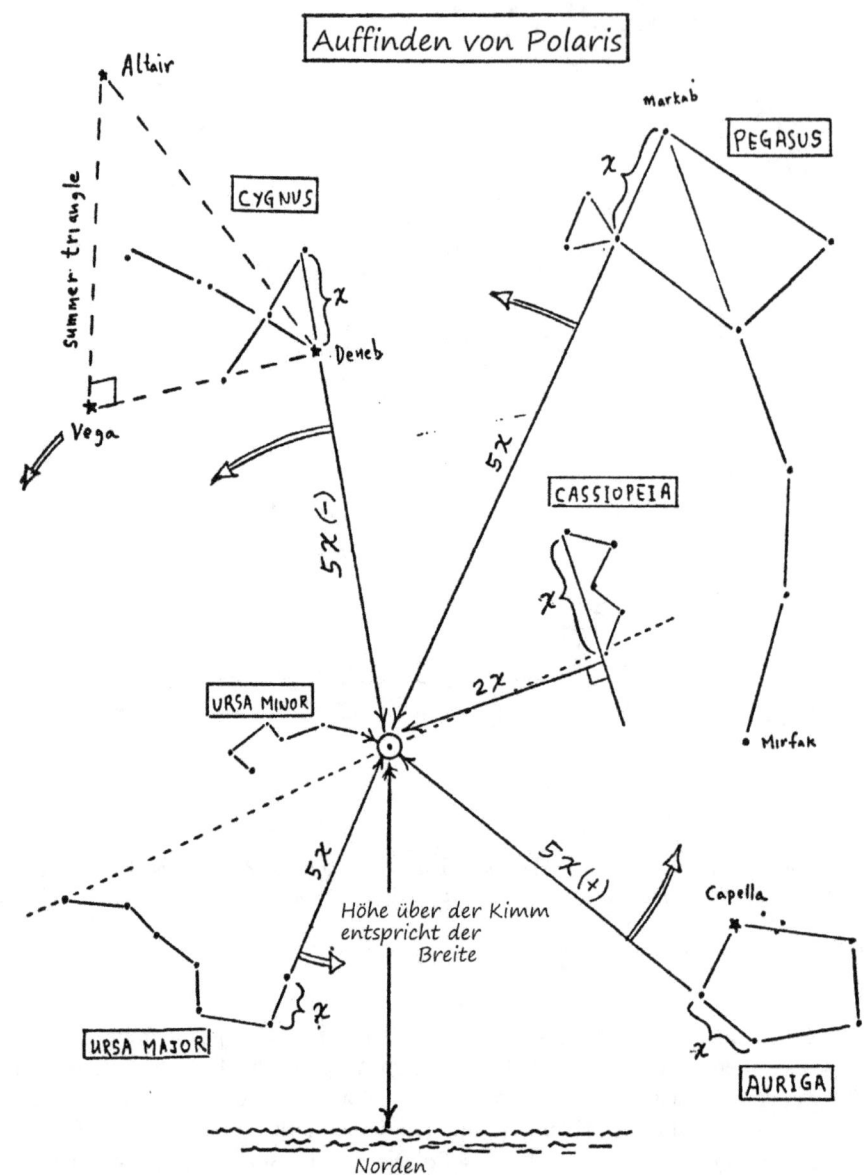

Abbildung 5-8. *Verschiedene Arten Polaris zu finden. Jede dieser weit verstreuten Konstellationen zeigt die Nordrichtung an. Die Zeichen „+" und „-" geben an, ob die jeweilige Poldistanz etwas größer oder kleiner als der exakt fünffache Abstand zwischen den Zeigersternen ist, aber es ist einfacher und auch ausreichend, sich lediglich den Faktor fünf zu merken - „Zeige mit deinem Finger, jede Hand hat fünf Finger".*

5.8 Nordstern und Fuhrmann (Auriga)

Das Sternbild des Fuhrmannes ist ein großes, auffälliges Fünfeck aus fünf Sternen. Es wird vom Leitstern Capella über das Firmament geführt, einem der hellsten Sterne am Nordhimmel. Die Vorderseite des Fünfecks wird von den „Kindern", einem Dreieck aus drei blassen Sternen in der Nähe von Capella, markiert. Die beiden Sterne (Menkalinan und Theta Aurigae) an der hinteren Kante des Fünfecks sind Zeigersterne für Polaris. Die Distanz von Polaris zu Menkalinan beträgt etwa das Fünffache des Abstands zwischen den beiden Zeigersternen. Diese Zeigersterne im Fuhrmann und einige andere Methoden, den Polarstern zu finden, werden in Abbildung 5-8 gezeigt.

Capella ist hell genug, um tief am Horizont beobachtet werden zu können. Sie geht an Abenden des Frühsommers im Nordwesten unter und frühmorgens im Spätsommer im Nordosten auf. Ab einer Breite von 45° N ist Capella zirkumpolar.

5.9 Das Sommerdreieck

Im Sommer und im Herbst formen drei der ersten Sterne, die in der Dämmerung sichtbar werden, ein perfektes rechtwinkeliges Dreieck, genannt das Sommerdreieck (s. Abb. 5-8). Das Sommerdreieck stellt keine eigene Konstellation dar, sondern wird von den drei hellsten Sternen von drei verschiedenen Sternbildern gebildet. Die strahlende Vega ist der Eckpunkt des rechten Winkels. Sie führt das Dreieck über den Himmel. Deneb zieht von Osten nach und Altair vervollständigt das Dreieck im Süden. Das Sommerdreieck ist riesig; über unserem Kopf erstreckt es sich fast über das ganze Dach des Firmaments.

Wann immer das Dreieck hoch am Himmel steht (mit dem niedrigsten Stern zumindest auf halber Höhe), liegt die Linie Deneb-Vega in ost-westlicher Richtung, mit der viel helleren Vega als Leitstern im Westen. Dies ist eine wertvolle Richtungsangabe, da bei bedecktem Himmel manchmal nur diese drei Sterne zu sehen sind. Steht das Sommerdreieck tief am Himmel, so kann man die Ost-West-Richtung auf diese Art nicht bestimmen, aber Norden liegt immer auf jener Seite der Linie Deneb-Vega, die Altair gegenüberliegt.

5.10 Nordstern und Schwan (Kreuz des Nordens, Cygnus)

Das Sommerdreieck bietet die einfachste Möglichkeit, das Sternbild des Cygnus, des Schwans, zu finden – gleichermaßen bekannt unter dem Namen „Kreuz des Nordens". Deneb, der nördlichste Stern des Sommerdreiecks, bildet die obere Spitze des Kreuzes. Deneb und der Leitstern des Kreuzes (Gienah) sind Zeigersterne für Polaris (s. Abb. 5-8). Wieder ist die Distanz zum Polarstern fünfmal der Abstand zwischen den beiden Zeigersternen.

Das Kreuz ist zwar symmetrisch, aber es ist trotzdem leicht, den Folgestern zu finden, da das Kreuz Teil des Sommerdreiecks ist, und dieses von Vega angeführt wird. Und Vega ist der hellste Stern am nördlichen Himmel.

Außer Deneb leuchten alle Sterne des Schwans nur schwach, aber die Symmetrie des Kreuzes lässt es doch unter anderen Hintergrundsternen hervorstechen.

5.11 Das Herbstviereck des Pegasus

Das große Viereck des Pegasus ist, gleich dem Sommerdreieck, riesig. Fast Jeder in den Vereinigten Staaten kann behaupten, dass das Herbstviereck zur selben Zeit über seinem Kopf steht. Das Viereck könnte auch Teil eines gigantischen Wagens sein, dessen Deichsel sich über zwei Konstellationen in Richtung Capella erstreckt. Ähnlich wie beim Großen Wagen befinden sich auch hier die Leitsterne (Scheat und Markab) an der Rückwand des Wagens, und sind gleichzeitig Zeigersterne für Polaris, mit der (jetzt schon berühmten) Distanz zum Nordstern vom Fünffachen des Abstandes zwischen den beiden Zeigersternen (s. Abb. 5-8). Sollte die Deichsel nicht sichtbar sein, so markiert ein kleines gleichseitiges Dreieck an einer der Seiten des Vierecks die Leitseite der Konstellation. Man kann sich vorstellen, dass das Herbstviereck von diesem kleinen Dreieck über den Himmel gezogen wird.

Die Ober- und die Unterkante des Wagens, lotrecht zur Linie der Zeigersterne, bieten gute Ost-West-Linien, sofern er hoch am Himmel steht. Die Sterne des Herbstvierecks sind nicht sehr hell, aber seine Symmetrie lässt es bei hohem Stand am Himmel doch auffallen. Die fünf Sterne in gleichem Abstand voneinander, von der Deichselspitze bis zum hinteren Ende des Wagens, bilden einen sehr auffälligen Bogen über das Firmament, selbst wenn der Rest des Vierecks nicht zu sehen ist.

5.12 Norden zu finden ohne Polarstern

Man muss Polaris nicht sehen um die Nordrichtung bestimmen zu können. Wenn man den Ort, an dem er sich befindet, eindeutig weiß, auch wenn dieser durch Wolken verdeckt ist, genügt das völlig. Genau das machen Zeigersterne für uns. Wie gezeigt wurde, haben alle hervorstechenden nördlichen Konstellationen solche Zeigersterne: der Große Wagen, Kassiopeia, Fuhrmann, Schwan und Pegasus. Lernt man die Zeigersterne, so sind diese Sternbilder fast genauso gut wie der Nordstern um Norden zu finden. Im Fuhrmann z.B. leitet Capella und die nachgeschleppte Kante des Fünfecks zeigt zu Polaris. Richtet man seinen Finger zu einem Punkt auf der Verbindungslinie der beiden Sterne, mit fünffacher Distanz der beiden Sterne untereinander, so zeigt man genau auf den Himmelsnordpol. Rechtweisend Nord auf der Kimm liegt also genau unter der Fingerspitze.

Man braucht sich nur zu erinnern, welche Sterne die Zeigersterne sind. Die Distanz ist immer dieselbe, nämlich der fünffache Abstand der Sterne untereinander. „Man zeigt mit dem Finger, jede Hand hat fünf Finger, fünf Zeigerkonstellationen – Distanz fünfmal der Abstand der Zeigersterne. Das ist nicht viel mehr als Geplapper, aber wenn seine Albernheit beim Erinnern hilft, so ist der Zweck erfüllt. Technisch gesehen ist der Faktor nicht in jedem Fall genau Fünf, aber nahe genug daran, um diese Regel zu rechtfertigen und um sich weiteres Auswendiglernen zu ersparen. Da es auf allen Teilen des Himmels Zeigersterne gibt, sind die Chancen, solche zu finden, gut, auch wenn nur ein kleiner Teil des Firmaments klar ist.

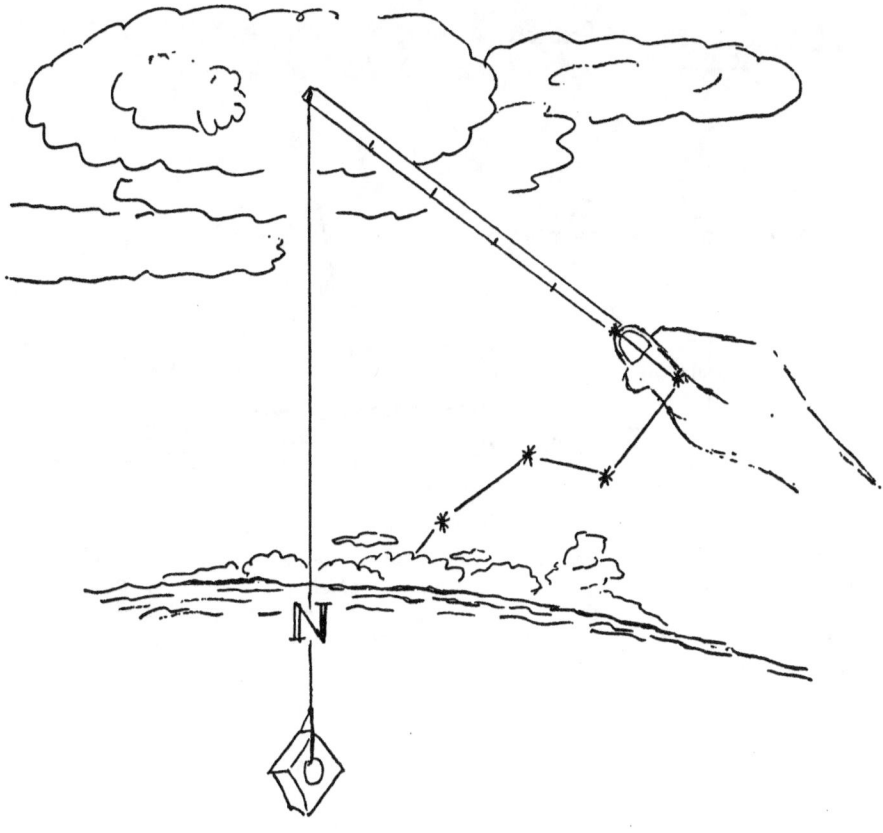

Abbildung 5-9. *Die Verwendung von Zeigersternen bei verdecktem Polarstern. Man hält einen Stab entlang der Zeigersterne, markiert darauf den Abstand zwischen diesen und trägt diesen Abstand schließlich fünfmal auf dem Stab auf. Hält man den Stab wie hier gezeigt, so hat man Norden gefunden. Der Faden mit dem Gewicht daran ist selten erforderlich.*

Testen Sie sich selbst mit einem Kompass wenn der Himmel bedeckt ist (s. Abb. 5-9). Ein einfacher Stock, auf Armeslänge gehalten, hilft dabei. Bringen Sie diesen Stock mit den Zeigersternen in Linie und markieren Sie den Abstand der Sterne auf einem Ende des Stocks. Nehmen Sie dann den Stock herunter und tragen Sie dann insgesamt fünfmal diesen Abstand auf ihm auf. Bringen Sie den Stock erneut in Linie mit den Zeigersternen, wobei die fünf Abstände vom letzten der beiden Sterne wegführen, so wird das Ende des Stocks an der Position von Polaris liegen. Steht dieser hoch am Himmel, so könnte man eine dünne Leine mit einem Gewicht daran am Ende des Stocks befestigen. Diese Leine würde – bei korrekter Ausrichtung des Stocks – den Horizont genau im Norden schneiden. Die Einfachheit und Einsatzflexibilität dieser Methode, Norden zu finden, ist Belohnung genug für die Mühe, die Zeigersterne auswendig zu lernen.

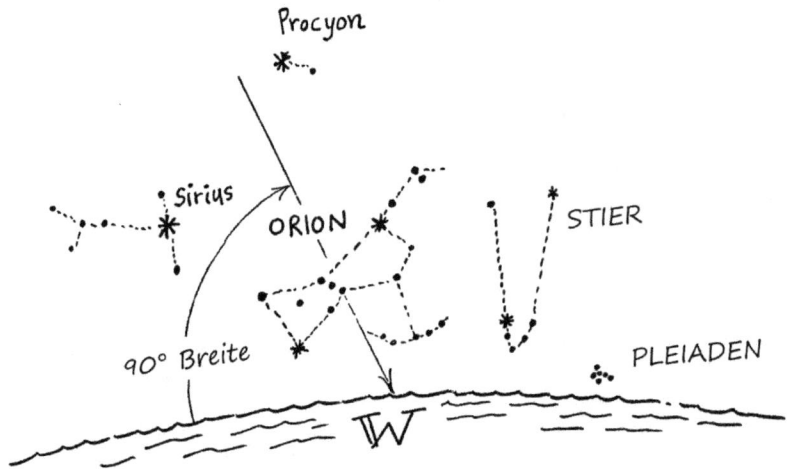

Abbildung 5-10. *Orion am Horizont. Von jedem Punkt der Erde aus betrachtet und zu jeder Zeit der Nacht geht der Gürtel des Orion genau im Osten auf und genau im Westen unter. Die Sieben Schwestern, die Plejaden, führen die Verfolgungsjagd der nahe gelegenen Sterne an. Der Stier folgt gleich danach und wehrt den Jäger Orion, dem seine beiden treuen Jagdhunde Sirius und Procyon nachlaufen, ab. Beteigeuze, an der Basis von Orions rechtem Arm, und Aldebaran, im Auge des Stiers, sind strahlende rote Riesen.*

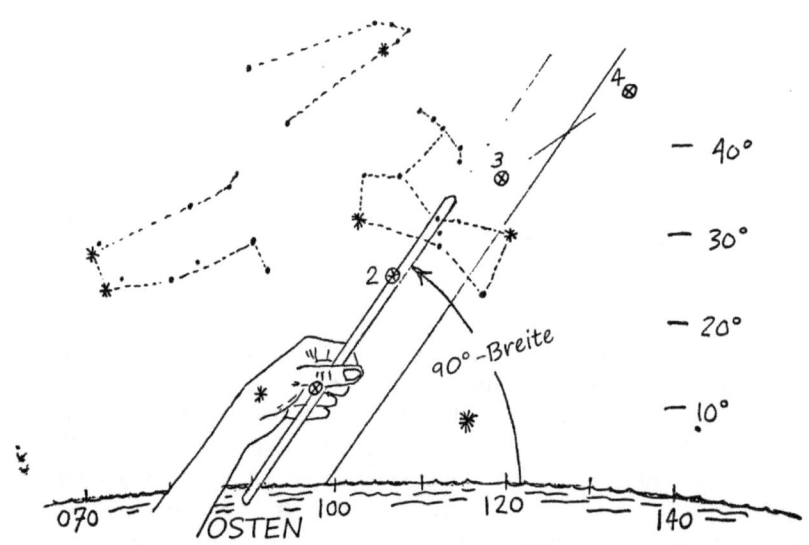

Abbildung 5-11. *Das Zurückverfolgen von Mintaka, dem Leitstern des Gürtels des Orion, herunter auf den Horizont, um Osten zu finden. Als Aufgangswinkel nimmt man 90° minus der Breite an. Die Zeichnung zeigt dies auf einer geographischen Breite von 35° N (Aufgangswinkel 55°), ca. zweieinhalb Stunden nach dem Aufgang von Mintaka. Diese Methode funktioniert auf den meisten Breiten während zwei bis drei Stunden nach dem Aufgang. Bringt man die Abbildung grob in einen Maßstab, so zeigt sich, dass dieselbe Methode dreieinhalb Stunden nach dem Aufgang einem Fehler von etwa 10° unterliegt. Die stündlichen Positionen von Mintaka sind mit einem eingekreisten „X" gekennzeichnet.*

5.13 Orion

Orion, der Jäger, umkreist die Erde über dem Äquator. Im Winter teilen sich alle Menschen auf der ganzen Welt dieses majestätische Sternbild aus strahlenden Sternen. Aufgrund seiner einzigartigen Lage genau über dem Äquator, geht Mintaka, der Leitstern von Orions Gürtel, genau im Osten auf und genau im Westen unter. Wir sollten diesen Stern gut kennen, wenn es dazu kommt, dass wir nach den Sternen steuern müssen. Der Aufgang von Orions Gürtel ist genauso gut wie ein großer Buchstabe „E" für Osten, oder „W" für Westen bei seinem -untergang (s. Abb. 5-10). Dies trifft zu jeder Zeit, zu der man den Gürtel auf der Kimm sieht, zu, an jedem Ort auf der Erde, zu jedem Zeitpunkt der Nacht und zu jeder Jahreszeit. Der Gürtel ist auch leicht zu erkennen. Es handelt sich um drei nahe beieinander liegende Sterne im Zentrum des Sternbildes.

Die hellen Sterne des Orion bilden ein nahezu symmetrisches Muster, was es schwierig macht, Leit- bzw. Folgesterne auseinander zu halten. Die Mythologie der Nachbarsterne erzählt jedoch auf hübsche Art, wer wohin geht. Orion, der Jäger, kämpft gegen Taurus, den Stier, welcher von Atlas am Himmel platziert wurde, um seine Töchter, die sieben Schwestern der Plejaden, zu beschützen – und zwar vor Orion, wie sich herausstellt. Voraus flüchten die Schwestern und ihnen nach rennt der Stier, verfolgt von Orion, seine treuen Jagdhunde Syrius und Procyon dicht dahinter. Diese Geschichte zeichnet einen Pfeil quer über das Firmament, von den Plejaden bis zum Sirius, weist damit auf einen Blick die Richtung zu vielen Sternen. Orion wird vom Stier geleitet, dessen strahlendes Auge der rote Stern Aldebaran bildet. Hinter Orion folgt der „Hundestern" Sirius, der hellste Stern am Himmel überhaupt.

Von nördlichen Breiten betrachtet geht Orion auf der Seite liegend auf und steht um Süd-Süd-Westen dann aufrecht. Auf der südlichen Hemisphäre wandert Orion auf dem Kopf stehend über den Himmel. Aber, ob Nord oder Süd, die Jagd Plejaden-Stier-Orion-Sirius geht immer weiter.

Auch nachdem der Gürtel des Orion bereits über die Kimm gestiegen ist, können wir ihn noch immer verwenden, um Osten zu finden. Während einiger Stunden nach dem Aufgang des Gürtels können wir unser Wissen um die Bewegung der Sterne nutzen und den unsichtbaren Weg von Mintaka zum Horizont zurückverfolgen. Dieser Pfad beginnt auf der Kimm genau rechtweisend im Osten.

Der Pfad jedes Sterns, welcher östlich oder westlich peilt, bildet mit dem Horizont einen Winkel, der 90° minus unserer geographischen Breite entspricht. Auf der Breite von 50° beginnen die östlichen Sterne in einem Winkel von 40° aufzusteigen, auf einer Breite von 20° steigen die Sterne in einem viel steileren Winkel auf, nämlich mit 70°. Am Äquator steigen sie senkrecht von der Kimm auf. Westliche Sterne sinken im selben Winkel, in dem sie aufgestiegen sind. Das ist auch der Grund, warum die Dämmerung auf hohen Breiten sehr lang und am Äquator nur kurz ist. Auf hohen Breiten geht die Sonne in spitzem Winkel zum Horizont unter, was sie für viel längere Zeit knapp über der Kimm bleiben lässt.

Um den Pfad von Mintaka zurückzuverfolgen, hält man einen Stock mit der Spitze zum Stern und richtet ihn gegenüber dem Horizont in einem Winkel von 90° minus der momentanen geographischen Breite aus. Der Stock schneidet dann die Kimm genau im Osten (s. Abb. 5-11).

Auf- und -untergangswinkel von Sternen mit anderen Peilungen als Ost oder West werden später im Abschnitt 6.2. besprochen. Man kann das Gleiche auch bei Mintakas -untergang machen. Wir richten den Stock auf Mintaka, sodass er den entsprechenden korrekten Winkel mit dem Horizont bildet, und erkennen den Punkt des -untergangs genau im Westen. Machen Sie sich nicht allzu große Sorgen über die richtige Einschätzung des Auf- oder -untergangswinkels. Auch wenn man dabei etwas daneben liegt, kann man auf diese Art Osten oder Westen recht genau bestimmen. Wenn Sie dies üben und sich dabei mit einem Kompass überprüfen, so wird es hängen bleiben. Wir werden denselben Trick verwenden, um den Weg der Sonne nach ihrem Aufgang zu verfolgen.

5.14 Zwillinge (Gemini) und Procyon

Castor und Pollux sind die beiden hellen Sterne der Konstellation Gemini, des Sternbildes der Zwillinge. Sie liegen nördlich des Procyon, des kleineren der beiden Hundesterne, welche Orion folgen. Eine Gerade von Procyon, zwischen Castor und Pollux hindurch, liefert an vielen Orten eine wertvolle Nord-Süd-Linie. Auf nördlichen Breiten zwischen 30° und 50° ist diese Linie oft sehr hilfreich, wenn sich der Gürtel des Orion von Osten bereits wegbewegt hat (s. Abb. 5-12). Wenn immer sie sichtbar ist, liefert diese Linie einen grundsätzlichen Hinweis auf unseren Meridian, aber ein exaktes Verfahren, um Süden zu bestimmen, bietet sie nur, wenn die Sterne hoch am Himmel stehen – d.h. wenn der niedrigste von ihnen zumindest auf halber Höhe steht. Südlicher als auf 50° N bestimmt man mit dieser Linie Norden leichter als Süden. Bis hinunter auf eine Breite von 15° S ist die Linie brauchbar. Die Hundesterne Procyon und Sirius bilden ein gleichseitiges Dreieck mit Beteigeuze, dem hellen, rötlichen Stern der Folgeschulter des Orion.

Die Zwillinge-Procyon-Linie ist nur ein Beispiel für Linien am Himmel, die bei der Orientierung nützlich sein könnten. Haben Sie erst einmal die Richtungen mithilfe von bekannten Sternen festgelegt, so schauen Sie sich am Himmel nach hervorstechenden Sternenpaaren um, welche auf Ihrer Breite Norden oder Süden anzeigen. Dann überprüfen Sie diese gelegentlich im Laufe der Nacht; solche Linien können sehr nützlich sein, aber möglicherweise nur zu bestimmten Nachtzeiten. Innerhalb von 15° am Äquator zum Beispiel liefert jedes Paar von gleichzeitig aufgehenden Sternen ziemlich gute Peilungen zum höheren Pol, bis der Höchste ungefähr auf halber Höhe am Himmel steht

5.15 Skorpion

Der Skorpion befindet sich auf der gegenüberliegenden Seite der Sonne von Orion. Da die Erde die Sonne einmal im Jahr umkreist, sehen wir Orion im Winter und den Skorpion im Sommer. Er sieht wie ein Skorpion aus und bewegt sich auch wie ein Skorpion – der Kopf „leitet" und der Schwanz „folgt". Im Nacken des Sternbildes sehen wir den hellen roten Stern Antares. Über unseren Köpfen wandert der Skorpion in Australien, aber auch bis zur amerikanisch-kanadischen Grenze können wir große Teile des Sternbildes sehen. Auf hohen nördlichen Breiten ist die Sicht auf den niedrig stehenden Skorpion nur kurz und oft getrübt. Segelt man aber nach Süden, so werden die Aufgänge des Skorpions zu einem eindrucksvollen Schauspiel am Sommerhimmel (s. Abb. 5-13).

Immer wenn man den Skorpion auf höheren nördlichen Breiten zur Gänze sieht, so ist das in Richtung Süden. Um Süden genau zu bestimmen, muss man unterscheiden, ob der Kopf oder der Schwanz gerade senkrecht auf den Horizont steht – sofern die Kimm überhaupt genau zu erkennen ist. Der Kopf liegt im Süden, wenn der Schwanz senkrecht steht, der Schwanz liegt im Süden, wenn der Kopf aufrecht steht. Weiter im Süden, wo der Skorpion höher am Himmel steht, ist es schwieriger zu bestimmen, ob gerade Kopf oder Schwanz aufrecht (lotrecht zum Horizont) ist.

Selbst in diesem Fall zeigt dieser Trick aber oft, ob der Skorpion östlich, westlich oder ziemlich genau im Süden steht.

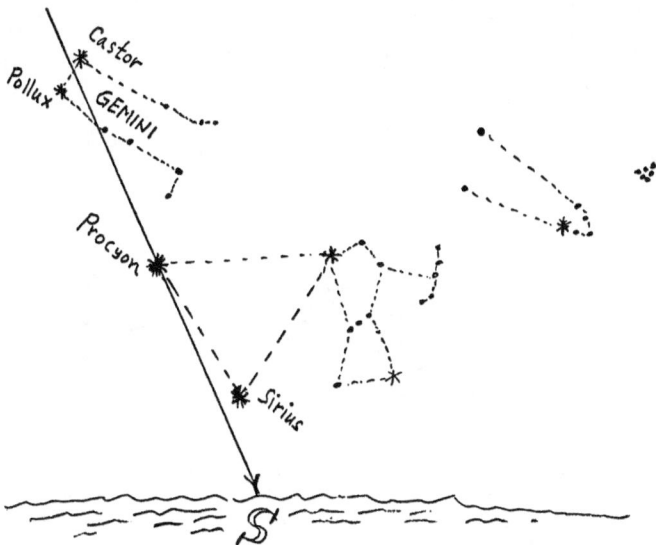

Abbildung 5-12. *Die Zwillinge-Procyon-Linie. Auf einer Breite von ungefähr 50° N bis 30° N, sowie zwischen 5° N und 15° S wird eine gedachte Linie von den Zwillingen durch Procyon die Kimm in der Nähe des Meridians zu dem Zeitpunkt schneiden, an dem der niedrigste Stern etwa auf halber Höhe am Himmel steht. Halten Sie nach ähnlichen Linien zwischen den Sternen Ausschau, wenn Sie erst einmal einige Peilungen nach anderen Sternen erstellt haben. Zahlreiche Sternenpaare weisen auf diese Art auf den Meridian hin, auch wenn dies manchmal nicht sehr gut funktioniert wenn die Linie zwischen diesen über den Kopf hinweggeht – selbst zu Zeiten, da beide hoch am Himmel stehen.*

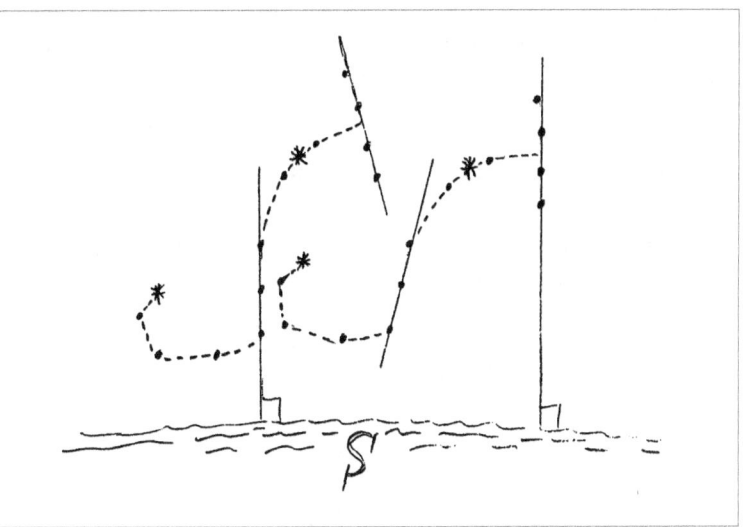

Abbildung 5-13. *Die Bestimmung von Süden nach dem Skorpion. Von höheren nördlichen Breiten aus kann man dieses Sternbild nur ganz in der Nähe von Süden sehen. Auf niedrigeren Breiten muss man die relative Ausrichtung von Kopf und Schwanz beachten. Versuchen Sie es mit „Kopf im Süden bei aufrechtem Schwanz" oder „Schwanz im Süden bei aufrechtem Kopf", wie abgebildet, oder erfinden Sie einen ähnlichen Trick zum Auffinden der Südrichtung, sofern Peilungen aus anderen Sternbeobachtungen bekannt sind. Diese spezielle Regel verlangt einige Übung, da der Kopf nicht ganz eine gerade Linie von Sternen darstellt.*

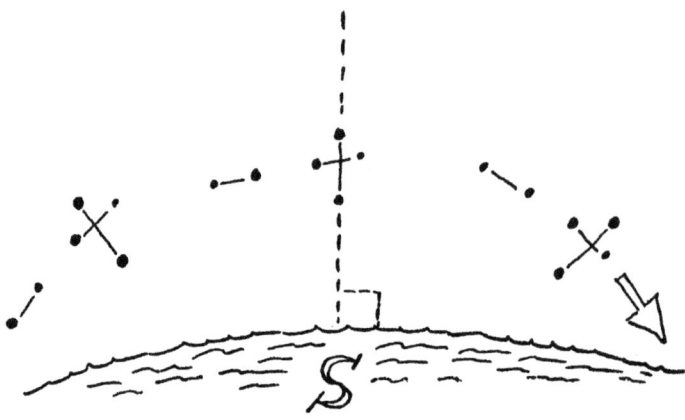

Abbildung 5-14. *Das Kreuz des Südens. Steht das Kreuz aufrecht, so peilt es genau im Süden. Diese Regel ist besonders vorteilhaft, wenn das Kreuz nicht allzu hoch am Himmel steht. Sie ist auch einfacher als ähnliche Regeln beim Skorpion, da die vertikalen Sterne des Kreuzes Zeigersterne sind, was für die Sterne auf der Kopf- oder Schwanzlinie des Skorpions nicht zutrifft.*

5.16 Kreuz des Südens und Südpol

Das Kreuz des Südens ist ein kleines Kreuz aus vier hellen Sternen, leicht erkennbar durch zwei strahlende weitere Sterne, die ihm unmittelbar nachfolgen. Wie der Name schon sagt, handelt es sich um südliche Sterne; das ganze Kreuz kann man nördlich der Tropen nicht sehen. Von den Tropen aus betrachtet, geht das Kreuz im Süd-Südosten auf der Seite liegend auf und richtet sich dann genau im Süden vollständig auf. Es legt sich dann auf die andere Seite und geht im Süd-Südwesten unter. Immer wenn man es aufrecht stehend sieht, so peilt es genau südlich (s. Abb. 5-14). Die beiden hellen Sterne, welche das Kreuz des Südens über den Himmel schieben, zeigen auf einen Blick, in welche Richtung es zieht.

Auch wenn es nicht aufrecht steht, kann das Kreuz des Südens verwendet werden, denn sein oberer Arm zeigt zum Himmelssüdpol. Südlich des Äquators liegt der Himmelssüdpol über dem Horizont, aber es gibt keinen „südlichen Polarstern" an diesem Pol – es gibt überhaupt keine hellen Sterne in der Nähe des Pols. Trotzdem kann der Südpol zur Richtungsbestimmung verwendet werden, gleichermaßen wie im Norden, wenn Polaris verdeckt ist.

Der Südpol ist das Spiegelbild des Nordpols. Kreuzt man den Äquator in Richtung Süden, so versinkt der Nordpol (wo Polaris liegt) hinter die Kimm, und der Südpol, dessen Platz kein Stern anzeigt, kommt über den Horizont. Fährt man weiter nach Süden, so steigt auch der Südpol, und zwar um 1° für jeden Breitengrad, den man Richtung Süden macht. Folglich entspricht, auf der gesamten südlichen Hemisphäre, die Höhe des Südpols unserer jeweiligen südlichen Breite, wie auch auf der Nordhalbkugel die Höhe des Himmelsnordpols der nördlichen Breite des Betrachters entspricht.

Der einzige Unterschied zwischen den beiden Polen ist die scheinbare Bewegung der Gestirne um die Pole. Schauen wir nach Norden, so sehen wir die Sterne entgegen dem Uhrzeigersinn um den Himmelsnordpol wandern, wohingegen beim Blick nach Süden dieselbe Ost-West-Rotation in einer Bewegung der Sterne im Uhrzeigersinn um den Himmelssüdpol resultiert. Beobachtet man vom Äquator, so liegen der Nordpol am nördlichen und der Südpol am südlichen Horizont. Auf jeder anderen Breite kann aber jeweils nur ein Pol über dem Horizont liegen. Trotzdem bleibt die Bewegung der Sterne entgegen dem Uhrzeigersinn um den Nordpol, bzw. im Uhrzeigersinn um den Südpol bei der Betrachtung von jeder beliebigen Breite aus gleich, auch wenn sich ein Pol unter dem Horizont befinden muss.

Die Südpol-Zeigersterne sind die beiden Sterne, die den senkrechten Balken, also die längere Achse des Kreuzes des Südens bilden. Die Distanz zum Pol ist (wieder einmal) das Fünffache des Abstandes zwischen den beiden Zeigersternen. Kennt man diese, und versteht man ihre Bewegung, so ist es leicht zu verstehen, warum das Kreuz genau südlich peilt wenn es aufrecht steht. Diese und andere Arten, den Himmelssüdpol zu finden, werden in Abb. 5-15 gezeigt.

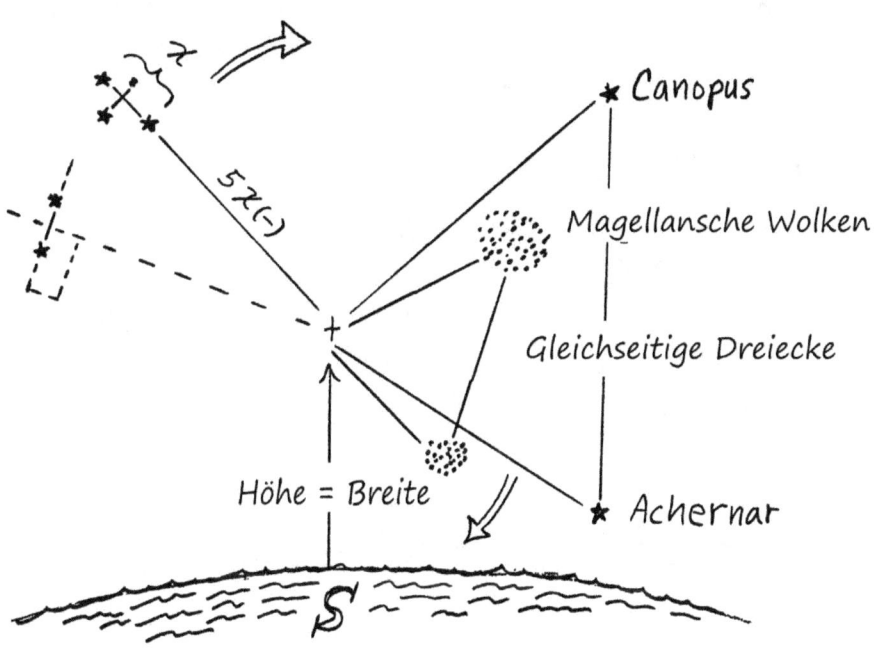

Abbildung 5-15. *Methoden zur Bestimmung des Südpols am Himmel. Die Verwendung vom Kreuz des Südens und von einigen Sternendreiecken werden in den Abbildungen 5-14 und 5-16 weiter illustriert.*

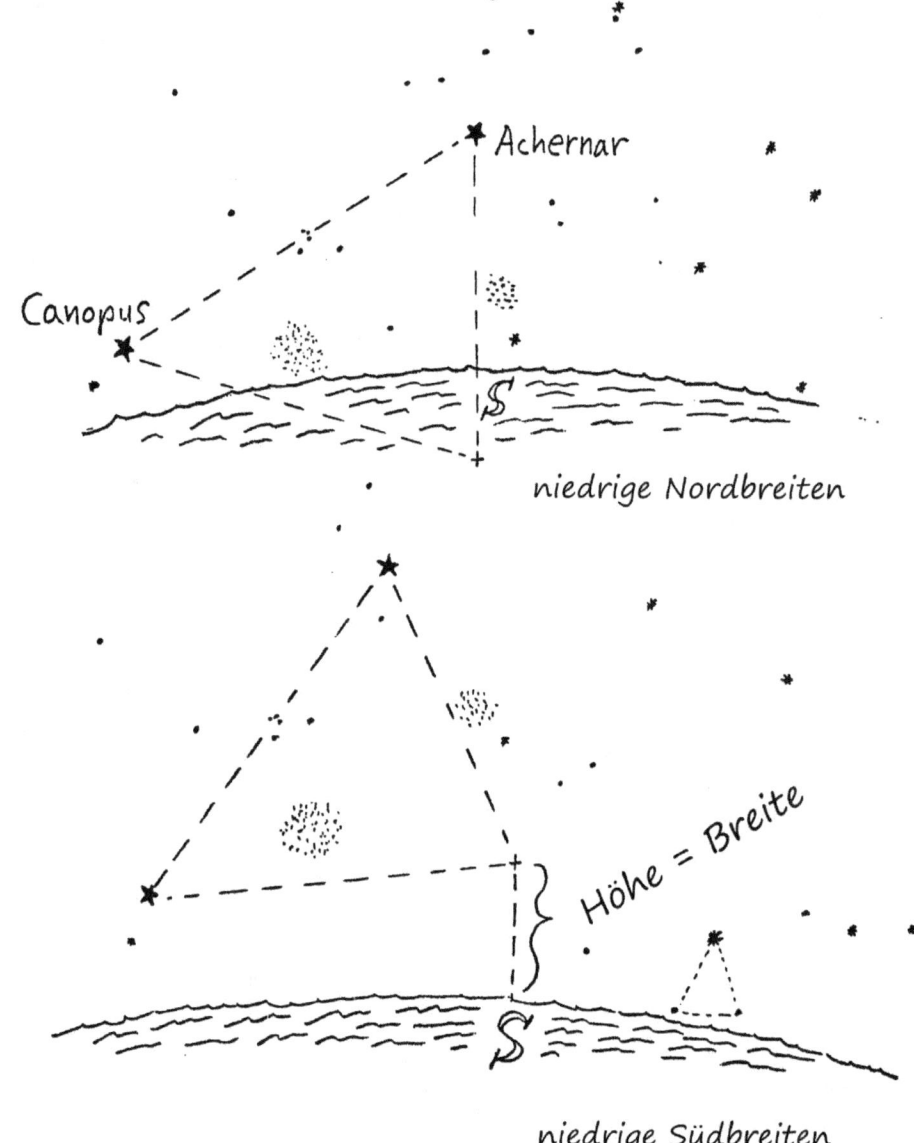

Abbildung 5-16. *Bestimmung von Süden mittels Achernar und Canopus. Man beachte, dass das gleichseitige Dreieck, welches diese Sterne mit dem Südpol bilden, auch beim Bestimmen der Südrichtung von niedrigen nördlichen Breiten verwendet werden kann, auch wenn sich die „Pol-Ecke" des Dreiecks unter dem Horizont befindet.*

5.17 Südpol von Achernar und Canopus

Steht das Kreuz des Südens unter der Kimm, so ziehen zwei weitere, sehr helle Sterne in einer ähnlichen Spur wie das Kreuz über den Himmel. Diese beiden sind Achernar, Richtung Westen leitend, gefolgt vom strahlenden Canopus. Diese Sterne liegen zwar nicht nahe beieinander, strahlen jedoch so hell, dass sie zwischen all den anderen Sternen deutlich hervorstechen. Der Himmelssüdpol bildet neben Achernar und Canopus das dritte Eck eines gleichseitigen Dreiecks. Rechtweisend Süd liegt genau unterhalb dieser dritten, unsichtbaren Ecke des Dreiecks. Wenn Sie sich erinnern, dass die Höhe des Pols Ihrer Breite entspricht, so sollten Sie ohne Schwierigkeiten erkennen können, wo diese dritte Ecke liegt. Auf Breiten nördlich des Äquators liegt der Himmelssüdpol unter dem Horizont, aber selbst dann kann man diese Methode zur Schätzung der Südrichtung noch immer verwenden (s. Abb. 5-16).

Canopus, der zweithellste Stern am Himmel, liegt auf halbem Weg zwischen dem Himmelssüdpol und Sirius, dem hellsten aller Sterne. Steht Sirius hoch am Himmel, so schneidet die Linie Sirius-Canopus den Horizont fast genau im Süden. Sirius passiert den Zenith über Tahiti, Canopus über den Falkland-Inseln.

5.18 Südpol von den Magellanschen Wolken

Die Methode, mittels des gleichseitigen Dreiecks von Achernar und Canopus den Himmelssüdpol zu bestimmen, kann auch auf die Magellanschen Wolken angewandt werden (s. Abb. 5-15 und 5-16). Dies sind zwei verschwommene Objekte am Südhimmel, welche wie kleine Brocken unserer Milchstraße aussehen, obwohl sie in Wirklichkeit unabhängige Galaxien, weit weg von unserer eigenen, bilden. Auch diese beiden Galaxien formen ein gleichseitiges Dreieck mit dem Himmelssüdpol.

Die Magellanschen Wolken liegen ungefähr auf halber Strecke zwischen der Linie Achernar-Canopus und dem Südpol. Da sie sich näher beim Himmelssüdpol befinden, ist es einfacher, sich so ein Dreieck vorzustellen. Unglücklicherweise sind die beiden Objekte sehr lichtschwach, wohingegen die beiden Sterne äußerst hell strahlen. Obwohl diese Galaxien in derselben Region am Himmel stehen, sind sie nicht notwendigerweise eine Verbesserung gegenüber den zwei Sternen. Trotzdem bieten sie in klaren Nächten ein weiteres Mittel der Orientierung und jede verlässliche Information ist hilfreich.

5.19 Sterne im Zenith

Bei dunstigem Himmel könnten ein oder zwei unidentifizierte Sterne über unserem Kopf die einzig sichtbaren sein. Selbst mittels dieser kann man seine Richtung bestimmen, da sich jeder Stern im Zenith genau nach Westen bewegt, egal wo man sich befindet.

Im Hafen ist es leicht, die Zugrichtung der Sterne über dem Kopf zu verfolgen, indem man einer Kante des Mastes entlang peilt. Sterne über dem Top eines 15-Meter-Mastes bewegen sich alle fünf Minuten ungefähr 30 Zentimeter davon weg. Man kann also leise und komfortabel binnen fünf oder 10 Minuten die Westrichtung bestimmen.

Auf See ist dies nicht ganz so einfach und dauert auch länger. Zuerst muss man einen stetigen, genauen Kurs halten während man beobachtet – ein Problem, das man im Hafen oder an Land nicht hat. Man bewerkstelligt das, indem man nach dem scheinbaren Wind oder nach dem Wellenbild steuert. Die Hauptschwierigkeit ist jedenfalls die Bewegung des Mastes, da das Boot ja im Seegang schaukelt. Selbst in ruhigem Wasser bewegt sich der Masttop und bestreicht einen gleichmäßigen Fleck am Himmel. Die Aufgabe ist, die durchschnittliche Position des Masttops, in Relation zu den Sternen, festzulegen, welches vor und zurück schwingt, und dabei grob eine Ellipse zeichnet. Da der Referenzpunkt bei Bewegung ungenauer ist, muss sich der Stern weiter wegbewegen, um Westen anzuzeigen. Ist die See rau, so schaut man einfach senkrecht zu den Sternen hinauf, aber es kann dann eine Stunde oder länger dauern, die Richtung der Bewegung der Sterne zu erkennen (s. Abb. 5-17).

Ein anderes Verfahren ist, eine Schnur mit einem Gewicht ans Ende eines Stocks zu binden. Man hält diesen Stock über seinen Kopf, peilt die Schnur entlang und nimmt das Ende des Stockes als Referenzpunkt. Das Gewicht wird trotzdem mit dem Boot schwingen, aber man kann es anhalten und nochmals schauen. Wenn es nicht gerade sehr ruhig ist, wird es generell eine Stunde oder länger dauern, bis ein Stern vom Zenith so weit ausgewandert ist, dass man seine Zugrichtung erkennen kann, egal auf welche Art man misst.

Steht ein Stern nicht genau über dem Kopf, sondern nur irgendwo sehr hoch am Himmel, so funktioniert diese Methode trotzdem recht gut. Auf jeden Fall dürfen wir nicht vergessen, dass nur die Zugrichtung des Sternes nach Westen geht, und nicht die Peilung zum Stern. Hat der Stern unseren Zenith noch nicht wirklich passiert, so kann seine Peilung durchaus stark nördlich oder südlich sein, obwohl er genau nach Westen zieht.

5.20 Regel der „halben Breite"

Die Methode der Überkopf-Sterne des letzten Abschnitts wird man nur anwenden, wenn diese die einzig sichtbaren Sterne sind, da es einige Zeit dauert, auf diese Weise seine Richtung zu finden. Aber selbst in klaren Nächten sind Sterne, welche direkt über dem Kopf durchziehen, extrem hilfreich bei einer weiteren Methode des Steuerns.

Den Punkt am Himmel direkt über dem Kopf nennt man Zenith, und die Sterne, welche genau über dem Kopf hinwegziehen, Zenithsterne. Jeder Zenithstern zieht exakt nach Westen. Zieht ein Stern genau über unseren Zenith hinweg (oder zumindest fast genau), so wird er danach für einige Zeit genau westlich peilen. Befindet man sich in der Nähe des Äquators, so wird jeder Himmelskörper, der am Zenith durchgeht, für den Rest der Nacht genau im Westen peilen. Hat man ihn in der folgenden Nacht erst einmal wieder erkannt, so kann man ihn bis zu seinem Zenithdurchgang im Osten peilen.

Rufen wir uns die Grundsätze in Erinnerung. Nördliche Sterne (oder alle Himmelskörper mit nördlicher Deklination) gehen nördlicher als im Westen unter; alle südlichen Sterne südlicher als im Westen. Folglich müssen alle Sterne mit der Deklination von 0° genau rechtweisend im Westen untergehen, und nicht nördlich oder südlich davon. Beispiele dafür sind Mintaka, die Sonne zu den Äquinoktien sowie Mond oder Planeten, wenn sie zufällig gerade den Äquator kreuzen. Vom Äquator aus gesehen, muss Alles, was durch den Zenith durchgeht, eine Deklination nahe 0° haben. Es peilt westlich nach dem Zenithdurchgang, liegt bis zu seinem Untergang genau im Westen und seine Peilung ist daher die ganze restliche Nacht exakt West.

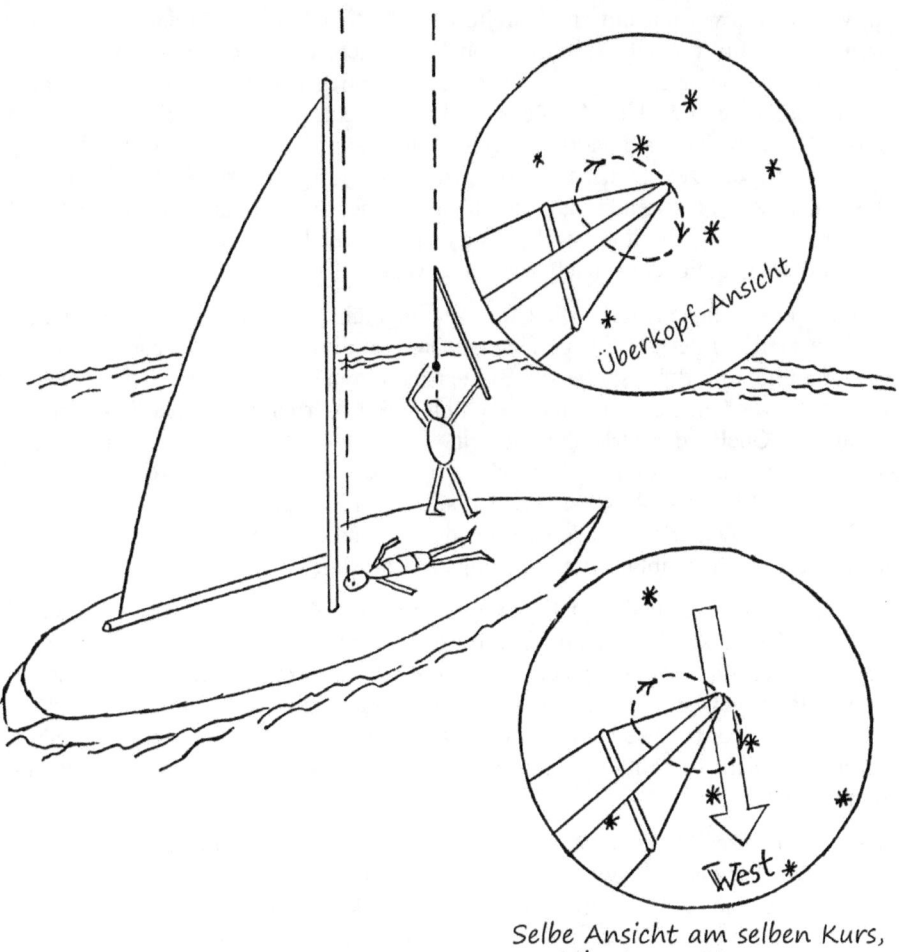

Abbildung 5-17. *Westen finden durch Sterne über dem Kopf. Alle Sterne bewegen sich auf ihrer Bahn über unseren Kopf nach Westen. Wir dürfen jedoch nicht vergessen, dass nur die Zugrichtung westlich ist, nicht jedoch die Peilung zu den Sternen.*

Auf vom Äquator weit entfernten Breiten ist das Leben auf jeden Fall nicht ganz so einfach. Weg vom Äquator ändert sich die Peilung zu einem Stern nach dem Zenithdurchgang laufend. Nördlich des Äquators gehen Zenithsterne nördlicher als im Westen unter, was bedeutet, dass sie sich während ihres Abstiegs Richtung Norden bewegen. Auf südlichen Breiten bewegen sie sich bei ihrem Abstieg von Westen Richtung Süden.

Glücklicherweise sagt uns eine einfache Regel, wie lange wir einem Zenithstern folgen können. Ist ein solcher Zenithstern auf eine Höhe über dem Horizont, die unserer geographischen Breite entspricht, abgestiegen, so hat sich seine Peilung um einen Betrag gleich der Hälfte unserer Breite von genau West entfernt. Wir nennen das die „Zenithsternregel der halben Breite".

Nehmen wir an, dass wir uns auf einer Breite von 40° N befinden, und dabei einen Stern direkt über unseren Kopf hinwegziehen sehen. Sobald er sich vom Zenith wegbewegt kann man annehmen, dass er genau westlich peilt. Bei seinem Abstieg ändert sich seine Peilung langsam Richtung Norden und wenn er dann 40° über der Kimm steht, peilt er um 20° nördlicher als West (s. Abb. 5-18). Der Job des Navigators ist, diese Information zu nutzen, um die Peilungen beim Abstieg des Sterns zu schätzen. Ist der Stern den halben Weg hinunter zu 40° Höhe abgestiegen (auf 65° Höhe), schätzt man seine Peilung auf ca. 10° nördlicher als Westen. Die Methode funktioniert auf allen Nord- oder Südbreiten, wobei sich auf südlichen Breiten die Sterne um den entsprechenden Betrag südlicher als nach Westen bewegen.

In der Praxis ist es nicht schwierig, die Höhe, die ungefähr der geographischen Breite entspricht, zu schätzen – speziell auf der nördlichen Hemisphäre, wo dies ja der Höhe von Polaris entspricht. Sie würden vermutlich die Polarishöhe zur Breitenbestimmung nutzen, und welche Methode auch immer Sie dabei anwenden, sie funktioniert auch hierbei. Natürlich wird Polaris, sofern er sichtbar ist, die vorrangige Quelle der Orientierung sein. Ein guter Trick ist, die Höhe des Polaris in Handbreiten zu messen. Ist dieser Stern dann einmal nicht sichtbar, so hat man ein sehr zweckdienliches Maß für diese Anwendung. Auf südlichen Breiten verwendet man eine der beiden Dreiecksmethoden der Zeigersterne des Kreuzes des Südens um die Position des Himmelssüdpols zu bestimmen. Dessen Höhe gibt uns unsere südliche Breite an.

In klaren Nächten muss man sich nicht auf einen einzigen Zenithstern verlassen, bis er für diese Anwendung zu tief gesunken ist – auch wenn niedriger stehende Sterne normalerweise leichter zu nutzen sind, sofern sie zur Verfügung stehen. Weitere Sterne werden kontinuierlich unseren Zenith passieren, und wir können uns jene aussuchen, welche am angenehmsten sind. Beobachten Sie die Sterne, die über Ihren Kopf hinwegziehen. Einer nach dem Anderen bilden sie zusammen eine Ost-West-Linie über dem Firmament. Je niedriger die geographische Breite, umso länger kann man jeden Stern beobachten.

Der Hauptvorteil dieser Methode ist, dass man die Sterne, denen man folgt, nicht kennen muss – sogar ein leerer Fleck zwischen zwei oder drei Sternen kann genügen. Geben Sie einfach jedem Stern einen Namen um ihn in Erinnerung zu behalten. Es kann helfen, sich eigene Konstellationen von Zenithsternen zu machen. Ändert man seine geographische Breite nicht sehr, so kann man dieselben Sterne jede Nacht verwenden. Nach der ersten Nacht kann man Zenithsterne auch ab ihrem Aufgang im Osten verwenden. Diese beginnen ab dem Zeitpunkt nützlich zu werden, an dem sie jene Höhe, die der Hälfte unserer geographischen Breite entspricht, erreicht haben; sie peilen dabei um die Hälfte unserer Breite nördlicher (oder südlicher) als im Osten, und bewegen sich anschließend bis zu ihrem Zenithdurchgang immer weiter Richtung Osten.

Ändert man seine Breite, so ändern sich auch die Zenithsterne, denn jeder Stern ist auf eine bestimmte Breite beschränkt. Aber das ist nicht das Problem. Fällt einem auf, dass sich ein Stern vom Zenith wegbewegt hat, so sucht man sich einfach neue Zenithsterne. Wir sehen daraus, wie wir unsere Breite mittels der Zenithsterne verfolgen können, sofern wir sie erkennen und ihre Deklination wissen.

Segelt man nach Osten oder Westen, so könnte man buchstäblich unbekannten Zenithsternen folgen, indem man die „Regel der halben Breite" anwendet. Geschieht es, dass die Sonne, der Mond oder ein Planet über unseren Kopf hinwegzieht, so kann man ihn wie einen Zenithstern behandeln. Dafür müsste man sich aber in den Tropen befinden.

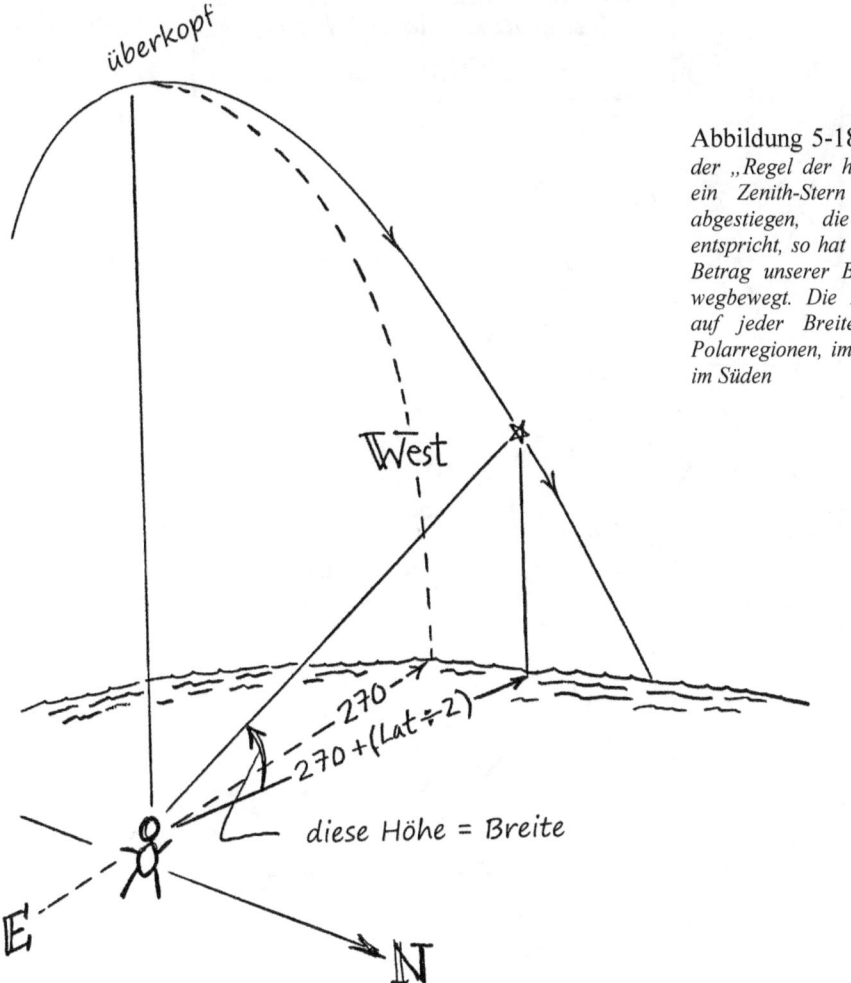

Abbildung 5-18. *Die Anwendung der „Regel der halben Breite". Ist ein Zenith-Stern zu einer Höhe abgestiegen, die unserer Breite entspricht, so hat er sich um halben Betrag unserer Breite von Westen wegbewegt. Die Regel funktioniert auf jeder Breite außerhalb der Polarregionen, im Norden wie auch im Süden*

Der Mond könnte bis zu einer Breite von 29° über unserem Kopf passieren, er könnte aber nur einmal verwendet werden – vom Zenith bis zu seinem -untergang – da sich seine Position am Himmel mit jedem Tag stark ändert. Die „Regel der halben Breite" ist auf jeder Breite außerhalb der Polarregionen auf 5° genau, wie in Abb. 5-19 gezeigt.

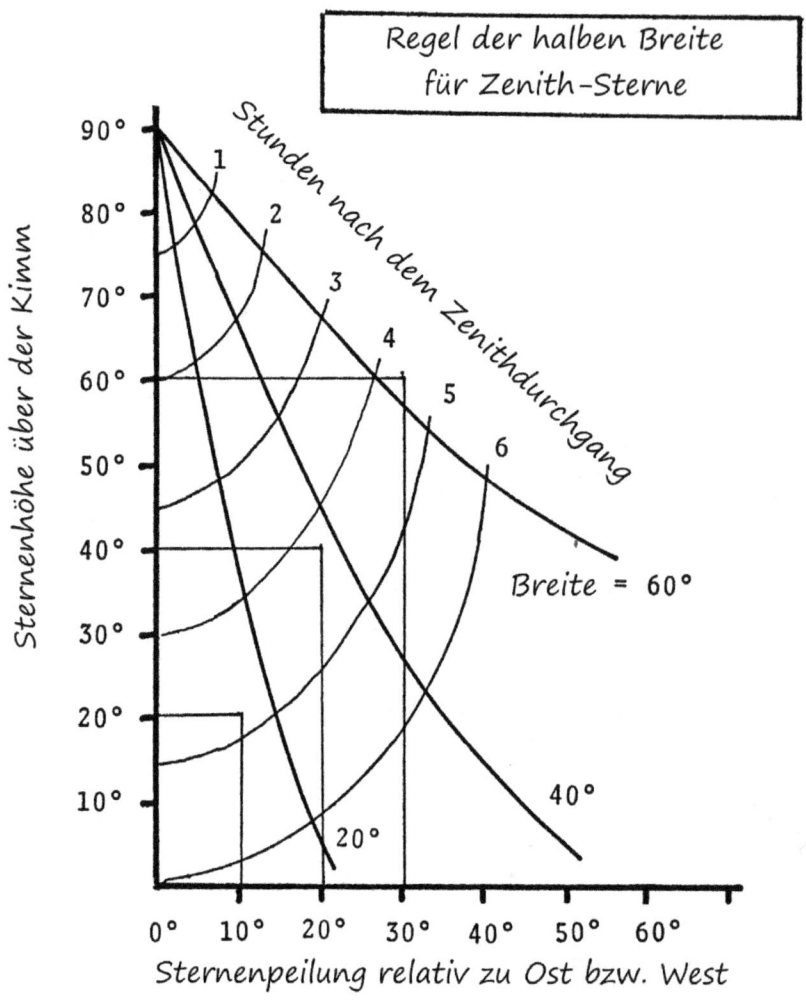

Abbildung 5-19. *Die Genauigkeit der „Regel der halben Breite". Die stärker gekrümmten Kurven stellen die Peilungen zu den Zenith-Sternen bei ihrem Abstieg dar. Die Ecken der Rechtecke markieren die Ergebnisse der „Regel der halben Breite". Auf einer Breite von 40° (Nord oder Süd) zum Beispiel benötigt ein Zenith-Stern für den Abstieg auf 40° etwas weniger als 4,5 Stunden. Zu diesem Zeitpunkt hat sich seine Peilung um 23° von genau Westen entfernt – auf Nordbreiten Richtung Norden, auf Südbreiten Richtung Süden. Der Fehler der Regel beträgt auf dieser Breite lediglich 3°. Man beachte trotzdem, dass man, obwohl die Regel im Prinzip recht genau ist, diese Präzision in der Praxis nicht erreichen wird. Erlangt man eine ständige Abweichung von 10° bis 20°, so hat man ziemlich gut gearbeitet.*

5.21 Die Tropenregel

Die Regel der halben Breite funktioniert überall auf der Welt, zu jeder Zeit des Jahres. Segelt man jedoch in den Tropen, so kann man eine erweiterte Version dieser Regel nutzen, die es erlaubt, die Peilung der Zenithsterne während ihres ganzen Weges vom Zenith zum Horizont zu verwenden. Sie funktioniert nur in den Tropen, aber wenn man sich dort befindet, ist sie sehr bequem. Überall in den Tropen (Breite 23°27' N bis 23°27' S) gehen unsere Zenithsterne bei einer Peilung unter, die sich um den gleichen Betrag in Grad, den unsere aktuelle Breite hat, von Westen unterscheidet. Auf einer Breite von 20° N gehen sie um 20° nördlicher als im Westen unter und 20° nördlicher als im Osten auf. Auf einer Breite von 10° Süd gehen unsere Zenithsterne 10° südlicher als im Osten auf und 10° südlicher als im Westen unter.

Diese Regel ist einfach und genau. Und wieder: man muss die Zenithsterne nicht kennen, um die Regel anwenden zu können. In den Tropen kann man, mithilfe dieser Regel, jedem Stern, der über Kopf passiert, folgen, solange er sichtbar ist, vorausgesetzt man kennt seine ungefähre geographische Breite. Ist der Stern auf eine Höhe, die unserer Breite entspricht, abgestiegen, peilt er um den halben Betrag der Breite weg von Westen, erreicht er die Kimm, so liegt seine Peilung um unsere ganze Breite weg von Westen.

Diese erweiterte Version der Regel der halben Breite ist ein Spezialfall einer noch viel bedeutenderen Regel, welche auch in den gesamten Tropen zu Anwendung gelangt. In den Tropen kann man von jedem Stern (nicht nur von Zenithsternen) sagen, in welcher Richtung er auf- oder untergeht, vorausgesetzt, man kennt seine Deklination. Mit anderen Worten, betrachtet von irgendwo innerhalb der Tropen, hängt die Richtung des Auf- oder -untergangs eines Sternes nur von dessen Deklination und nicht von der geographischen Breite ab.

Dies nennen wir die Tropenregel. In den Tropen unterscheidet sich die Richtung des Auf- bzw. -untergangs jedes Sterns von Ost oder West genau um den Betrag seiner Deklination. Die Deklination des Sirius z.B. beträgt ungefähr 17° S; er zieht über Tahiti in Französisch Polynesien sowie über den Titicacasee im südlichen Peru hinweg. Immer, wenn man Sirius in den Tropen untergehen sieht, beträgt seine Peilung 17° südlicher als West. Der helle nördliche Stern Capella hat eine Deklination von 46° N. Er passiert die Mündung des Columbia River an der Grenze zwischen Washington und Oregon, sowie Cape Breton Island im Norden von Nova Scotia. In den Tropen, nördlich oder südlich, sieht man Capella 46° nördlicher als Osten aufgehen, also im Nordosten. Dementsprechend geht Capella in den Tropen im Nordwesten unter.

Die Regel ist auf die Tropen beschränkt, da die Richtung des Auf- oder -untergangs eines Sterns normalerweise von der geographischen Breite des Beobachters und von der Deklination des Sterns abhängt – ein Punkt, der später in diesem Abschnitt diskutiert werden soll. Innerhalb von ca. 20° vom Äquator ist die Abweichung, die von der Breite des Beobachters abhängt, jedoch so gering, dass man sie vernachlässigen kann. Zumindest ab einer Breite von 24° beginnen Sternpeilungen am Horizont jedoch, sich mit der Breite schneller zu verändern. Folglich ist diese Regel für Breiten über 24° nicht mehr verlässlich. Die Regel, die wir am Beginn dieses Abschnitts für unbekannte Zenithsterne angewandt haben, gilt aber, obwohl wir deren Namen nicht kennen, da wir wissen, dass ihre Deklination gleich unserer Breite sein muss, wenn sie unseren Zenith überqueren.

Die Tropenregel zeigt uns wie wichtig es ist, die Geographie der Sterne zu kennen. Wenn wir die Peilungen von Sternen zur Richtungsbestimmung verwenden wollen, so müssen wir die Deklination von einigen von ihnen kennen, wenngleich natürlich die meisten Sterne unseren Zenith nicht passieren werden. Für diese anderen Sterne wird die Tropenregel immer wertvoller, je mehr Sterne man kennt.

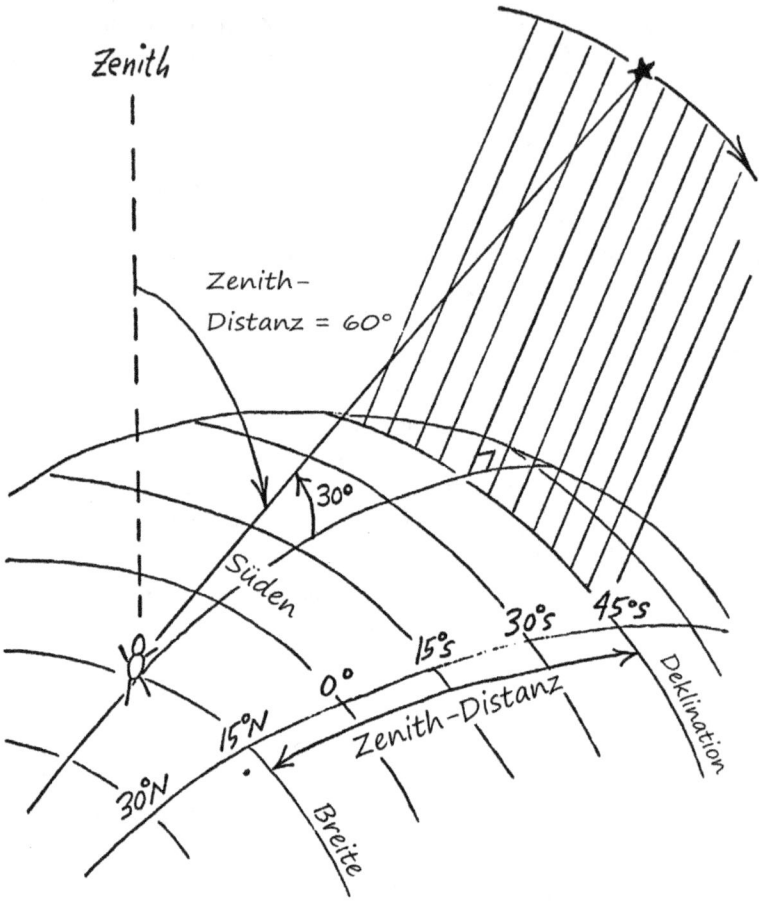

Abbildung 5-20. *Die Bestimmung der Deklination eines unbekannten Sterns durch dessen Gipfelhöhe am Meridian. Kreuzt ein Stern den Meridian auf einer Höhe von 30°, so muss er 60° unterhalb unseres Zeniths stehen. Das bedeutet, dass seine Deklination 60° südlicher als unsere Breite ist, da die Distanz von uns zum Bildpunkt direkt unterhalb des Sterns immer der Zenith-Distanz des Sterns entspricht. Dies gilt auch, wenn sich der Stern nicht am Meridian befindet, wir können diese Tatsache zur Bestimmung der Deklination aber nur beim Meridiandurchgang verwenden. Die höchste Höhe eines Sterns kann man mit behelfsmäßigen Instrumenten am genauesten messen, wenn dieser Stern sehr niedrig (weniger als etwa 10°) oder sehr hoch (über 80°) am Himmel steht. Die Messmethoden zur Breitenbestimmung werden in Kapitel 11 behandelt. Für die Berechnung von Peilungen zu Sternen müssen wir die Deklinationen dieser Sterne jedoch nicht besonders genau bestimmen.*

Man kann diese Einschränkung umgehen, wenn man bereit ist, seine Fertigkeiten beim Messen zu verfeinern. Hat man einen geeigneten Stern gefunden, der aber kein Zenithstern ist und dessen Deklination man außerdem nicht weiß, kann man diese trotzdem durch die Beziehung zur eigenen geographischen Breite errechnen.

Damit beginnt man aber nicht. Bevor man die Deklination eines Sternes errechnen kann, muss man die Himmelsrichtungen bestimmt haben. Dieser kreisförmige Prozess ist ein Beispiel dafür, den ganzen Himmel lesen und nach ihm steuern zu können. Man verwendet einige Sterne um Richtungen zu bestimmen; kennt man diese, so kann man die Deklination eines unbekannten Sterns errechnen. Dann schließlich verwendet man den unbekannten Stern zur Richtungsbestimmung.

Um die Deklination eines Sterns herauszufinden, muss man wissen, wie weit abseits vom Zenith er sich befindet, zum Zeitpunkt seines höchsten Standes am Himmel, wenn er genau nördlich oder südlich peilt. Passiert ein Stern nördlich von uns, 10° vom Zenith entfernt, so beträgt seine Deklination auf unserer momentanen Breite 10° N. Oder nehmen wir an, wir beobachten einen Stern in der Dämmerung genau im Süden mit einer Höhe von 30° über der Kimm. Da der Gesamtbereich der Höhen am Himmel 90° beträgt, muss ein Stern, der 30° über dem Horizont steht auch 60° unter dem Zenith stehen. Die Deklination dieses Sterns muss also 60° südlicher als unsere Breite sein (s. Abb. 5-20). Befindet man sich gerade auf einer Breite von 15° N, so beträgt die Deklination des Sterns 45° S. Dieser Stern geht 45° südlicher als im Osten auf und 45° südlicher als im Westen unter – in den gesamten Tropen. Mit diesem Trick kann man die Deklination eines Sternes überall auf der Welt herausfinden, die Tropenregel liefert die Peilung des Sterns am Horizont aber nur in den Tropen.

Diese Prozedur der Deklinationsbestimmung durch bekannte Breite und (zumindest zeitweise) Peilung kann sich als sehr wertvoll beim Berechnen der Deklinationen der hellen Planeten Venus und Jupiter erweisen. Aufgrund ihrer Helligkeit sind diese Beiden gute Steuerhilfen, jedoch kann man sich ihre Deklinationen nicht merken, da sie sich das ganze Jahr über unregelmäßig verändern. Behelfsmäßige Methoden zur Messung von Höhen über dem Horizont bzw. von Entfernungen vom Zenith werden in Kapitel 11, Breite, behandelt.

Kennt man die Deklination eines Sternes oder eines Planeten, so kann man die Richtung seines Auf- bzw. -untergangs mittels eines graphischen Tricks auf jeder beliebigen Breite ableiten. Um dies bestmöglich zu erklären, benötigen wir einen neuen Begriff. Die Peilung eines aufgehenden Sterns in Beziehung zu Osten bzw. bei seinem Untergang zu Westen nennt man seine „Amplitude". Ein Stern mit nördlicher Deklination geht nördlich von Osten auf und nördlich von Westen unter, er hat eine nördliche Amplitude. Man nennt die Amplitude nördlich oder südlich, je nach Deklination des Himmelskörpers – wir werden später die Amplituden der Sonne verwenden, um ihre Peilung zu verfolgen. Mit diesem neuen Begriff können wir die Tropenregel etwas hübscher neu formulieren: Auf jeder Breite in den Tropen entspricht die Amplitude jedes Sternes seiner Deklination.

Außerhalb der Tropen sind die Amplituden der Sterne größer als ihre jeweiligen Deklinationen, und um wie viel größer, kann man sich mit dem graphischen Verfahren, welches in Abb. 5-21 beschrieben ist, ausrechnen. Von jeder bekannten Breite kann man sich die Deklinationen von hervorstechenden Sternen errechnen und daraus ableiten, wo diese auf- oder untergehen werden.

5.22 Polynesische Sternenpfade

Das Konzept der Sternenpfade stammt von den Navigatoren der Inseln des tropischen Pazifiks. Der betreffende „Pfad" stellt eine Reihe von Sternen mit ähnlichen Deklinationen dar, was bedeutet, dass sie innerhalb der Tropen fast am selben Ort am Horizont auf- oder untergehen (Tropenregel). Indem sie diese Sternenreihen für Peilungen von einer Insel zur nächsten auswendig lernten, etablierten sie – im Wesentlichen – ganze Sätze von astronomischen Segelanweisungen. Sie folgen einem Stern bei dessen Aufgang am Horizont solange, bis der nächste der Reihe erscheint, an welchem sie sich von neuem orientieren. Auf diese Weise erhalten sie eine bestimmte Peilung auf der Kimm während der ganzen Nacht. Gleichermaßen kann mit untergehenden Sternen verfahren werden. Es ist leicht zu erkennen, wie sich solche Sternenpfade der Eingeborenen zu fein abgestimmten Routen entwickeln, welche vorherrschende Strömungen und die Abdrift von traditionellen Schiffen berücksichtigen. Schlechte Entscheidungen wurden durch natürliche Selektion aus der Überlieferung genommen.

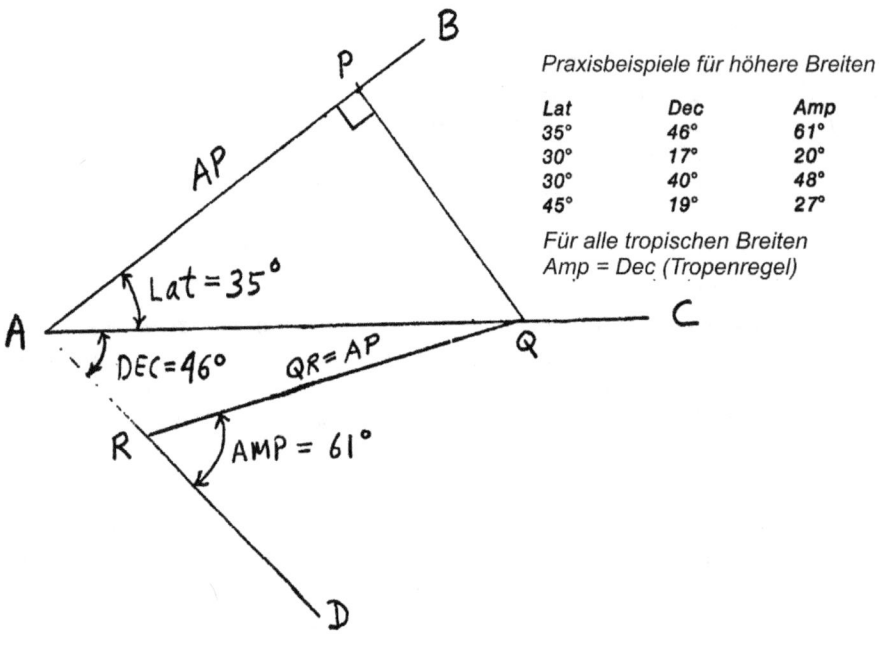

Prozedur:

1 Winkel BAC zeichnen = Breite und Winkel CAD (darunter) = Deklination
2 Von belieb. Punkt C der Linie AB eine Linie PQ zeichnen, Rechtwink.zu AB
3 Punkt R auf der Linie AD finden; entspricht der Distanz AP von Q
4 Der Winkel QRD = Amplitude des Sterns

Abbildung 5-21. *Die graphische Lösung der Amplitude. Mithilfe dieser Methode können wir die Amplitude jedes Sterns, dessen Deklination wir wissen bzw. ermitteln können, berechnen. Man beachte, dass sich bei abnehmender Breite der Punkt P dem Punkt Q, sowie der Punkt R dem Punkt A annähert, sodass sich die Amplitude der Deklination angleicht – die Tropenregel. Die Berechnung der Amplitude mittels Taschenrechner: $SIN_{Amp} = SIN_{Dec} / COS_{Lat}$.*

Unglücklicherweise ist dieser Zugang zum Steuern nach den Sternen außerhalb der Tropen nicht genauso vielseitig. Auf höheren Breiten gehen die Sterne nicht so steil vom Horizont auf wie in den Tropen (Aufgangswinkel entspricht 90° minus unserer Breite), sodass sich ihre Peilungen während des Auf- oder Abstiegs viel schneller ändern. Als Ergebnis können wir einem Stern nicht sehr lange folgen. Ein weiteres Problem auf höheren Breiten ist die Tatsache, dass sich die Peilung eines Sterns mit wechselnder Breite stark ändert, was diese Methode auf Ost-West-Reisen beschränkt.

Ist man jedoch in den Tropen aufs Steuern nach den Sternen angewiesen, so kann man sich die Methode der Polynesier jedenfalls borgen (s. Abb. 5-22). Im Gegensatz zu unseren polynesischen Kollegen würden wir jedoch nicht im voraus wissen, welche Sterne den Pfad, den wir benötigen, bilden – außer, wir hätten zufällig eine Liste mit Stern-Deklinationen zur Verfügung.

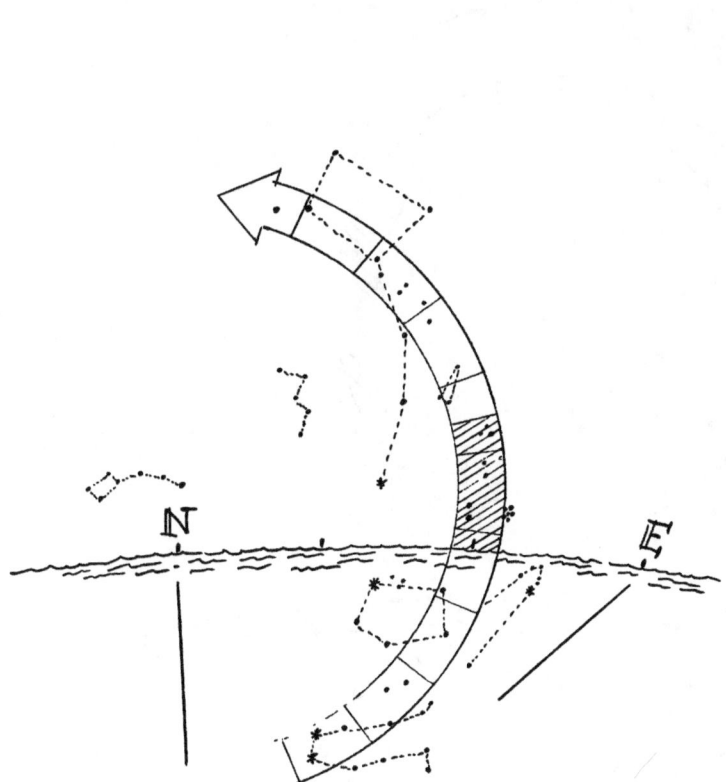

Abbildung 5-22. *Polynesische Sternenpfade. Jede Abfolge von Sternen gleicher Deklination geht am selben Punkt am Horizont auf. In den Tropen sind die Aufgangs- und -untergangswinkel im Osten bzw. im Westen steil, sodass man die Peilung eines Sterns verfolgen kann, bis der nächste Stern der Reihe aufgeht. Das Beispiel hier zeigt uns das auf einer Breite von 15° N und verwendet Sterne mit einer Deklination von etwa 30° N. Die Tropenregel besagt, dass dieser Pfad etwa 30° nördlich von Osten aufgeht. Die radialen Linien auf dem Pfad markieren Abschnitte von jeweils einer Stunde. Ein solcher Pfad würde uns leicht durch die Nacht bringen, auch wenn Polaris immer wieder hinter den Wolken verschwindet.*

Wir können aber einen passenden Pfad entdecken, indem wir verschiedene andere Methoden des Steuerns nach den Sternen nutzen um die Orientierung nicht zu verlieren und indem wir die Abfolge der Sterne, die recht voraus aufgehen, notieren. Steuern wir ohne Kompass, so geschieht dieser Prozess fast automatisch, da wir laufend nach Sternen vor uns als kurzfristige Referenz Ausschau halten. Es bleibt nur noch, Muster oder Figuren in den Konstellationen zu erkennen und den Sternen Namen zu geben, um diesen dann jede Nacht zu folgen.

Im weitesten Sinn bedeutet ein Sternenpfad nichts anderes, als in aufeinander folgenden Nächten nach denselben Sternen zu steuern. Dahingehend kann das Konzept des Sternenpfades auf allen Breiten nützlich sein, vor allem bei Fahrten, die hauptsächlich in Ost-West-Richtung verlaufen. Ein bereits erwähntes Beispiel war die Regel der halben Breite für Überkopf-Sterne, die sich von Osten dem Zenith annähern und in Richtung Westen absteigen. Haben wir die Zenithsterne für unsere Breite einmal identifiziert, so können wir ihre Spur über den Himmel als Sternenpfad von Ost nach West verwenden, auch wenn wir nicht in diese Richtung wollen. Zum Beispiel können wir mit einer Süd-Komponente in unserem Kurs diese Sterne jede Nacht etwas südlich von unserem Zenith halten und so vorhersagen, welche neuen Sterne auf unserem Weg zu Zenithsternen werden.

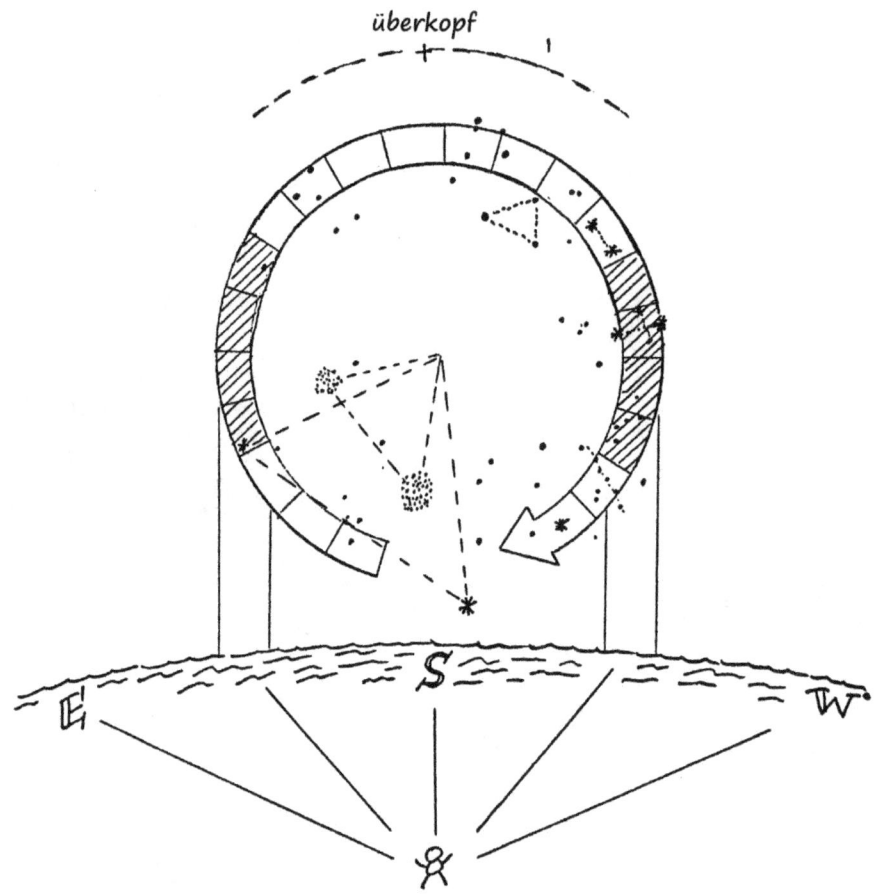

Abbildung 5-23. *Zirkumpolare Sternenpfade. Auf hohen Breiten bilden zirkumpolare Sterne erhöhte „Sternenpfade" und behalten ihre Peilungen über mehrere Stunden bei, während sie den Pol links und rechts passieren. Das Beispiel zeigt uns das auf einer Breite von 45° S und verwendet Sterne mit Deklinationen um 60° S. Die radialen Linien begrenzen wieder Segmente von jeweils einer Stunde. Hat man keine Uhr zur Verfügung, so könnte man die Höhen von auffälligen Sternen für den Wachwechsel verwenden.*

5.23 Zirkumpolare Sternenpfade

Auf hohen Breiten können wir uns das polynesische Konzept des Sternenpfades ausleihen und an anderen Orten nach Sternen, die ihre Peilung für längere Zeit behalten, Ausschau halten. In den Tropen suchen wir in der Nähe des Horizontes im Osten und im Westen nach Sternen, die sich mit nur geringen Peilungsänderungen vertikal über uns hinwegbewegen. Auf hohen Breiten schauen wir nach vergleichbaren Sternen in der Mitte des Himmels in den Nebenhimmelsrichtungen. Hier sehen wir zirkumpolare Sterne, die sich an der Ost- oder Westseite ihrer kreisförmigen Bahn um den Pol fast senkrecht bewegen. Auf diesen Breiten können wir Vorteile aus der größeren Anzahl von zirkumpolaren Sternen ziehen. Solche Sterne mit gleicher Deklination (was sie auf dieselbe

Kreisbahn um den Pol bringt), bilden auch eine Art von Sternenpfad, wenn sie an der rechten oder linken Seite des Pols vorbeiziehen. An dieser Position wandern sie fast senkrecht und behalten daher ihren Peilung für längere Zeit. Wir können einen Pfad von solchen Sternen herauspicken, indem wir herausfinden, welche von ihnen die gleiche Distanz zum Pol haben – eine ziemlich einfache Relativmessung. Die Sterne sind dann „auf ihrem Pfad", wenn sie ungefähr gleich hoch wie der Himmelspol stehen, etwas ober- oder unterhalb der Höhe, die unserer geographischen Breite entspricht (s. Abb. 5-23).

Auf der Breite von 45° N zum Beispiel, behält der Stern Dubhe, an der Hinterwand des Großen Wagens, während über fünf Stunden auf fünf Grad genau seine Peilung von 320°, während seine Höhe entlang der Westseite des Himmelsnordpols von 65° auf 30° abnimmt. Beim Aufstieg mit gleichem Bogen an der Ostseite des Pols peilt er für denselben Zeitraum mit 040°. Dubhe ist weit genug von Polaris entfernt, dass man ihn möglicherweise sehen kann, obwohl der Polarstern verdeckt ist. Diese Technik ist aber auf hohen südlichen Breiten potentiell wesentlich nützlicher.

Am Südhimmel gibt es einen fast durchgehenden Ring von auffälligen Sternen mit einer Deklination von ungefähr 60°. Diese sind für alle Breiten südlich von 30° S zirkumpolar. Die Illustration zeigt, wie diese Sterne, von der Breite 45° S betrachtet, einen günstigen Sternenpfad bilden. Vergessen wir trotzdem nicht, dass sich die Peilung zu einem solchen Typ von Sternenpfad mit unserer Breite ändert. Diese Änderung jedoch geht allmählich vor sich und kann beobachtet werden. Der primäre Vorteil von diesem Zugang ist aber, dass er eine sofortige Peilung liefert, ohne dass man zuvor imaginäre Linien über den Himmel zeichnen muss.

5.24 Zeitnehmung bei niedrig stehenden Sternen

Hat man eine Uhr, so kann jeder beliebige Stern, bekannt oder unbekannt, auf ungefähr einem Viertel des Firmaments auf sehr bequeme Art und zu jedem Zeitpunkt der Nacht Himmelsrichtungen anzeigen. Die Methode ist dieselbe, die wir später im Abschnitt 6.4, bei den Sonnenzeit-Methoden des Steuerns nach der Sonne behandeln werden, nur ist sie bei den Sternen fast noch geeigneter. Die Grundlagen werden in Abschnitt 6.4 besprochen und deshalb soll hier nur die Methode erklärt werden.

Bestimmen Sie zuerst genaue Richtungen mittels einiger, vorzugsweise vieler, der vorangegangenen Verfahren. Danach verwenden Sie eine tragbare Windrose um die Richtungen von einigen auffälligen Sternen zu notieren, die niedrig am Himmel stehen und annähernd gegenüber dem höheren Pols peilen. Das heißt, Sie nehmen Sterne, welche im Norden peilen auf der Südhalbkugel, und südliche Sterne, wenn Ihre Position auf der nördlichen Hemisphäre liegt. Weiters notieren Sie die Zeitpunkte mithilfe Ihrer Uhr. Wir brauchen hier keine genaue absolute, sondern nur relative Zeit. Diese niedrigen Sterne wandern mit 15° pro Stunde den Horizont entlang nach Westen. Wenn wir ihre Peilung zu einem bestimmten Zeitpunkt kennen, so können wir diese zu einem späteren Zeitpunkt leicht errechnen.

Beispiel: Auf der Breite von 15° N sehe ich Antares zur Bordzeit 2230 h im Südosten unter einer Peilung von 140°, was ich durch andere Methoden bestimmt habe. Vier Stunden später, um 0230 h Bordzeit am nächsten Morgen, wird die Peilung von Antares $140° + (4 \times 15°) = 200°$ betragen.

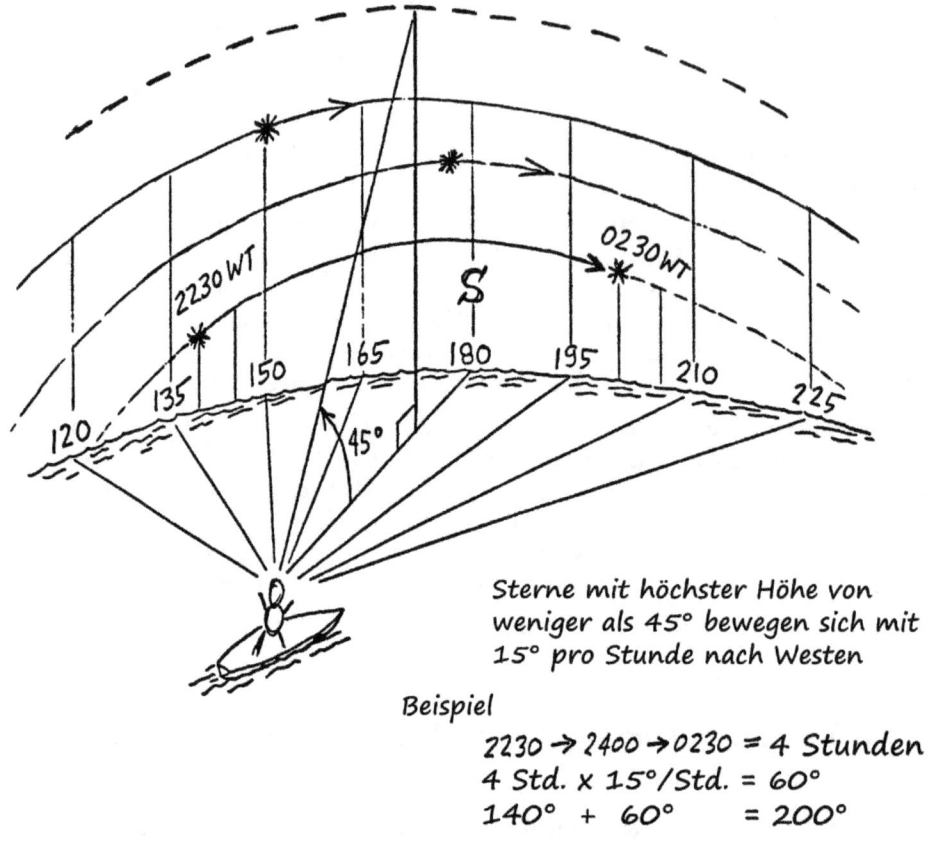

Abbildung 5-24. *Die Aufzeichnung von Sternpeilungen durch die Zeitnehmung niedriger Sterne. Jeder Stern mit einer höchsten Höhe von weniger als der halben Höhe am Himmel zieht mit 15° pro Stunde nach Westen. Steht eine Uhr zur Verfügung – und hat man Peilungen durch andere Mittel bereits eruiert – so kann man dieses Verfahren für den Rest der Nacht verwenden. Dies ist das stellare Äquivalent der Sonnenzeit-Methode, welche in Abschnitt 6.4, Abbildung 6-9 und 6-10, behandelt wird.*

Der Trick hierbei ist, unter Verwendung von mehreren verschiedenen Methoden, die genauen Peilungen zu einigen dieser tief stehenden Sterne zu erhalten, und diese von da an zu benützen. Nähern sich diese Sterne dem westlichen Horizont, so können Sie durch deren Position die Peilung zu anderen, im Osten in ihrer Spur nachfolgenden Sternen erhalten. Dies ist die einfachste Art von allen, Richtungen durch Sterne aufzuzeichnen. Im Prinzip genügt es, die verschiedenen anderen Methoden ein- bis zweimal pro Nacht anzuwenden, um die Kalibrierung dieser niedrigen Sterne zu kontrollieren. S. Abb. 5-24.

Die Sterne müssen auch nicht wirklich so tief stehen. Wie in Abschnitt 6.4 erklärt, wird der Fehler bei diesem Verfahren – solange die Sterne auf ihrem höchsten Stand niedriger als 45° hoch stehen – kaum jemals größer als 5° sein, und die Fehler sind auf jeder Seite unseres Meridians entgegengesetzt. Folgt man einem Stern von einer Seite des Meridians zur anderen, so werden die Fehler sich gegenseitig aufheben. Je niedriger der Stern, desto genauer die Methode, aber die tief stehenden Sterne sind nur kürzere Zeit über der Kimm zu sehen. Grundsätzlich wird man nicht im Vorhinein wissen, wie hoch ein zufällig gewählter Stern steigen wird und so ist es am besten, mit einem Stern in der Nähe des Meridians zu beginnen. Blicken Sie einfach in Richtung des Meridians und jeder helle Stern dort, der nicht höher als auf halber Höhe des Himmels steht, ist ein Kandidat. Wenn Sie diese Kandidaten in der nächsten Nacht kommen sehen, so wissen Sie, dass es gute Kumpel sind.

Das ist alles, was zu tun ist. Die Methode benötigt wenig Erklärung, ist aber extrem nützlich und vielseitig. Mit einer Uhr in der Hand bietet sie eine gewaltige Unterstützung bei der Orientierung. Die Rate der Rotation von 15° pro Stunde ist leicht zu merken. Die Erde dreht sich in 24 Stunden um 360°, was 15° pro Stunde bedeutet.

6 Steuern nach der Sonne

Während des Tages ohne Kompass zu steuern ist ganz anders als in der Nacht nach den Sternen. In einer klaren Nacht blickt man zu den Sternen findet in jeder gewünschten Richtung Einiges, das den Weg weist. Nicht oft kann man dies auch mit der Sonne machen und ohne eine Uhr überhaupt nicht. Um seine Richtung nach der Sonne zu bestimmen, muss man entweder einige Berechnungen machen, oder die Bewegung eines Schattens beobachten. Man kann mittels der Sonne immer seine Richtung finden, es ist nur nicht so bequem wie mit den Sternen.

Der große Vorteil des Steuerns bei Tage liegt in der Möglichkeit, Wellen, Dünung und verschiedene andere Zeichen des Windes auf dem Wasser und am Boot zu beobachten – gar nicht zu reden von der den ganzen Tag lang gut sichtbaren Kimm, um Sonnenhöhen zu messen. Während des Tages wird man üblicherweise nach Wind und Wellen steuern, und nur gelegentlich die Richtung der Sonne berechnen, um den Kurs zu kontrollieren. Ist der Seegang aber schwach und sind die Winde wechselnd, dann bleibt nichts anderes übrig, als den ganzen Tag nach der Sonne zu steuern.

6.1 Sonnenaufgang und Sonnenuntergang

Um am Morgen Peilungen von der Sonne zu bekommen, muss man wissen, in welcher Richtung die Sonne aufgeht. Sie geht immer östlich, jedoch fast nie genau im Osten auf. Die meiste Zeit des Jahres und an den meisten Orten auf der Welt geht die Sonne innerhalb von 30° rund um Osten auf, wodurch sie immer eine grobe Bestimmung der Ostrichtung ermöglicht. Man kann aber ein Boot nicht lange mit so großer Unsicherheit steuern.

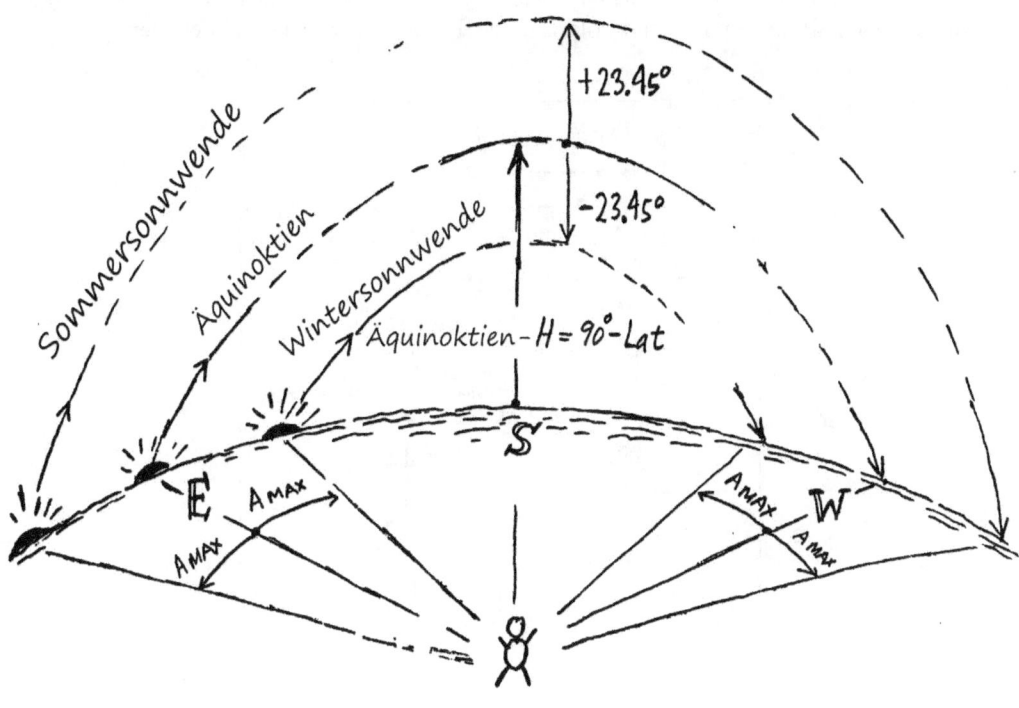

Abbildung 6-1. *Der Pfad der Sonne. von Nordbreite aus beobachtet, zeigt die höchsten Höhen sowie die Peilungen von Sonnenauf- und -untergang im Laufe des Jahres. Der Sonnenpfad ist beidseitig des Meridians symmetrisch – geht die Sonne 20° südlich von Osten auf, so geht sie auch 20° südlich von Westen unter. Die maximalen Amplituden (A_{max}) sind für verschiedene Breiten in Abbildung 6-2 aufgelistet.*

Die präzise Richtung des Sonnenaufgangs hängt von der geographischen Breite und der Jahreszeit ab. Im Herbst und im Winter (zwischen den Äquinoktien, vom 23. September bis 21. März) hat die Sonne eine südliche Deklination und geht also südlich von Osten auf. Im Frühjahr und Sommer, wenn ihre Deklination nördlich ist, geht sie nördlicher als im Osten auf. S. Abb. 6-1. Für ungefähr jeweils ein Monat vor oder nach den Sonnwenden, am 21. Dezember bzw. 21. Juni, ist der Sonnenaufgang am weitesten von Osten entfernt. Nur innerhalb rund einer Woche vor bzw. nach den Äquinoktien kann man sicher annehmen, dass die Sonne nicht weiter als 5° von Ost entfernt aufgeht.

Ein Verfahren, die Richtung des Sonnenaufgangs für eine bestimmte Breite und bestimmtes Datum zu errechnen, wird am Ende dieses Abschnittes erläutert, aber abgesehen von diesem Zugang (der ein gewisses Maß an Denkarbeit erfordert) ist die Zuhilfenahme der Sterne dabei am einfachsten. Unmittelbar vor der Morgendämmerung ermittelt man dafür sorgfältig seinen Kurs durch Beobachtung der Sterne, des Windes und der Dünung. Danach hält man bis zum Sonnenaufgang möglichst genau Kurs und bestimmt die Richtung des Sonnenaufgangs, relativ zur eigenen Fahrtrichtung. Auf der nördlichen Hemisphäre, bei sichtbarem Polarstern, ist es dafür am günstigsten (sofern möglich), den Kurs genau Richtung Norden zu ändern; alternativ dazu kann man auf anderen Breiten den Kurs parallel oder rechtwinkelig zur Dünung ändern.

In der Praxis ist es am besten, den Kurs und die Richtung der Wellen mit Kompassgraden zu beziffern (eher als mit eher wagen Angaben wie etwa „Nordwest"), auch wenn diese Werte – abgesehen von dem Fall, in dem man mit Polaris arbeitet - nicht sehr genau sein werden.

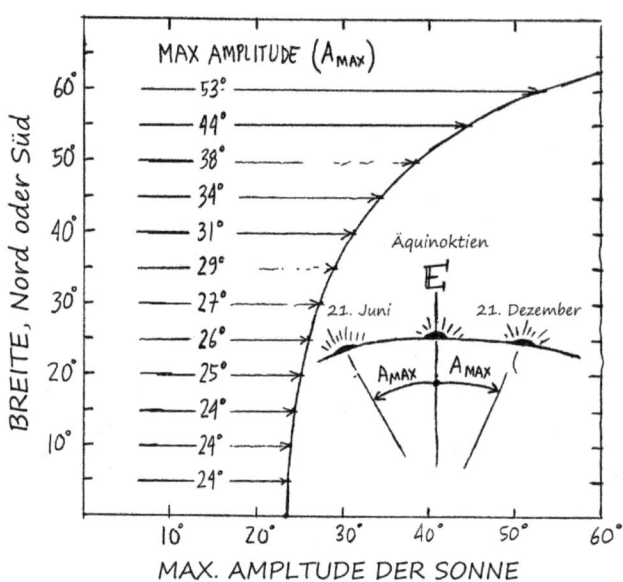

Abbildung 6-2. *Die maximale Amplitude der Sonne auf verschiedenen Breiten. Diese Maximalwerte treten zu Zeiten der Sonnwenden auf, aber das ganze Jahr über ist die Amplitude der Sonne südlich, wenn auch ihre Deklination südlich ist (im Herbst und im Winter), und nördlich, wenn ihre Deklination nördlich ist (Frühjahr und Sommer).*

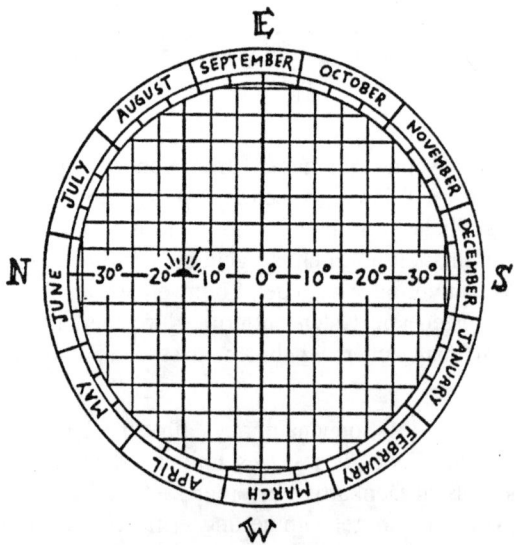

Abbildung 6-3. *Wie sich die Amplitude der Sonne mit dem Datum verändert. Zeichnen Sie einen Kreis und teilen Sie dessen Umfang in 1° pro Tag ein, mit den Sonnwenden wie dargestellt auf der Hauptlinie in der Mitte. Diese Hauptlinie skalieren Sie mit den Maximalwerten der auf Ihrer Breite auftretenden Amplituden. Das Beispiel zeigt den Fall auf der Breite von 48° N, wo die maximale Amplitude 37° N beträgt. Auf dieser Breite beträgt die Amplitude am 15. April und am 25. August 15° N. Die Abbildung zeigt auch, dass die Maximalwerte zu den Sonnwenden viel länger andauern als der Wert 0 zu den Äquinoktien.*

Ein Beispiel: Man bereitet diese Messungen vor, indem man genau entlang der Wellentäler, deren Ausrichtung man mittels der Sterne als 050° errechnet hat, entlang fährt; der Wind kommt dabei von Backbord querab ein. Man trimmt die Segel entsprechend und hält bis Sonnenaufgang Kurs. Kommt die Sonne nun 30° rechts vom Bug über die Kimm, was man mittels der behelfsmäßigen Kompass-Scheibe (Windrose) feststellt, so peilt die Sonne bei ihrem Aufgang bei 80°. Beim Lernen der Richtung des Sonnenaufganges ist es äußerst hilfreich, sich diese Peilungen in Relation zu Osten zu merken – in diesem Fall also 10° nördlicher als Osten (in Abb. 3-5 wird eine weitere Methode beschrieben).

Die Richtungsdifferenz zwischen der Peilung beim Sonnenaufgang und genau Ost (bzw. Sonnenuntergang und genau West) ist die Amplitude der Sonne. In diesem Beispiel ist die Amplitude der Sonne 10° N. Das Vorzeichen der Amplitude ist immer gleich dem Vorzeichen der Deklination zur selben Zeit, da die Sonne in ihrer Phase mit nördlicher Deklination nördlich von Osten auf- und nördlich von Westen untergeht. Die Amplitude ist das was man im Gedächtnis behalten sollte, denn sie ändert sich im Laufe eines Jahres systematisch und verhält sich bei Auf- und -untergang gleich. Sich die Änderungen von Peilungen zu merken ist viel verwirrender. An den Äquinoktien beträgt die Amplitude der Sonne 0° und steigt von diesen Zeitpunkten an von Tag zu Tag schrittweise bis auf ihr Maximum zu den Sonnwenden an. Wie sie sich mit dem Datum ändert und welche Maxima sie erreicht, hängt von der geographischen Breite ab, wie in Abb. 6-2 und 6-3 erklärt.

6.2 Morgensonne und Nachmittagssonne

Kennt man einmal die Richtung des Sonnenaufganges, so kann man die Peilung der Sonne noch für zwei oder drei Stunden verfolgen, indem man die Spur ihres Weges vom Horizont nachvollzieht. Das Verfahren ist, dass man den Punkt am Horizont, an dem die Sonne aufgegangen ist (eine Peilung die wir kennen) lokalisiert und dann abschätzt, wie weit sich die Sonne bis zum aktuellen Zeitpunkt von dieser Peilung entfernt hat. Es gibt zwei Wege, dies zu tun; für den einen benötigt man eine Uhr, für den anderen nicht.

Die Methode, den Weg der Sonne zu ihrer Position beim Aufgang ohne Uhr zurück zu verfolgen ist dieselbe, die wir beim Gürtel des Orion (Mintaka) verwendet haben (s. Abb. 6-4). Stellen wir uns eine Linie durch die Sonne vor, welche den Horizont in einem Winkel von 90° minus unserer Breite schneidet.

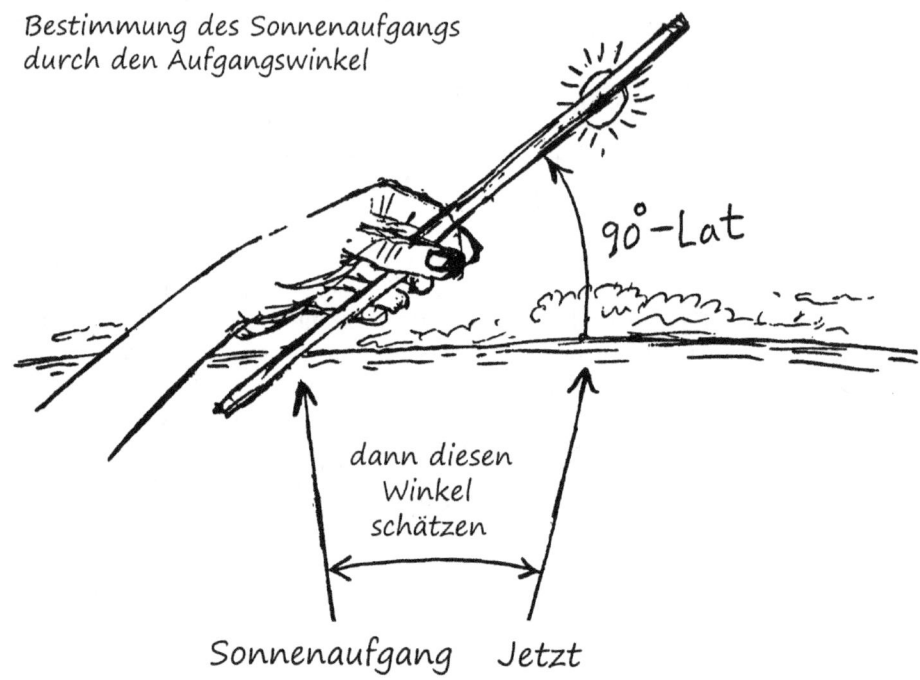

Abbildung 6-4. *Bestimmung des Ortes des Sonnenaufgangs durch den Aufgangswinkel, was auch dazu verwendet werden kann, bei bekannter Richtung des Sonnenaufgangs die gegenwärtige Peilung der Sonne zu ermitteln. Derselbe Winkel hinunter auf die Kimm gilt für den Sonnenuntergang. Aufgangs- und -untergangswinkel werden in den Abbildungen 6-5 und 6-1 weiter beschrieben.*

Diese Linie trifft an der Stelle des Sonnenaufgangs auf den Horizont. Auf einer Breite von 30° N oder S zum Beispiel, steigt die Sonne im Osten mit 60° auf. Der Winkel ist bei nördlicher oder südlicher Breite gleich, jedoch mit entgegengesetzter Neigung des Sonnenpfades. Auf Nordbreiten steigt die Sonne mit einer Neigung in Richtung Süden, auf südlichen Breiten steigt sie mit einer Neigung Richtung Norden, wie in Abb. 6-5 gezeigt. Auf einer Breite von 10° steigt (oder sinkt) die Sonne mit 80°. Ein Stock oder ein behelfsmäßiger Winkelmesser (tragbare Kompassrose) hilft bei der Beurteilung des Winkels, aber um die Richtung des Sonnenaufgangs zu finden, muss man diesen Winkel nicht genau messen. Es reicht, sich zu merken, dass der Winkel mit abnehmender geographischer Breite bis auf 90° zunimmt.

Analog dazu kann man, ein bis zwei Stunden vor Sonnenuntergang, mit dem gleichen Verfahren den Weg der Sonne hinunter zu Kimm voraus projizieren, um zu erkennen, wo die Sonne untergehen wird.

Streng genommen ist diese Methode nur eine Näherung, da sie nur in den Fällen genau stimmt, in denen die Sonne zum Zeitpunkt, an dem wir zum Horizont zeigen, genau im Osten oder im Westen peilt. Der schlechteste Fall wäre, auf hoher nördlicher Breite, ungefähr zur Zeit der Wintersonnenwende, bei dem die Sonne deutlich südlicher als im Osten aufgeht, um sich dann beim Aufstieg vorübergehend noch weiter von Osten zu entfernen. Im Großteil des Jahres und fast überall auf der Welt ist diese Näherung jedoch in Ordnung – zum Teil aufgrund der Tatsache, dass die Sommersonne auf nördlichen Breiten und die Wintersonne auf Südbreiten zum Zeitpunkt unserer Schätzung ziemlich genau im Osten bzw. im Westen stehen wird, sogar bei großer Amplitude. Die Tafel 6-1 zeigt, wie die Winkel des Sonnenaufgangs mit der Amplitude variieren.

Hat man eine Uhr zur Verfügung, so kann man die Sonne mit einem anderen Verfahren zur Kimm zurückverfolgen, welches viel genauer als die einfache Aufgangswinkelmethode sein kann.

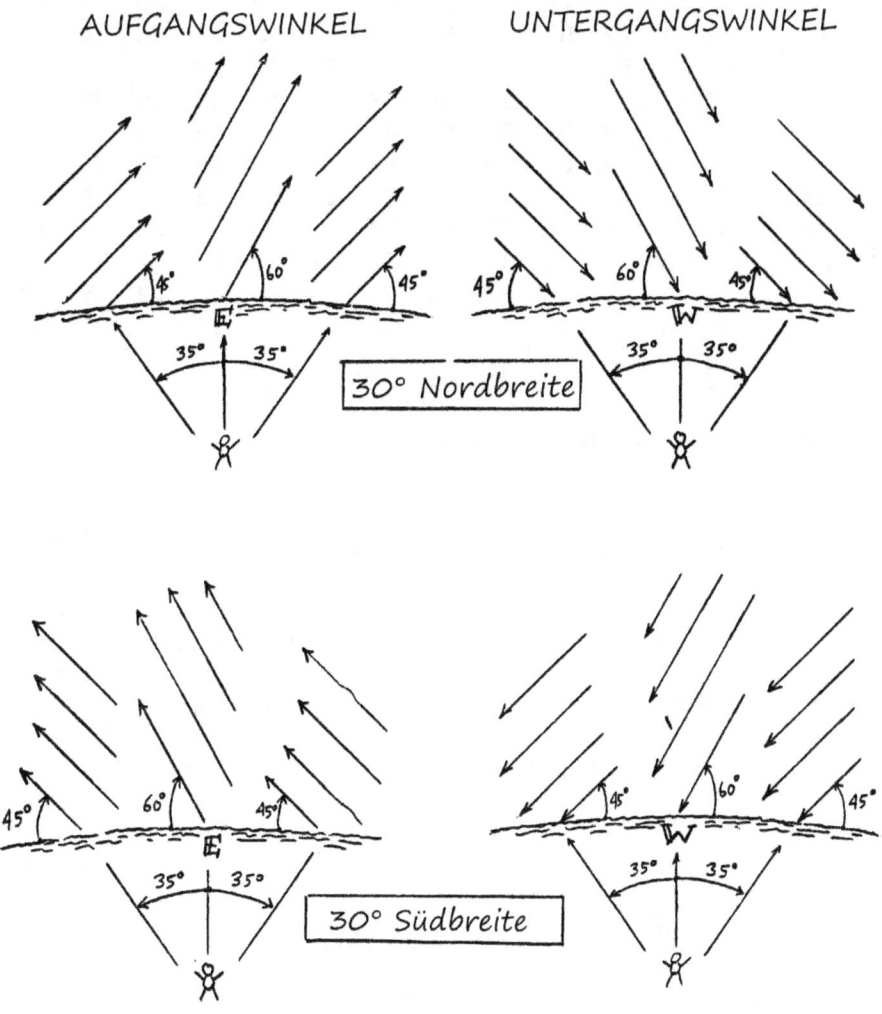

Abbildung 6-5. *Aufgangs- und Untergangswinkel bei verschiedenen Amplituden. Alles am Himmel steigt bei einer bestimmten Peilung im selben Winkel auf oder ab, welcher genau im Osten bzw. genau im Westen am steilsten ist und hier dem Wert 90° minus der aktuellen Breite entspricht. Zahlenwerte finden Sie in Tafel 6-1.*

TAFEL 6-1. AUFGANGSWINKEL*

		Amplitude (North or South)											
		0	5	10	15	20	25	30	35	40	45	50	55	60
Latitude (North or South)	0	90	85	80	75	70	65	60	55	50	45	40	35	30
	5	85	83	79	74	69	65	60	55	50	45	40	35	30
	10	80	79	76	72	68	63	59	54	49	44	39	34	29
	15	75	74	72	69	65	61	57	52	48	43	38	34	29
	20	70	69	68	65	62	58	54	50	46	42	37	33	28
	25	65	65	63	61	58	55	52	48	44	40	36	31	27
	30	60	60	59	57	54	52	49	45	42	38	34	30	26
	35	55	55	54	52	50	48	45	42	39	35	32	28	24
	40	50	50	49	48	46	44	42	39	36	33	29	26	23
	45	45	45	44	43	42	40	38	35	33	30	27	24	21
	50	40	40	39	38	37	36	34	32	29	27	24	22	19
	55	35	35	34	34	33	31	30	28	26	24	22	19	17
	60	30	30	29	29	28	27	26	24	23	21	19	17	14

* Aufgangswinkel und Amplituden siehe Abbildung 6-5.

Dafür muss man die Zeit, die seit Sonnenaufgang vergangen ist, kennen. Diese Zeit wandelt man dann in eine Strecke auf einem behelfsmäßigen Maßstab um, wobei man einen bestimmten Umrechnungsfaktor zugrunde legt.

Der Umrechnungsfaktor, den wir brauchen, ist „1 Zoll pro 10 Minuten auf Armeslänge". Um den Vorgang zu verstehen, stellen wir uns den Weg der Sonne über den Himmel aufgezeichnet vor. Hält man nun einen Stock auf Armeslänge vor sich über diesen imaginären Bogen, so erkennt man, dass die Sonne in 10 Minuten den Weg von 1 Zoll (24 mm, Anm. d. Ü.) auf diesem Stock zurücklegt. Die exakte Umrechnung hängt von der Länge unseres Armes ab. Wir nehmen an, dass die Distanz von unseren Augen zum Stock 2 Fuß (60 cm, Anm. d. Ü.) beträgt, was der durchschnittlichen Armlänge entspricht. Dieser Umrechnungsfaktor ist derselbe, den wir in Abschnitt 5-19 angewandt haben, um die scheinbare Bewegung der Überkopf-Sterne vorauszusagen – denn alles am Himmel bewegt sich mit dieser Rate, da „1 Zoll pro 10 Minuten bei 2 Fuß" äquivalent zu 15° pro Stunde ist.

Natürlich können wir den Weg der Sonne über den Himmel nicht sehen – er ist im Grunde das, was wir suchen. Kennen wir aber den Zeitpunkt des Sonnenaufganges und die Tageszeit, so wissen wir, wie weit die Sonne seit dem Aufgang gewandert ist. Der Trick dabei ist nun, an jener Stelle am Stock, die um die Anzahl der Zoll, welche die Sonne seit ihrem Aufgang zurückgelegt hat, von dessen Ende entfernt ist, eine Markierung anzubringen – eine Distanz, die wir durch die Zeit seit Sonnenaufgang und Umrechnungsfaktor errechnen.

Anschließend drückt man seinen Daumen auf diese Markierung, hält den Daumen über die Sonne und schwenkt den Stab solange um die Sonne, bis seine Spitze den Horizont berührt. An diesem Berührungspunkt ist die Sonne aufgegangen. Was wir nun herausgefunden haben, ist der einzig mögliche Punkt auf der Kimm, an dem die Sonne ihren Aufstieg begonnen haben kann, um dahin zu gelangen wo sie gerade steht, und die Wegstrecke, die sie zurückgelegt hat. S. Abb.6-6.

Am Nachmittag kann man dieselbe Methode verwenden, um die Richtung des Sonnenuntergangs zu finden. Hat man keinen Stock zur Verfügung, so kann man auch seine Hand bei ausgestrecktem Arm verwenden. Entsprechend dem Umrechnungsfaktor umfasst die Spanne einer ausgestreckten Hand ungefähr 80 bis 100 Minuten Sonnenweg, abhängig von der Größe unserer Hand.

Aber, bei welcher Methode auch immer, wir dürfen die Grundlagen dabei nicht vergessen: blicken wir auf nördlichen Breiten in die Sonne, so wird sich diese nach rechts bewegen – morgens bringen wir sie auf die Kimm zurück, nach links, und nachmittags bringen wir sie vorwärts auf die Kimm, nach rechts. Auf einer Südbreite führt die Westbewegung die Sonne nach links von uns, wenn wir unseren Blick auf sie richten. Die Methode, die Sonne auf diese Art zurück oder vorwärts auf ihre Position am Horizont zu setzen, kann das ganze Jahr über und auf allen Breiten angewandt werden. Ungleich der simplen Aufgangswinkel-Näherung ist diese Methode genau (innerhalb von ein bis zwei Stunden nach Sonnenaufgang bzw. vor Sonnenuntergang), ungeachtet der aktuellen Peilung der Sonne. Dieser Trick ist nur ein Beispiel für den Wert der Fähigkeit, mithilfe von Händen und Fingern Winkel zu schätzen.

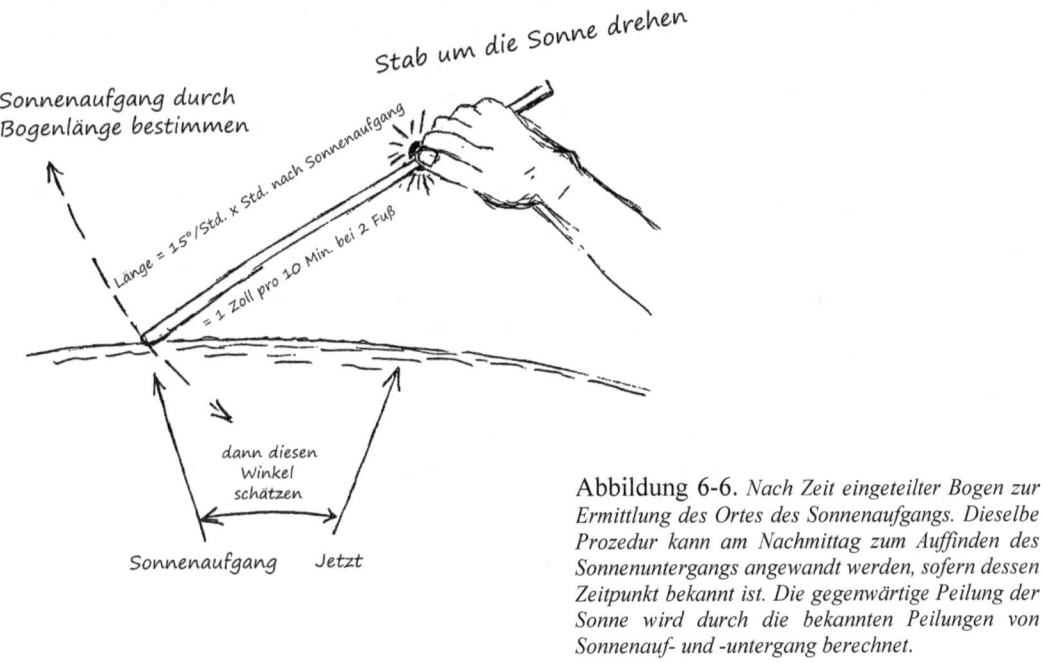

Abbildung 6-6. *Nach Zeit eingeteilter Bogen zur Ermittlung des Ortes des Sonnenaufgangs. Dieselbe Prozedur kann am Nachmittag zum Auffinden des Sonnenuntergangs angewandt werden, sofern dessen Zeitpunkt bekannt ist. Die gegenwärtige Peilung der Sonne wird durch die bekannten Peilungen von Sonnenauf- und -untergang berechnet.*

6.3 Lokaler (scheinbarer) Mittag

Die Schlüssel, um zu Mittag nach der Sonne zu steuern, sind, eine Uhr zu haben und die Sonnenzeit zu kennen. Die Sonnenzeit wird relativ zum Mittag berechnet, dem lokalen (scheinbaren) Mittag (dt. wahrer Schiffsmittag; engl. Local Apparent Noon, Abk. LAN. Im Deutschen Sprachgebrauch gibt es den Begriff „scheinbarer Mittag" nicht; Anm. d. Ü.), dem LAN, wie ihn die Navigatoren nennen. Der LAN ist der Zeitpunkt des Meridian-Durchgangs der Sonne. Beim lokalen scheinbaren Mittag erreicht die Sonne ihren höchsten Stand des Tages und peilt, von nördlichen Breiten aus betrachtet, genau im Süden, bzw., auf Südbreiten genau rechtweisend im Norden. Die Kenntnis der Sonnenzeit liefert an jedem Tag zu Mittag eine präzise Richtung, und hilft in vielen Fällen auch zu anderen Tageszeiten. Neben dem Wert beim Finden von Sonnenrichtungen benötigen wir die Sonnenzeit vor Allem bei der Bestimmung der geographischen Länge und wir unterbrechen daher kurz unsere Richtungssuche, um dieses Konzept zu klären.

Der lokale scheinbare Mittag darf nicht mit 1200 h auf unserer Uhr verwechselt werden. Es ist höchst unwahrscheinlich, dass unsere Uhr zum Zeitpunkt des LAN auch 1200 h anzeigt. Die Uhr kann auf jede Zonenzeit eingestellt werden, aber selbst wenn sie für die jeweilig richtige Lokalzeit gestellt wurde, so hängt der genaue Zeitpunkt des Meridiandurchgangs davon ab, wo innerhalb dieser Zeitzone man sich gerade befindet.

Hat man eine Uhr, welche eine falsche Zeit anzeigt (vielleicht weil sie zuvor einmal stehen geblieben ist), und man weiß nicht, wo man sich befindet, so ist es am besten, den lokalen scheinbaren Mittag festzustellen und die Uhr zu diesem Zeitpunkt auf 1200 h zu stellen. Die Uhr läuft dann wenigstens in einem bekannten System, auch wenn dieses von Datum und geographischer Länge abhängt.

Es ist leicht, eine Uhr auf Sonnenzeit zu stellen; trotzdem sollte man seine Uhr, wenn diese für eine andere Zonenzeit - ganz egal für welche - genau gestellt ist, definitiv niemals verstellen. Exakte Zeit ist für die Längenbestimmung von essentieller Bedeutung und bei der Langstreckennavigation ist dies viel wesentlicher als die Ausrichtung der Bordzeit nach der Sonne. Auf gar keinen Fall dürfen wir irgendetwas mit unserer Uhr anstellen, was deren letzte exakte Einstellung (auf welche Zeitzone auch immer) beeinträchtigen und uns die Zeitaufzeichnung verlieren lassen könnte. Ist unsere Uhr genau, so lassen wir sie in Ruhe. Wenn wir den Zeitpunkt des LAN benötigen, so können wir ihn auch herausfinden, und werden uns dabei nicht im Mindesten darum kümmern, ob die Uhr vielleicht gerade etwas ganz anderes anzeigt als 1200 h.

Auf einer stationären Position liegt der Zeitpunkt des LAN genau bei der Hälfte zwischen Sonnenauf- und -untergang. In einem Notfall sind wir eigentlich immer stationär, außer wir würden unsere Position im Laufe eines Tages um rund 200 Meilen oder mehr ändern. Um den LAN zu bestimmen, braucht man nur die Zeit des Sonnenaufgangs und die Zeit des Sonnenuntergangs addieren, und diese Summe dann durch zwei dividieren. Das ist alles.

Es spielt keine Rolle, wie man Sonnenaufgang und Sonnenuntergang definiert, solange man dabei konsequent bleibt. Die übliche Definition des Sonnenaufgangs ist der Moment, an dem der Oberrand der Sonnenscheibe über die Kimm kommt – man wird die ganze Sonne dann zwei bis drei Minuten später sehen können, abhängig von Breite und Datum. Die entsprechende Definition des Sonnenuntergangs würde dann der Augenblick sein, in dem der Oberrand der Sonne unter der Kimm verschwindet. In beiden Fällen muss man sicher sein, dass es auch wirklich die Kimm, und nicht vielleicht eine niedrige Wolkenbank über dem Horizont war, welche man beobachtet hat. Ist die Kimm nur durch einen sehr schmalen Wolkenstreifen beeinträchtigt, sagen wir nicht breiter als der halbe Sonnendurchmesser, so kann man die Differenz zwischen wahrem und scheinbaren -untergang dennoch schätzen (im deutschen Sprachgebrauch hat in der Navigation die Unterscheidung zwischen „wahrem" und „scheinbarem" Sonnenuntergang nicht dieselbe Bedeutung; Anm. d. Ü.).

Als Beispiel nehmen wir an, dass unsere Uhr zum Sonnenaufgang 0915 h anzeigt, und zum Sonnenuntergang 1933 h.

Danach ist der scheinbare Ortsmittag (LAN) um

$$\frac{(19\,\mathrm{h}\,33\,\mathrm{min} + 09\,\mathrm{h}\,15\,\mathrm{min})}{2} = \frac{(28\,\mathrm{h}\,48\,\mathrm{min})}{2} = 14\,\mathrm{h}\,24\,\mathrm{min}$$

In diesem Fall würde unsere Uhr am LAN 1424 h anzeigen. Wollte ich diese Uhr nun auf Sonnenzeit umstellen, so müsste ich sie (von welcher momentan angezeigten Zeit auch immer) um 2 Stunden und 24 Minuten zurückstellen. Oder ich lasse sie wie sie ist, im Bewusstsein, dass die Sonne am nächsten Tag um 1424 h genau im Süden stehen wird. Das würde auch stimmen, wenn die Uhr vorher nicht exakt auf irgendeine Zonenzeit eingestellt war.

Es ist nicht notwendig, den Sonnenaufgang und den Sonnenuntergang am selben Tag zu erwischen. Man kann auch den -untergang des eines Tages und den Aufgang am nächsten Morgen verwenden. Die Beobachtungen können auch einige Tage auseinander liegen, sofern man sich dabei nicht sehr weit bewegt hat – als Faustregel um ca. 200 sm oder mehr. Innerhalb dieser Grenzen wird sich der Zeitpunkt des LAN in der Periode von einigen Tagen nicht mehr als um 5 bis 10 Minuten verändern, und wir brauchen keinen genaueren LAN, wenn wir nur Richtungen nach der Sonne bestimmen wollen. Um hingegen unsere geographische Länge zu bestimmen, müssten wir den LAN wesentlich genauer errechnen.

Den Ortsmittag durch Sonnenauf- und -untergang zu errechnen ist sehr bequem und einfach, aber unglücklicherweise ist es selten möglich, die Sonne genau auf der Kimm zu beobachten. Sogar an klaren Tagen ist die Kimm oft durch ferne Wolken oder durch Dunst getrübt. Man kann dieses Problem mithilfe eines groben „Sextanten" umgehen – wobei hier nur von irgendeinem improvisierten Winkelmesser die Rede ist. Man könnte dann die Zeit von einer gemessenen Sonnenhöhe am Vormittag zur selben Höhe am Nachmittag messen, und der Zeitpunkt des LAN würde – da der Weg der Sonne symmetrisch ist – auch dabei in der Mitte liegen.

Der beste Typ eines behelfsmäßigen Sextanten um kleine Winkel zu messen ist ein so genanntes „Kamal". Dies ist ein sehr altes arabisches Instrument der Navigatoren auf den Dhaus am Persischen Golf und entlang der Küsten Ostafrikas. Ein Kamal ist nichts weiter als ein flacher Stock oder eine Platte (z.B. Kreditkarte!) mit einer daran befestigten Knotenschnur. Bei der Verwendung des Kamals hält man die Schnur zwischen den Zähnen und den Stab soweit vor sein Gesicht, bis die Schnur gespannt ist – die andere Hand hat man frei, um sich am Boot festzuhalten. Die Schnur hält den Stock oder die Platte in einer bestimmten Entfernung vor dem Gesicht und, wenn man die Schnur mit einem Hahnepot an der Platte befestigt hat, auch im richtigen Winkel. Das Kamal ist ein sehr verlässliches Werkzeug, um kleine Winkel reproduzierbar zu messen.

Bei der Messung richtet man die untere Kante der Platte genau entlang der Kimm aus und notiert (am frühen Morgen) den Zeitpunkt, an dem der Oberrand der Sonne über der oberen Kante der Platte erscheint. Am Abend der umgekehrte Vorgang: man notiert die Zeit, zu der der Oberrand der Sonne hinter der oberen Kante der Platte verschwindet, wobei die Unterkante wieder genau auf der Kimm liegen soll (s. Abb.6-7). Die absolut gemessene Sonnenhöhe spielt dabei keine Rolle, solange sie morgens und abends gleich bleibt.

Man kann verschiedene Höhen festlegen, indem man mehrere Knoten in die Schnur bindet. Jeder Knoten liefert ein Zeitpaar und der Mittelpunkt jedes Paares ist der LAN-Zeitpunkt. Aufgrund von Messfehlern werden die LAN-Zeitpunkte von allen Paaren nicht genau gleich sein, aber der Mittelwert aller gemessenen Zeitpunkte ist sicher genauer als jeder einzelne Zeitpunkt (s. Abb. 6-8). Auch hier ist die Messgenauigkeit für lediglich eine Richtungsbestimmung nicht so entscheidend, aber dieses Verfahren wäre auch für Längenaufzeichnungen genau genug, wie später erklärt wird.

Hat man kein Material zur Herstellung eines Kamals zur Verfügung, so kann man auch seine Finger verwenden, die man in einer komfortablen Armeslänge vor seine Augen hält.

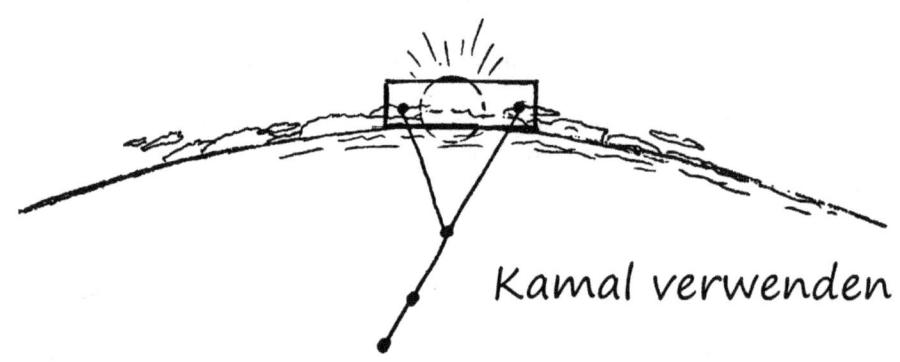

Abbildung 6-7. *Ein Kamal kann zum Markieren von Zeiten eingesetzt werden, wenn die Sonne eine fixe Höhe über der Kimm erreicht hat. Zur halben Zeit zwischen Vor- und Nachmittag liegt der wahre Schiffsmittag (LAN). Ein Kamal ist lediglich eine auf Armeslänge gehaltene Platte oder Tafel. Eine daran befestigte und zwischen den Zähnen gehaltene Knotenschnur fixiert den Abstand zu den Augen.*

Mit einiger Übung sind die Finger genauso gut wie ein Kamal. Andererseits sollte man – hat man einen richtigen Sextant – diesen natürlich auch verwenden.

Ohne einen Sextant ist das Hauptproblem beim Messen der Sonnenhöhe die Helligkeit der Sonne. Normalerweise sind wir bei solchen Messungen auf sehr niedrige Höhen beschränkt, bei denen die Sonne noch nicht zu hell ist, um sie beobachten zu können. Zum Glück muss die Sonne meistens nur einen Finger breit über die Kimm steigen, um die niedrigen Wolken dort aufzulösen. Auf jeden Fall sind kleine Winkel (weniger als 10° oder so) größeren Winkeln bei Weitem vorzuziehen, denn wir können sie viel genauer messen. Muss man einmal unbedingt einen großen Winkel mit sehr hell strahlender Sonne messen, so darf man dies nie ohne irgendeinen Schutz für die Augen tun. Das könnte uns vor größere Probleme stellen, wobei manchmal gute Sonnenbrillen für kleinere Winkel ausreichend sind. Belichteter Film einer Kamera ist ein Kandidat für einen solchen Blendschutz, farbige Einwickelfolie aus Zellophan ein anderer. Man kann auch ein Stück Glas oder Plastik durch Rauch schwärzen, wenn man ölgetränktes Papier oder Stoff verbrennt. Vergessen Sie nicht, dass unsere Augen sehr schnell ernsthaft geschädigt werden, wenn wir ungeschützt direkt in die Sonne blicken.

Bis jetzt haben wir diskutiert, wie wir den Zeitpunkt des scheinbaren Ortsmittags (LAN) bestimmen können. Wir müssen dafür weder wissen, wo wir uns befinden, noch ob unsere Uhr für irgendeine Zeitzone genau gestellt ist. Wir benötigen auch keinerlei spezielle Hilfsmittel. Nun wollen wir zeigen, dass, wenn wir einen Satz von Sonnenauf- und -untergangs-Tafeln haben, weiters wissen wo wir sind und darüber hinaus die korrekte Zeit irgendeiner – nicht notwendigerweise unserer aktuellen – Zeitzone kennen, wir den Zeitpunkt des LAN ohne jegliche Messungen berechnen können. Treffen alle diese Bedingungen zu, so kann man die Zeit des LAN üblicherweise genauer berechnen als messen.

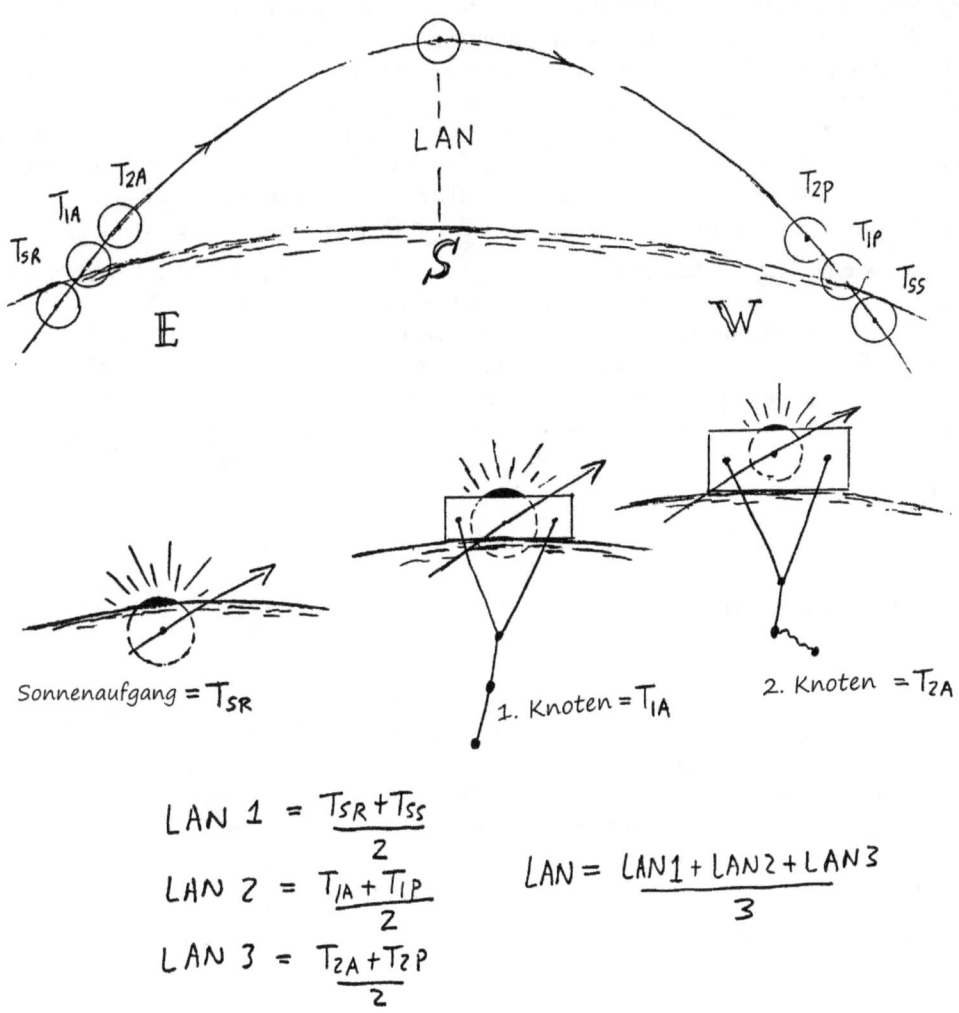

Abbildung 6-8. *Bestimmung des wahren Schiffsmittags (LAN). Der Mittelwert mehrerer Messungen ist dabei genauer als eine Messung allein.*

Sonnenauf- und -untergangs-Tafeln findet man auf der Rückseite der amerikanischen Gezeitentafeln (U.S: Tide Tables), sodass die Chance besteht, solche an Bord zu haben. Schlagen Sie die Zeiten von Sonnenaufgang und Sonnenuntergang für Ihr Datum und Ihre Breite nach und berechnen Sie den Zeitpunkt zwischen diesen beiden, wie beim vorherigen Beispiel. Diese

Mittagszeit wird der LAN in GMT sein, am Meridian von Greenwich. Danach wandeln Sie Ihre (vermutete) geographische Länge mit folgenden Umrechnungsfaktoren in Zeit um: 15° = 1 Stunde bzw. 15' = 1 Minute (was der gleiche Faktor ist, nur in kleineren Einheiten). Auch dafür finden Sie eine hilfreiche Tabelle in den U.S. Tide Tables. Schließlich – auf westlicher Länge – addieren Sie diese beiden Zeiten, um die GMT des LAN auf Ihrer Länge zu bekommen. Auf östlichen Längen müssen Sie Ihre Länge subtrahieren. Diese Prozedur wird später in Abschnitt 12.2, Längenbestimmung, erklärt.

Beachten Sie, dass man die Zeiten von Sonnenauf- und -untergang für jedes Jahr aus den Tafeln bekommt; diese Zeiten (bis zu der für uns relevanten Genauigkeit) hängen nur von Breite und Tag, nicht jedoch vom Jahr ab. Tatsächlich hängt der LAN bei unserer Anwendung nicht einmal von der Breite ab, es ändern sich lediglich die Zeiten von Sonnenaufgang und Sonnenuntergang. Sie werden bemerken, dass Sie für alle Breiten denselben Zeitpunkt des LAN bekommen, solange Sie den korrekten Tag verwenden. Sie könnten diese Zeiten auch von einem kommerziellen Radiosender oder einer nicht zu alten Tageszeitung, die sich zufällig an Bord befindet, erhalten. Zeiten in Zeitungen beinhalten üblicherweise die Längenkorrekturen für ihren Erscheinungsort.

Die Zeitpunkte des LAN (Meridian Passage) sind im Nautical Almanac (Nautisches Jahrbuch, Anm. d. Ü.) direkt aufgelistet; um die gewünschte Zeit zu erhalten, muss man nur die Längenkorrektur berücksichtigen. Wir zeigen hier die Methode der Gezeitentafeln für all Jene, die auf hoher See Richtungen nach der Sonne bestimmen müssen, obwohl sie nicht geplant haben, außer Landsicht zu geraten und daher auch keinen Nautical Almanac bei sich haben. In dieser Situation wäre es sehr gut, eine Uhr zu haben, Zeit zu wissen und auch die eigene Position zu kennen, zumindest bis zu dem – nicht sehr hohen - Grad an Genauigkeit, der für diese Messungen erforderlich ist.

6.4 Sonnenzeit-Methode

Eine Richtung mittels Uhr und Sonne bestimmen ist besonders dann sehr einfach, wenn die Sonne zu Mittag weniger als 45° über dem Horizont steht – also nicht mehr als mit halber Höhe am Himmel. In diesem Fall muss man nur den Zeitpunkt des Ortsmittags sowie die Tageszeit wissen, um den ganzen Tag über genaue Richtungen von der Sonne zu bekommen, von Sonnenauf- bis Sonnenuntergang. Die Zeit, welche unsere Uhr anzeigt, muss für keine Zeitzone korrekt sein, lediglich der Zeitpunkt des LAN auf ihr muss bekannt sein. Als ersten Schritt gilt es also, die LAN-Zeit auf der Uhr herauszufinden, wie im vorigen Abschnitt beschrieben.

Um die Höhe der Sonne zu Mittag zu testen, überprüfen wir die Länge des Schattens eines Stabes um die Mittagszeit. Immer wenn der Sonnenstand zu Mittag niedrig genug ist, um für diesen Test in Frage zu kommen, ändert sich die Höhe der Sonne eine Stunde vor oder nach dem LAN nicht signifikant, sodass der präzise Zeitpunkt für diesen Test nicht kritisch ist. Ist der Schatten länger als der Stock, der diesen Schatten wirft, so steht die Sonne niedriger als 45° über der Kimm und man kann den ganzen Tag Richtungen mittels der Sonnenzeit-Methode bestimmen.

Dies ist ein einfacher Test, den man auf jeden Fall machen sollte, wenn es um maximale Sonnenhöhen geht. Die Sonnenzeit-Methode kann ernsthafte Fehler verursachen wenn die Sonne zu hoch steht. Führt man den Test durch, so sollte der Stab rechtwinkelig zum Horizont stehen und die Unterlage, auf die der Schatten fällt, parallel zum Horizont sein. Ein Nagel auf dem Brett, den man zum Horizont ausrichtet, ist eine Art, dies zu erreichen, man kann aber auch einfach improvisieren.

Wir befassen uns mit der Höhe der Mittagssonne deshalb, weil sie die Richtungsänderung der

Sonne im Laufe des Tages bestimmt. Die Sonne bewegt sich auf ihrem unsichtbaren Bogen über den Himmel immer mit 15° pro Stunde, aber nur wenn die Sonnenhöhe weniger als 45° beträgt, wandert die Peilung der Sonne auch mit fast konstanten 15° pro Stunde am Horizont entlang. Unter diesen Bedingungen verhält sich die Sonne wie in Abb. 6-9 gezeigt, annähernd den ganzen Tag über, von Sonnenaufgang bis Sonnenuntergang.

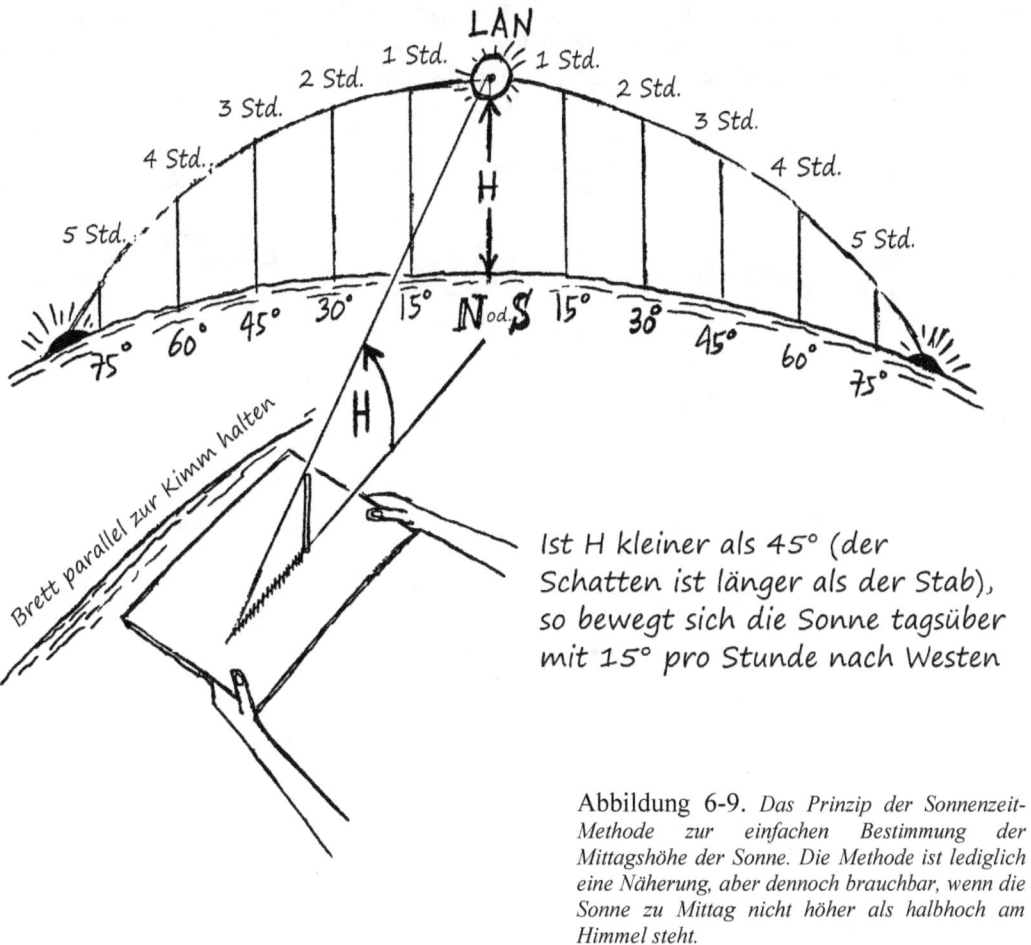

Abbildung 6-9. *Das Prinzip der Sonnenzeit-Methode zur einfachen Bestimmung der Mittagshöhe der Sonne. Die Methode ist lediglich eine Näherung, aber dennoch brauchbar, wenn die Sonne zu Mittag nicht höher als halbhoch am Himmel steht.*

Da die Sonne zum LAN auf unserem Meridian steht, können wir – wenn wir den Zeitpunkt des LAN sowie die Tageszeit kennen, die Peilung zur Sonne leicht errechnen. Auf nördlichen Breiten ist die Peilung der Sonne zum Ortsmittag genau Süden, also 180°. Eine Stunde nach LAN steht die Sonne 15° weiter im Westen und peilt daher mit 195°.

Als weiteres Beispiel nehmen wir an, dass unsere Uhr 1120 h anzeigt und wir wissen, dass der Zeitpunkt des LAN nach unserer Uhr um 1340 h sein wird. Da es also 2 Stunden und 20 Minuten (entspricht 2,33 Stunden) vor LAN ist, wissen wir, dass die Sonne noch 2,33 x 15° (oder 35°) wandern muss, um genau südlich zu peilen. Mit anderen Worten, um 1120 h ist die Peilung der Sonne 180° - 35°, oder 145°, wie in Abb. 6-10 gezeigt.

Genau genommen liefert die Sonnenzeit-Methode bei der Richtungsbestimmung nur Näherungswerte. Aber immer wenn der Höchststand der Sonne zu Mittag weniger als 45° beträgt, ist diese Näherung eine gute. Wie im letzten Abschnitt beschrieben, ist die Bestimmung der LAN-Zeit auf etwa 10 Minute genau sehr einfach, sogar wenn man sich bewegt. Hat man den Zeitpunkt des Meridian-Durchgangs mittels der Uhr erst einmal festgestellt, so bekommt man durch die Sonnenzeit-Methode alle Richtungen auf ca. 10° genau, oft sogar genauer als das.

Auf Nordbreiten steht die Sonne zu Mittag im Winter niedriger als im Sommer. So kann es sein, dass man diese Methode vielleicht nur im Winterhalbjahr funktioniert, außer auf sehr hoher nördlicher Breite. Aber ungeachtet von Ort und Datum kann man dieses Verfahren den ganzen Tag über anwenden, wenn zu Mittag der Schatten länger ist als der Stab, der ihn wirft.

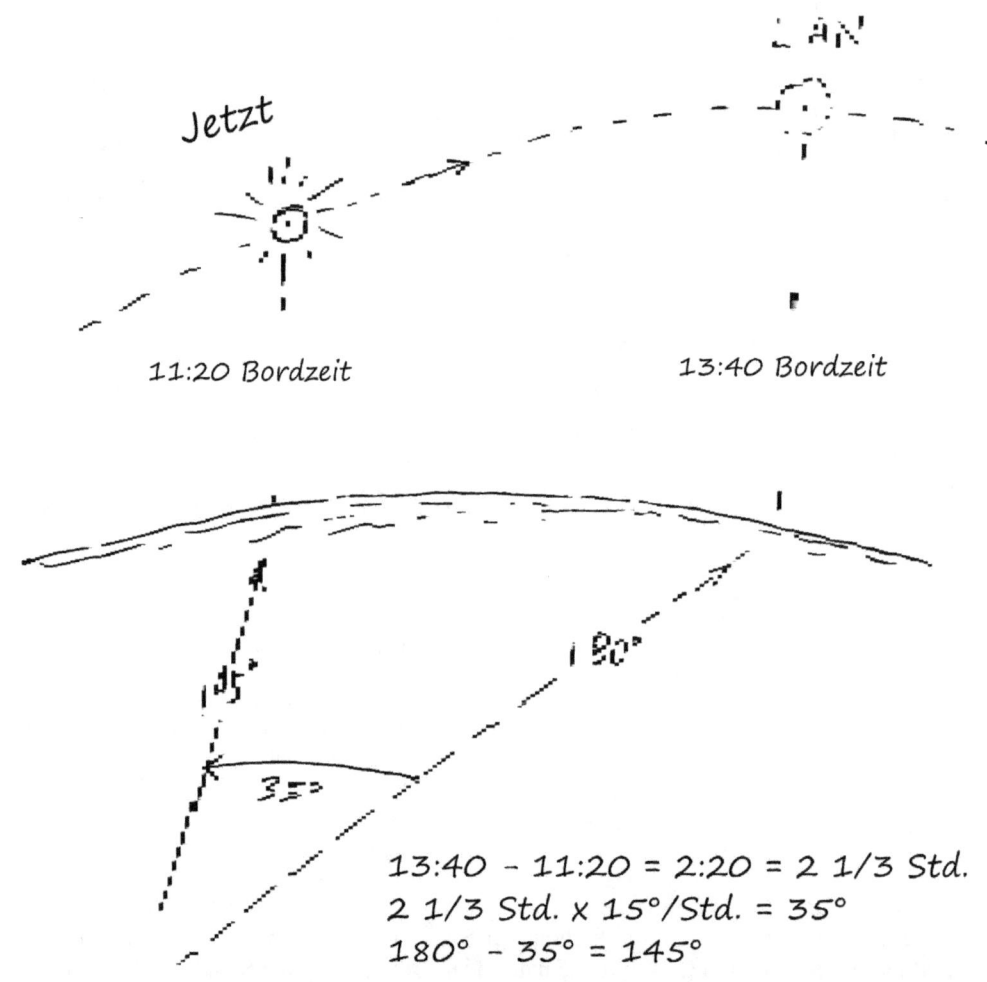

Abbildung 6-10. *Die Verwendung der Sonnenzeit-Methode. Hat man den Zeitpunkt des Schiffsmittags (LAN) gemessen oder errechnet, so kann man alle weiteren Peilungen der Sonne im Laufe des Tages auch allein durch die Zeit berechnen. Auch hierbei darf die Sonne zu Mittag nicht höher als 45° stehen, damit die Methode funktioniert.*

Ist dies nicht der Fall, so darf man die Sonnenzeit-Methode nicht anwenden, sondern muss stattdessen irgendeine Form von Sonnenkompass nützen, wie in Abb. 6.8 diskutiert. Die Sonnenzeit-Methode kann in den Tropen nie angewandt werden.

Das Verfahren, welches wir die Sonnenzeit-Methode nennen, ist eine Verfeinerung dessen, was manchmal Pfadfinder-Uhr-Methode genannt wird – bei der man den Stundenzeiger der Uhr zur Sonne ausrichtet und dann Richtung 12 Uhr am Zifferblatt den Meridian bestimmt. Wie das gemeint ist und worin dabei die großen Einschränkungen liegen, sollte nach der vorangegangenen Diskussion klar sein. Die Methode ist in dieser Form nicht verlässlich.

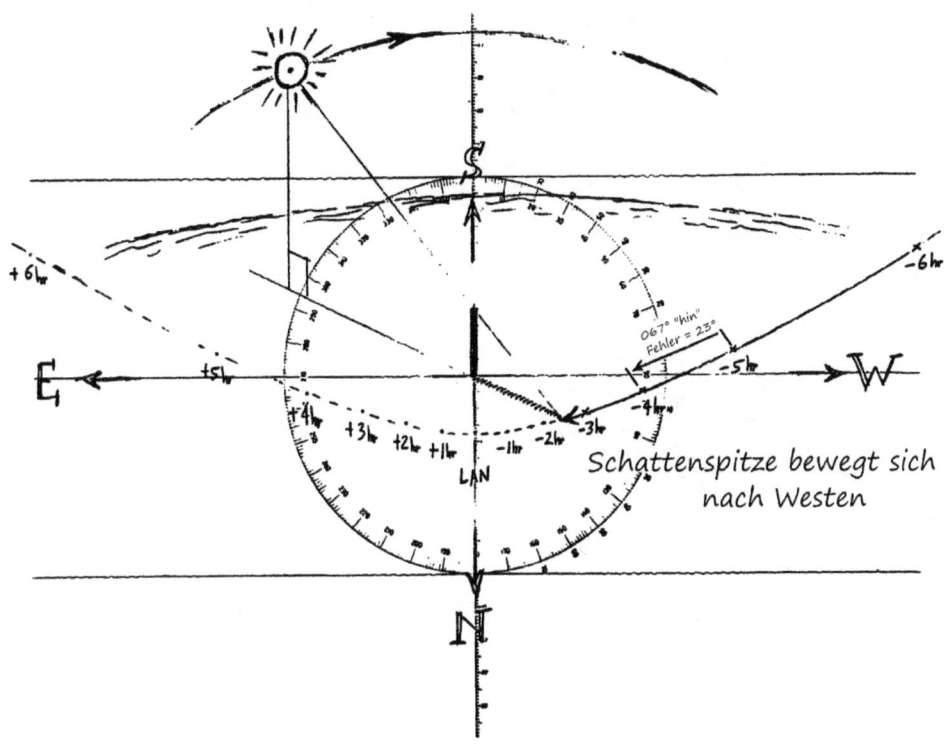

Abbildung 6-11. *Schattenspitzen bewegen sich im Laufe des Tages nach Osten. Die Differenz zwischen genau Osten und der Richtung, in die sich der Schatten bewegt, hängt von Breite, Datum und Jahreszeit ab, aber diese Abweichung zeigt morgens immer in Richtung der „Sonnenaufgangsseite" von Osten, bzw. abends umgekehrt. Die Beträge dieser Abweichungen werden in Tafel 6-2 gezeigt. Das Beispiel hier zeigt die Sommersonne (am 14. Juli), betrachtet am Vormittag auf einer Breite von 45° Nord.*

6.5 Die Schattenspitzen-Methode

So wie die Sonne nach Westen wandert, so bewegen sich Schatten ostwärts, wie in Abb. 6-11 gezeichnet. Wir können aus der Bewegung eines Schattens eine Ost-West-Linie bekommen, wie aus der Bewegung von Überkopf-Sternen, ab da wir einen Schatten beobachten können, muss die Sonne nicht über uns stehen. Um die Mittagszeit bewegen sich die Spitzen aller Schatten genau nach Osten, ungeachtet von Ort und Jahreszeit. Steht die Sonne sehr hoch und man hat keine Uhr zur Verfügung, so ist die Schattenspitzen-Methode die beste Art der Richtungsbestimmung nach der Sonne.

Die Bewegung einer Schattenspitze aufzuzeichnen ist auf See nicht so einfach wie an Land, aber keinesfalls unmöglich. Auf jeden Fall muss man improvisieren. Notwendige Bedingungen sind, während der Beobachtung des Schattens genau Kurs zu halten, und dass die Fläche, auf die der Schatten fällt, eben und horizontal ist. Der Stab oder das Gestell, welches den Schatten wirft, muss nicht senkrecht zur Kimm stehen, obwohl dies das günstigste Arrangement wäre, aber die Stellung zum Horizont muss bei jeder Beobachtung gleich sein.

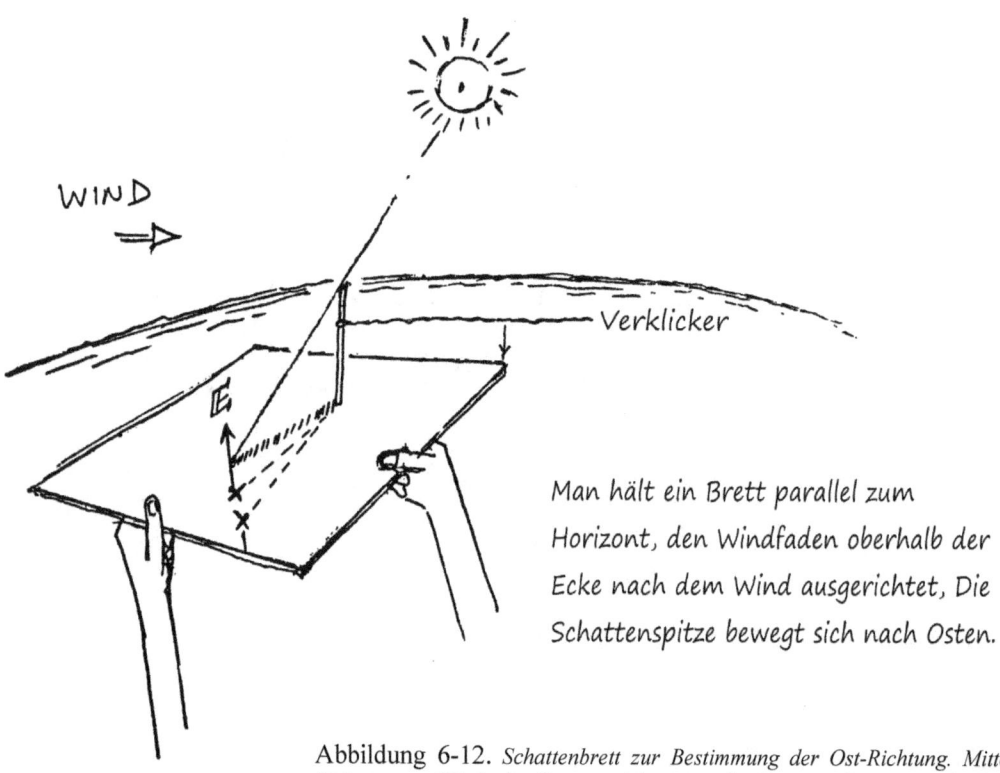

Man hält ein Brett parallel zum Horizont, den Windfaden oberhalb der Ecke nach dem Wind ausgerichtet. Die Schattenspitze bewegt sich nach Osten.

Abbildung 6-12. *Schattenbrett zur Bestimmung der Ost-Richtung. Mittels der Richtung von Wind oder Dünung richtet man das Brett aus bevor man die Spitze des Schattens darauf markiert. Am besten bringt man mehrere Markierungen an und zeichnet danach eine Linie durch diese Punkte, um die Ausrichtungsfehler zu mitteln.*

Die Schattenspitze eines geneigten Stabes bewegt sich genauso wie jene eines senkrechten Stabes. Einige Handbücher über die Orientierung an Land empfehlen, den Stab genau auf die Sonne zu richten, wodurch man überhaupt ohne jeglichen Schatten beginnt. Die Spitze des Schattens entfernt sich dann von dessen Basis genau nach Osten. Diese Methode bietet keinerlei Vorteile. Der einzige Effekt ist, dass man dabei die wirksame Länge des Stabes verkürzt und also die Dauer der

Messung verlängert. Auch an Land ist dies nicht sinnvoll. Auf See hingegen ist diese Annäherung gänzlich unpraktisch.

Genau genommen kann sich der Kurs des Bootes während unserer Messung durchaus auch ändern, jedoch muss im den Moment, in dem man die Schattenspitze auf dem Brett zur Richtungsbestimmung markiert, das Heading konstant bleiben. Es könnte sein, dass man seinen Kurs beim Markieren der Schattenspitze ändern möchte, um das Boot zum oder gegen den Seegang auszurichten. Weiters hat man vielleicht ein großes Brett oder eine Tafel zur Verfügung. In diesem Fall könnte man die Position der Schattenspitze jedes Mal ausrichten und markieren, ohne sich um den Kurs des Bootes zu kümmern. Die Abbildung 6-12 zeigt eine Art dies zu tun, mithilfe des scheinbaren Windes und eines Verklickers.

Ohne eine solch angenehme Oberfläche für den Schatten besteht die grundsätzliche Prozedur darin, das Boot auf einen steuerbaren oder wiederholbaren Kurs zu bringen, und anschließend, wenn das Boot gerade nicht überliegt, die Position der Schattenspitze zu markieren.

TAFEL 6-2 SCHATTENSPITZEN-FEHLER*

hours from LAN	Same Name Declination				Contrary Name Declination				
	23.45	18	12	6	0	6	12	18	23.45	
0-1	3	2	2	1	0	1	2	2	3	
0-2	10	7	5	2	0	2	5	7	10	
2-3	15	11	7	4	0	4	7	11	15	Latitude
3-4	19	15	10	5	0	5	10	15	19	0°
4-5	22	17	11	6	0	6	11	17	22	
5-6	23	18	12	6	0	6	12	18	23	
0-1	3	2	2	1	0	1	2	3	4	
1-2	9	7	5	2	0	3	5	9	12	
2-3	14	11	7	4	0	4	8	13	18	Latitude
3-4	19	15	10	5	0	5	11	17	22	20°
4-5	22	17	12	6	0	6	12	19	25	
5-6	24	19	13	6	0	6	13	—	—	
0-1	3	2	2	1	0	1	2	4	5	
1-2	9	7	5	3	0	3	6	10	14	
2-3	14	11	8	4	0	4	10	15	21	
3-4	19	15	10	5	0	6	12	19	25	Latitude
4-5	23	18	12	6	0	7	14	21	27	30°
5-6	26	20	14	7	0	—	—	—	—	
6-7	27	21	—	—	—	—	—	—	—	
0-1	3	3	2	1	0	1	3	4	7	
1-2	9	7	5	3	0	3	7	12	18	
2-3	15	12	9	5	0	5	11	18	26	
3-4	20	16	11	6	0	7	14	22	30	Latitude
4-5	25	20	14	7	0	8	16	24	—	40°
5-6	28	22	15	8	0	8	—	—	—	
6-7	31	24	16	—	—	—	—	—	—	
0-1	3	3	2	1	0	1	3	6	11	
1-2	10	8	6	3	0	4	10	17	27	
2-3	16	13	10	5	0	6	14	24	35	
3-4	22	18	13	7	0	8	17	28	38	Latitude
4-5	28	22	16	8	0	9	19	29	—	50°
5-6	32	26	18	9	0	—	—	—	—	
6-7	36	28	19	—	—	—	—	—	—	
0-1	4	3	2	1	0	2	5	11	25	
1-2	11	9	7	4	0	6	14	28	48	
2-3	18	15	11	6	0	9	20	36	53	
3-4	25	21	16	9	0	11	24	38	—	Latitude
4-5	32	26	19	10	0	12	25	—	—	60°
5-6	38	31	22	12	0	—	—	—	—	
6-7	44	35	24	12	—	—	—	—	—	
	81 days	40 days	32 days	59 days		32 days	40 days	81 days		

*Um diese Beträge bewegen sich Schattenspitzen von Osten weg. Der Fehler hängt von Breite, Deklination und Uhrzeit im Verhältnis zum Schiffsmittag ab, jedoch liegt die Abweichung am Morgen immer in Richtung der „Sonnenaufgangsseite" von Osten und am Nachmittag umgekehrt. Auf der Breite 30° N zum Beispiel, bei einer Deklination der Sonne von 18° N, liegt der Schatten 2 bis 3 Stunden vor LAN um mehr als 11° weiter nördlich als Osten, und 1 bis 2 Stunden nach LAN um 7° südlicher als Osten. Die Anzahl der Tage, an denen die Deklination der Sonne innerhalb des Bereiches dieser Tafel liegt, finden Sie am Fuß der Tafel.

Nachdem sich die Schattenspitze weit genug zu einer neuen, klar erkennbaren Position bewegt hat, so markiert man auch diesen zweiten Punkt, und wiederholt den Vorgang noch einige weitere Male. Die Markierungen sollten nun auf einer Linie liegen, welche von Westen nach Osten zeigen.

Verwendet man dabei das Deck oder das Kajütdach, so kann man den Stab senkrecht dazu anbringen und bei der Beobachtung des Stabes vor dem Horizont darauf achten, dass das Boot gerade aufrecht ist. In einer Rettungsinsel hat man keine andere Wahl, als den Stab möglichst senkrecht zu halten und die Bewegung der Schattenspitze so gut es eben geht zu beobachten.

Wie lange es dauert, die Richtung der Schattenspitze genau zu bestimmen, hängt vom Zustand der See und von der Länge des Stabes ab. Je länger der Stock, umso schneller bewegt sich die Spitze seines Schattens. An Land kann man mit einem Stab von einem Meter Länge die Ostrichtung leicht binnen zehn Minuten herausfinden. Wird man jedoch auf See herumgeworfen, so dauert dies länger, manchmal bis zu einer Stunde oder sogar noch mehr. Und manchmal ist die See für dieses Verfahren überhaupt zu rauh.

Man kann sich darauf verlassen, dass diese Methode während zwei bis drei Stunden vor oder nach dem lokalen Schiffsmittag auf ungefähr 10° genau ist (zumindest prinzipiell, sofern unser Kurs konstant bleibt). Das gilt ungeachtet der Position und des Datums. Am besten funktioniert die Schattenspitzen-Methode während der Woche vor bzw. nach den Äquinoktien. Zu dieser Zeit liefert sie überall auf der Welt den ganzen Tag über genaue Ergebnisse. Aber jenseits der Äquinoktien – und das heißt fast immer – ist das Verfahren am frühen Morgen und am späten Nachmittag unverlässlich. Unter manchen Umständen erhält man deutlich vor bzw. nach Mittag brauchbare Ergebnisse, aber zu anderen Zeitpunkten betragen die Fehler bis zu etwa 30°.

Die Tafel 6-2 listet die Fehler der Schattenspitzen-Methode für verschiedene Breiten, Deklinationen und Zeiten auf. Diese Werte können zur Übung der Methode herangezogen werden.

6.6 Die Tropenregel für die Sonne

In den Tropen nach der Sonne zu steuern hat ganz bestimmte Vor- und Nachteile. Nachteilig ist, dass die Sonnenzeit-Methode hier nicht angewandt werden kann. Einen Vorteil stellt dagegen die Tatsache dar, dass uns die Tropenregel die Richtung des Sonnenauf- und -untergangs angibt, sofern wir die Deklination kennen. Weiters geht die Sonne in den Tropen in steilem Winkel auf oder unter, sodass wir über längere Zeiträume des Tages brauchbare Peilungen am Horizont bekommen können.

Der Abschnitt 5.21 beschreibt, was wir die „Tropenregel" zur Bestimmung der Peilungen zu Sternen bei ihrem Auf- oder Untergang nennen. Die Methode funktioniert nur, wenn man sich innerhalb der Tropen, also auf einer Breite von maximal 23°27' N oder 23°27'S, befindet. Hier kann man die Regel auch auf die Sonne anwenden. Sie kann für die Sonne sogar nützlicher sein, da wir die Sonne viel öfter als die Sterne tief am Horizont sehen können.

Um diese Regel anwenden zu können, muss man die Deklination der Sonne kennen, welche sich von 23°27' N am 21. Juni langsam auf 23°27' S am 21. Dezember ändert. Die maximale Änderung pro Tag beträgt ca. ein halbes Grad, wobei der Durchschnittswert bei weniger als der Hälfte davon liegt, sodass man, wenn man die Deklination der Vorwoche kennt, nicht sehr weit daneben liegt. Der Abschnitt 11.7 erläutert, wie man die Deklination der Sonne anhand des Datums errechnen kann.

Die Tropenregel für die Sonne ist einfach. Überall in den Tropen entspricht die Amplitude der Sonne ihrer Deklination. Am 23. Juli zum Beispiel beträgt die Deklination der Sonne 20° N. Von überall innerhalb der Tropen betrachtet geht die Sonne am 23. Juli 20° nördlicher als im Osten auf und 20° südlicher als genau im Westen unter.

Zieht die Sonne genau über unseren Kopf hinweg, so entspricht unsere geographische Breite der Deklination der Sonne. In diesem Fall kann man die Regel anwenden, ohne die Deklination zu errechnen. Tatsächlich hat man die Deklination gemessen, indem man unter der Sonne durchgesegelt ist.

6.7 Zug der Sonne genau von Ost nach West

Während der Hälfte des Jahres steht die Sonne niemals genau im Osten oder im Westen. Im Winter, von nördlichen Breiten aus betrachtet, geht die Sonne südlicher als im Osten auf, bleibt den ganzen Tag über im Süden und geht dann südlicher als im Westen unter. Im Sommer hingegen geht sie nördlicher als im Osten auf, kreuzt danach genau rechtweisend Ost, verbringt den mittleren Teil des Tages im Süden um anschließend am Nachmittag genau Westen zu überqueren und nördlicher als im Westen unterzugehen.

Es gibt einen Trick um zu bestimmen, zu welchem Zeitpunkt die Sonne auf nördlichen Breiten im Sommer genau im Osten peilt; er gilt auch im Winter bei der Beobachtung von südlicher Breite. Um diesen Trick anzuwenden benötigt man eine Uhr, die Tafeln für Sonnenauf- und -untergänge und muss darüber hinaus seine Breite auf ein bis zwei Grad genau kennen.

Auf Nordbreiten notiert man dabei die Zeit des Sonnenaufgangs für seine entsprechende Breite und das richtige Datum, und sucht danach die Zeit des Sonnenaufgangs für eine um 90° südlichere Breite heraus. Die Differenz dieser beiden Zeiten entspricht der Zeit, die vom Sonnenaufgang bis zur genau östlichen Peilung der Sonne vergehen wird. Auf südlichen Breiten verwendet man die Zeit für eine um 90° nördlichere als die eigene aktuelle Breite. Zum Beispiel befinden wir uns am 10. Juni auf 40° N und die Sonne geht laut Tabelle um 0431 h auf. Auf einer Breite von 50° S (was 40° N − 90° entspricht) ist der Sonnenaufgang um 0754 h. Die Differenz beträgt 3 Stunden und 23 Minuten. In diesem Fall wird die Sonne 3 Stunden und 23 Minuten nach ihrem Aufgang genau im Osten stehen. Dementsprechend wird sie 3 Stunden und 23 Minuten vor ihrem Untergang genau westlich peilen. Beachten Sie, dass man weder seine genaue Breite noch die korrekte Zeit (die Zeiten sind ja relativ) für diesen Trick benötigt.

Die Methode ist ziemlich spezialisiert, könnte aber dennoch eines Tages mehr Verwendung finden. Die U.S. Tide Tables geben Sonnenaufgangs-Zeiten für Breiten von 60° S bis 76° N an. Das bedeutet, dass man den Trick im Norden nur auf einer höheren Breite als 30° N und im Süden nur auf einer höheren Breite als 14° S anwenden kann. Da aber die Zeiten des Sonnenaufgangs hinsichtlich Datum und Breite symmetrisch sind, so kann man dies auf Nordbreiten bis 14° N ausdehnen. Sie müssen lediglich annehmen, dass Sie sich auf entsprechender Südbreite befinden und mit einem um 6 Monate späteren Datum als dem Aktuellen rechnen.

6.8 Sonnenkompasse

Steht die Sonne weniger als auf halber Höhe am Himmel, und hat man eine Uhr, so ist die Sonnenzeit-Methode von Abschnitt 6.4 fast genauso gut wie ein Kompass. Durch dieses Verfahren kennt man den ganzen Tag über die Peilung der Sonne und kann daher auch jede andere gewünschte Richtung ermitteln.

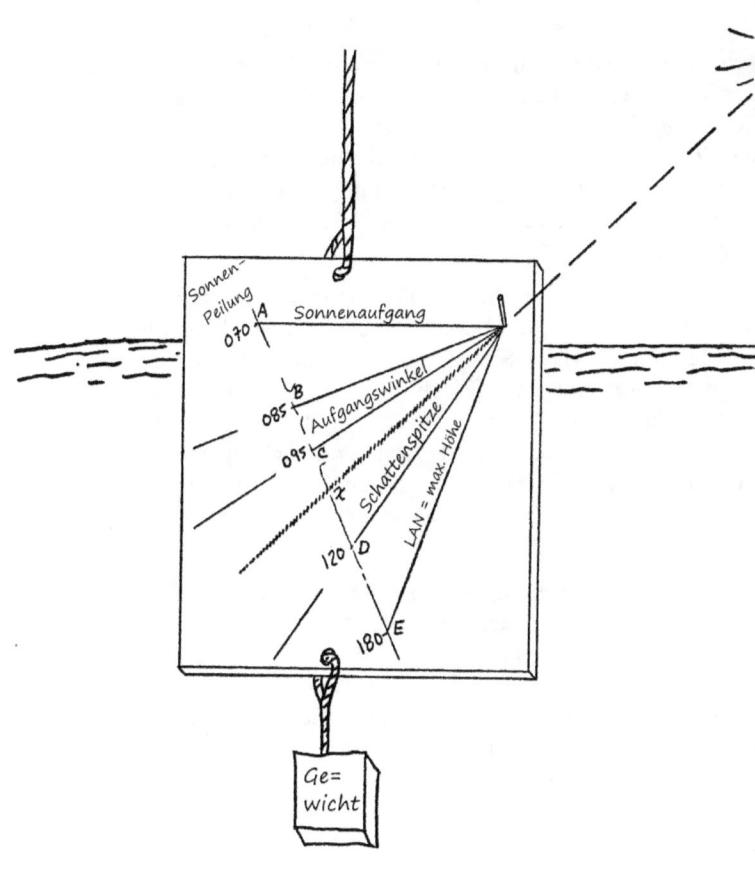

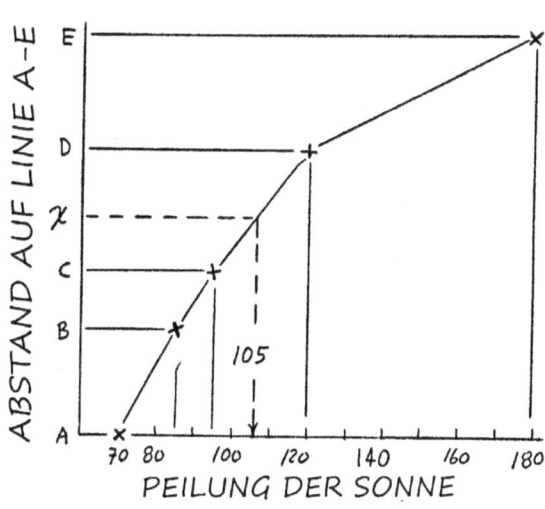

Abbildung 6-13. *Ein Kompass mit Schattenstift. Das Brett wird durch das Gewicht senkrecht gehalten und dann solange von Hand gedreht, bis der Schatten des Stiftes auf dem Brett markiert werden kann. Die Höhe wird markiert und beschriftet, sobald die Peilung der Sonne festgestellt ist. Diese Markierungen können dann am Nachmittag oder am nächsten Tag zur Bestimmung von weiteren Peilungen verwendet werden. Peilungen von Zwischenhöhen können dem Diagramm von bekannten Punkten entnommen werden, wobei man die Distanzen von einer beliebigen AE-Linie wie dargestellt abnimmt. Das Beispiel gilt für die Breite von 35° und eine gleichnamige Deklination der Sonne von 15°. Dieses Gerät funktioniert bei Peilungen, ist aber für die Breitenbestimmung nach der Höhe der Sonne zu ungenau (Abschnitt 11.7).*

Um ein Boot auf diese Art zu steuern, ist es hilfreich, eine wie im Abschnitt 3.3 beschriebene tragbare Kompass-Rose anzufertigen. Richtet man so eine behelfsmäßige Kompasskarte auf die Sonne aus, so kann man die Richtung des Bootes direkt ablesen. Um das Ganze noch weiter zu vereinfachen, kann man auf der Kompasskarte jene Zeiten markieren, an denen man verschiedene genaue Richtungen der Sonne kennt. Dies erspart längere Berechnungen für verschiedene Kurse, da ja – hat man erst einmal Süden mittels genauer Uhrzeit für LAN bestimmt – alle anderen Richtungen mit 15° pro Stunde folgen.

Verfügt man über eine Uhr, aber die Sonne steht für die Sonnenzeit-Methode zu hoch am Himmel, so kann man dennoch die Richtung der Sonne zu bestimmten Tageszeiten auf der Kompass-Rose markieren. Eine Markierung würde Süden zum Schiffsmittag zeigen, eine Weitere die Peilung der Sonne zum Zeitpunkt ihres Aufgangs. Ein bis zwei Stunden nach Sonnenaufgang könnte man die Richtung der Sonne durch Zurücksetzen auf die Kimm (Abschnitt 6.2) errechnen und markieren. Ca. zwei Stunden vor LAN könnte man als Nächstes die Richtung der Sonne durch die Schattenspitzen-Methode ermitteln. Das umfasst den ganzen Tag und die Zwischenwerte können geschätzt werden. Man hat nun einen Sonnenkompass, obwohl die Sonnenzeit-Methode selbst nicht angewandt werden kann.

Aber auch ohne Uhr kann man einen Sonnenkompass herstellen. Mit einem solchen Kompass zeichnet man die Sonnenrichtung durch die Sonnenhöhe auf. Dafür benötigt man irgendein improvisiertes Gerät um die relative Höhe der Sonne über der Kimm zu messen. Man muss nicht die absolute Höhe der Sonne in Graden kennen, es genügt zu wissen, wann die Sonne eine bestimmte, von uns angebrachte Markierung erreicht, egal um was es sich dabei handelt. Ein Kamal oder ein Schattenspitzen-Sextant (s. Abb. 6-13) kann diesen Job erledigen, selbst eine auf Armeslänge ausgestreckte Hand wird im Notfall genügen.

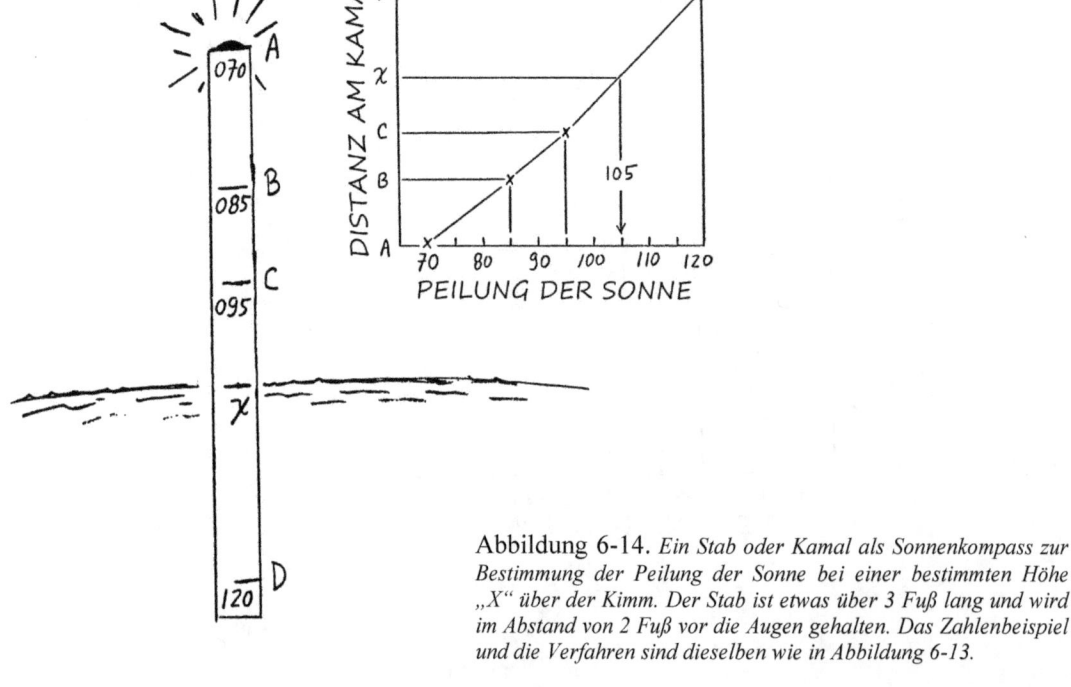

Abbildung 6-14. *Ein Stab oder Kamal als Sonnenkompass zur Bestimmung der Peilung der Sonne bei einer bestimmten Höhe „X" über der Kimm. Der Stab ist etwas über 3 Fuß lang und wird im Abstand von 2 Fuß vor die Augen gehalten. Das Zahlenbeispiel und die Verfahren sind dieselben wie in Abbildung 6-13.*

Ein geeignetes Werkzeug zur Aufzeichnung der Sonnenhöhen bei dieser Anwendung ist z.B. ein Stab oder flacher Stock – zwei zusammengebundene Segellatten würden gut funktionieren. Um die Sonnenhöhe zu markieren hält man den Stab auf Armeslänge vor das Gesicht. Man richtet den Stab senkrecht zur Kimm aus, wobei die Sonne durch das Ende des Stabes gerade noch bedeckt sein soll und der Daumen genau am Horizont liegt. Nun markiert man den Stab dort, wo ihn der Daumen berührt (s. Abb. 6-14). Man hat nun die Höhe der Sonne in Länge auf dem Stab ausgedrückt. Macht man aus dem Stab (oder Brett, oder Buch etc.) nun ein großes Kamal, indem man eine Schnur daran befestigt und diese zwischen den Zähnen hält, so werden die Messungen besser reproduzierbar. Hat man keine Schnur zur Verfügung, und hat man Schwierigkeiten beim Reproduzieren der Messung, so kann man versuchen, seinen Kopf beim Beobachten gegen die Schulter zu pressen. Dies hilft, den Abstand zwischen Auge und Stab konstant zu halten.

Der Trick ist, die Höhe und Richtung der Sonne aufzuschreiben, gerade nachdem man diese Richtung mittels Aufgangswinkel-Methode bestimmt hat. Machen Sie das zwei, drei Mal, ungefähr jede Stunde nach Sonnenaufgang. Danach beginnen Sie die Schattenspitzen-Messung, was weitere ein, zwei Stunden in Anspruch nehmen wird. Haben Sie schließlich Osten bestimmt, und daraus die Richtung der Sonne, markieren Sie wieder Höhe und Peilung der Sonne auf dem Stab. Sie haben nun ein Instrument, welches zeigt, wie sich die Richtung der Sonne mit ihrer Höhe ändert – und das ganz ohne Uhr. Weiters wissen Sie, dass sich die westlichen Peilungen der Sonne beim Abstieg am Nachmittag genauso verhalten wie im Osten vor Mittag. Mit einigen Markierungen der Sonnenrichtung auf dem Stab können die Zwischenwerte wieder geschätzt werden.

Man wird die Markierung anbringen, wenn die Sonne sehr hell ist, und muss daher besonders vorsichtig sein. Nach Möglichkeit sollte man irgendeine behelfsmäßige Blende oben oder seitlich am Stab anbringen. Verwendet man ein breites Brett, so kann man die Sonne vollständig verdecken, und dieses danach langsam nach unten bewegen, bis der Schein oberhalb der Kante auftaucht. Wie auch immer man dies tut, man sollte auf jeden Fall vermeiden, direkt in die Sonne zu blicken.

Unter besonders günstigen Umständen beobachtet man vielleicht ein nächtliches Wellenmuster oder stetigen Wind, der den ganzen Morgen durchsteht. Kennt man deren Richtungen von den Sternen oder vom Sonnenaufgang, so kann man damit den Sonnenkompass vom Sonnenaufgang bis Mittag kalibrieren. So hat man weiterhin einen Kompass zum Steuern, auch wenn Wind oder Dünung sich später ändert.

Steht die Sonne hoch am Himmel, so ist es mit behelfsmäßigen Mitteln fast unmöglich, deren wirkliche Höhe zu schätzen. Aufgrund dieser großen Sonnenhöhe ist man in den Tropen nicht in der Lage, rund um Mittag einen Stab-Kompass einzusetzen, es wird aber am Morgen und am späten Nachmittag funktionieren.

Es ist wichtig, nicht zu vergessen, dass selbst die gröbste Messung der Sonnenhöhe genauer als eine Schätzung ist. In der Nähe der Kimm täuscht die Höhe der Sonne besonders. Niedrig am Himmel sieht die Sonne viel größer und höher aus, als sie in Wirklichkeit ist. Die scheinbare Größe der untergehenden Sonne, verglichen mit der zur Mittagszeit, ist nur ein Beispiel für die optische Täuschung, welche zu Überschätzung der Höhenwinkel knapp über dem Horizont führt. Mit einem Sextant kann man die Größe der Sonne messen, um zu zeigen, dass diese tatsächlich den ganzen Tag über gleich bleibt. Die scheinbare Größenänderung ist nur eine Illusion. Dieselbe Täuschung trifft für Größe und Höhe des Mondes in der Nähe der Kimm zu.

Auf einer sehr langen Reise – lang in Zeit oder Strecke – sollte man den Sonnenkompass von Zeit zu Zeit neu herstellen. Als grobe Faustregel gilt, dass dies alle 200 Meilen, oder zumindest einmal pro Woche, auch wenn man sich nur sehr langsam bewegt, geschehen sollte. Außerdem wird der Kompass nicht sehr genau sein, wenn man ihn das erste Mal macht. Man benötigt einige Übung und wiederholte Messungen um Vertrauen in seine Arbeitsweise zu gewinnen – daran ist nicht zu rütteln.

Steht ein 2102-D Starfinder zur Verfügung, so sollte man dessen Wert beim Steuern nach der Sonne niemals vergessen – man benötigt nämlich hierbei keinen Almanach. Man muss nur die Peilung zum Sonnenaufgang errechnen und dann die Position der Sonne irgendwo am Starfinder eintragen, wo dieser diese Peilung bei 0° Höhe und bei der Verwendung der richtigen Breiten-Schablone wiedergibt. Es spielt keine Rolle, wenn die Längenkoordinaten der Sonne am Himmel, die man eingetragen hat, falsch sind; bei korrektem Sonnenaufgang wird die Breite (Deklination) stimmen, und das ist alles, was wir brauchen. Hat man die Sonne entsprechend ihrem Aufgang geplottet, so hat man einen Kompass erstellt, der den ganzen Tag richtige Werte liefert.

Steht eine Uhr zur Verfügung, so schreiben Sie die Zeit des Sonnenaufgangs auf und markieren die Zeiten auf der Skala am Rand – jede Drehung der blauen Schablone um 15° entspricht einem Zeitintervall von einer Stunde. Danach braucht man die blaue Schablone im Laufe des Tages nur zu drehen um die Peilung der Sonne abzulesen. Dieser nach Zeit eingestellte Sonnenkompass wird auch ungeachtet der Mittagshöhe der Sonne arbeiten. Aber auch ohne Uhr kann man die Richtung der Sonne als eine Funktion ihrer Höhe errechnen und einen Schattenspitzen-Sonnenkompass entsprechend beschriften, bzw. eine Kalibrierungskurve von einem Stab-Kompass ableiten.

7 Steuern nach anderen Objekten am Himmel

Die Höhen und Peilungen aller Himmelskörper sind aufgrund von Naturgesetzen vorhersehbar. Die einzigen Unsicherheiten dabei rühren von unserer Unvollkommenheit beim Lernen, beim Interpretieren oder beim Anwenden dieser Gesetze her. Mond und Planeten bilden in der Notfall-Navigation eine eigene Gruppe, da ihre speziellen Umlaufbahnen ihre scheinbaren Bewegungen am Himmel komplizieren. Ihr Wert beim Steuern im Notfall liegt eher in ihrer Auffälligkeit als in ihrer Vorhersagbarkeit. Sie sind besonders hell und daher auch wertvolle Referenzen, wenn wir einmal festgestellt haben, wie sie sich von dem Ort aus betrachtet, an dem wir uns zufällig gerade befinden, bewegen. In bewölkten Nächten sind sie möglicherweise die einzigen Quellen für Richtungsangaben.

Müssen wir nach Mond oder Planeten steuern, so können wir jede der in Kapitel 5 dargelegten Methoden der Überkopf-Sterne anwenden. Und sollte ein Planet zufällig in einen Sternenpfad auf unserer Route passen, so ist es für die Dauer dessen Brauchbarkeit umso besser.

Unter bestimmten Bedingungen können auch andere Dinge am Himmel, wie Wolken, Vögel oder Flugzeuge bei unserer Navigation helfen, jedoch muss deren Wert für die Orientierung auf hoher See besonders kritisch beurteilt werden. Bei der Annäherung an unser Ziel können uns Wolken noch näher dorthin bringen und Vögel können den Tag retten. Sie haben dies so viele Male zuvor für verirrte Seeleute getan.

7.1 Der Mond

Der Mond ist der unsteteste aller Himmelskörper. Aufgrund der Erdrotation bewegt er sich mit den Sternen westwärts, er schlüpft jedoch, relativ zu den Sternen, durch seine eigene Kreisbewegung um die Erde auch immer weiter nach Osten.

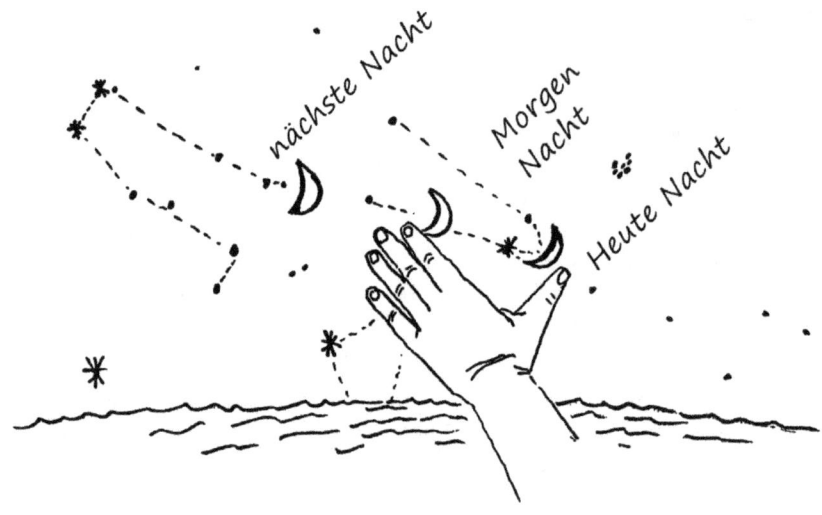

Abbildung 7-1. *Die Ost-Bewegung des Mondes zwischen den Sternen. Jede aufeinander folgende Nacht bewegt sich der Mond mit etwa 12° durch den Tierkreis. Hier sehen wir die Bewegung des Mondes vom Stier zu den Zwillingen.*

Da der Mond die Erde einmal im Monat umkreist, schreitet er gegenüber den Sternen mit 360° pro (ungefähr) 30 Tagen, oder ca. 12° pro Tag, fort. Steht der Mond in einer Nacht in der Nähe des Sterns Aldebaran, so wird er sich in der darauf folgenden Nacht ungefähr 12° östlich von Aldebaran befinden (was ungefähr der halben Spanne einer Hand bei ausgestrecktem Arm entspricht). S. Abb. 7.1.

Auch die Sonne bewegt sich wegen der irdischen Orbitalbewegung gegenüber den Sternen täglich etwas ostwärts, aber da diese Änderung 360° pro 365 Tagen beträgt, steht sie jeden Tag nur etwa 1° östlicher als am Tag zuvor. Für unsere momentanen Zwecke können wir diese Details vernachlässigen und annehmen, dass der Mond sich gegenüber der Sonne täglich um 12° bewegt. Trotzdem ist die Bewegung des Mondes über den Himmel sehr kompliziert. Wir können seine Peilung von Tag zu Tag einfach nicht voraussagen, wie wir es bei Sonne oder Sternen können. Wir müssen den Mond als Steuerhilfe aber nicht ganz aufgeben. Wir sollten dies auch nicht tun – bei bedecktem Himmel könnte er alles sein, was wir haben.

Hat man eine Uhr und kennt man die Sonnenzeit, so kann der Mond bei bestimmten Gelegenheiten hilfreich sein. Wenn der Mond voll ist, so verhält er sich wie die Sonne, mit dem Sonnenmittag (LAN) zur „Sonnenmitternacht" verändert (LAN plus 12 Stunden). Der Vollmond kreuzt unseren Meridian zur Sonnenmitternacht. Steht die Sonne zum Beispiel nach unserer Uhr um 1330 h genau im Süden, so wird der Vollmond in dieser Nacht um 0130 h genau südlich peilen. Darüber hinaus kann man die Richtung des Vollmondes auch für andere Zeitpunkte der Nacht mit der Sonnenzeit-Methode aus Abschnitt 6.4 errechnen. Es gelten aber auch dieselben Restriktionen: die Höhe des Mondes um Mitternacht darf nicht größer als die halbe Himmelshöhe sein. Steht der mitternächtliche Mond tief genug, so kann die Methode der Sonnenzeit die ganze Nacht lang angewendet werden. Im vorangegangenen Beispiel würde der Mond um 0430 h, 3 Stunden nach Sonnenmitternacht, bei 180° + (3 x 15°), also 225° stehen.

Steht der Mond um Mitternacht auch nur geringfügig höher als 45° am Himmel, so sollten Sie dieses Verfahren nicht länger als eine Stunde vor oder nach Mitternacht anwenden. Sieht man den Mond um Mitternacht nennenswert höher als auf halber Himmelshöhe, so darf man die Sonnenzeit-Methode überhaupt nicht verwenden. Ist der Mond hell genug um Schatten zu werfen, so kann man seine Höhe mittels der Länge des Schattens überprüfen, genauso, wie man es mit der Sonne tut. Andernfalls schätzt man die Höhe des Mondes einfach mithilfe irgendeines Quadrates; man benötigt dafür nicht einmal eine klare Kimm. Es genügt, eine Kante des Quadrates grob parallel zur Wasserfläche zu halten, entlang der Diagonale zu peilen und zu schätzen, wo sich der Mond in Bezug zu den 45° der Diagonale befindet.

Wendet man die Sonnenzeit-Methode auf den Mond an, so ist sie weniger genau als für die Sonne, denn man müsste dabei die exakte aktuelle Mondphase kennen. Nur einmal im Monat ist der Mond wirklich voll, und es erfordert einige Übung, um dies durch reine Mondbeobachtung festzustellen. In einer klaren Nacht kann man dies üblicherweise auf einen Tag genau schätzen, aber unglücklicherweise brauchen wir den Mond hauptsächlich in bewölkten Nächten. Eine Unsicherheit der Mondphase von einem Tag erzeugt einen Peilungsfehler von 12 °, da sich der Mond gegenüber der Sonne um 12° pro Tag bewegt. Das ist aber noch nicht das Ende des Problems. Die präzise Zeit des Vollmondes erstreckt sich technisch gesehen lediglich auf einen Moment und dieser trifft nicht in jedem Monat zur gleichen Tageszeit ein. Kurz, diese Methode liefert bestenfalls eine Unsicherheit von +/- 12°, selbst wenn man den Tag des Vollmondes richtig bestimmt hat.

Zieht man nun diese beiden Unsicherheiten (welche nicht unabhängig von einander sind) in Betracht, so muss man generell annehmen, dass die Mondrichtungen, wie und wann man sie auch berechnet, zu rund 20° unsicher sind. Diese Unsicherheit ist groß, aber dennoch viel besser als gar nichts. Mit einem Kalender oder mit Tafeln, welche die Mondphasen angeben, bringen wir die Unsicherheit wieder auf rund 12° zurück.

Beträgt die Höhe des Mondes um Mitternacht weniger als 45°, so kann die Sonnenzeit-Methode auch zwei bis drei Tage vor oder nach Vollmond angewendet werden, ohne viel von ihrer Genauigkeit einzubüßen. Genau zu Vollmond stehen sich Mond und Sonne von der Erde aus betrachtet genau gegenüber, weshalb sie uns genau um 12 Stunden versetzt passieren und daher geht auch, gut näherungsweise, der Vollmond zum Zeitpunkt des Sonnenaufgangs unter und zur Zeit des Sonnenuntergangs auf. Jeden Tag nach Vollmond bewegt sich der Mond um 12° östlicher als die Sonne. Da Sonne und Mond von uns aus gesehen nach Westen ziehen, wird die Zeit ihrer beiden Passagen mit jedem Tag länger. Die Meridian-Passage des Mondes findet an den Tagen nach Vollmond später als um Mitternacht statt; um Mitternacht hat der Mond den Meridian noch nicht erreicht. Kommt man durch die Beobachtung des Mondes (oder anderer Quellen) zu dem Schluss, dass es ein Tag nach Vollmond ist, dann würde der Mond um Mitternacht 12° östlich des Meridians stehen. Zwei Tage nach Vollmond würde er sich um Mitternacht 24° östlich vom Meridian befinden.

Dieselbe Argumentation zeigt, dass an den Tagen vor Vollmond die Zeitdifferenz zwischen Sonne und Mond weniger als 12 Stunden beträgt, sodass die Meridian-Passage des Mondes vor Mitternacht erfolgt. Hat man entschieden, dass es zwei Tage vor Vollmond ist, so kann man um Mitternacht eine Peilung des Mondes um 24° westlich des Meridians erwarten – der Mond hat den Meridian vor Mitternacht passiert.

Mit diesen involvierten inhärenten Unsicherheiten verlieren wir nicht viel Genauigkeit, wenn wir annehmen, dass die tägliche Bewegung des Mondes um 12° der stündlichen Drehung der Erde um 15° entspricht. Und mit dieser Näherung können wir das letzte Beispiel auf den Schluss ausdehnen, dass, da der Mond auf seiner Umlaufbahn um 2 x 12° weiter ist, er auch um 2 x 15° (also um 2 Stunden) seinem Zeitplan voraus ist. Wir erwarten den Mond also zwei Tage vor Vollmond um zwei Stunden vor Mitternacht (2200 h Sonnenzeit) auf dem Meridian.

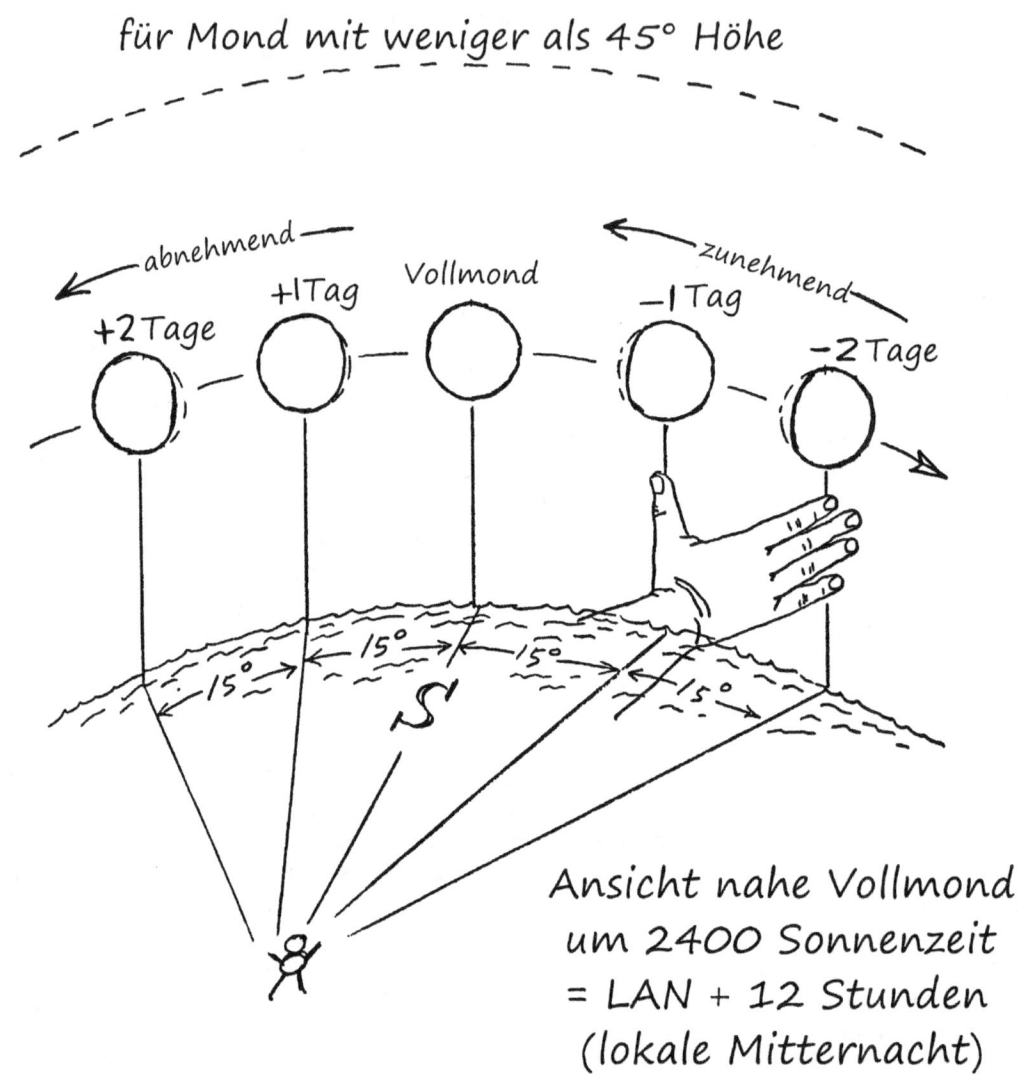

Abbildung 7-2. *Situation rund um Vollmond zur lokalen Mitternacht. Der Vollmond kreuzt den Meridian um 2400 Sonnenzeit. Einen Tag vor Vollmond kreuzt er den Meridian 1 Stunde vor 2400 (um 2300), einen Tag nach Vollmond 1 Stunde nach 2400 (um 0100). Gleichermaßen bedeuten 2 Tage vorher auch 2 Stunden vorher, 2 Tage nachher auch 2 Stunden nachher. Bei Mondhöhen unter 45° kann man diese Referenzzeit des Meridians auch für Mondpeilungen während einiger Stunden vor bzw. nach dem Meridian-Durchgang verwenden.*

Mit dieser Erklärung können wir das Verhalten des Mondes auf eine Art neu darstellen, die einfacher zu merken ist: Der Vollmond passiert unseren Meridian zur „Sonnenmitternacht". Einen Tag vor Vollmond gelangt der Mond eine Stunde vor Mitternacht dorthin; einen Tag nach Vollmond steht er eine Stunde nach Mitternacht am Meridian. Zwei Tage vorher zwei Stunden vorher; zwei Tage nachher zwei Stunden nachher (s. Abb. 7-2).

Abbildung 7-3. *Die beleuchtete Seite des Mondes weist in Richtung der Sonne. Die abgebildeten Pfeile am Ort des Mondes zeigen bei Nacht in Richtung des Bandes der Tierkreiszeichen (der Pfad des Mondes durch die Sternbilder). Auf der nördlichen Hemisphäre – oder, genauer gesagt, wenn unsere geographische Breite nördlicher als die Deklination des Mondes ist – nimmt der Mond zu, wenn seine rechte Seite beleuchtet ist, bzw. nimmt er ab, wenn die linke Seite beleuchtet ist. Befindet man sich südlich des Mondes, so kehrt man die Regel um.*

Gelangen wir durch Mondbeobachtung zu dem Schluss, dass wir ein oder zwei Tage von Vollmond entfernt sind, so müssen wir entscheiden, ob vor oder nach Vollmond. Mit anderen Worten: nimmt der Mond zu oder ab? Die beleuchtete Seite des Mondes zeigt immer zur Sonne hin (s. Abb. 7-3), und seine tägliche Bewegung in Bezug auf die Sonne ist immer östlich. Auf der Nordhalbkugel nimmt der Mond, wenn seine rechte Seite beleuchtet ist, immer zu; er wird jeden Tag voller. Auf der südlichen Hemisphäre trifft das Gegenteil zu. Der Schlüssel ist, sich zu erinnern, dass sich der Mond nach Osten bewegt. Bewegt er sich näher zur Sonne hin (er leitet sie über den Himmel), so wird er kleiner; bewegt er sich von der Sonne weg (er folgt ihr über den Himmel), so wird er größer. Man sollte dies mehrmals zur Übung bei Tag nachvollziehen, wenn Sonne und Mond gleichermaßen sichtbar sind. Dann wird es auch bei Nacht einfacher.

Auch den Halbmond können wir zur Richtungsbestimmung nützen, wie in den Abbildungen 7-4 und 7-5 gezeigt wird. Der abnehmende Halbmond kreuzt den Meridian um 0600 h Sonnenzeit (6 Stunden vor LAN), der zunehmende Halbmond um 1800 h Sonnenzeit (6 Stunden nach LAN).

Wieder muss es exakt der Tag des Halbmondes sein. Und wieder ist es, genau wie beim Vollmond, nicht einfach, diesen durch reine Mondbeobachtung sicher zu bestimmen. Es ist aber auch nicht schwieriger, und andere Menschen, wie auch ich selbst, finden die Beurteilung der Phase eines Beinahe-Halbmondes sogar leichter als jene eines Beinahe-Vollmondes.

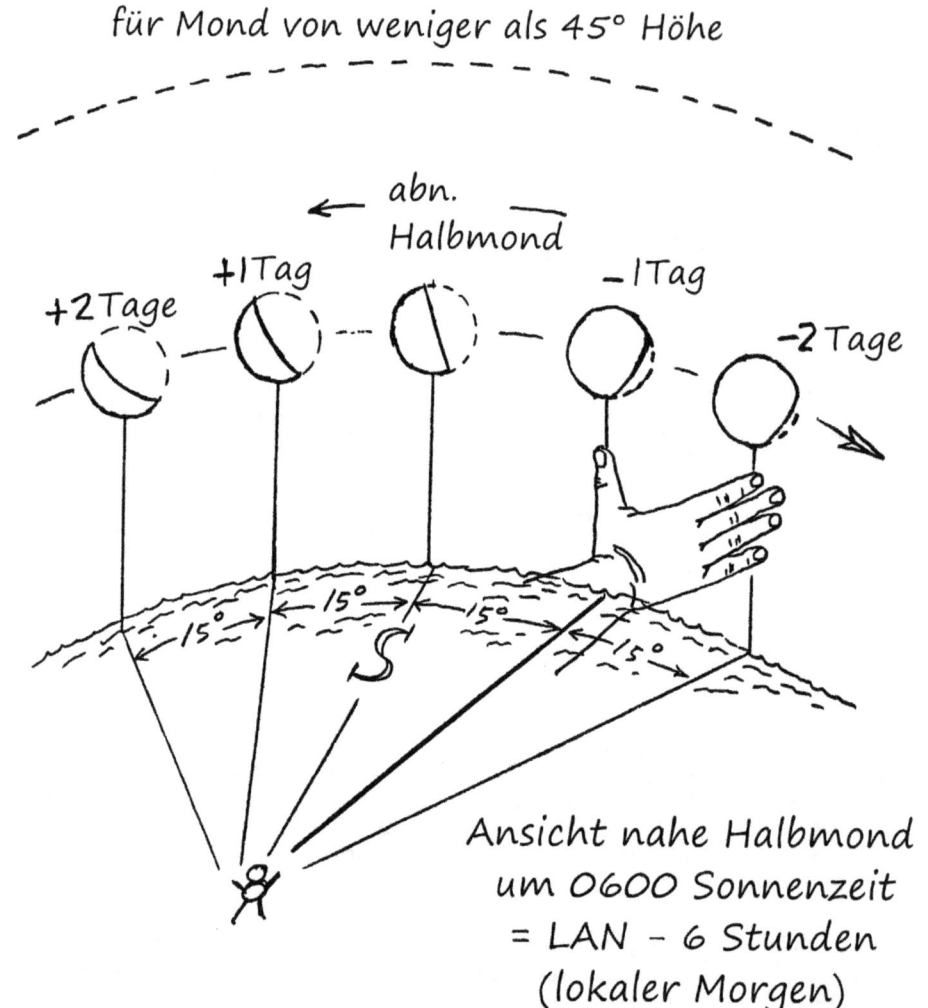

Abbildung 7-4. *Betrachtung des abnehmenden Halbmondes am Morgen. Der abnehmende Halbmond überquert den Meridian um 0600 Sonnenzeit. Einen Tag vor Halbmond quert er den Meridian eine Stunde vor 0600 (um 0500) und einen Tag nach Halbmond tut er dies eine Stunde nach 0600 (um 0700). Gleicherweise bedeuten 2 Tage vor Halbmond auch 2 Stunden vorher, bzw. bedeuten 2 Tage nachher auch 2 Stunden nachher. Steht der Mond weniger als 45° hoch, so kann man diese Referenzzeiten während mehrerer Stunden auf beiden Seiten des Meridian-Durchgangs auch für Mondrichtungen verwenden.*

Mit etwas Übung kann man die Phase auf einen Tag genau feststellen. Und wie beim Vollmond kommen dieselben Verfahren und Unsicherheiten zum Tragen. Hat man entschieden, dass es zwei Tage vor Halbmond ist, so kann man den Meridiandurchgang zwei Stunden vor 0600 h Sonnenzeit erwarten. Die Regel ist dieselbe: vor Halbmond – vor sechs Uhr, nach Halbmond nach sechs Uhr. Ob der Meridiandurchgang in der Früh oder am Nachmittag stattfindet, hängt davon ab, ob der Mond zu- oder abnimmt – auf welcher Seite er sich befindet. Zumindest zur Übung ist der Halbmond praktischer als der Vollmond, da die in Frage kommenden Tageszeiten angenehmer sind.

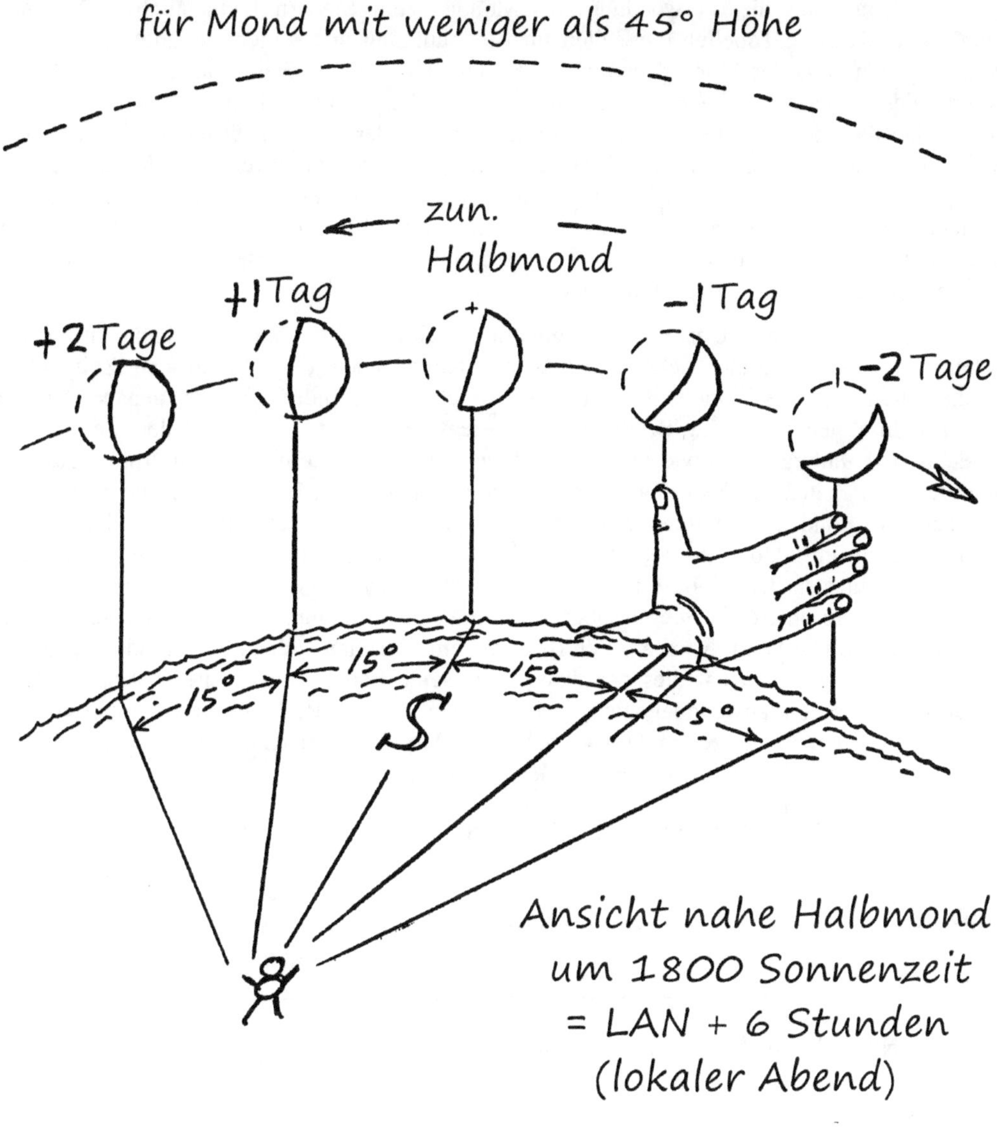

Abbildung 7-5. Abendliche Betrachtung des zunehmenden Halbmondes. Der zunehmende Halbmond überquert den Meridian um 1800 Sonnenzeit. Einen Tag vor Halbmond quert er den Meridian 1 Stunde vor 1800 (um 1700) und einen Tag nach Halbmond tut er dies eine Stunde nach 1800 (um 1900). Gleicherweise bedeuten 2 Tage vor Halbmond auch 2 Stunden vorher, bzw. bedeuten 2 Tage nachher auch 2 Stunden nachher. Steht der Mond weniger als 45° hoch, so kann man diese Referenzzeiten während mehrerer Stunden auf beiden Seiten des Meridian-Durchgangs auch für Mondrichtungen verwenden.

Die meisten Gezeitentafeln, wie auch einige Kalender, geben auch die Mondphasen an. In Kalendern wird die Phase des zunehmenden Halbmondes „erstes Viertel" genannt; der abnehmende Halbmond ist das „dritte Viertel". Sollten Sie einen Kalender oder Gezeitentafeln zur Verfügung haben, so können Sie die Unsicherheit für die Beurteilung der Mondphase streichen.

Verfügt man über aktuelle U.S. Tide Tables, genaue Uhrzeit und ungefähre geographische Länge, so kann man die Verwendung des Mondes zum Steuern beträchtlich erweitern und vereinfachen, da diese Tabellen die Zeiten für Mondaufgang und -untergang angeben. Man kann davon ausgehen, dass der Mond genau zwischen der Zeit von Auf- bzw. -untergang den Meridian passiert. Dies wird auf ca. eine Stunde genau stimmen, aber – was wichtiger ist – man kann diesen Zeitpunkt so für jeden Tag des Monats errechnen (obwohl der Mond natürlich nutzlos ist, wenn er vor der Sonne oder in ihrer Nähe steht). Beachten Sie, dass die Tafeln für Auf- und -untergang des Mondes für das richtige Jahr und den richtigen Tag gültig sein müssen; abgelaufene Tafeln funktionieren nur bei der Sonne. Auch muss man eine Längenkorrektur vornehmen, wie in Abschnitt 6.3 (und in den Tafeln selbst) erklärt, man muss jedoch seine Länge nicht kennen. Lediglich eine geschätzte Länge ist anzunehmen.

Hat man keine genaue Uhrzeit oder kennt man seine Position nicht, so kann man dennoch Vorteile aus diesen Tafeln ziehen, und beim Steuern nach dem Mond den Zeitpunkt des Meridiandurchgangs des Mondes in Bezug zu LAN errechnen. Indem man das genaue Datum und eine ungefähre geographische Breite zugrunde legt, errechnet man die halbe Zeit zwischen Mondauf- und -untergang, sowie zwischen Sonnenauf- und -untergang. Man erhält dadurch die vorausgesagten Zeiten der Meridiandurchgänge von Sonne und Mond. Ist die Halbzeit zwischen Sonnenaufgang und Sonnenuntergang um 1210 h, und jene zwischen Mondaufgang und Monduntergang um 2030 h, so erwartet man den Mond um 8 Stunden und 20 Minuten nach der Sonne, ungeachtet der Mondphase und ohne diese zu kennen. Misst man dann den Zeitpunkt des LAN, wie in Abschnitt 6.3 beschrieben, so erhält man dadurch sowohl Sonnen- als auch Mondrichtungen. Die Sonne wird am Schiffsmittag am Meridian stehen, der Mond 8 Stunden und 20 Minuten später – man hat dies errechnet, ohne seine Länge oder Breite zu kennen! Danach verwendet man, sofern anwendbar, die Sonnenzeit-Methode zur Richtungsbestimmung von Sonne und Mond zu anderen Tageszeiten. Das Verhalten des Mondes ist in Tafel 7-1 aufgelistet.

TAFEL 7-1 ZUSAMMENFASSUNG DES MONDVERHALTENS

Phase	Age	Rises	Meridian Passage	Sets
Waxing New Moon	0-3	Just After Sunrise	Midday	Just After Sunset
Waxing Half Moon	7-8	Midday	About Sunset	Midnight
Full Moon	14-15	About Sunset	Midnight	About Sunrise
Waning Half Moon	22-23	Midnight	About Sunrise	Midday
Waning New Moon	26-29	Just Before Sunrise	Midday	Just Before Sunset

7.2 Die Planeten

Es gibt fünf Planeten, welche mit freiem Auge sichtbar sind: Merkur, Mars, Saturn, Jupiter und Venus. Die drei Erstgenannten sind beim Steuern in einer Notsituation, wie auch in der Astronavigation ganz allgemein, nicht besonders hilfreich.

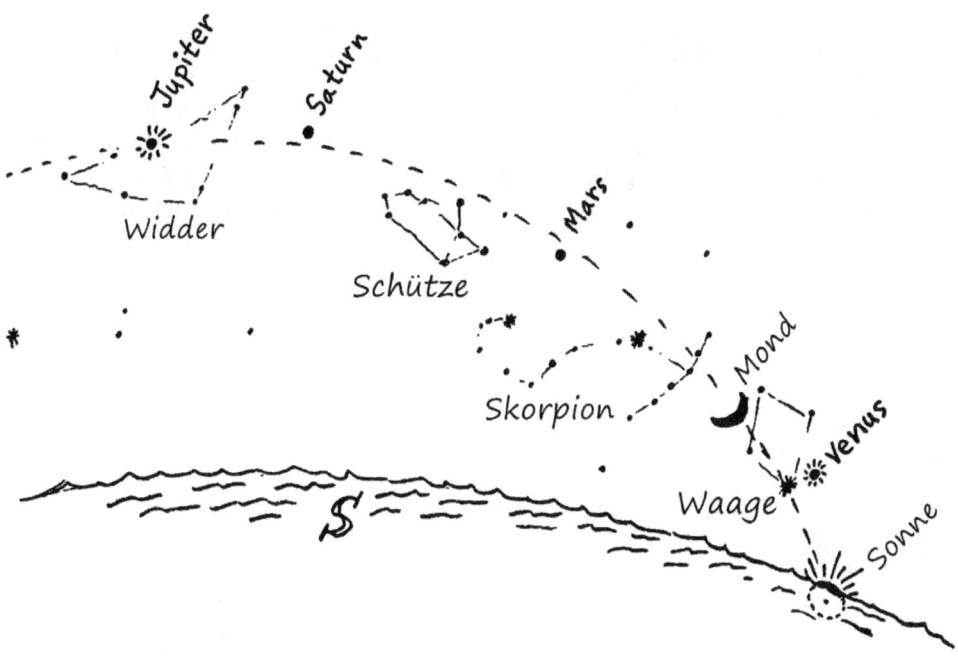

Abbildung 7-6. *Identifikation von Planeten. Identifikation von Planeten. Erstens: im Gegensatz zu den Sternen blinken Planeten nicht; zweitens: Planeten erscheinen bei Betrachtung durch ein stabilisiertes Fernglas mit zehnfacher Vergrößerung wie kleine Scheiben; drittens: sie verändern ihre Position (und ihre Helligkeit) zwischen den Sternen; viertens: sie befinden sich immer auf einer Linie (einem riesigen Bogen) mit Sonne und Mond; und fünftens: sie befinden sich immer innerhalb einer Konstellation des Zodiak (Tierkreis). Venus und Jupiter strahlen immer viel heller als alle Sterne. Bei einem hellen Objekt, welches man für kurze Zeit bei Sonnenauf- oder -untergang ganz in der Nähe der Sonne beobachtet, handelt es sich höchstwahrscheinlich um den Planeten Merkur.*

Sofern sichtbar, erscheinen sie wie irgendwelche andere helle Sterne. Mars hat als einziger eine besondere Farbe, er ist deutlich rötlich. Merkur (der der Sonne am nächsten stehende Planet) ist nur selten sichtbar, entweder gerade vor Sonnenaufgang oder unmittelbar nach Sonnenuntergang, sehr nahe bei der Sonne – er wechselt alle zwei Monate von einem Abendstern zu einem Morgenstern. Der Haupteffekt dieser drei Planeten liegt in der Astronavigation in der Verwirrung, die sie bei der Identifizierung von Sternen stiften können (s. Abb. 7-6). Wie alle anderen Planeten und der Mond wandern sie auf schwer vorhersehbare Art durch das Band der Tierkreiszeichen.

Andererseits können Jupiter und Venus aufgrund ihrer außerordentlichen Helligkeit extrem wertvolle Steuerreferenzen bieten. Obwohl sie für das bloße Auge wie gewöhnliche Sterne aussehen, so sind sie tatsächlich immer wesentlich heller als alle Sterne der Umgebung. Bei Sonnenuntergang sind sie die ersten „Sterne", die man am Himmel zu sehen bekommt. In dunstigen Nächten sind sie oft Alles, was man sehen kann. Besonders strahlend ist Venus, die manchmal wie ein Scheinwerfer am Himmel aussieht.

Obwohl Jupiter und Venus immer heller als alle Sterne leuchten, so ändert sich doch die Helligkeit der Planeten bei ihrem Weg durch die Gestirne. Weiters bewegen sich die Planeten am Himmel mit unterschiedlichen Geschwindigkeiten und sogar in verschiedenen Richtungen, obwohl sie alle ungefähr demselben Pfad nach Osten durch die 12 Tierkreiszeichen folgen, welche die monatliche Position der Sonne zwischen den Sternen markieren.

Die Umlaufbahn der Venus (wie jene von Merkur) liegt innerhalb unserer Eigenen, näher zur Sonne, und so erscheint ihre Bewegung wie beim Merkur im Laufe des Jahres vor und zurück zu gehen, von einer Seite der Sonne zur anderen (s. Abb. 7-7). Venus ist sieben Monate im Jahr ein Morgenstern, schleicht dann vier Monate hinter der Sonne herum, um schließlich ein Abendstern zu werden. Sie bleibt für weitere sieben Monate Abendstern, verschwindet für ein Monat hinter der Sonne und beginnt den Zyklus als Morgenstern wieder von vorne. Dieser Kreislauf ist regelmäßig, aber ohne Almanach ist es sehr schwer, ihre Position zu einem bestimmten zukünftigen Datum vorherzusagen.

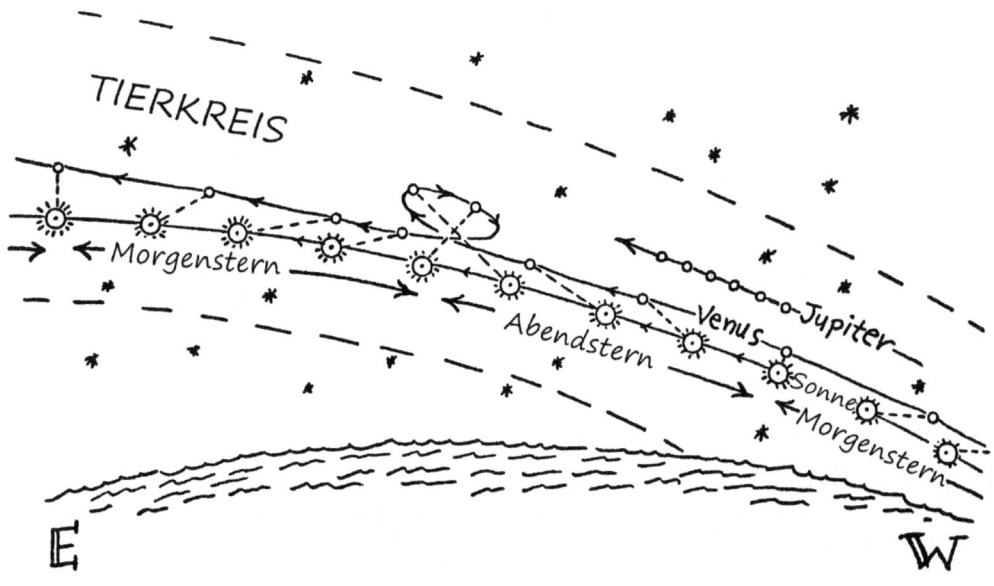

Abbildung 7-7. *Schematische Darstellung der scheinbaren Bewegung von Venus und Jupiter zwischen den Sternen nach Osten. Um Bilder zu bestimmten Zeiten zu bekommen beobachten wir die Venus und stellen uns vor, dass jedes abgebildete Sonne-Venus-Paar deren Position in aufeinander folgenden Wochen angibt; wir stellen uns weiters vor, dass sich der Himmel täglich nach Westen dreht, was die Sonne, die Sterne und Venus über der östlichen Kimm aufgehen und über dem westlichen Horizont untergehen lässt. Steht Venus westlich der Sonne, so geht sie als „Morgenstern" vor der Sonne auf, und wir können sie solange beobachten, bis der Himmel zu hell ist, um überhaupt noch Sterne erkennen zu können. Steht sie östlich der Sonne, so folgt sie der Sonne zur westlichen Kimm hinunter und wir sehen sie Als „Abendstern", der kurz nach der Sonne untergeht. Jupiter bewegt sich langsamer durch den Tierkreis, wobei er pro Jahr etwa um ein Sternbild weiter nach Osten vorrückt.*

Jupiter hingegen ist ein weit entfernter Planet, der mit einer Rate von rund einem Sternbild pro Jahr durch die Konstellationen des Zodiak kriecht. 1985 stand er im Zeichen des Steinbocks. Die Saison des Jupiters ist die Saison seiner benachbarten Sterne.

Venus bewegt sich viel schneller als Jupiter durch die Sternbilder, aber die Größe ihrer Umlaufbahn lässt sie nie weiter als 45° von der Sonne gelangen. Wenn die Sonne untergeht, kann Venus nicht höher als zur Hälfte am westlichen Himmel stehen, auch wenn sie bei fast allen Beobachtungen der Sonne viel näher ist. In dem ungefähr halben Jahr, in dem die Venus ein Abendstern ist, folgt sie der Sonne über den westlichen Horizont und geht dabei niemals später als drei oder vier Stunden nach der Sonne unter. Ist sie gerade ein Morgenstern, so geht Venus meistens drei bis vier Stunden vor der Sonne auf.

Befinden sich Jupiter und Venus in der Nähe des Horizonts, so geben sie immer eine ungefähre Vorstellung, wo Osten oder Westen ist, in ähnlichem Sinn wie die Sonne. Da die Sonne und die Planeten dem gleichen Pfad durch die Sterne folgen, gehen die Planeten immer in derselben Gegend auf bzw. unter wie die Sonne (an einem bestimmten Datum) auf dieser Breite. Zum Beispiel steht Jupiter Mitte Mai 1985 zufällig im Steinbock (mit einer Deklination von 16° 30' S), wo sich die Sonne im frühen Februar befindet. So geht Jupiter im Mai an denselben Plätzen auf und unter wie die Sonne Anfang Februar. Es ist nicht sinnvoll, dies für einen willkürlichen Fall nachvollziehen zu wollen, aber man kann sich merken, dass die Amplitude jedes Planeten auf einer bestimmten Breite immer kleiner als jene der Sonne ist.

Um genauere Richtungen von Venus und Jupiter zu erhalten müsste man deren Peilungen in Relation zu den Sternen herausfinden. Aufgrund ihrer Helligkeit sind sie exzellente Führer und es lohnt auf jeden Fall die Mühe. Jupiter und Venus sind besonders wertvoll, wenn ihre Deklination zur Zeit unserer Fahrt zufällig gerade nahe bei Null liegt. Dann würden sie sich genau wie der Stern Mintaka im Gürtel des Orion verhalten und genau im Osten auf- bzw. genau im Westen untergehen – in den Abschnitten 5.21 sowie 11.3 wird erklärt, wie man die Deklination eines Planeten von einer bekannten Breite aus schätzen kann. Unglücklicherweise steht Jupiter nur rund einen Monat im Jahr in der Nähe des Äquators, aber Venus befindet sich dort für wesentlich längere Perioden.

In jedem Fall zahlt es sich aber aus, die Bewegung dieser Planeten zu beachten, sofern man andere Sterne als Referenz zu Verfügung hat. Dann hat man, wenn nur diese hell strahlenden Objekte durch den Dunst sichtbar sind, wenigstens irgendeinen Anhaltspunkt. Man könnte zum Beispiel den Nordstern verwenden, und mittels einer tragbaren Kompassrose die Peilung des Jupiters zu jeder Stunde der Nacht feststellen. Sollten Sie auf annähernd konstanter Breite nach Osten oder Westen segeln, und haben die Situation oft genug überprüft, um über einen guten Satz Peilungen zu verfügen, so werden diese für ein Monat oder noch länger Gültigkeit behalten – Jupiter bewegt sich nämlich so langsam, dass er sich fast wie ein Fixstern verhält. Venus bewegt sich hingegen so schnell durch die Sterne, dass sie alle paar Tage überprüft werden müsste. Wechselt man aber seine geographische Breite, so muss man alle Planeten neuerlich prüfen, genau wie man es bei der Sonne tut.

7.3 Wolken, Vögel und Flugzeuge

In diesem Abschnitt unterscheiden wir zwischen Steuerhilfen und Zeichen vom Land. Wolken und Vögel (und bis zu einem gewissen Grad auch Flugzeuge) sind oft deutliche Anzeichen von nahem Land. Folgen wir dieses, so sind sie sicherlich in gewisser Hinsicht Steuerhilfen aber diese

Anwendung verschieben wir besser bis zum Abschnitt 13.1, in dem die Anzeichen von Land besprochen werden. Hier betrachten wir deren Wert und Grenzen bei der Orientierung weit draußen auf See. Wenn die vorliegende Aufgabe darin besteht, Peilungen zu erhalten, so sollten wir alle zur Verfügung stehenden Mittel einsetzen. Verlangt diese Aufgabe, nahes Land festzustellen, so ist auch dabei der Einsatz aller möglichen Mittel notwendig. Es ist aber gleichermaßen wichtig, die Werte der verschiedenen Zeichen der Natur nicht durcheinander zu bringen.

Ziehende Wolken stellen oft eine Orientierungshilfe dar. In den riesigen Passat-Gürteln zum Beispiel liefern die kleinen Wattebäusche der Kumuluswolken, die im nächtlichen Passat-Wind vorbeifliegen, schnelle visuelle Hinweise auf die wahre Windrichtung. Es sind dies niedrige Wolken in der Strömung des Bodenwindes, sodass sie uns keine Richtungen angeben, die wir nicht schon durch den Wind kennen würden. Dennoch sind sie wichtige Referenzen. Grundsätzlich ziehen niedrige Wolken aller Typen in der Richtung des Bodenwindes.

Wir könnten dies etwas präzisieren. Hält man sein Gesicht auf der Nordhalbkugel in den wahren Bodenwind (im Gegensatz zur Richtung des „scheinbaren Windes", wie in Abschnitt 4.1 besprochen), so wird man feststellen, dass die niedrigen Wolken etwas von rechts kommen. Mit anderen Worten: Wolken nahe der Erdoberfläche „schießen aus" (drehen sich im Uhrzeigersinn weg). Der Betrag der Drehung variiert zwischen 10° und 30° und hängt von mehreren Faktoren ab, hauptsächlich jedoch vom Zustand der See – je rauer die See desto stärker die Drehung. Auf südlichen Breiten „krimpen" die Bodenwinde (drehen zurück, gegen den Uhrzeigersinn), wir halten also nach Wolken Ausschau, die etwas von links kommen.

Jedenfalls sind hohe und mittelhohe Wolken für die Orientierung von größerer Bedeutung als Bodenwinde, da wir sie manchmal benutzen können, um die Höhenwinde zu beurteilen. Wir haben nun drei verschieden Arten von Winden erwähnt: Bodenwinde, ausschießend oder rückdrehend, Winde direkt oberhalb der Oberfläche, welche niedrige Wolken herantragen, und jetzt Höhenwinde, wobei die Winde in 5.500 m Höhe, in der oberen Hälfte der Erdatmosphäre, gemeint sind. Diese Unterscheidung ist wichtig, wenn es zur Orientierung nach Wind und Wolken kommt.

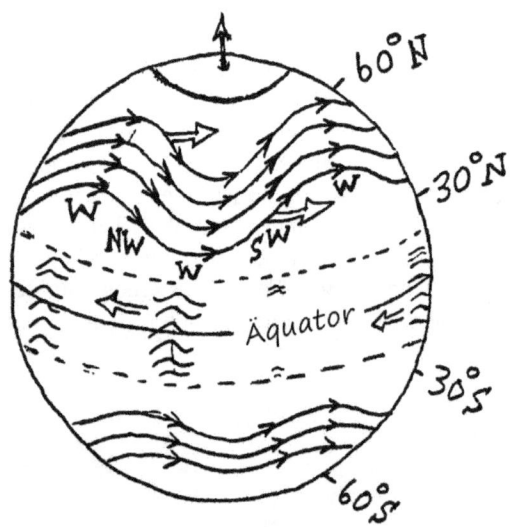

Abbildung 7-8. *Höhenwinde. Auf den gemäßigten Breiten beider Hemisphären wehen die Winde in einer Höhe von über 6000 Metern durchwegs von Westen. Diese, im Englischen „Storm Tracks" oder „Steering Winds" genannten Winde ziehen die Wettersysteme rund um den Globus. Die riesigen Wellen dieser Höhenwinde wogen und driften langsam westwärts, wobei sie einen langsamen Wechsel der wetterwirksamen Höhenwinde zwischen Nordwest- und Südwestrichtung bzw. vice versa verursachen – wenngleich nicht auf eine Art und Weise, welche sich für längere Zeiträume als etwa eine Woche voraussagen ließe. Im Gegensatz dazu bewegen sich innerhalb der Tropen ausgedehnte Wettersysteme, tropische Störungen genannt, auf ziemlich regelmäßige Art nach Osten, wobei sie die Passatwinde bei ihrem Passieren beeinflussen.*

In mittleren Breiten jeder Hemisphäre wehen die Winde der oberen Atmosphäre von West nach Ost.

Aber nicht notwendigerweise genau von Westen. Das Band der Höhenwinde zieht sich in Schlangenlinien um den Globus (s. Abb. 7-8), sodass die Windrichtung genauso gut Nordwest oder Südwest sein könnte. Nur sehr selten verwindet sich dieses Band so stark, dass der Wind auch von östlich des Meridians einkommt.

Der Höhenwind darf nicht mit dem Oberflächenwind oder dem Bodenwind verwechselt werden. Höhenwinde sind westliche Winde, ungeachtet der Richtung des Oberflächenwindes oder sogar einer Änderung des Oberflächenwindes. Die Tiefdrucksysteme und Fronten, welche die Oberflächenwinde erzeugen, werden auf mittleren Breiten ihrerseits von den vorherrschenden westlichen Höhenwinden nach Osten um die Erde getrieben.

Der Wert der Höhenwinde liegt in ihrer Beständigkeit. Die Richtung des Höhenwindes, ob von Westen, von Nordwesten oder Südwesten, bleibt für einige Tage oder auch länger gleich, trotz der stündlichen oder täglichen Änderungen des Bodenwindes. Kann man die Richtung des Höhenwindes anhand von hohen Wolken feststellen, so erhält man eine länger anhaltende Referenz. In vielerlei Hinsicht verhält sich der Höhenwind zum Oberflächenwind wie die Dünung zur Windsee.

Die höchsten Wolken sind die Zirrus- oder Federwolken. Es sind dies dünne, büschelartige Wolken im Höhenwind, die oft am klaren Himmel auftauchen und deren Eiskristalle in niedrigere, wärmere Luftschichten absinken und dort beim Verdunsten wie nachgeschleppte Pferdeschwänze aussehen. Die Ausrichtung ihrer „Schwanzfedern" zeigt oft die Richtung der Höhenwinde an (s. Abb.7-9).

Abbildung 7-9. *Zirrus-Wolken sind Anzeichen von Höhenwinden. Die Schweife der Zirren weisen üblicherweise zurück, in die entgegen gesetzte Richtung, in welche der Höhenwind weht. Diese Zeichen sind aber auf jeden Fall schwierig zu interpretieren, außer die Wolken ziehen auf allen Teilen des Himmels in dieselbe Richtung; auch Zirrus-Bänder, welche mit den Schweifen der Wolken in Linie ausgerichtet sind, liefern gewisse Anzeichen. Zottige und zerrissene Zirren mit auffällig langen Schweifen sind Anzeichen für starke Höhenwinde, in manchen Fällen erkennt man sogar die Bewegung der Wolken. Bei schwächeren Höhenwinden sieht man flauschigere, weichere und stationäre Zirrus-Wolken ohne Schwänze und Federn. Grundsätzlich kann man bei starkem Höhenwind davon ausgehen, dass die von ihnen gebrachten Wettersysteme auch starke Bodenwinde mit sich bringen.*

Wenn sich Zirrus-Wolken verdicken, häufen sie sich manchmal zu Zirrokumulus-Wolken zusammen und formen dabei ein geriffeltes Muster, das man „Makrelenhimmel" nennt (im Deutschen nicht gebräuchlich, Anm. D. Ü.). Ein ähnliches, wenngleich schärferes Muster, sieht man oft bei niedrigeren, gut ausgebildeten Altokumulus-Wolken. Diese Wolkenwellen werden vom Höhenwind geformt, wie Wellen auf dem Meer vom Oberflächenwind. Um die Richtung des Höhenwindes zu erkennen stellt man sich vor, er würde über die Wolken blasen und das Wolkenmuster, das man gerade sieht, hervorrufen. Manchmal bilden die Wellenmuster der Wolken breite Bänder oder Straßen. Und manchmal bilden auch diese Bänder ihrerseits wieder ein Wellenmuster. Wir sollten uns aber von diesem breiteren Muster nicht irreführen lassen. Die Höhenwinde wehen parallel zu den Straßen und im rechten Winkel zu den kürzeren Wellen innerhalb der Straßen. Wellen in Cirrocumuli sehen wie Riffeln in Sanddünen aus, verglichen mit Altocumuli, welche mehr an in Reihen aufgestellte Schafe erinnern, wie in Abb. 7-10 gezeichnet.

Die Ambosse von aufgetürmten Cumuli (Haufenwolken) geben auch Hinweise auf die Richtung des Höhenwindes. Gewitterwolken bauen sich auf, bis sie einen starken Höhenwind erreichen, der ihre Köpfe in Windrichtung verweht. In manchen Fällen kann man diese Richtung auch an der verzerrten Form der Köpfe von großen, gewöhnlichen Kumulus-Wolken erkennen.

Alle Wolkenmuster bestehen nur kurzzeitig. Ein gutes Wellenmuster, das die Windrichtung anzeigt, hält vielleicht eine Viertelstunde, auch wenn es manchmal viel länger sichtbar bleibt. Taucht es aber später an anderer Stelle am Himmel auf, so erhält man dadurch möglicherweise denselben Richtungshinweis. Besonders wertvoll ist diese Richtung, wenn die Sonne verdeckt ist – sagen wir, hinter einer welligen Decke von Altocumuli, oder hinter Stratuswolken an einem anderen Teil des Himmels. Das kommt aber nicht oft vor. Grundsätzlich ist die Sonne, oder zumindest deren Peilung, erkennbar, wenn wir die Windrichtung anhand der Wolkenformationen bestimmen können. Die Richtung des Höhenwindes ist nur eine weitere Referenz, die wir um Auge behalten sollten. Wir müssen alles verwenden, was zur Verfügung steht. Aber auch wenn uns diese Informationen im Moment beim Steuern keine Hilfe sind, können wir durch deren Aufzeichnung doch erfahren, woher schlechtes Wetter kommen könnte. Stürme und Fronten werden sich aus derselben Richtung wie die Höhenwinde annähern.

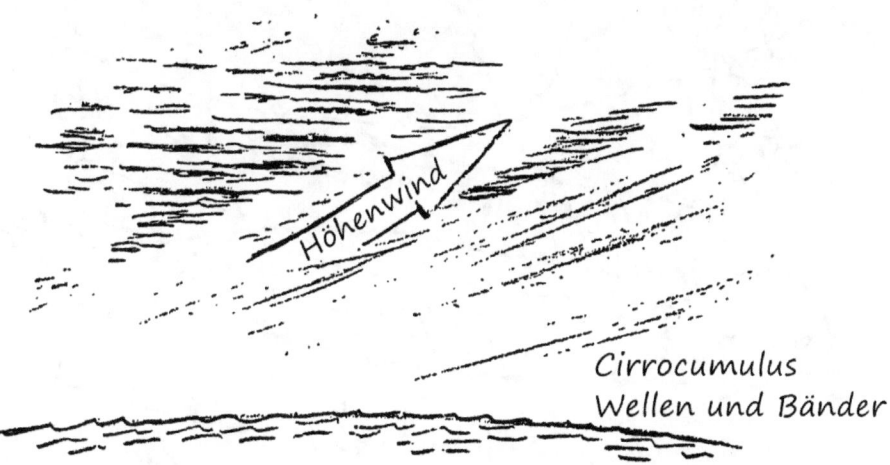

Abbildung 7-10. *Wellen in Zirrokumulus- und Altokumulus-Wolken. Höhenwinde verursachen Wellen in den Wolken unter ihnen, genauso wie der Bodenwind auf der Meeresoberfläche. Die Richtung des Höhenwindes liegt rechtwinkelig zu diesen Wellen bzw. parallel zu Wellenbändern oder Wellenstraßen. Wellen von Cirrocumuli sind - wie Wellen im Sand – zarter als jene der häufigeren Altocumuli, welche wie Reihen von Schäfchen aussehen. Beide Muster bestehen nur vorübergehend, formieren sich, lösen sich auf und entstehen wieder neu, vielleicht in einem anderen Teil des Himmels*

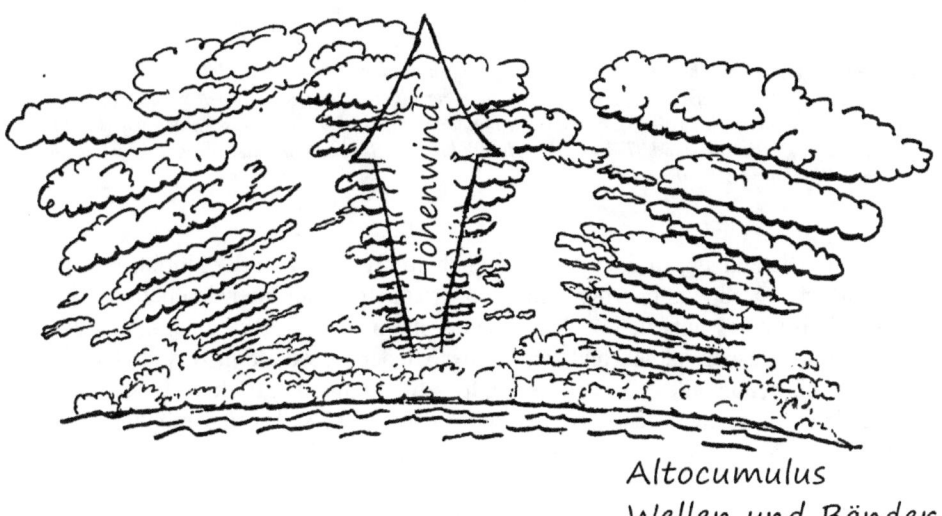

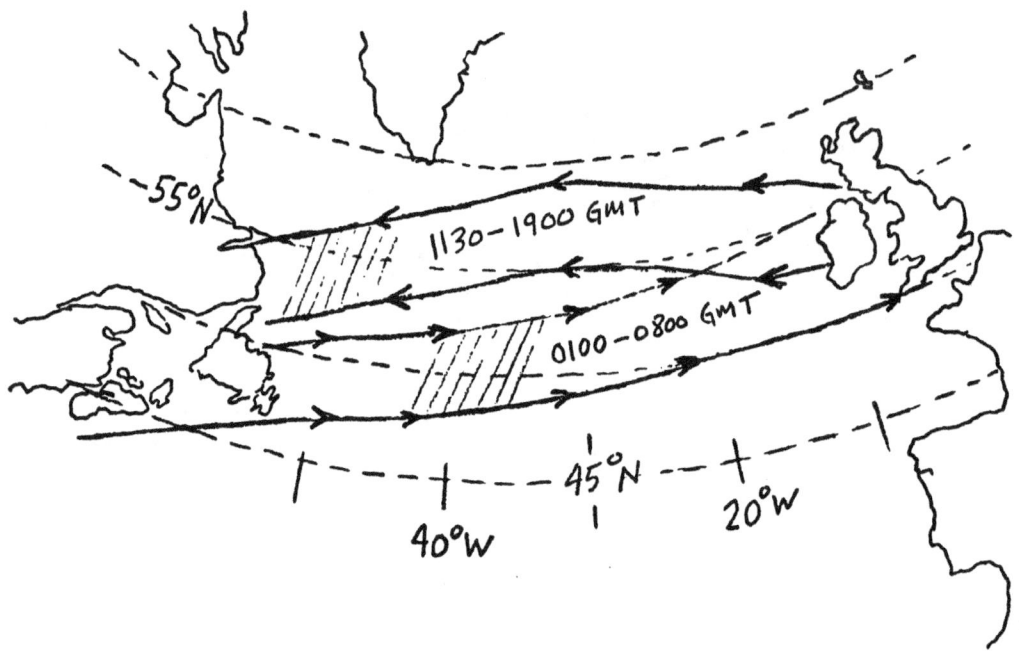

Abbildung 7-11. *Flugrouten über dem Nordatlantik. Außerhalb der angegebenen Zeiträume kann der Flugverkehr Richtung Osten bzw. Westen auf jeder gewünschten Route erfolgen. Über dem Nordpazifik gibt es keine ähnlich geordneten Flugstraßen, aber die große Mehrheit der Flüge dort folgen den Großkreis-Routen von San Francisco, Los Angeles, Seattle oder Anchorage nach Tokyo oder Honolulu. Die Beobachtung des Flugverkehrs in der Nähe von Flughäfen wird in Abschnitt 13.1 behandelt.*

Vögel und die Richtungen, in die sie fliegen, haben ihren Platz in der Notfall-Navigation, nicht aber in der Mitte der Ozeane. Sicherlich wird man, wo auch immer man sich befindet, Vögel sehen, und es ist wirklich interessant, sie zu identifizieren, ihren Flug zu bewundern, sich zu wünschen, dass sie an Bord zu Besuch kämen und sich immer wieder zu wundern, was sie hier draußen tun. Das ist aber auch schon alles. Vögel im Südpazifik könnten auf dem Weg zum nördlichen Polarkreis sein oder aber auch genauso verloren sein wie man selbst und möglicherweise in noch größerer Not. Kurz – einzelne Sichtungen von Vögeln, 80 oder 90 Meilen vom nächsten Land entfernt, bieten keinerlei brauchbare Informationen beim Steuern oder bei der Navigation. Heben Sie sich ihre Hoffnung auf Hilfe durch Vögel auf, bis Sie näher unter Land kommen und viele davon sehen. Neigt man dazu, dann sollte man Bücher über Seevögel studieren, um die zu identifizieren, welche für ihre Wanderungen über die Meere bekannt sind, um auf diese Art das Risiko von falscher Interpretation zu reduzieren. Vögel als Anzeichen von Land werden in Abschnitt 13.1 diskutiert,

Flugzeuge sind Vögel anderer Art. Auch sie können in manchen Fällen bei der Orientierung und Navigation hilfreich sein. Befindet man sich zum Beispiel hundert Meilen von Bermuda oder Hawaii entfernt auf See und beobachtet dort im Laufe des Tages mehrere Flugzeuge auf demselben Weg, dann sind die Chancen, die Richtung zu einem Inselflughafen erkannt zu haben, gut. Aber sogar in solchen Fällen müssen wir bedenken, dass normale Landeanflüge oder Warteschleifen im Bereich von Flughäfen die Richtungen der Flugzeuge komplett durcheinander bringen können.

Flugzeuge muss man wie Vögel behandeln. Berücksichtigen Sie, was diese Informationen und deren Anzahl für Ihren vermuteten Ort bedeuten könnten und wägen Sie die Unsicherheiten sorgfältig ab.

Die Anzahl von Flugzeugen oder Kondensstreifen hängt von unserer Position in Bezug auf Großkreis-Routen zwischen größeren Flugplätzen ab, obwohl dies bei Flugzeugen weniger sicher als bei Schiffen ist. Der Luftverkehr über den Ozeanen wird oft auf das Wetter abgestimmt um die Höhenwinde auszunutzen oder zu vermeiden. Weiters (wie z.B. 1985) verwendet der Flugverkehr über dem Atlantik andere Routensysteme als jener über dem Pazifik, was dem Ganzen noch eine Komponente der Asymmetrie hinzufügt. Natürlich hängt die Anzahl der Beobachtungen auch vom Wetter ab.

Um dies durch ein Beispiel am Nordpazifik zu illustrieren: der Autor machte eine siebzehntägige Reise von Kauai zum Puget Sound, welche mit keinerlei Großkreis-Route des nordwestlichen Pazifiks zusammentraf. Kein einziges Flugzeug wurde bei dieser Überfahrt beobachtet. Der Himmel war zu 75% der Zeit klar oder zumindest teilweise klar. Hingegen bei einer dreizehntägigen Überfahrt von San Francisco nach Maui, welche der Großkreis-Route ziemlich nahe lag, wurde fast täglich ein Flugzeug gesichtet. An machen Tagen sogar bis zu drei. In diesem Fall – inklusive zweier Sichtungen bei Nacht – konnte die Richtung nach Hawaii bzw. San Francisco durch die Flugrouten bestimmt werden. Auf dieser Reise war das Wetter zu ungefähr 95% der Zeit klar.

Da einige Flugzeuge und die meisten Schiffe sich in der Nähe von Großkreis-Routen bewegen, kann eine Vielzahl von Beobachtungen mehr Informationen als nur die Richtung liefern. Sieht man viel Flugverkehr, so kann man davon ausgehen, dass man sich in der Nähe einer Großkreis-Route befindet. Mittels einer Pilot Chart, auf der diese Routen eingezeichnet sind, gewinnt man eine ungefähre Standlinie.

Vom Menschen gemachte Satelliten sind ein moderner Beitrag zur Dämmerung oder zum Nachthimmel. Sie erscheinen als stetige Lichter, welche sich schnell über den Himmel bewegen, manchmal nur schwach aber manchmal auch strahlend leuchtend. Es gibt keine Möglichkeit, deren Pfade als verlässliche Quelle zur Richtungsbestimmung zu nutzen. Es gibt viele Satelliten am Himmel, mit vielen verschiedenen Flugbahnen.

8 Steuern im Nebel und bei bedecktem Himmel

Wenn der Himmel bedeckt ist verlieren wir normalerweise die Hilfe von Sonne und Sternen beim Navigieren, obwohl natürlich noch Wind und Dünung bleiben. Manchmal ist die Sonnenscheibe zwar bedeckt, aber wir finden noch immer schwache Schatten, wenn wir besonders aufmerksam suchen. Finden wir diese, so können wir sie auch zum Steuern verwenden.

Eine Messerschneide, senkrecht zum Daumennagel oder auf irgendeine rein weiße Oberfläche gehalten, hilft uns, schwache Schatten zu entdecken. Lässt man die Schneide rotieren, so erkennt man das Auffächern des Schattens, gerade soweit, um seine Richtung bestimmen zu können – auch an Tagen, an denen man schwören könnte, es gäbe keinerlei Schatten. Aber genieße diese Schatten mit Vorsicht! Was man findet, ist die Richtung der Lichtquelle, aber nicht unbedingt die der Sonne, abhängig von der Einförmigkeit der Wolkendecke; Eine Lücke in den Wolken, gerade am Rand der Sonne, könnte die eigentliche Lichtquelle sein. Dagegen kann man nicht viel tun, außer den Himmel zu beobachten und zu raten. Auf diese Art kann man zumindest ungefähr die Richtung bestimmen; die Lichtquelle kann nicht sehr weit von der Sonne entfernt sein.

Zur gröberen Orientierung kann man oft annehmen, dass sich die Sonne einfach im helleren Teil des bedeckten Himmels befindet. Der Unterschied ist auf See markanter als wir es von Land her gewöhnt sind. Mit dem vollen Himmelspanorama als Kontrast sind feine Unterschiede der Schatten gut erkennbar. Auf der Seite der jeweiligen Dämmerung ist dies während mehrerer Stunden besonders einfach.

Schweres Wetter kann mit oder ohne Wind kommen. Ohne stetigen Wind bzw. gute Sicht auf See oder Himmel sind wir ohne Führung durch die Natur. Wir müssen aber hier dennoch nicht aufgeben, sondern zuerst noch einige selbst gemachte Möglichkeiten prüfen. Zwei davon, ein behelfsmäßiger Magnetkompass oder die Orientierung mittels Mittelwellenradio, können uns durch den Nebel helfen. Tatsächlich kann uns – unter bestimmten Umständen – jeder dieser beiden Zugänge eine Quelle der Richtungsbestimmung liefern – auch bei klarem Wetter. Sollten aber diese beiden Möglichkeiten auch versagen, und uns nichts mehr bleibt, um einen beständigen Kurs in bekannter Richtung zu halten, dann können wir nur noch stoppen und auf besseres Wetter warten.

8.1 Wie man einen Magnetkompass macht

Es ist eine gewöhnliche Übung aus der Schule. Man steckt eine Nadel durch einen Strohhalm und lässt diesen auf Wasser schwimmen. Die Nadel schwingt herum und bleibt schließlich in der magnetischen Nord-Süd-Richtung stehen. Das ist alles. Es muss auch keine richtige Nähnadel oder gerade Stecknadel sein. Jedes nadelähnliche Stück Eisen genügt: eine gerade gebogene Büroklammer, ein Stück Draht oder der Clip eines Kugelschreibers. Die einzigen Anforderungen sind, dass es leicht, lang und dünn ist, und irgendwie auf der Wasseroberfläche gehalten wird (s. Abb. 8-1). Jede Art, es zum Schwimmen zu bringen, wird funktionieren, aber der Reibungswiderstand des Wassers sollte so gering wie möglich gehalten werden. Man kann die Nadel durch ein Stück Papier, Holz oder Verpackungsmaterial stecken.

Viele nadelähnliche Stückchen Eisen werden sich ohne zusätzliche Magnetisierung ausrichten, aber indem man sie an einem permanenten Magneten reibt, verbessert man sie zusätzlich. Es ist nicht so ungewöhnlich, einen Magneten an Bord zu haben; alle Radiolautsprecher und einige Schraubenzieher sind magnetisch. Eine Nadel, welche man an einem Magneten gerieben hat, wird so gut arbeiten, dass man meint, sie würde durch eine Feder in Richtung Norden gezogen.

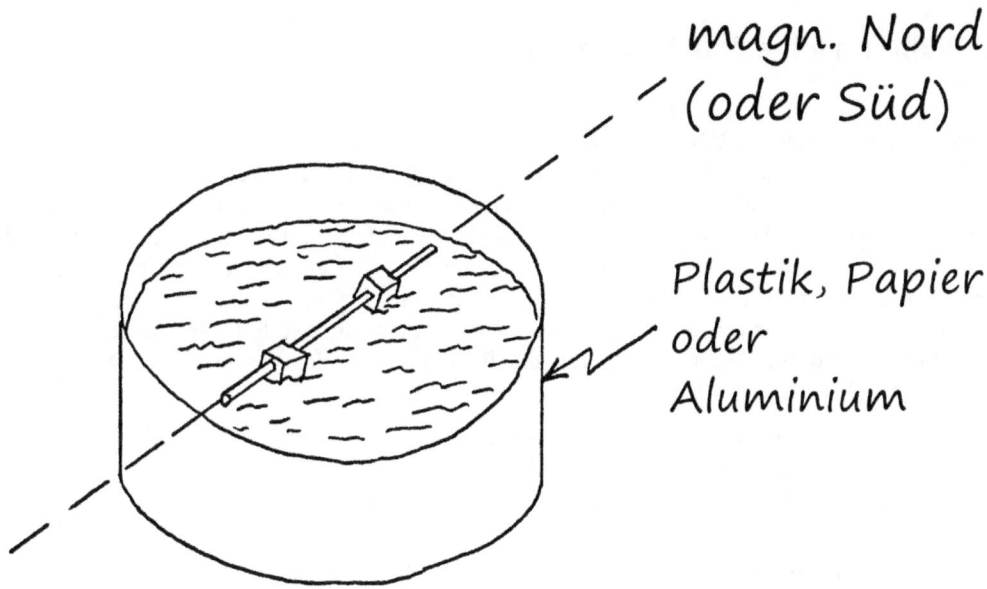

Abbildung 8-1. *Ein behelfsmäßiger Kompass. Die schwimmende, beliebig lange Nadel kann ein Stück Eisen, wie zum Beispiel Draht, der Rand einer Konservendose, eine ausgestreckte Heftklammer oder ein Clip eines Kugelschreibers sein. Die Nadeln zum Reinigen von dünnen Tintenstiften sind dafür ideal. Der Wasser- oder Ölbehälter sollte jedenfalls kein Eisen enthalten. Ist ein Magnet zur Hand, so kann man die Nadel zuvor daran reiben, was den Kompass viel besser arbeiten lässt.*

Der Wasserbehälter sollte keinesfalls – auch nicht in Teilen – aus Eisen bestehen. Verwenden Sie Gefäße aus Papier, Plastik oder Aluminium. Konservendosen sind ungeeignet, da sie Eisen enthalten, welches das Magnetfeld der Erde stört.

Andererseits richtet sich der Deckel einer Konservendose sehr schön magnetisch aus. Aber da er weder dünn noch lang ist, zeigt er die magnetische Nord-Süd-Richtung nicht an. Ein Trick wäre – vorausgesetzt, man wendet ihn an, bevor man ihn wirklich braucht – auf dem ausgerichteten Deckel die Richtung zum Polarstern durch einen Pfeil anzuzeichnen oder einzuritzen. Man hat dann einen Kompass der „Rechtweisend Nord" anzeigt. Überprüfen, ob sich der Deckel ausrichtet, kann man, indem man ihn markiert und beobachtet, ob er sich wieder in die gleiche Richtung dreht, nachdem man ihn gestört hat.

Ein Behelfskompass zeigt zwar die Nord-Süd-Richtung, aber Sie müssen entscheiden, wo dabei Norden ist. Auch der schwächste Schatten von Sonne oder Himmel wird diese Frage beantworten. Außerdem wird man, wenn man lange nach dem Kompass fahren muss, natürlich auch die magnetische Missweisung des Gebietes kennen müssen.

Ein selbstgebauter Kompass wird nicht genauso gut arbeiten wie ein Schiffskompass. Er ist ungedämpft und wird daher mit den Bootsbewegungen mitschwingen. Vielleicht muss man ihn sogar in den Händen halten, um diese Bewegungen zu kompensieren; aber es wird funktionieren und nur selten verfügt ein Boot nicht über die notwendigen Materialien um einen Kompass zu basteln. Die Möglichkeiten zu improvisieren sind unbegrenzt. Nehmen Sie sich die Zeit es zu versuchen und Sie werden erstaunt sein, wie einfach es ist.

8.2 Richtung mit einem Kofferradio finden

Radio Direction Finding (RDF) ist eine Standard-Technik der Küstennavigation im Nebel oder etwas außerhalb von Landsicht. In der Seekarte verzeichnete Funk-Baken, die sich entlang der Küsten befinden, übermitteln Identifikationsbotschaften, welche mit speziellen RDF-Radios an Bord empfangen werden können. Die Antenne des RDF-Empfängers rotiert, um die Richtung der sendenden Bake zu ermitteln. Diese Richtung kann zur Orientierung verwendet werden, genauso wie eine optische Peilung. Die meisten Geräte empfangen und orientieren sich auch an kommerziellen Mittelwellensendern, was ihren Nutzen in einem Notfall vergrößert, da solche Stationen viel größere Reichweiten haben. Die maximalen Reichweiten der meisten RDF-Stationen liegen zwischen 10 und 150 Meilen.

Wenn Sie ein intaktes RDF-Gerät und ordentliche Seekarten haben, können Sie immer Ihren Weg finden, sobald Sie in RDF-Reichweite sind. Aber selbst wenn Sie nicht über diese Hilfsmittel verfügen können Sie die Vorteile dieses System nützen, sofern Sie ein tragbares Mittelwellenradio an Bord haben.

Sie werden bemerkt haben, dass ein Mittelwellenradio – vor allem ein teures – in einer bestimmten Richtung besser empfängt als in allen anderen. Wenn das geschieht, dann kann man das Radio rotieren und so den besten Empfang finden. Die Empfindlichkeit der eingebauten Antenne hängt von ihrer Richtung in Bezug auf die Radiowellen, welche von einem Sender ausgestrahlt werden, ab. Der Effekt ist genau derselbe, welcher in RDF-Navigationsgeräten genutzt wird (s. Abb. 8-2).

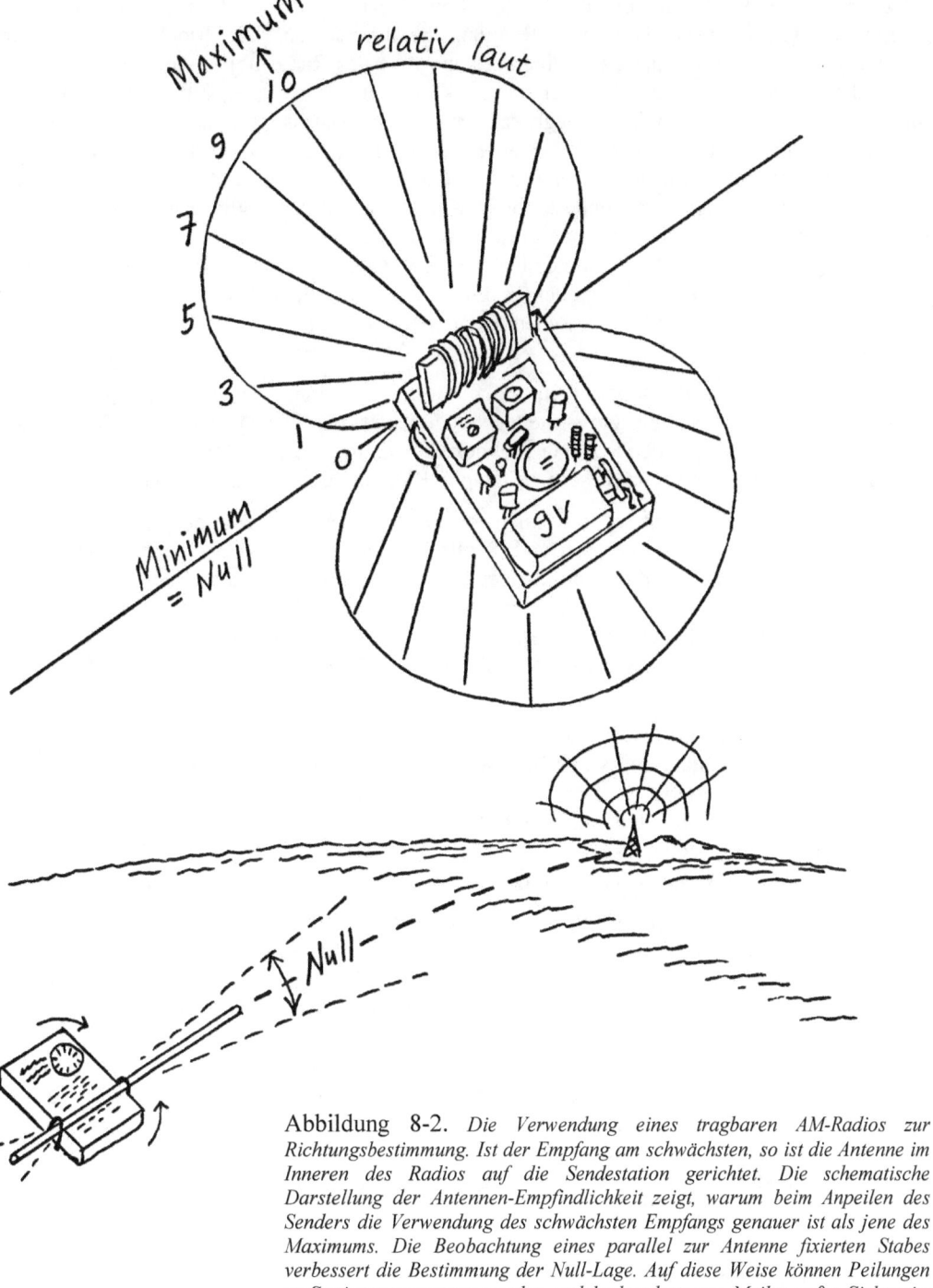

Abbildung 8-2. *Die Verwendung eines tragbaren AM-Radios zur Richtungsbestimmung. Ist der Empfang am schwächsten, so ist die Antenne im Inneren des Radios auf die Sendestation gerichtet. Die schematische Darstellung der Antennen-Empfindlichkeit zeigt, warum beim Anpeilen des Senders die Verwendung des schwächsten Empfangs genauer ist als jene des Maximums. Die Beobachtung eines parallel zur Antenne fixierten Stabes verbessert die Bestimmung der Null-Lage. Auf diese Weise können Peilungen zu Stationen gewonnen werden, welche hunderte von Meilen außer Sichtweite liegen.*

Es gibt zwei Möglichkeiten, ein Mittelwellenradio auszurichten. Man kann es rotieren, um den stärksten oder schwächsten Empfang festzustellen. Die Richtung des Empfangs-Minimums, auch „Null" genannt, ist geeigneter, eine Richtung herauszufinden. Die Richtung des maximalen Empfanges ist wesentlich ungenauer; hierbei kann man das Radio um 30 Grad (oder sogar mehr) schwenken, ohne eine Änderung in der Lautstärke zu bemerken. Das „Null" andererseits, welches im rechten Winkel zum Maximum liegt, kann man normalerweise innerhalb weniger Winkelgrade finden – sofern es ein Solches gibt. Manchmal ist das „Null" so deutlich, dass die Sendung vollständig getrennt wird, wenn man das Radio nur um wenige Grade dreht. Zu anderen Zeitpunkten oder bei anderen Sendestationen wiederum gibt es möglicherweise gar kein „Null". Findet man kein „Null", so kann man diese Station zu diesem Zeitpunkt einfach nicht brauchen. Wenn man an Deck eines Metallbootes bei keinem Sender ein „Null" findet, so sollte man es an einer anderen Stelle am Deck versuchen. Es könnte sein, dass das Boot selbst den Empfang beeinträchtigt, was bei nichtmetallischen Bootsrümpfen – ungeachtet des Riggs – aber kaum vorkommt.

Um die Richtung der Sendestation zu finden – wenn man einmal das „Null" gefunden hat – muss man wissen, wie die eingebaute Antenne ausgerichtet ist. Die Antenne ist eine Drahtspule, innerhalb des Radios um einen Ferritstab gewickelt. Man muss das Radio einmal öffnen, um das zu klären. In „Null"-Stellung zeigt dieser Ferritstab in Richtung der Antenne der sendenden Station.

Trotzdem wird man nicht sagen können, ob der Stab zur Sendestation hin oder von ihr weg weist. Der Eisenstab ist symmetrisch und „Null" erscheint in beiden Richtungen. Normalerweise wird man die ungefähre Richtung zum Sender kennen – z.B. grob Nord oder Süd – und das genügt, um Unsicherheiten zu beseitigen. Wenn man seine eigene Position in Relation zum Sender nicht kennt, kann man vielleicht andere Stationen suchen. Man kann diese Ungewissheit auch eliminieren, indem man ein „Standard Running Fix" (Versegelung) macht, wie im Abschnitt 13.4 beschrieben.

Beachten Sie, dass sich die Sendeantenne nicht immer in der Nähe der Sendestation befindet. Seekarten zeigen die Standorte von Mittelwellensendern (AM-Towers), sowie deren Frequenzen und Kennungen. Aber selbst wenn man sich in Bezug auf den Ort des Senders unsicher ist, liefert ein „gutes Null" noch immer eine relative Richtung, um im Nebel zu steuern. Wenn das das Ziel ist, so sucht man mit der Frequenzwahl des Radios die Station mit dem besten „Null". Steuert man aufs Land zu, so findet man wahrscheinlich eine Station genau in der Richtung, in die man fahren will.

Es ist sogar möglich, mehr als nur einen relativen Steuerkurs aus seinem behelfsmäßigen RDF-Gerät zu bekommen. Man könnte z.B. versuchen, die Richtung zu einer Stadt oder sogar einen groben Fix durch den Schnitt mehrerer rechtweisender Peilungen zu bekommen. Wenn man so etwas tut, sollte man aber unbedingt einige Vorsichtsmaßnahmen im Auge behalten. Zuerst um am Wichtigsten: das Taschenradio wird niemals so verlässlich sein wie ein richtiges RDF-Gerät. Der Empfänger und die Antenne sind nicht dafür gemacht. Wir sollten dankbar sein, wenn es überhaupt funktioniert. Zweitens müssen alle Vorsichtsmaßnahmen normaler Funkpeilungen angewandt werden. Peilungen werden sehr unsicher in der Morgen- oder Abenddämmerung, und Signale, welche durch gebirgige Gegenden abgelenkt werden, sind in ihrer Richtung lange nicht so verlässlich wie solche, welche von frei gelegenen Stationen kommen. Das gilt selbst dann, wenn diese Sender ein gutes „Null" abgeben.

Andererseits kann ein Inselsender sehr brauchbare Richtungen zu dieser Insel liefern, auch noch hunderte von Meilen draußen auf See. Ich habe eine Station von Honolulu in der Entfernung von 420 nautischen Meilen empfangen und damit ein Sechs-Dollar-Radio sehr ordentlich ausgerichtet. Von da an hätte uns dieses kleine Radio auch mit verbundenen Augen nach Hawaii gebracht. Aber wie bei allen Techniken, die in diesem Buch beschrieben sind, sollte auch der Gebrauch eines Mittelwellenradios zur Richtungsbestimmung geübt werden, bevor dies notwendig wird. Für diese

Anwendung sind billige Radios besser geeignet als qualitativ höherwertige, welche eigene Schaltkreise und bessere Antennen haben, um das „Null" zu vermeiden. Wenn Sie gutes Geld für ein Radio bezahlen, dann werden Sie nicht wollen, dass es abschaltet, wenn Sie es um 5 Grad drehen.

8.3 Eine Leine in Kiellinie nachschleppen

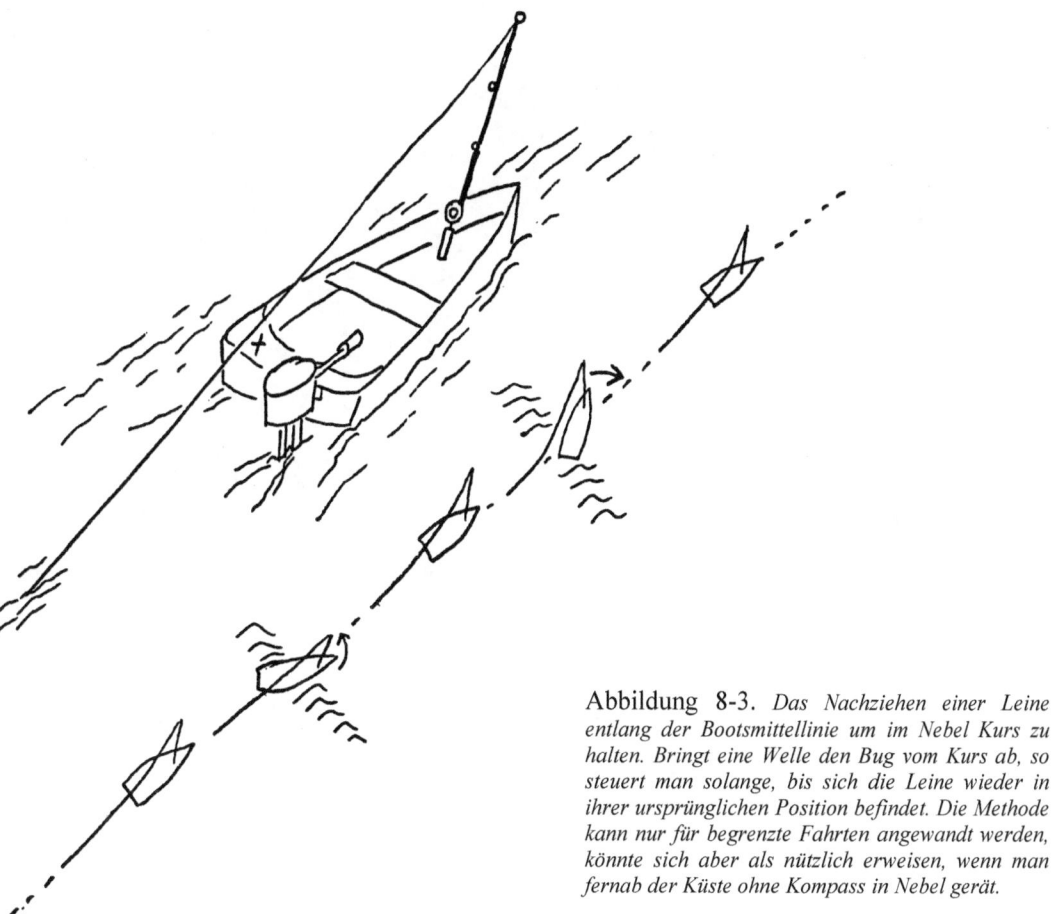

Abbildung 8-3. *Das Nachziehen einer Leine entlang der Bootsmittellinie um im Nebel Kurs zu halten. Bringt eine Welle den Bug vom Kurs ab, so steuert man solange, bis sich die Leine wieder in ihrer ursprünglichen Position befindet. Die Methode kann nur für begrenzte Fahrten angewandt werden, könnte sich aber als nützlich erweisen, wenn man fernab der Küste ohne Kompass in Nebel gerät.*

Eine Fischer- oder andere lange, leichte Leine kann in manchen Fällen ein wertvolles Hilfsmittel sein, um in dickem Wetter zu steuern. Besonders wichtig könnte es z.B. für ein kleines Boot ohne Kompass sein, das außer Landsicht in Nebel gerät. Man sollte in jeder Notsituation mit reduzierter Sicht daran denken.

Schleppen Sie einfach eine Leine, vom Bug oder von mittschiffs ausgebracht, entlang der Bootsmittellinie über das Heck nach. Man lässt ein langes Ende über den Spiegel ins Wasser und versucht so zu steuern, dass es über der Mitte des Spiegels bleibt. Siehe dazu auch Abb. 8-3. Abhängig von den Seebedingungen kann man so weite Strecken steuern. Man könnte aber auch einen großen Kreis fahren, wenn man sich dauernd in der gleichen Richtung irrt. Beobachten Sie den Wind, sofern es welchen gibt; auch Dünung und Wellen können als Referenz dienen. In bewegtem Wasser kann einen dieser Trick schnell wieder zurück auf Kurs bringen, nachdem man durch eine Welle von der gewünschten Richtung abgebracht worden ist.

9 Strömung

Angenommen, dass Orientierung und Kurs in einem Notfall unter Kontrolle sind, und weiters alle Kursänderungen gewissenhaft aufgezeichnet werden, so werden Unsicherheiten in der Notfall-Navigation hauptsächlich durch Strömungen verursacht. Geschwindigkeit und Richtung des Bootes können auf vielerlei Arten bestimmt werden, jedoch ergibt das noch keinen korrekten Kurs (über Grund, Anm. d. Ü.) wenn sich auch das Wasser unter dem Boot bewegt. Das Problem ist so ähnlich, als suche man seine Position in einem riesigen Badezimmer, und wüsste zwar, dass man in der Badewanne sitzt, nicht jedoch, an welcher Stelle im Badezimmer sich diese befindet.

Wenn man sich einmal in der Strömung befindet, gibt es normalerweise keine Möglichkeit, deren Existenz festzustellen, außer in regelmäßigen Intervallen die Position genau zu eruieren. In der Strömung können sich treibende Gegenstände auf uns zu oder von uns weg bewegen, dies aber aufgrund verschiedener Windeinflüsse und nicht wegen der Strömung. Der Strom bewegt alles im Wasser auf die gleiche Weise.

Strömungen kann es in jeder Wassermasse geben. Sie werden meistens durch Wind oder durch Anziehungskraft von Sonne bzw. Mond erzeugt. Stärke und Richtung des Stromes werden weiters stark von Erdrotation, Topographie der Küstenlinie und des Meeresgrundes, sowie durch den Salzgehalt beeinflusst. Um Strömungen auf die Spur zu kommen ist es sinnvoll, sie in drei Kategorien einzuteilen: Meeresströmungen, Gezeitenströme und winderzeugte Strömungen – obwohl das streng genommen eine etwas künstliche Klassifikation darstellt, da diese drei voneinander nicht völlig unabhängig sind. Der Strom „setzt" in eine bestimmte Richtung mit einer bestimmten Geschwindigkeit; diese wird in Knoten oder in Seemeilen pro Tag angegeben.

9.1 Meeresströme

Meeresströmungen sind vorherrschende Zirkulationen der Meere, welche hauptsächlich den vorherrschenden Windsystemen des Gebietes folgen. Diese Ströme bleiben über weite Bereiche des Ozeans und über lange Zeiträume ziemlich konstant, obwohl es bei vielen Meeresströmungen saisonale Schwankungen bei Richtung und Geschwindigkeit gibt. Außerdem kommen bei allen ozeanischen Strömen kurzzeitige (d.h. einige Tage lange), nicht vorhersagbare Abweichungen vor. Die Hauptdrehungen der Meere verlaufen auf der nördlichen Hemisphäre im Uhrzeigersinn, auf der Südhalbkugel gegen den Uhrzeigersinn (s. Abb. 9-1). Diese Strömungen sind an den Rändern der Ozeane am stärksten und in der Mitte der Meere normalerweise schwach oder nicht vorhanden; der Äquator wird hier als Meeresrand betrachtet, welcher südliche und nördliche Ozeane voneinander trennt.

In den meisten Ozeanen der Welt sind die Strömungen nicht sehr stark. Der weltweite Durchschnitt dürfte bei etwa einem halben Knoten liegen, aber es gibt bemerkenswerte Ausnahmen. Der berühmte Golfstrom im westlichen Nordatlantik, sowie sein Gegenstück, der Kuroshio-Strom, im westlichen Nordpazifik erreichen durchschnittlich 2, gelegentlich sogar 3 bis 4 Knoten. Auch äquatoriale Ströme und Gegenströme sind stark. Diese tropischen Strömungen haben Durchschnittsgeschwindigkeiten von über einem Knoten, können aber in der Nähe von Inselgruppen signifikant stärker sein.

In speziellen Fällen kann die Gegenwart eines Meeres- oder Küstenstromes erkannt werden, wenn man in ihn hinein oder aus ihm heraussegelt. Der Rand des Golfstromes z.B. ist durch eine deutliche Änderung der Farbe des Wassers gekennzeichnet – vom Grau-Grün des Atlantiks zum Indigoblau des Stromes. Außerdem ist der Golfstrom beachtlich wärmer als die umgebenden Gewässer, besonders auf höheren Breiten, was bedeutet, dass es hier auch stärkere Böen und mehr Stürme gibt. Der Golfstrom bringt oft große Mengen von treibendem Seetang mit sich. Bei nördlichen Winden (also Wind gegen den Strom) baut sich im Golfstrom auch wesentlich rauere See als in seiner Umgebung auf. Ähnliche Eigenschaften kennzeichnen auch die Ränder des Kuroshio-Stromes, aber in ihrer Bedeutung sind diese beiden Strömungen einzigartig. Andere vorherrschende Ströme rund um den Erdball mögen ähnliche Eigenschaften haben, die Deutlichkeit der Merkmale an ihren Grenzen ist aber weniger hervorstechend.

Vor und während jeder Reise über einen Ozean oder entlang einer Küste liegt es in der Verantwortlichkeit des Navigators, die Strömungen zu studieren. Meeresströmungen sind in Katalogen und Atlanten aufgelistet, welche die Ströme für verschiedene Orte und Zeiträume vorhersagen. Die besten, jederzeit verfügbaren Quellen für ozeanische Strömungen sind die amerikanischen oder britischen „Pilot Charts". Neben anderen wertvollen Daten geben sie bildliche Darstellungen von Strömungen, und zeigen deren durchschnittliche Richtungen und Geschwindigkeiten für bestimmte Monate oder Quartale.

Wie auch immer, bei der Verwendung eines Stromatlas darf nicht vergessen werden, dass die Vorhersagen nur auf vielen Beobachtungen während einer Reihe von Jahren beruhen. Zu manchen Zeitpunkten kann die aktuelle Strömung stark von den aufgelisteten Werten abweichen. Nach einer Daumenregel betrachtet man vorhergesagte Strömungsverhältnisse als zu plus oder minus 50 Prozent zutreffend. Das bedeutet, dass, wenn ein Strom mit 12 Meilen pro Tag angegeben ist, man mit 6 bis 18 Meilen pro Tag rechnen sollte – der Durchschnittswert, plus oder minus 50 Prozent des Durchschnitts. Üblicherweise wird die vorhergesagte Stromrichtung ziemlich genau der aktuellen Situation entsprechen, innerhalb 30 Grad etwa, aber selbst das ist nicht garantiert.

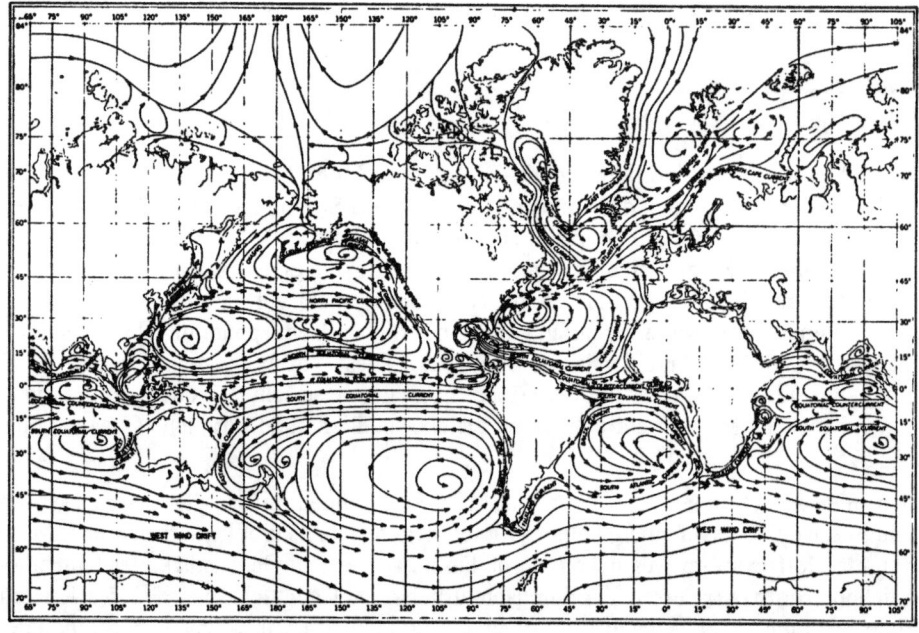

Abbildung 9-1. *Die wichtigsten Meeresströmungen der Welt. Die gezeigten Schemata gelten für die Wintermonate. Die Abbildung wurde aus* Bowditch, Band 1, *entnommen, in dem jede Strömung im Detail besprochen wird. Die Ströme jedes einzelnen Ozeans werden dort in* Pilot Charts *(aus denen Ausschnitte in Abb. 1-1 und Abb. 4-3 enthalten sind) genau gezeigt.*

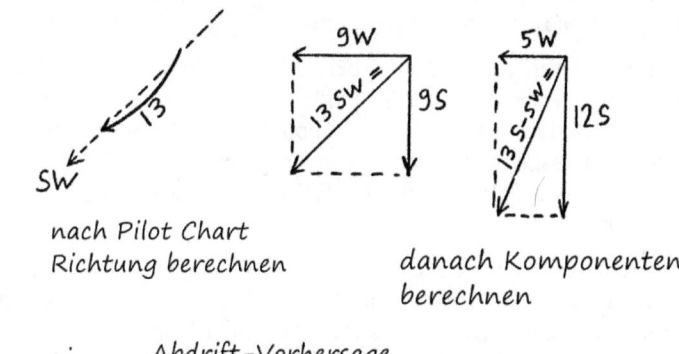
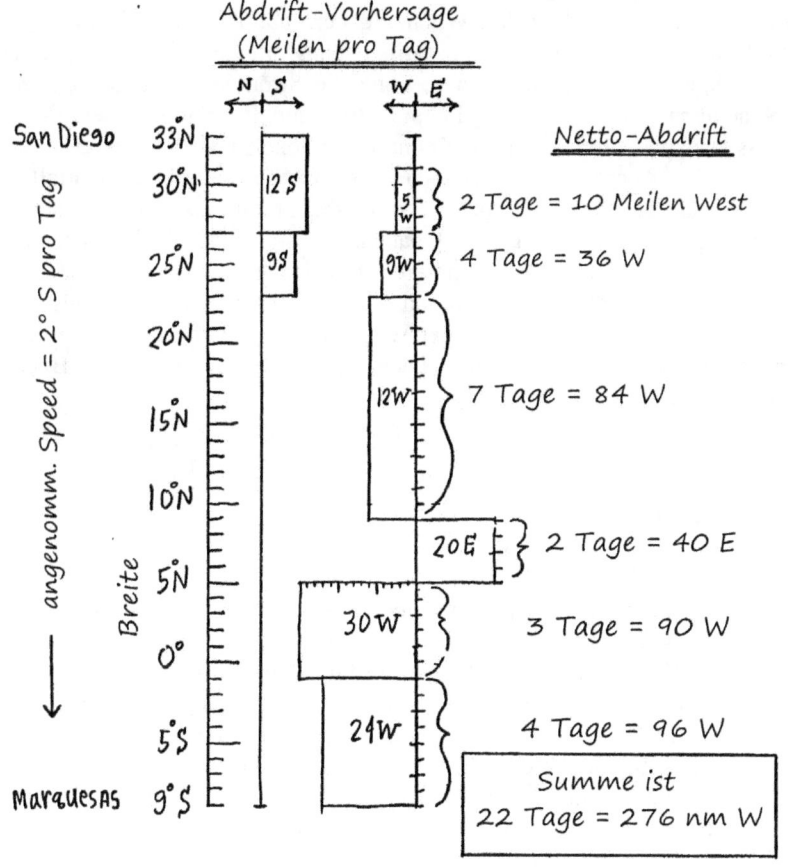

Abbildung 9-2. *Ein aus* Pilot Charts *errechnetes Strömungslog.* Pilot Charts *stellen Strömungen als in Stromrichtung fliegende Pfeile dar, wobei der Versatz in nautischen Meilen pro Tag angegeben wird. Zuerst zeichnet man seine geplante Route in die Karte ein und notiert sich die betreffenden Strömungen sowie die geographische Breite, an denen sich die Ströme ändern. Danach errechnet man - wie in der Abbildung angegeben - die Stromkomponenten und erstellt aus den so gewonnenen Resultaten eine Graphik oder eine Tabelle. Mit der geschätzten Bootsgeschwindigkeit kann man nun den Versatz auf den einzelnen Teilen der Reise berechnen. Das Beispiel zeigt eine Fahrt im Juli von San Diego zu den Marquesas bei einer Durchschnittsgeschwindigkeit von 6 Knoten. Die Daten stammen aus amerikanischen und britischen* Pilot Charts. *Man beachte, dass ich in diesem Fall vor dem Einfahren in den Südost-Passat versuchen würde, gut Osten zu machen, um den starken Versatz nach Westen zu kompensieren.*

In manchen Gegenden kommen tiefe Gegenströme plötzlich an die Oberfläche und vorhergesagte Richtungen sind auf einmal völlig falsch.

Aus Sicht der Notfall-Vorsorge kann das vorbereitende Studieren der Strömungen gar nicht hoch genug eingeschätzt werden. Eine bequeme Methode ist, den geplanten Kurs auf einer Pilot Chart einzutragen und die Nord-Süd bzw. Ost-West-Komponenten der Strömungen entlang der Route alle 5 Grad Breite einzuzeichnen. Diese Übung gibt einen guten Überblick über die Strömungen und über die Art, wie diese die Navigation der Reise beeinflussen könnten – mit oder ohne Instrumenten. S. dazu Abb. 9-2.

So eine Studie wird z.B. zeigen, dass bei einer Reise von San Diego zu den Marquesas der vorherrschende Strom während der ganzen Fahrt nach Westen setzen wird, mit einer nur kurzen Unterbrechung durch den äquatorialen Gegenstrom. Mit einer Durchschnittsgeschwindigkeit von 6 Knoten würde die Überfahrt ungefähr drei Wochen dauern und die reine Versetzung nach Westen würde rund 280 Seemeilen betragen. Das ist natürlich genug um die Inseln zu verpassen, sollte man unterwegs hauptsächlich nur gekoppelt haben, ohne die Strömungen zu berücksichtigen. Es ist höchst unwahrscheinlich, jemals ohne jegliche Antriebsmöglichkeit auf dem Meer treiben zu müssen; sollte das aber passieren, kann die Kenntnis der lokalen Strömungsverhältnisse durchaus über den Ausgang dieses Abenteuers entscheiden. Allein mit den Mitteln der Notfall-Navigation ist es so gut wie unmöglich, die aktuelle Strömung zu messen. Man muss ganz einfach genaue schon vor dieser Situation genau Bescheid gewusst haben, um später vernünftig schätzen zu können. Erinnern wir uns, dass Strömungen dazu tendieren, mit den vorherrschenden Winden zu fließen. Können wir also gegenan nur etwa einen Knoten durchs Wasser machen, so müssen wir vor dem Wind eine sichere Route suchen, auch wenn der Weg zum Ziel dort länger ist. Lesen Sie dazu z.B. Dougal Robertsons Zusammenfassung seiner katastrophalen Reise in seinem Buch Survive the Savage Sea (London: Elek Books Ltd., 1973).

9.2 Gezeitenströme

Gezeitenströme oder auch Tidenströme sind jene Wasserbewegungen, welche durch Ebbe und Flut entstehen. Sie haben keinen Einfluss auf das Ozeansegeln, außer in der Nähe von Küsten oder beim Durchfahren von Kanälen zwischen Inseln. Strömungen in offenen Kanälen tendieren dazu, mit den Gezeiten zuzunehmen, abzuklingen und sich umzukehren, im Gegensatz zu Tidenströmen entlang der Küste, welche meistens ein- und ausfließen, ohne die Stärke besonders zu ändern, obwohl viele Tidenstrom-Rotationen dazu neigen, küstenparallel zu fließen, was bedeutet, dass die Stromrichtung längere Zeit entlang der Küstenlinie verläuft als zu ihr hin bzw. von ihr weg. Tidenströme an stark gegliederten Küsten können Geschwindigkeiten von mehreren Knoten erreichen, wohingegen bei geradem Küstenverlauf der Strom vielleicht nur einen Knoten beträgt. Beide Fälle ergeben, da die Richtung sich umkehrt, im Laufe eines Tages nur wenig reine Versetzung. Grundsätzlich erreichen Gezeitenhöhen und dazugehörende Strömungen in höheren Breiten auch größere Werte.

Wenn unsere Reise an einer Flussmündung endet, dürfen wir nicht vergessen, dass es bei den Flussbarren bei Ebbe (ablaufendem Wasser) gefährlich brechende Grundseen geben kann, speziell bei starkem Schwell. Wenn man sich solchen Brechern von See aus nähert, hört man sie möglicherweise bevor man sie sieht. Weiters kann es bei stark verengten Einfahrten in eine Bucht bei Hoch- oder Niedrigwasser zu Strömungs-Maxima kommen, also gerade das gegenteilige Verhalten, welches Tidenströme bei großen, offenen Kanälen zeigen würden. Z.B. verhindern solche Verengungen, dass das Wasser bei Ebbe die Bucht Richtung See so schnell wie möglich verlässt, und so erreicht der Anstieg des Wassers an der Verengung bei Niedrigwasser ein Maximum, was auch eine maximale Strömung erzeugt. Tidenströme entlang der Küste entnimmt man regionalen Tidal Current Tables (NOAA); genereller besprochen werden sie in den Coast Pilots (NOAA) für amerikanische Gewässer und in den U.S. Sailing Directions (DMAHTC) für andere Seegebiete.

9.3 Strömung durch Wind

In allen Gewässern, von Ozeanen bis zu Binnenseen, wird der Wind, wenn er lange genug weht, das Wasser bewegen. Strömungen aufgrund von lokalen, vorübergehenden Winden nennt man winderzeugte Ströme. Die Wechselwirkung zwischen Wind und Oberflächenwasser ist sehr kompliziert, mit vielen Parametern, und man muss also zur Einschätzung dieser Strömungen eher auf Faustregeln als auf präzise Formeln zurückgreifen.

Als Daumenregel nimmt man an, dass der Wind, wenn er einen halben Tag oder länger stetig weht, eine Oberflächenströmung mit einer Geschwindigkeit von ca. 3 Prozent der Windgeschwindigkeit erzeugt. In offenem Wasser auf der nördlichen Hemisphäre wird die Stromrichtung ca. 30 Grad rechts von der Windrichtung liegen, d.h. bei Nordwind (Richtung 180°) wird die winderzeugte Strömung ungefähr Richtung 210° setzen. Auf der Südhalbkugel wird der Strom links der Windrichtung liegen, da die Ablenkung durch die Coriolis-Kraft verursacht wird.

Nach dieser Regel erzeugt Wind von 20 Knoten über einen halben Tag eine Strömung von 0,6 Knoten. Da hierbei viele Variable involviert sind, können wir uns auf diese Regel nicht wirklich verlassen; sie stimmt genauer bei starken als bei schwächeren Winden, wir werden uns aber auf jeden Fall darum kümmern. Die Regel ist zumindest zu 50 Prozent richtig. Das bedeutet, bei unserem 20-Knoten Beispiel, dass der Strom kaum weniger als 0,3 Knoten und kaum mehr als 0,9 Knoten betragen wird. Wenn der Wind viel länger als einen Tag weht, kann man erwarten, dass auch die winderzeugte Strömung etwas zunimmt. Bei langen, schweren Regenfällen entstehen noch stärkere Strömungen, da Brackwasser an der Oberfläche leichter über das darunter liegende dichtere Salzwasser gleitet.

Das Bezeichnende von winderzeugten Strömen liegt nicht immer nur in deren Stärke, sondern im Einfluss auf andere Strömungen und auf unser Fortkommen gegen starke Winde (Abschnitt 10.4). Wenn wir in Segelanweisungen z.B. lesen, dass der Strom an einer bestimmten Küste 1 bis 3 Knoten beträgt, so nehmen wir an, dass das Maximum (oder etwas mehr) bei Wind mit dem Strom, das Minimum (oder etwas weniger) jedoch bei Wind gegen den Strom erreicht wird.

9.4 Küstenströme

Als Bereich der Küstenströme nehmen wir die Gegend bis rund 20 Meilen von Inseln oder von der Küste an, oder aber auch den Rand des Kontinentalschelfs, sofern dieser ausgeprägt ist. Grundsätzlich sind Küstenströme besonders schwer vorherzusagen. In Küstenregionen können Ströme von allen drei Strömungstypen dominiert oder aus diesen zusammengesetzt sein (Meeres-, Gezeiten- oder winderzeugte Ströme), oder auch auf ganz anderen Effekten beruhen. Starker, auflandiger Wind z.B. kann Wasser gegen hervorstehende Landzungen drängen, was im umgekehrten Fall bei abflauendem Wind besondere Strömungen durch rücklaufendes Wasser erzeugt. Unter solchen Umständen kann man starke Ströme auch ohne Wind oder Gezeitenänderungen vorfinden.

Küstenströmungen können in ihrer Stärke an einem bestimmten Ort stark variieren und entlang einer Küste auch von Ort zu Ort unregelmäßigen und schnellen Änderungen unterliegen. Viele Küsten- oder Inselströmungen werden in Strandnähe stärker, wenn sie eine auflandige Komponente in ihrer Richtung haben. Segelanweisungen und Coast Pilots sind gute Informationsquellen für Küstenströme.

An vielen Orten rund um den Globus sind Küstenströmungen hauptsächlich winderzeugte Strömungen. Bläst der Wind nach Norden, so setzt der Strom nordwärts; weht er nach Süden, dann fließt auch die Strömung Richtung Süden. Das kann wertvolle Information bedeuten, da wir diese Faustregel nicht nur zur Schätzung der Stromstärke, sondern – was wichtiger ist - zur Interpretation von Segelanweisungen verwenden können. Am pazifischen Küstenschelf (Washington bis Kalifornien) z.B. beschreiben Segelanweisungen die küstennahen Ströme oft als südlich im Sommer und nördlich im Winter. Im Wesentlichen verhalten sich die Strömungen auch so, da die vorherrschenden Winde im Sommer aus Nord und im Winter aus dem Süden wehen. Eine informativere Beschreibung könnte sein, dass es sich dabei um winderzeugte Strömungen handelt. Die primäre Meereszirkulation, gut frei vom Schelf, ist hier hingegen ganzjährig beharrlich nach Süden gerichtet.

Oft kann der Zustand der See eine starke Küstenströmung anzeigen. Starker Strom gegen den Wind verursacht besonders zerhackte, steile Seen, wohingegen Strom mit dem Wind die Wellen genauso dramatisch abschwächt. Das Entdecken dieser Effekte verlangt jedoch einige Erfahrung auf See, da man in der Lage sein muss zu erkennen, dass die Wellen sich nicht im Einklang mit dem Wind befinden. Leichter wird man in starkem Küstenstrom „konfuse" See bemerken, nicht nur mit steileren sondern viel öfter auch höheren Wellen, welche manchmal genau gegen den Wind laufen. Das sind gefährliche Bedingungen und manchmal ein Anzeichen für die Gegenwart eines konzentrierten „Jet-Stromes" - eines eher seltenen Effektes bei Küstenströmungen, ähnlich wie bei konzentrierten Jetstreams in der Luft oberhalb.

10 Koppelung (Dead Reckoning)

Das Wort „dead" in der englischen Bezeichnung für Koppeln, Dead Reckoning, kommt von der Abkürzung „DED" (deduced, abgeleitet). Koppelung bedeutet also abgeleitete Berechnung. Wenn man koppelt, leitet man eine neue Position von einer früheren ab, mit Bordinstrumenten für Geschwindigkeits- und Richtungsmessung. Wenn ich 20 Meilen nach Nordwesten fahre, liegt mein neuer Koppelort (OK) 20 Meilen nordwestlich von meinem Ausgangsort. Es ist aber nicht ganz so einfach wie es klingt.

Sowohl Distanz als auch Richtung können ungenau sein. Strömungen, Abdrift, ungenaues Steuern, Kompassfehler, Log-, Zeit- und Speedometerfehler, aber auch einfach fehlerhafte Logbucheintragungen können zu falschen Koppelorten führen. Wenn es diese Faktoren nicht gäbe, könnten wir unseren Weg über die Ozeane einfach Koppeln. Jeder dieser Fehler mag bei kurzen Reisen nur geringfügig sein, aber auf langen Passagen addieren sich ständige Ungenauigkeiten natürlich. Ein Fehler von wenigen hundert Meilen macht bei einer Reise von mehreren tausend Meilen prozentuell nur wenig aus, kann aber leicht den Unterschied zwischen dem Erreichen und dem Verpassen unseres Zieles bedeuten.

Genaues Koppeln verlangt präzise Bordinstrumente und sorgfältiges Aufzeichnen aller Kursänderungen. Zumindest in einem Notfall bleiben einem vielleicht überhaupt keine Instrumente; man steuert nach den Sternen und misst die Bootsgeschwindigkeit mithilfe des Kielwassers oder vorbei treibenden Abfalls. Trotzdem wird in den meisten Fällen selbst notdürftiges Koppeln das verlässlichste Mittel zur Positionsbestimmung sein, auch bei Fahrten über mehrere hundert Meilen. In den Kapiteln 11 und 12 sprechen wir über Methoden, unsere Position mithilfe von Sonne und Sternen zu bestimmen und im Auge zu behalten. Diese astronomischen Methoden verlangen jedoch einige Übung und Gedächtnisarbeit um sinnvoll zu sein. Selbst dann wird ihre Genauigkeit ohne präzise Instrumente kaum so hoch sein wie beim sorgfältigen Koppeln – jedenfalls bei Fahrtstrecken von einigen hundert Meilen.

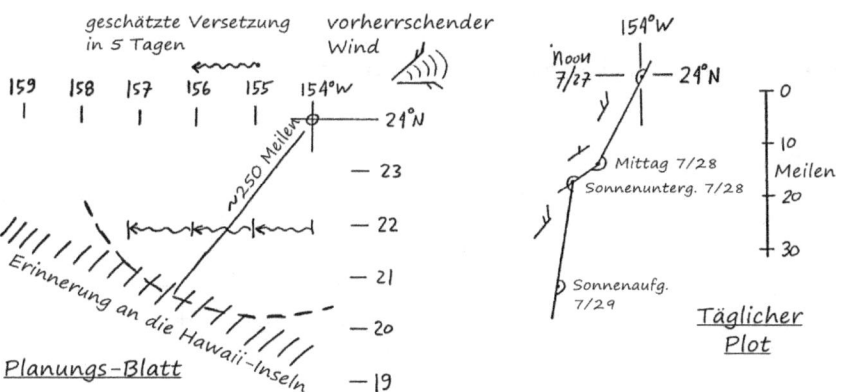

Abbildung 10-1. *Behelfsmäßige Koppel-Graphik. Das Blatt zeigt eine hypothetische Notsituation etwa 250 Meilen nördlich von Hawaii. Die Position der Inseln wurde aus dem Gedächtnis gezeichnet, genauso wie Strömung und vorherrschende Winde. In diesem Beispiel wäre das unmittelbare navigatorische Ziel, in weniger als 15 Tagen zumindest 2° Süd zu machen, um zu vermeiden, an den Inseln vorbei zu treiben. Tägliche Aufzeichnungen helfen, die aktuelle Position zu verfolgen und den Fortschritt zu beobachten.*

Der Wert von Himmelsbeobachtungen wird erst bei langen Reisen erkennbar – lange hinsichtlich Zeit oder Distanz. In diesen Fällen wird man seinen Koppelort astronomisch korrigieren oder bestätigen. Neben dem Steuern, was wir bereits besprochen haben, liegen die Hauptaufgaben beim Notfall-Koppeln im Bestimmen der Bootsgeschwindigkeit und der Beachtung von Kursänderungen. Eine Uhr zu haben ist hierfür nicht zwingend erforderlich, hilft jedoch ganz enorm. Manche Segler kennen die Geschwindigkeit ihres Bootes anhand von Segeltrimm, Krängung und Kielwasser auf einen halben Knoten genau. Wenn man aber in einer Rettungsinsel, auf einem Floß oder im eigenen Boot unter Notrigg fährt, fällt es leichter, die genaue Geschwindigkeit mit einer Uhr zu bestimmen.

Der hauptsächliche Wert einer Uhr beim Koppeln ist, genau sagen zu können, wie lange man jeweils auf einem bestimmten Kurs gefahren ist. Es ist besser zu wissen, dass es 18 Stunden waren, als ungefähr ein Tag. Ohne Uhr würde man nicht einmal wissen, wie lange genau ein Tag ist. Die Zeit verfliegt nur so, wenn man Spaß hat, aber sie will nicht vergehen, wenn man in Schwierigkeiten ist. Auf See und unter Stress können wir uns auf unsere Fähigkeit, die Zeit zu schätzen, nicht verlassen. In einem langen Sturm ist es nicht ungewöhnlich, den Tag völlig aus den Augen zu verlieren. Die Abschnitte 12.3 und 14.3 zeigen Methoden, Zeit und Datum mithilfe von Sonne, Mond und Sternen zu bestimmen.

Wenn Sie eine lange Reise vor sich haben, ist es notwendig, schriftliche Aufzeichnungen zu führen oder die Koppelstrecke zu plotten (s. Abb. 10-1). Ohne irgendwelche Aufzeichnungen ist es fast besser, sich überhaupt nicht mehr darum zu kümmern. Nach einigen Kursänderungen verliert man die zurückgelegte Strecke und damit auch seine Position aus den Augen. Zu wissen, wo man sich befindet, ist nicht nur eine Frage der Sicherheit, sondern stärkt auch die Moral. Es ist eine weitere Art, die Situation unter Kontrolle zu behalten.

Koppeln ist in der Notfall-Navigation lebenswichtig, aber selbst das beste Koppeln ist sinnlos, wenn man nicht weiß, von wo man ausgegangen ist. Wenn man seinen Ausgangsort nicht kennt, muss man von einer astronomisch bestimmten Position ausgehen, was in der Regel eine Unsicherheit von einigen hundert Meilen bedeutet, wenn man bei den Methoden der Himmelsbeobachtung keine Übung hat. Ohne Uhr zur See zu fahren ist riskant, aber nicht zu wissen wo man ist, obwohl man dazu in der Lage wäre, ist schlichtweg gefährlich!

10.1 Bestimmung der Bootsgeschwindigkeit

Eine Art, die Geschwindigkeit eines Bootes zu bestimmen, ist, die Zeit eines vorbei treibenden Gegenstandes zu messen. Wenn die Länge Ihres Bootes 30 Fuß beträgt, und ein Stück Treibholz 10 Sekunden benötigt, um daran vorbei zu treiben, dann ist Ihr Speed 30 Fuß pro 10 Sekunden oder 3 Fuß pro Sekunde. Alles was zu tun bleibt ist nun, die Geschwindigkeit von Fuß pro Sekunde in Knoten (nautische Meilen pro Stunde) umzurechnen. Eine Seemeile beträgt ca. 6000 Fuß und eine Stunde 3600 Sekunden. Also ist ein Knoten 6000 Fuß pro 3600 Sekunden oder 10 Fuß pro 6 Sekunden, was bedeutet, dass 1 Fuß pro Sekunde gleich 6 Zehntel eines Knotens ist. In Form einer Gleichung sieht das so aus:

$$Geschwindigkeit\,(in\,Knoten) = 0{,}6 \times Geschwindigkeit\,(in\,Fuß\,pro\,Sekunde)$$

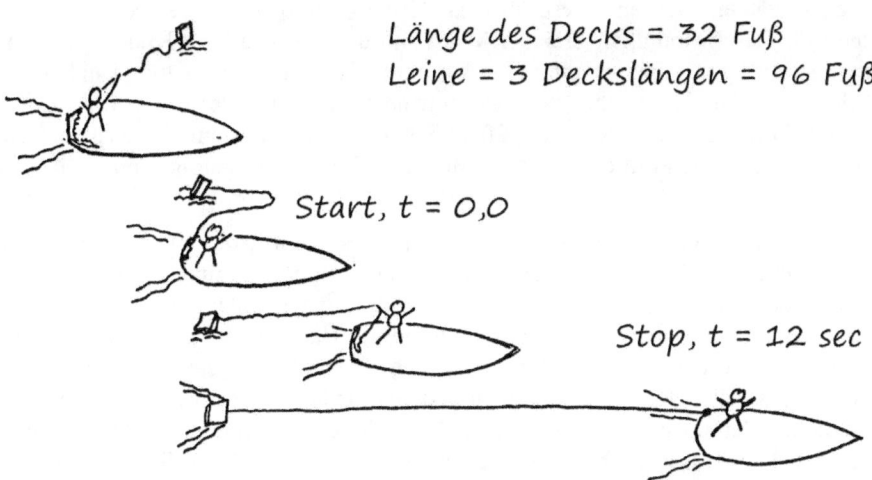

Abbildung 10-2. *Messen der Bootsgeschwindigkeit mit einem Relingslog. Mit Sorgfalt und einiger Übung sind solche Messungen einfach und genau.*

Bewegen wir uns mit 8 Fuß pro Sekunde, ist unser Speed 4,8 Knoten. 10 Fuß pro Sekunde bedeutet eine Geschwindigkeit von 6 Knoten.

Alles was treibt kann man „timen": Abfall, Seetang, sogar Schaumflecken. Oder man wirft einen Gegenstand (Marker) am Bug über Bord, vorzugsweise an einer langen Leine am Heck befestigt, um ihn später wieder verwenden zu können. Die Zeit des Vorbeitreibens zu messen ist mit einer Uhr kein Problem. Ohne diese muss man die Sekunden zählen, so gut man eben kann. Haben Sie es nie versucht, so testen Sie sich jetzt, um das richtige Tempo zu bekommen. Die Standard-Methode zu zählen, „Eintausendeins, Eintausendzwei,...", funktioniert recht gut. Beachten Sie, dass Zeitmessungen immer mehrere Male gemacht werden sollten. Ein Durchschnittsergebnis ist immer besser als eine einzelne Messung.

Die Messung der Zeit, die ein Marker braucht, um am Boot entlang zu treiben, ist in Ordnung, solange der Vorgang mindestens 5 oder 6 Sekunden dauert. Bei kürzeren Zeiträumen sind die Ergebnisse ziemlich ungenau. In diesem Fall macht man die Referenzstrecke länger, indem man eine leichte Leine verwendet. Eine Fischerleine oder leichte Schot ist ideal (s. Abb. 10-2). Binden Sie einen Gegenstand an die Leine und messen Sie dann 50 oder 100 Fuß der Leine ab – je länger desto besser, aber Verfügbarkeit von Leine oder Seebedingungen könnten dem Grenzen setzen. Um eine Länge abzumessen wäre es gut, die Länge unserer ausgestreckten Arme, von einer Fingerspitze bis zur anderen, zu kennen. Diese Länge (das Original des nautischen Maßes „Faden") beträgt bei vielen Menschen ca. 6 Fuß. Wir können auch unsere Körpergröße oder die Bootslänge heranziehen. Um nun die Geschwindigkeit zu bekommen, befestigt man die Leine am Heck und wirft den Marker samt restlicher Leine am Bug über Bord. Wir beginnen zu zählen, wenn der Marker das Heck passiert und enden, wenn die Leine gespannt wird. Eine Plastikflasche, zur Hälfte mit Wasser gefüllt, ergibt einen guten Marker. Unser Speed in Fuß pro Sekunde ist die Leinenlänge, geteilt durch die verstrichene Zeit.

Eine andere Art, die Geschwindigkeit zu messen, wäre, eine altmodische Logleine herzustellen und die Knoten zu zählen, während diese über das Heck ausläuft – die Methode, welche uns das Wort „Knoten" für Geschwindigkeit brachte. Man kann die Abstände der Knoten je nach seinen Bedürfnissen improvisieren, aber es gibt eine korrekte Methode, das zu tun. Binden Sie einen Gegenstand der zwar schwimmt, aber dennoch eintaucht, ans Ende der Leine (z.B. unsere halb gefüllte Flasche). Dann machen Sie in ca. 20 Fuß Abstand von diesem Gegenstand den ersten Knoten in die Leine, eventuell mit einem Stück Stoff als Markierung, gefolgt von je einem Knoten alle 10 Fuß.

Schießen Sie die Leine vorsichtig auf, sodass sie frei auslaufen kann, und bringen Sie nun den Schwimmkörper aus. Die Leine soll durch Ihre Hand laufen. Beginnen Sie bei der ersten Markierung zu zählen und stoppen Sie dann die Leine nach 6 Sekunden. Holen Sie die Leine ein und zählen die Knoten, wobei auch der Teilabschnitt in Ihrer Hand berücksichtigt werden muss. Die Anzahl der Knoten, welche in 6 Sekunden durch Ihre Hand gegangen sind, ergibt die Bootsgeschwindigkeit in Knoten. Sind 5 Knoten und eine halbe Länge durchgegangen, beträgt der Speed 5,5 Knoten. Oder noch besser, vor allem bei höheren Geschwindigkeiten, zählen Sie 12 Sekunden und teilen dann das Ergebnis durch zwei. Mit einiger Übung ist diese Methode genauso genau wie ein Speedometer.

Für höchste Genauigkeit ist es wichtig, die Bootsgeschwindigkeit öfters zu messen. Wenn sich der Speed um 2 Knoten ändert, und man 3 Stunden lang nicht gemessen hat, ist der nächste Koppelort bereits um 6 Meilen falsch. Das muss nicht sehr oft passieren, um ernste Positionsfehler zu bekommen. Außerdem helfen häufige Messungen, den durchschnittlichen Speed festzustellen. Mit sorgfältigen Aufzeichnungen kann man bald zwischen kurzen Fluktuationen und langfristigen Änderungen, welche den durchschnittlichen Speed beeinflussen, unterscheiden.

Hat man einmal die Durchschnittsgeschwindigkeit ermittelt, so ist die zurückgelegte Distanz nur mehr dieser Speed mal der Anzahl der Stunden, welche man so schnell gelaufen ist. Wenn unsere durchschnittliche Geschwindigkeit von 1000 bis 1600 4 Knoten betragen hat, und von 1600 bis 2000 2 Knoten, dann sind wir in diesen 10 Stunden (4 x 6) + (2 x 4), also 32 Seemeilen gelaufen.

Es ist äußerst wichtig, so gut wie nur irgend möglich zu koppeln. Verwenden Sie jedes Bisschen Information, das Sie bekommen können. Grundsätzlich ist gutes Koppeln unser wichtigstes Werkzeug in einem Notfall. Man kann sehr weit damit fahren, wenn man es ständig macht. Es wird natürlich Fehler geben (man kann sie nicht alle vermeiden), aber wenn man alle Kurs- und Geschwindigkeitsänderungen aufzeichnet, werden sich diese höchstwahrscheinlich gegenseitig aufheben, wie wir in Kapitel 14.1. sehen werden.

Lange Stürme sind die Feinde von genauem Koppeln. In einem Sturm muss man neben der Navigation noch an Vieles denken, und Kurs wie auch Geschwindigkeit kann stark schwanken. Es ist leichter gesagt als getan, aber versuchen Sie dennoch, die Zeitpunkte von Kursänderungen aufzuzeichnen und gelegentlich Ihre Geschwindigkeit zu schätzen. Dann, wenn sich die Dinge wieder beruhigt haben, versuchen Sie, alles so gut wie möglich wieder zusammenzusetzen. Genaues Koppeln ist harte Arbeit und sicherlich gehört auch Glück dazu. Aber denken Sie an das alte Sprichwort: „Je härter man arbeitet, desto mehr Glück wird man haben".

10.2 Koppelfehler bei Kurs und Geschwindigkeit

Ein offensichtliches Ziel der Navigation ist, zu wissen, wo man sich befindet. Weniger offensichtlich, aber genauso wichtig ist, zu wissen, wie sicher man seinen Standort kennt. Mit anderen Worten, seine Genauigkeit zu kennen. Besonders zutreffend ist dies bei Notfall-Navigation, bei der ja soviel von Schätzungen und behelfsmäßigen Messungen abhängt. Wenn man annimmt, dass man sich 50 Meilen von der Küste befindet, ist man wahrscheinlich sicher, dass man eher 50 als 100 Meilen entfernt ist. Wie sicher kann man aber sein, dass es 50 und nicht 70 oder vielleicht 30 Meilen sind? Wenn auf Basis unserer Navigation eine kritische Entscheidung getroffen werden muss, sollten wir vorbereitet sein, die Genauigkeit der Position einschätzen zu können.

Es ist hilfreich, über die Genauigkeit der Position in Prozentsätzen nachzudenken. Eine Unsicherheit der Position von 5 Meilen stellt bei einer Fahrt von 100 Meilen einen hohen Grad an Genauigkeit dar, ist aber armselig, wenn man erst 10 Meilen gefahren ist. Im ersten Fall ist die Ungenauigkeit 5 Prozent, im Zweiten aber 50 Prozent. Eine Koppelgenauigkeit innerhalb weniger Prozentpunkte ist bei Verwendung von bester Ausrüstung an Bord sehr gut. Mit nur beschränkten Instrumenten, oder sogar ganz ohne Solche, müssen wir Ungenauigkeiten von 20 Prozent als ganz vernünftig betrachten.

Denk man bei Koppelgenauigkeit in Prozentsätzen, so ist es auch leichter, die laufend größer werdende Ungenauigkeit während einer langen Reise im Auge zu behalten. Angenommen, ich habe einen Kompass und weiß meinen Kurs daher sehr genau, habe aber weder Log noch Speedometer. Wenn ich beschließe, die gefahrene Distanz mit 20 Prozent Ungenauigkeit anzunehmen, wird meine Position nach jeweils 100 zurückgelegten Meilen um 20 Meilen unsicherer, was dasselbe ist, wie eine Unsicherheit von 2 Meilen pro 10 gefahrenen Meilen. Mit dieser Genauigkeit, wenn ich von einer bekannten Position aus vermutlich 10 Meilen weit fahre, kann ich ziemlich sicher sein, dass ich zumindest 8, wahrscheinlich aber weniger als 12 Meilen zurückgelegt habe. Nach 30 Meilen Fahrt muss ich annehmen, dass ich plus oder minus 6 Meilen danebenliege, da 20 Prozent von 30 Meilen 6 Meilen bedeutet. Natürlich sollte man seine Genauigkeit eher konservativ einschätzen.

Fehler bei der Koppelposition können durch falsche Annahme des Kurses oder des zurückgelegten Weges entstehen. Geschwindigkeits- und Zeit-auf-Kurs-Fehler beeinflussen lediglich die zurückgelegte Distanz, während Steuerfehler und Abdrift nur die Kursrichtung betreffen. Strömungen andererseits verfälschen beide Parameter.

Ein Irrtum bezüglich der Geschwindigkeit kann aus falscher Annahme der Referenzlänge (Länge des Bootes oder der Logleine) resultieren oder aus falscher Messung der Passagezeit der Leine. Unsere Bootslänge bzw. unsere Körpergröße wissen wir recht genau, sodass mit etwas Übung die Leinenlänge mit einer Ungenauigkeit von 5 Prozent angenommen werden kann.

Bei Zeitnahme mit einer Uhr könnte man ohne jede Ungenauigkeit auskommen, wären da nicht kleine Unsicherheiten beim Starten und Stoppen. Diese addieren sich zu einem möglichen Fehler von zumindest 1 Sekunde. Anders gesagt, es ist schwer, bei jeglicher Zeitmessung, an der wir interessiert sein könnten, ein Resultat mit einem Fehler von weniger als plus oder minus einer Sekunde zu erhalten. Bei einem Zeitintervall von 5 Sekunden liegt die Unsicherheit bei 1 von 5 Sekunden, also 20 Prozent. Das ist der Grund, warum man beim Messen der Bootsgeschwindigkeit die Zeitintervalle so groß wie möglich halten sollte. Bei verdoppeltem Zeitintervall wird der prozentuelle Fehler halbiert, da sich die 1-Sekunden-Unsicherheit beim Starten und Stoppen ja nicht ändert.

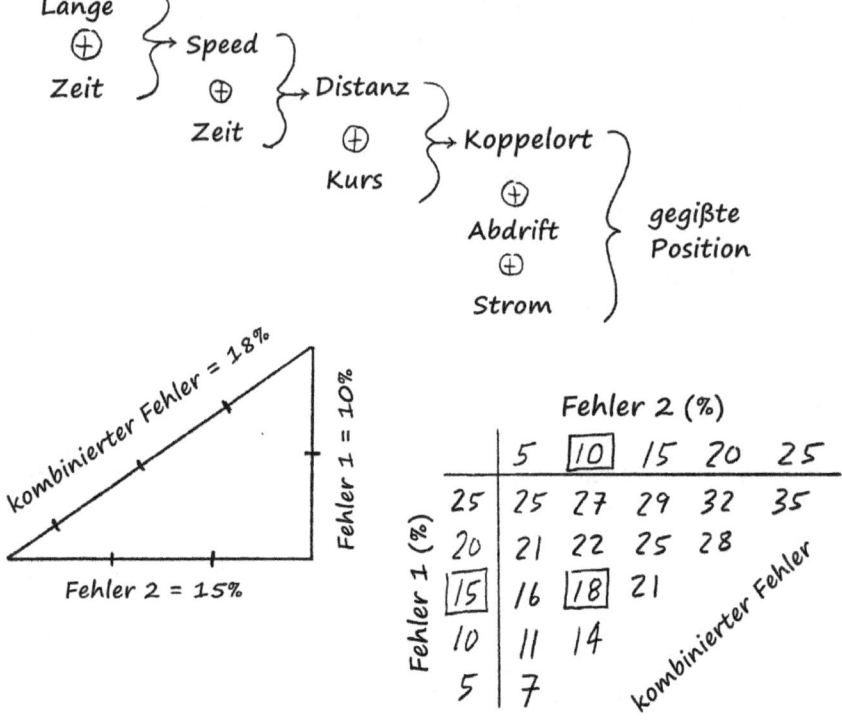

Abbildung 10-3. *Die Kombination unabhängiger Fehler. Solche Fehler (Unsicherheiten), in Prozent ausgedrückt, addieren sich wie die Seiten eines rechtwinkeligen Dreiecks. Die Gesamtunsicherheit der geschätzten Position ist die Summe der verschiedenen gezeigten Faktoren. Eine Uhr ist dabei extrem wertvoll, da sie die Zeitfehler, welche zu falscher abgelaufenen Distanz führen, gänzlich eliminiert.*

Bei guten Bedingungen könnten wir mit einem Fehler von 5 Prozent bei der Länge und 10 Prozent bei der Zeitnahme auskommen. Das bedeutet einen möglichen Gesamtfehler beim Speed von rund 11 Prozent – wie gesagt, bei guten Bedingungen. Sie könnten sagen, dass meine Arithmetik komisch wäre; sie ist es aber nicht. Wenn Sie zwei unabhängige Quellen für Fehler haben, und eine viel größer als die andere ist, so ist der Gesamtfehler nicht die Summer beider Fehler, sondern liegt näher beim größeren Fehler. Dies ist ein mathematisches Resultat, welches die Möglichkeit berücksichtigt, dass die beiden Fehler auch in entgegengesetzter Richtung liegen könnten.

Aus Sicht der Statistik bilden zwei unabhängige Fehler (Unsicherheiten) die Quadratwurzel der Summe ihrer beiden Quadrate – im letzten Beispiel entspricht 11 der Quadratwurzel von (5 x 5 + 10 x 10). Generell ist es nicht leicht, sich das vorzustellen, aber diese Beschreibung ist (zufällig) dieselbe, welche man bei der Berechnung der Hypotenuse im rechtwinkeligen Dreieck verwendet. Mit dieser Analogie haben wir eine einfache Möglichkeit zur Berechnung des kombinierten Effektes von zwei möglichen Fehlern gefunden. Wie in Abb. 10-3 beschrieben, braucht man nur ein rechtwinkeliges Dreieck in beliebigem Maßstab zu zeichnen, mit den Katheten proportional zu den beiden Fehlern. Die Länge der Hypotenuse im gleichen Maßstab zeigt dann den kombinierten Fehler. Das Beispiel von Abb. 10-3 zeigt, dass ein Fehler von 10 Prozent und einer von 15 Prozent zusammen einen Fehler von 18 Prozent ergeben.

Mit diesem Verfahren kann man leicht erkennen, dass man den kleineren Fehler einfach vernachlässigen kann, wenn er kleiner als die Hälfte des größeren Fehlers ist. Liegt bei der Bestimmung der Geschwindigkeit ein Längenfehler von 5 Prozent und ein Fehler von 20 Prozent bei der Zeitnehmung vor, so können wir den kleineren Fehler vergessen. Die gesamte Unsicherheit der Geschwindigkeit wird bei ca. 20 % liegen. Wenn wir andererseits zwei Fehler ähnlicher Größe kombinieren, wird der Gesamtfehler in der Mitte zwischen der Summe von beiden und einem einzelnen Fehler liegen. Zwei Fehler von 10 Prozent addieren sich zu einer Gesamtunsicherheit von rund 15 Prozent (ein rechtwinkeliges Dreieck würde zeigen, dass die genaue Antwort 14 Prozent wäre).

Man wird sich vielleicht wundern, warum wir uns mit diesen Details aufhalten. Der Grund ist, dass wir es einfach nicht vermeiden können. Wir müssen in der Lage sein, unsere Fähigkeit, eine bestimmte Route zu befahren, sowie die Genauigkeit der Positionen entlang dieser Route realistisch zu beurteilen. Was wir genau wissen und was nicht wird von den Umständen abhängen, und wir sollten vorbereitet sein auszurechnen, wie die gerade auftretenden Unsicherheiten unsere Navigation beeinflussen. Wenn wir entscheiden müssen, ob wir eine kleine, 100 Meilen entfernte Insel oder lieber einen Kontinent oder eine Inselkette in 500 Meilen Entfernung anlaufen, sollten wir unsere Chancen, die isolierte Insel auch zu finden, besser vorher richtig beurteilen.

Bis jetzt haben wir die Genauigkeit der Bootsgeschwindigkeit bei günstigen Bedingungen beschrieben – mit einer Uhr, einer langen Leine und in ruhigem oder mäßigem Seegang kann man den Speed auf ca. 10 Prozent genau berechnen. Viel besser kann man es kaum machen, aber mit einiger Mühe und etwas Glück sollte man unter diesen Bedingungen auch nicht viel schlechter liegen. Eine zwanzigprozentige Unsicherheit der Geschwindigkeit ist ziemlich viel – bei 5 Knoten würde das bedeuten, dass ich nicht sagen kann, ob ich 4 oder 6 Knoten laufe.

Woher können wir aber wissen, wie genau wir arbeiten? Bei Fahrten von weniger als ein paar hundert Meilen (bevor die Sterne „beginnen, sich zu bewegen"), ist die Antwort unglücklicherweise, dass man es nie genau wissen wird, zumindest nicht vor einem Landfall oder einer anderen Bestätigung. Man kann die Stetigkeit aber überprüfen, indem man die Streuung der Werte, welche man zur Ermittlung des Durchschnittes heranzieht, beobachtet. Wenn man weiß, dass beim Geschwindigkeitsmessen mittels Logleine die 10-Fuß-Abstände richtig sind, dann kommen Unsicherheiten einzig von der Zeitnahme. Bei 12 Sekunden nehmen wir an, dass die Unsicherheit bei 1 von 12, also bei 8 Prozent liegt. Wenn der Durchschnitt von mehreren, aufeinander folgenden Messungen 5 Knoten beträgt, so sollten die einzelnen Messungen bei 8 Prozent Unsicherheit zwischen 5,4 und 4,6 Knoten liegen. Ist die Streuung größer, so messen wir nicht mit 8 Prozent Ungenauigkeit oder unser Speed liegt nicht konstant innerhalb von 8 Prozent Abweichung. Wir sollten dann die Einschätzung unserer Ungenauigkeit entsprechend vergrößern. Wir können nicht eine Speed-Genauigkeit von 8 Prozent behaupten, wenn wir diese nicht mit der gleichen Methode bei späteren Messungen nachvollziehen können. Natürlich würde der Fehler bei unserer Geschwindigkeit noch größer (und unentdeckt) sein, wenn die Abstände der Knoten in der Logleine doch nicht so genau wären wie angenommen.

Behalten Sie trotzdem in Erinnerung, dass Sie, wie auch immer sich Einzel- oder Durchschnittswerte darstellen, realistischerweise erwarten können, die durchschnittliche Bootsgeschwindigkeit mit diesen Methoden über ausgedehnte Strecken genauer als mit 10-prozentiger Unsicherheit zu bestimmen.

Fehler der gelaufenen Distanz werden genauso berechnet wie Speed-Fehler. Sie kombinieren den Fehler der Geschwindigkeit mit der Unsicherheit der Zeit, während der diese Geschwindigkeit gelaufen wurde. Beträgt mein Speed 5 Knoten mit einer Unsicherheit von 10 Prozent, und ich laufe so genau 10 Stunden lang, dann ist die zurückgelegte Distanz 50 Meilen mit einer Unsicherheit von 10 Prozent, also 5 Meilen. Die Zeit ist in diesem Fall genau.

Wenn der Speed 5 Knoten (bei 10 Prozent Unsicherheit) beträgt, und ich laufe so ungefähr 10 Stunden lang, kann aber nicht genau sagen, ob es 9 oder 11 Stunden sind, so muss ich diese weitere Unsicherheit berücksichtigen. Mehr oder weniger 1 Stunde von 10 Stunden bedeutet weitere 10 Prozent Unsicherheit. In diesem Fall würde ich wieder eine zurückgelegte Strecke von 50 Meilen errechnen, nun aber mit 14 Prozent Unsicherheit (von 50 Meilen), also 7 Meilen kalkulieren.

Auch das mag für Notfall-Navigation wieder sehr detailliert erscheinen – auf einem 50-Meilen Törn ist es unwahrscheinlich, dass der Unterschied zwischen 10- und 14-prozentiger Unsicherheit Ihre Entscheidungen beeinflusst. Wir müssen aber lernen anzuerkennen, dass diese Details bei Notfall-Navigation grundsätzlich wichtiger sind als bei Routinearbeiten. Wenn man sich bei einer langen Reise Land annähert, kann es plötzlich sehr wichtig zu wissen sein, ob man mit 20- oder mit 50-prozentiger Genauigkeit navigiert hat. Im einen Fall würde die Unsicherheit der Position nach 200 Meilen Fahrt bei 40 Meilen liegen; im anderen Fall 100 Meilen (von 200 Zurückgelegten). Weiters muss bei noch längeren Reisen, bei denen wir uns auf behelfsmäßige Himmelsbeobachtungen verlassen müssen, unser Koppelort und seine Unsicherheit laufend mit der astronomisch berechneten Position und deren eigener Ungenauigkeit verglichen werden. Je genauer unser Koppeln ist, desto besser können wir unsere Himmelsbeobachtungen interpretieren.

Letztlich hängt die Genauigkeit, die wir brauchen, natürlich davon ab, wonach wir suchen. Am Ende müssen wir die Genauigkeit unserer Navigation immer mit der Sichtbarkeit unseres Zieles vergleichen. Dieses Thema wird in den Abschnitten 13.1. und 13.2. behandelt.

Diese Diskussion über mögliche Fehler soll zeigen, wie wichtig es ist, jede Kurs- oder Speedänderung genau aufzuzeichnen. Die Fehlerquellen können vermieden werden, wenn wir dem Koppeln besondere Aufmerksamkeit widmen. Der Wert einer Uhr ist offensichtlich. Sogar wenn man die genaue Zeit nicht weiß, verbessert eine laufende Uhr unser Koppeln ganz immens.

Steuer- oder Richtungsfehler wurden in Kapitel 3.3. kurz besprochen. Die erreichbare Genauigkeit hängt von vielen Faktoren ab und wird typischerweise von Tag zu Tag wie auch im Laufe eines Tages schwanken, je nach Zustand von See und Himmel. In vielen Fällen heben sich Steuerfehler langfristig gegenseitig auf, d.h. je länger man sich bemüht, einen bestimmten Kurs zu halten und alle Abweichungen regelmäßig korrigiert, desto genauer wird das Ergebnis im Durchschnitt.

Berücksichtigt man auch die Drehung des Himmels, was uns beim Ausgleichen von Fehlern hilft, so nimmt man nach einer Faustregel eine Steuergenauigkeit von 12 ° an, was in der Folge eine laterale Unsicherheit der Position von etwa 20 Prozent ergibt (wie schon Abb. 3-7 gezeigt hat). Mit anderen Worten wird sich nach jeden weiteren 100 Meilen unserer Fahrt die Unsicherheit unserer Position nach links oder rechts um 20 Meilen vergrößern. Diese Schätzung geht davon aus, dass wir unsere durchschnittliche Kursrichtung mit einer durchschnittlichen Unsicherheit von 12 ° kennen. Das ist nicht so schwierig zu erreichen wie es anfangs erscheint, erfordert aber Übung. Ist man hinsichtlich korrekten Kurshaltens nicht sehr zuversichtlich, wird es besser sein, die Unsicherheit der Richtung entsprechend zu vergrößern. Ein graphisches Verfahren, seitliche Positionsunsicherheiten aufgrund von Unsicherheiten des Kurses abzuschätzen, wird durch Abb. 10-4 erläutert.

Wenn man andererseits den Polarstern oder andere bevorzugte Sterne als Steuerhilfe zur Verfügung hat, so kann man durchaus besser als 12 ° steuern. Die beste Möglichkeit, sich an diese Genauigkeit heranzutasten, ist, die Methoden der Kapitel 5 und 6 zu üben, bevor man sie braucht – wenn man noch einen Kompass hat und sein Tun präzise beurteilen kann. Betrachten Sie es als Spiel beim Routinesegeln – es ist mehr als nur „Trivial Pursuit".

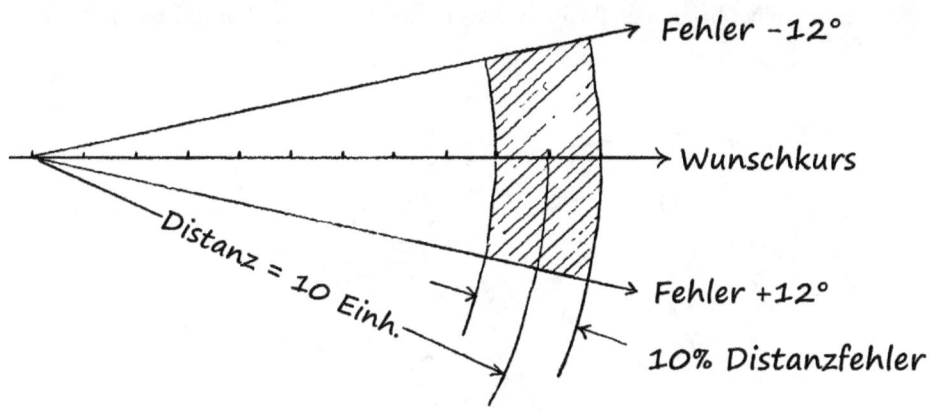

Abbildung 10-4. *Graphische Lösung zur Bestimmung der Positions-Unsicherheit, verursacht durch Fehler beim Steuern und bei der abgelaufenen Distanz. Ohne Logge oder Speedometer würde ein Distanzfehler von nur 10 % gute Arbeit bedeuten, aber bei einiger Übung sollten wir in vielen Fällen eine höhere durchschnittliche Kursgenauigkeit als 12 % erreichen können, auch wenn wir ohne Kompass steuern müssen. Die Distanz abseits des Kurses, welche wir bei einer Fahrt mit einem spezifischen, gleich bleibenden Kursfehler erwarten können, bestimmen wir wie in Abb. 3-7 gezeigt.*

Wir können nun die gesamte Koppelgenauigkeit abschätzen, indem wir die Genauigkeit der Richtung mit der der zurückgelegten Distanz kombinieren. Man macht das mit der vorher besprochenen Regel des rechtwinkeligen Dreiecks für kombinierte Fehler. Läuft man 100 Meilen mit 15 Prozent Genauigkeit und steuert dabei mit 20 Prozent Genauigkeit, wird die Gesamtunsicherheit der Position bei ca. 25 Prozent, also 25 Seemeilen liegen. Das bedeutet, dass man sich nach einer Fahrt von 100 Meilen irgendwo innerhalb eines Kreises mit einem Durchmesser von 25 Meilen, rund um den neuen Koppelort gezeichnet, befindet (s. Abb. 10-5). Dieser Grad von Genauigkeit kann bei einiger Mühe und genauen Aufzeichnungen als typisch betrachtet werden.

Wenn unser Steuern nach den Sternen weniger erfolgreich ist, sagen wir bei 30 % Genauigkeit (Kursgenauigkeit von rund 18 Prozent), wir aber härter am Speed-Fehler arbeiten und ihn auf 10 Prozent Genauigkeit herunterbringen, dann verbleibt uns eine Genauigkeit der Navigation von ca. 32 Prozent und unser Kreis der Unsicherheit vergrößert sich auf 32 Seemeilen nach 100 zurückgelegten Meilen. Bei gutem Steuern nach den Sternen bzw. besonders geeigneten Sternen könnten wir 20 Prozent Richtungsgenauigkeit und, durch gute Messungen der Geschwindigkeit sowie gute Kursaufzeichnungen, 10 Prozent Genauigkeit der zurückgelegten Distanz erreichen, was eine optimale Gesamtgenauigkeit von ungefähr 22 Prozent ergibt. Selbst unter besten Bedingungen - ohne unerkannte Ströme und ohne bei Starkwind gegenan zu wollen - ist es unrealistisch, über lange Strecken auf noch bessere Ergebnisse zu hoffen.

Nimmt man die empfohlenen 25 Prozent Navigationsgenauigkeit als übliches Ziel an, so liegt die Unsicherheit der Position nach einer Reise von 300 Meilen bei 75 Seemeilen. Aber, wie wir in Kapitel 11 sehen werden, wir sollten mit einiger Übung in der Lage sein, unsere geographische Breite auf rund 60 Meilen genau von den Sternen abzulesen, sodass wir zu keiner Zeit und auf keiner Reise die Ungenauigkeit der Breite mit 75 Meilen ansetzen müssen. Die Genauigkeit der Länge hängt von unserer Uhr ab. Wissen wir die genaue Zeit von Greenwich (UT), so könnten wir die Länge genauer als auf 60 Meilen bestimmen; kennen wir UT aber nicht, so wird die Länge genauso unsicher sein wie das Ergebnis der Koppelrechnung. Methoden zur Minimierung dieses Fehlers, wenn man von einer bekannten Position ausgeht, werden in Abschnitt 12 beschrieben.

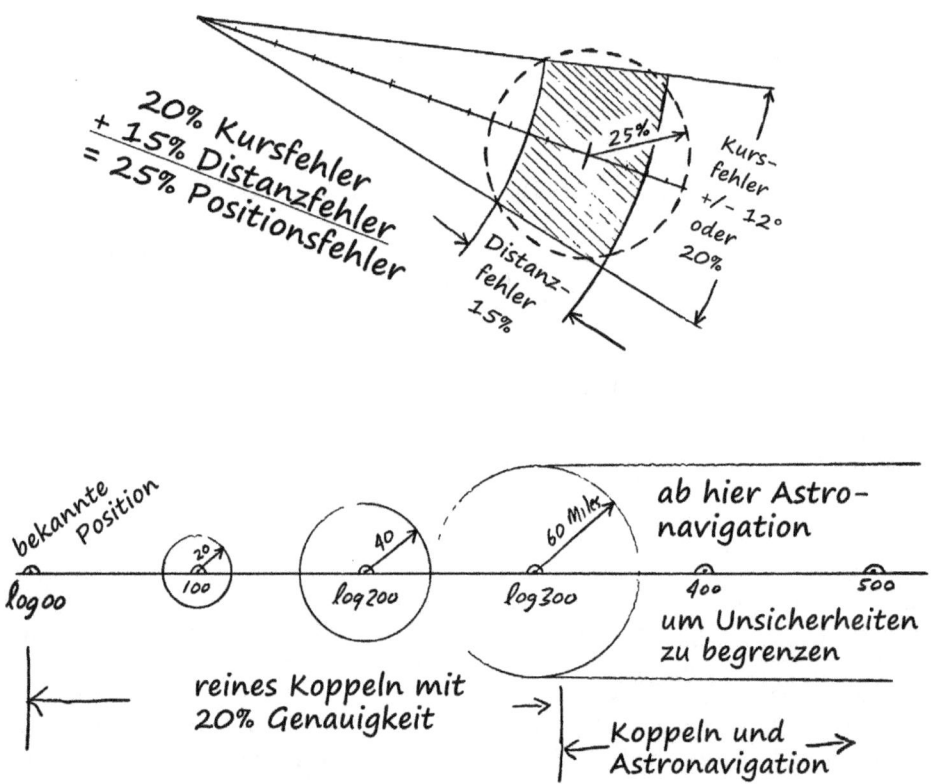

Abbildung 10-5. *Prozentueller Positionsfehler, und wie sich die Unsicherheit der Position mit der abgelaufenen Distanz vergrößert. Indem wir Steuerfehler als Prozentbetrag darstellen, können wir die Unsicherheit der Position ohne Zeichnung errechnen, nur mittels der Regeln aus Abb. 10-3. Natürlich handelt es sich dabei nur um eine Annäherung, da sich der so berechnete Kreis der Unsicherheit nicht mit dem Schattenbereich der Unsicherheit, welchen wir direkt aus Kurs und Distanz gewonnen haben, schneidet. Auf jeden Fall wiegen jedoch die Vorteile der einfachen prozentuellen Darstellung die Nachteile ihrer etwas geringeren Genauigkeit auf. Durch die Prozentangabe können wir leichter herausfinden, welcher Faktor der Navigation am wichtigsten ist und auch beurteilen, wie weit wir nach einer bestimmten abgelaufenen Distanz vom Kurs abgekommen sein könnten – was bei der Bestimmung der besten Route in Sicherheit von größter Bedeutung ist. Nach ein paar hundert Meilen wäre die Kenntnis einiger astronomischer Methoden zur Längen- und Breitenbestimmung, auf etwa 60 Meilen genau, von großem Vorteil. Ohne diese Fähigkeit würde die Unsicherheit der Koppelposition immer größer.*

Ein letzter Punkt der Navigationsgenauigkeit, der auch das mathematische Resultat von Statistiken ist, sollte noch herausgestrichen werden. Vergessen wir nicht: wir haben hier Schätzungen diskutiert, die angeben, wie weit unsere gekoppelte Position aufgrund von Messfehlern danebenliegen könnte, und nicht, wie weit sie wirklich falsch ist. Lässt man unvorhersehbare Fehler in gleich bleibender Richtung außer Acht, dann ist es unwahrscheinlich, weiter als um diese Schätzungen danebenzuliegen. Grob gesprochen haben wir eine Chance von 50

Prozent, dass unser aktueller Fehler weniger als die Hälfte der geschätzten Ungenauigkeit beträgt. Wenn wir immer und immer wieder Strecken von 100 Meilen mit einer Ungenauigkeit von 25 Prozent zurücklegen, dann werden wir mehr als die Hälfte des Weges lediglich um vielleicht 12 Meilen vom Kurs abkommen, und nicht um 25. Da wir das aber nur einmal machen werden, können wir uns auf nichts Besseres verlassen als auf unsere Berechnung.

10.3 Koppelfehler wegen Abdrift und Strom

Da Notfall-Navigation in der Regel nicht genau genug ist, um Abdrift und Versetzung durch typische Meeresströmungen exakt zu messen, können wir den Strom nur mit allen zur Verfügung stehenden Mitteln schätzen, unseren Koppelort entsprechend korrigieren und die involvierten Unsicherheiten abwägen.

Nachdem die Schätzungen einmal gemacht sind, ist das Korrigieren sehr einfach. Wenn der vorhergesagte Strom täglich 12 Meilen nach Südwest setzt, verschieben wir am Ende des Tages auch den Koppelort um 12 Seemeilen nach Südwest und gehen am nächsten Tag von dieser geänderten Position aus. Nur das ist die notwendige Korrektur, ungeachtet des Generalkurses und aller Kursänderungen im Laufe des Tages.

Pilot Charts sind die gebräuchlichsten Quellen für Strömungprognosen. Wie in Abschnitt 9.1 erwähnt, beziffert eine Faustregel die Unsicherheit der dort aufgelisteten Ströme mit 50 Prozent. Wenn eine Strömung mit 14 Meilen pro Tag vorhergesagt wird, dann kommt noch eine Unsicherheit von 7 Meilen zu unserer Koppelung dazu, auch wenn wir unseren Kurs schon um die 14-Meilen-Abdrift korrigiert haben. Man kann das mit allen anderen Unsicherheiten kombinieren und in einen Prozentsatz der Tagesstrecke umwandeln. Bei einer Tagesleistung von 50 Meilen trägt dies eine Unsicherheit von 7 Meilen (von 50), also 14 Prozent zur Position bei. Wenn man also mit 25 Prozent Genauigkeit navigiert (Kombination Weg und Richtung), verstärkt die Strömung die Unsicherheit auf rund 29 Prozent (Wurzel aus der Summe der Quadrate von 25 und 14, gemäß der Regel vom rechtwinkligen Dreieck).

Mithilfe dieser Prozedur kann man seine Koppelorte unterwegs verbessern oder das potenzielle Vorankommen durch Strömungsgebiete, welche noch voraus liegen, beurteilen. Nehmen wir an, dass unser Ziel genau südlich liegt, wir aber, um dieses zu erreichen, Gebiete des Südost-Passats, sowie einer Westströmung von z.B. 14 Meilen pro Tag queren müssen. Um nun genau Richtung Süden voranzukommen, muss man zumindest 14 Meilen Ost gutmachen – gegen den Wind. Um sicher zu sein, auch die Unsicherheit des Stromes berücksichtigt zu haben, müsste man täglich also sogar 21 Meilen ostwärts segeln. Kann man nicht hoch genug an den Wind, um eine so große, durchschnittliche Ost-Komponente zu gewährleisten, könnte man eine andere Route oder ein anderes Ziel in Betracht ziehen. Zumindest sollte man aber immer an die Strömung denken, und, sobald der Wind dreht, soviel Ost wie möglich machen.

Abdrift durch Wind ist eine andere Sache. Jedes Boot, das am Wind (gegen die Windrichtung) segelt, unterliegt bis zu einem gewissen Grad dieser Abdrift, was den tatsächlichen Kurs gegenüber dem gesteuerten Kurs nach Lee ablenkt. Auf den ersten Blick erinnert das an die Auswirkungen der Strömung, in der sowohl Geschwindigkeit als auch Kurs betroffen sind. Bei genauerer Betrachtung sind die Effekte aber anders.

Diese Abdrift ist eine Bewegung durchs Wasser, nicht – wie beim Strom – mit dem Wasser, und daher können wir sie messen. Weiters ist der Effekt der Abdrift auf den Speed nicht von Bedeutung, da alle unsere Methoden, die Geschwindigkeit zu messen, die Abdrift (oder Vorwind-

Komponenten) bereits berücksichtigen. Lediglich der Winkel der Abdrift muss extra gemessen werden. Diese Beschickung durch Wind ist der Winkel zwischen dem Kurs durchs Wasser und dem Kurs über Grund.

Die Größe der Abdrift durch den Wind hängt von verschiedenen Faktoren ab, vor Allem vom Unterwasserschiff. Ein Floß oder anderes Fahrzeug mit flachem Boden hat wesentlich mehr Abdrift als ein Kielboot, ein Boot mit flachem Kiel mehr Abdrift als eines mit tiefem Kiel. Trotzdem ist bei jedem Schiff die Abdrift am größten, wenn es hart am Wind segelt, und bei jeder Segelstellung nimmt die Abdrift mit der Windstärke zu.

Bei mäßigem Wind treibt eine Hochleistungsyacht auf idealem Am-Wind-Kurs (meistens ungefähr 45 ° zum wahren Wind) lediglich 4° bis 5° nach Lee ab. Bei frischer Brise (sagen wir z.B. 20 Knoten scheinbarer Wind), kann die Abdrift desselben Bootes auf 8° bis 10° anwachsen; in der Praxis aber wahrscheinlich nicht viel mehr als das. Ein weniger effizientes Boot würde bei diesem Wind bis zu 15° abtreiben. Bei allen Fahrzeugen gibt es hierbei eine praktische Obergrenze, bei der wir nicht weiter gegenan kämpfen, sondern etwas abfallen würden. Weiters nimmt die Abdrift bei Kielbooten rapide ab, wenn wir von einem Kurs hoch am Wind etwas abfallen – normalerweise wird sie ab halbem Wind sogar vernachlässigbar.

Auch bei sehr schwachen Brisen ist die Abdrift ein Thema. Sie ist generell viel größer als angenommen, wenn man mit weniger als 25 Prozent der potentiellen Rumpfgeschwindigkeit läuft. Ein 36-Fuß Kielboot z.B., welches mit weniger als 2 Knoten gegenan fährt, wird möglicherweise um 20° seitlich abtreiben. Wiederum würden wir die geringe Leistungsfähigkeit der Yacht unter diesen Bedingungen spüren und etwas abfallen, um mehr Fahrt, welche die Abdrift verringert, zu machen. Trotzdem dürfen wir diese Konsequenzen für die Navigation nicht außer Acht lassen, sollten wir einmal gezwungen sein, Höhe gegen leichten Wind zu machen, z.B. beim Queren eines ausgedehnten Hochdruckgebietes mitten auf dem Ozean.

Bei der Überlegung, ein Flachbodenboot zum Segeln auszurüsten, ist die Abdrift ein Hauptthema. Auch von einem provisorisch geriggten Seitenschwert können wir nicht erwarten, gegen den Wind sehr erfolgreich zu sein. Hier ist die Frage weniger, wie hoch man an den Wind gehen könnte, sondern vielmehr, wie weit man von einem reinen Vorwindkurs abweichen kann. Selbst eine nur geschätzte Antwort ist schwierig – es hängt von so Vielem ab: Rumpf, Seitenschwert, Ruder, Rigg, Segeln, Wind und Seegang. Man kann sich aber darauf verlassen, gehörig abzutreiben, wenn man versucht, mit einem flachen Boot gegenan zu halten. Auf jedem behelfsmäßig geriggten Fahrzeug muss die Abdrift aber definitiv gemessen und in der Navigation berücksichtigt werden. Vergessen Sie aber das Seitenschwert nicht; selbst das Blatt eines Paddels macht einen großen Unterschied.

Jedenfalls hängt die Definition von Abdrift nicht vom Bootstyp oder von der Größe der Abdrift ab. Sie ist immer der Winkel zwischen dem Kurs durchs Wasser und der Richtung, in die der Bug weist. Im Prinzip liefert uns das Kielwasser oder ein Schaumstreifen den Kurs, den wir brauchen. Wenn das Kielwasser über eine ausreichende Strecke erkennbar wäre, so könnten wir die Abdrift feststellen, indem wir den Winkel zwischen unserer Kiellinie und dem Kielwasser messen. Das ist aber in den meisten Fällen eher von theoretischem Wert.

Eine praktikable Methode ist, eine Leine übers Heck nachzuziehen, welche irgendwo mittschiffs in Mittellinie befestigt ist. Der Wasserwiderstand wird diese Leine in Richtung unseres Kurses durchs Wasser spannen. Unsere Abdrift ist dann der Winkel zwischen dieser Leine und der Kiellinie – sie wirkt dann wie ein sichtbares Kielwasser. Der Winkel kann berechnet werden, indem man den Abstand zwischen dem Befestigungspunkt der Leine und dem Heck, sowie querschiffs am Heck den Abstand zwischen Leine und Mittellinie misst (wie in Abb. 10-6 beschreiben). Mit diesen Angaben kann man eine maßstäblich verkleinerte Zeichnung des Winkels anfertigen. Diese Messung wird von Strömungen nicht beeinflusst.

Bei starkem Wind und rauer See ist diese Messung schwieriger, obwohl genau das die Bedingungen sind, unter denen wir uns darum kümmern sollten. Wellen bringen uns vom Kurs ab, was es uns schwer macht, die Abweichung der Leine von der Mittellinie zu beurteilen. Außerdem drückt starker Wind das exponierte Ende der Leine nach Lee, was unsere Abdrift kleiner erscheinen lässt. Wie in Abb. 10-6 gezeigt, liegt unsere „Spur" durchs Wasser (die nachgeschleppte Leine) luvwärts von achteraus, sodass – wenn die Leine nach Lee gedrückt wird – unsere Abdrift geringer erscheint als sie in Wirklichkeit ist.

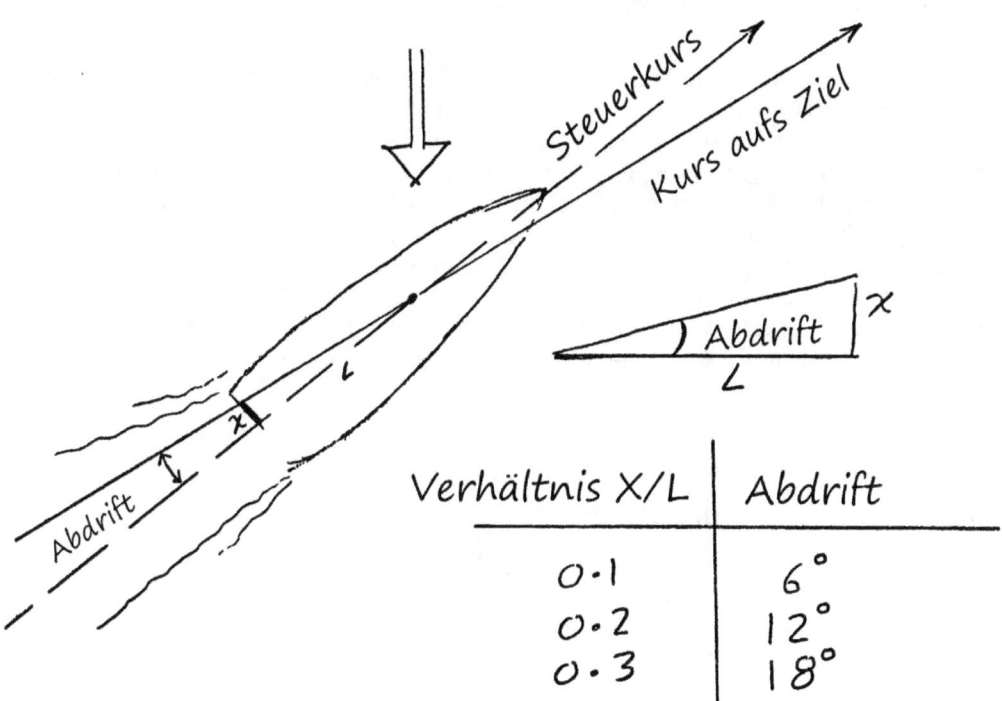

Abbildung 10-6. *Die Messung der Abdrift mittels einer Leine, welche man über das Heck nachschleppt. Driftet das Boot nach Lee ab, so bewegt sich die Leine von der Bootsmittellinie nach Luv. Der Winkel zwischen der nachgeschleppten Leine und der Kiellinie stellt die tatsächliche Abdrift dar. Der Winkel kann durch die gezeigten Proportionen bestimmt werden – im Wesentlichen dieselbe Regel, wie jene von Abb. 3-7 zur Erkennung von Kursfehlern. In vielen Fällen wird es auch genügen, die Leine am Heck zu befestigen und den Winkel zur Mittschiffslinie zu schätzen.*

Im Prinzip sollte die Leine direkt unterhalb oder zumindest in der Nähe des gesamten Segeldruckpunktes liegen, es ist aber oft schwer, einen freien Bereich ohne Hindernisse von hier bis zum Heck zu finden. Wenn die Leine schwer ist, dann ist der Punkt der Befestigung besonders wichtig. Liegt dieser vorlicher als der Segeldruckpunkt (z.B. am Bug), so wird der Zug der Leine unsere Abdrift wahrscheinlich vergrößern, da der Wind das Heck nach Lee dreht (im Verhältnis zum Bug). Andererseits wird die Leine, wenn sie am Heck befestigt ist, dieses in Richtung Luv halten, da der Bug nach Lee gedreht wird, was die Abdrift scheinbar verkleinert – eine schwere Leine am Heck ist ein Treibanker! Wenn verfügbar, versuchen Sie es mit verschiedenen Stärken und Längen, um das Optimum herauszufinden. Sie brauchen einigen Widerstand im Wasser, um die Leine gespannt zu halten, aber eine Leine unter Wasser hilft Ihnen nicht, den Winkel zu beurteilen; sie verursacht nur Widerstand, reduziert den Speed und verfälscht den Winkel der Abdrift, wenn der Befestigungspunkt nicht korrekt ist.

Ist der Winkel der Abdrift einmal gemessen, so ist es eine einfache Sache, ihn in die Koppelung einzubeziehen. Man muss nur den aufgezeichneten Kurs um den Winkel der Abdrift nach Lee korrigieren, und die Navigation auf diesen verbesserten Kurs aufbauen. In einem Fahrzeug mit großer Abdrift (und wenn eine Leine verfügbar ist) bringt man die Leine nur gelegentlich aus, stimmt mit ihr eine behelfsmäßige Kompassrose ab, und notiert sich die Art, wie das Boot läuft. Mit anderen Worten – wir richten unseren Kurs nach der Schleppleine aus, und nicht den Bug des Bootes.

Segelt man seine eigene Yacht mit ihrem normalen Segelplan, so ist es am besten, die Abdrift bei verschiedenen Windverhältnissen, sowie bei unterschiedlicher See und Besegelung im Vorhinein zu eruieren. Beim Routinesegeln kann man diese Informationen sehr leicht und genau erhalten, indem man bei gleichmäßigem Wind und ruhiger See den Kompasskurs mit dem auf Loran basierenden (bzw. GPS-unterstützten, Anm. d. Ü.) Kurs über Grund vergleicht. Ein gut geführtes Logbuch einer aktiven Segelsaison sollte genügen, da man die gewonnenen Daten interpolieren kann. Wir wollen ja die tatsächliche Abdrift wissen, und nicht theoretische Werte, die natürlich immer viel kleiner sind. Veröffentlichte Abdriftwerte von Yachten sind wie Treibstoff-Verbrauchsangaben für Autos. Man kann sie verwenden, um Modelle zu vergleichen, sie sagen aber nichts über das Verhalten bei Stop-and-go-Verkehr im Seegang oder beim Treiben im windlosen Zentrum eines ozeanischen Hochs aus.

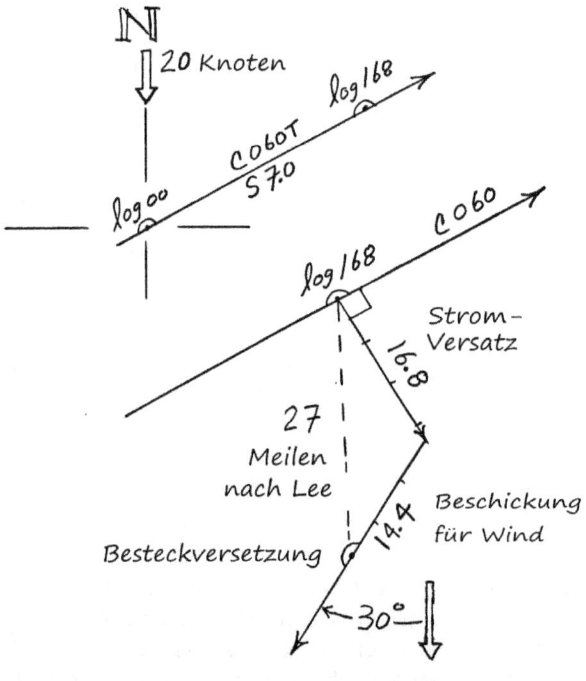

Abbildung 10-7. *Der Fortschritt nach Luv. Hier wird mit einer Abdrift von 6° gerechnet, da von einem Versatz von 10 % nach Lee bzw. einer Winddrift von 0,6 Knoten, um 30° weiter nach rechts als die wahre Windrichtung, ausgegangen wird. Beides sind grobe Schätzungen, aber der berichtigte Koppelort wird sicher näher am wahren Ort liegen als der unberichtigte Koppelort zuvor.*

10.4 Vorankommen gegenan

Abdrift und winderzeugte Strömungen wirken in die gleiche Richtung, nämlich nach Lee. Es sind dies zwei geringe Effekte bei Leichtwindnavigation, aber die Kombination ihrer Auswirkungen bei schwerem Wetter ist nicht gerade gering. Übersieht man diese Effekte, so kann das Vorankommen gegen das Wetter signifikant schlechter als erwartet sein. Bei der Notfall-Navigation müssen wir mit diesen Dingen sehr vorsichtig umgehen, da wir uns nicht darauf verlassen können, später (unter günstigeren Bedingungen) eine genaue Position zu bekommen, um korrigieren zu können, was wir vorher übersehen haben.

Als spezielles Beispiel nehmen wir an, dass wir bei anhaltendem Nordwind von 20 Knoten mit 7 Knoten Durchschnittsgeschwindigkeit mit Kurs 060° über Grund laufen (ergibt scheinbaren Wind von 25 Knoten aus 045 ° links vom Bug). Nehmen wir weiter an, dass wir eine Abdrift von 6° nach Lee, sowie einen winderzeugten Strom von ca. 0,6 Knoten, ungefähr in Richtung 210°, nicht beachtet haben (s. Abschnitt 9.3.).

Die Koppelrechnung ohne Abdrift und Strom würde einen Schlag von 168 Meilen in 24 Stunden auf Kurs 060° über Grund voraussagen. Die Abdrift von 6° jedoch würde einen lateralen Fehler von 10 Prozent (ca. 17 Meilen) nach rechts von 060° ergeben, also Richtung 150° über Grund. Die Strömung würde uns um 24 x 0,6 (also rund 14) Meilen ungefähr in Richtung 210° über Grund versetzen. Wie in Abb. 10-7 gezeichnet, findet man seine wirkliche Position etwa 27 Meilen südlich (leewärts) des unkorrigierten Koppelortes. Auf diesem 168-Meilen-Schlag könnten wir einen Fehler von 16 Prozent übersehen haben. Und, offen gesagt, sogar dieses scheinbar extreme Beispiel bedeutet, das Problem zu unterschätzen!

Die Versetzung durch den Strom würde wahrscheinlich nicht viel größer als angenommen sein, es sei denn, es hätte den ganzen Tag stark geregnet, sie könnte jedoch viel mehr in Windrichtung liegen, vor Allem auf niedrigen Breiten, wo die Coriolis-Kraft schwächer wirkt. Ist der Strom noch mehr an die Windrichtung angeglichen, so wäre der Fehler (leewärts) umso größer. Auch die Abdrift könnte wesentlich größer gewesen sein als hier angenommen. Es hängt von Schiff, Segelplan und Krängung ab. Aber es gibt noch ein weiteres Problem beim Beggenen von aufeinander folgenden Seen: das Rudergehen. Boote, die in schwerer See gegenan kämpfen, neigen dazu, sich in großen Wellen festzustampfen; um das zu minimieren, ändern wir oft geringfügig den Kurs bei jeder Welle. Wird das getan, indem wir jedes Mal, wenn sich der Bug aus der Welle hebt, etwas abfallen, so haben wir kurze, aber immer wiederkehrende Kursänderungen nach Lee, was auf einem langen Schlag auch das Vorankommen gegen das Wetter behindert. Schätzungen dieses Effektes würden noch heikler sein als alle anderen, aber es ist etwas, woran man denken sollte, wenn man in starkem Wind gegenan fährt.

Nochmals, das sorgfältige Führen und Studieren eines Loran-Logbuches während verschiedener Bedingungen lehrt uns eine Menge über die Performance unseres Bootes bei schwerem Wetter, und bereitet uns umso besser aufs Segeln ohne Loran vor.

11 Breitenbestimmung auf See

Mit modernen Instrumenten gibt es mehrere unabhängige Arten der Breitenbestimmung und die Prinzipien hinter diesen Methoden sind leicht zu verstehen und zu merken. Mit Übung, gewissenhafter Arbeit und etwas Glück können wir mit einer durchschnittlichen Genauigkeit von rund 50 Meilen rechnen, obwohl der etwas konservativere Bereich von etwa 90 Meilen realistischer ist.

Um unsere Breite mithilfe der Sterne herauszufinden, müssen wir entweder die Höhe eines Gestirns über dem Horizont messen, oder ermitteln, wie nahe er sich zu einem Punkt direkt über uns befindet. Die Messungen sind dieselben wie jene, die man bei manchen Methoden zur Richtungsbestimmung verwendet, jetzt aber müssen sie präzise sein – ein Breitenfehler ist Dasselbe wie ein Fehler der Sternenhöhe, und da 1° Breitenunterschied 60 nautischen Meilen entspricht, bedeutet ein Fehler von 2° in der Sternenhöhe, dass unsere errechnete Breite um 120 Meilen falsch ist.

Wie immer ist die Wiederholung der Schlüssel zur Genauigkeit. Wiederholen Sie jede Messung einige Male und mitteln Sie die Ergebnisse. Wir müssen auch lernen, improvisierte Instrumente zu kalibrieren und die besten Methoden sie einzusetzen auszuwählen. Es ist z.B. schwierig, eine Sternenhöhe von 40° auf 30 Minuten genau zu messen, dagegen ist es leicht, dies bei einer Höhe von 4° mit der gleichen Präzision zu tun. Auf jeden Fall brauchen solche Messungen Zeit und Konzentration, und ermüden oft die Augen, da man über längere Zeiträume immer wieder zwischen Sternen und Händen fokussieren muss. Möglicherweise muss man eine Zeit lang den Kurs für einen „sanfteren Ritt" ändern, oder die Messung auf verschiedenen Kursen wiederholen, um einen genauen Durchschnittswert zu bekommen.

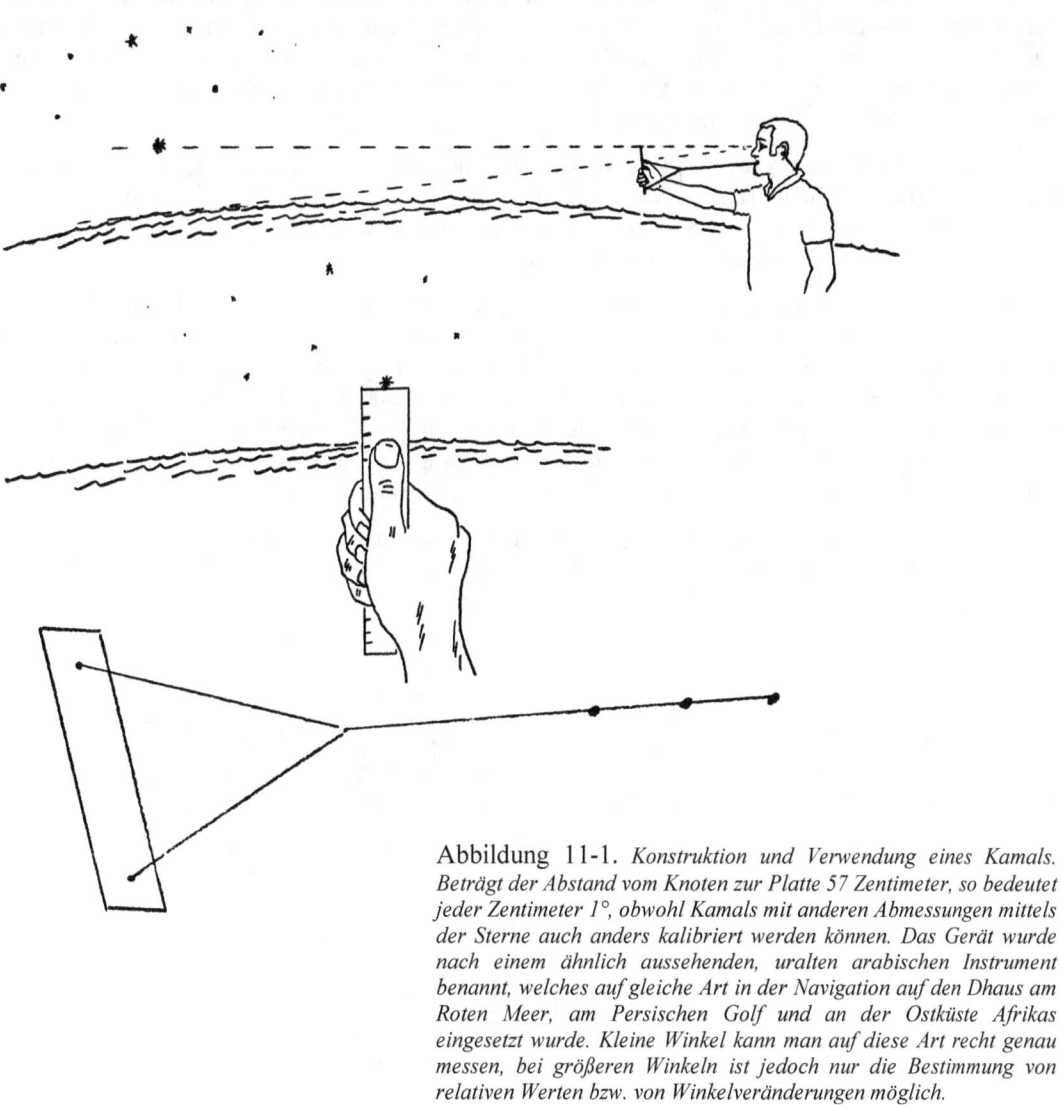

Abbildung 11-1. *Konstruktion und Verwendung eines Kamals. Beträgt der Abstand vom Knoten zur Platte 57 Zentimeter, so bedeutet jeder Zentimeter 1°, obwohl Kamals mit anderen Abmessungen mittels der Sterne auch anders kalibriert werden können. Das Gerät wurde nach einem ähnlich aussehenden, uralten arabischen Instrument benannt, welches auf gleiche Art in der Navigation auf den Dhaus am Roten Meer, am Persischen Golf und an der Ostküste Afrikas eingesetzt wurde. Kleine Winkel kann man auf diese Art recht genau messen, bei größeren Winkeln ist jedoch nur die Bestimmung von relativen Werten bzw. von Winkelveränderungen möglich.*

11.1 Behelfsmäßige Höhenmessung und Kalibrierung

Ohne einen ordentlichen Sextant wird die genaueste und angenehmste (Höhen-) Winkelmessung jene von kleinen Winkeln, unter ca. 15°, sein. Dafür gibt es mehrere Gründe, einige praktische und einige mathematische. Mit ein wenig Übung und den einfachsten Hilfsmitteln können wir kleine Winkel auf ungefähr 30 Minuten genau messen. Größere Winkel erfordern einen anderen Zugang und die Resultate sind weniger genau.

Das beste behelfsmäßige Gerät zur Messung kleiner Winkel ist das Kamal, in Abschnitt 6.3.

bereits kurz erwähnt. Der Apparat ist nichts als eine flache Platte oder ein Stock, woran eine Schnur, in die einige Knoten geknüpft sind, in Form eines Hahnepot befestigt ist (s. Abb. 11-1). Man hält die Platte vor sich, die Knoten zwischen den Zähnen, sodass die Oberkante der Platte mit dem Gestirn und der Daumen mit dem Horizont fluchtet. Dann wandelt man den auf der Platte gemessenen Abstand in einen Höhenwinkel über dem Horizont um. Die Knoten in der Schnur halten den Abstand der Platte vom Auge konstant und der Hahnepot gewährleistet, dass die Platte immer im rechten Winkel zur Schnur steht.

Sollte man zufällig ein Lineal mit Zentimetereinteilung zur Verfügung haben, so kann man ein bereits kalibriertes Kamal basteln. Man verwendet das Lineal als Platte und legt den Abstand zwischen Platte und Knoten mit 57 Zentimetern fest. Jetzt entspricht jeder Zentimeter am Lineal einem Winkelgrad (bei Winkeln bis ungefähr 15°).

Wir müssen aber keineswegs ein Lineal haben, um ein kalibriertes Kamal herzustellen, und selbst wenn wir eines haben, muss die Kalibrierung anhand der Sterne überprüft werden. Zuerst fertigen wir ein Kamal mit einer komfortablen Schnurlänge an, gerade so lang, dass wir den Faden vor unseren Augen spannen können, ohne die Schulter vorbeugen zu müssen. Diese Länge wird bei durchschnittlicher Armlänge ca. 50 Zentimeter betragen, die exakte Länge spielt aber keine Rolle. Dann legen wir mithilfe der Sterne die Winkelskala entlang der Platte fest. Und jetzt kommen wir zum Punkt – einige dieser Sternenabstände müssen wir auswendig wissen!

Die Abbildung 11-2 zeigt einige Kalibrierungsabstände in auffälligen Konstellationen. Die Distanzen zwischen den Zeigern des Großen Wagens (5,4°) und den Wächtern des Kleinen Wagens (3,2°) ergeben eine Ziffernfolge, die leicht zu merken ist.

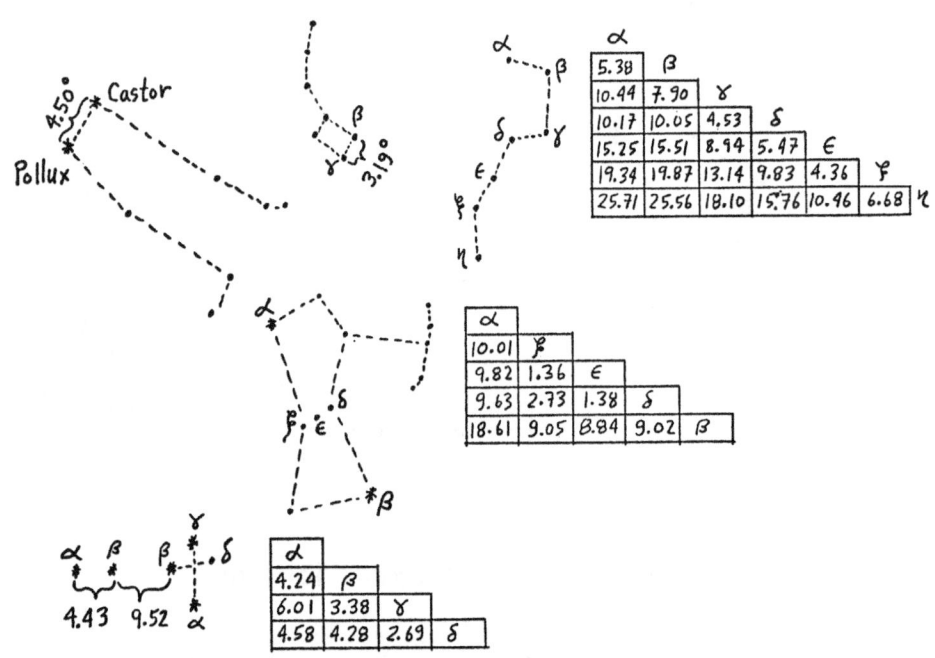

Abbildung 11-2. *Ausgesuchte Winkel zwischen Sternenpaaren zur Kalibrierung. Man beachte, dass das Alpha-Beta-Paar von Großem- und Kleinem Wagen (die Zeiger und die Wächter) eine gut zu merkende Reihe bilden (5,4°, 3,2°). Die Sterne des Gürtels des Orion sind ungefähr 1,4° von einander entfernt. Die Tafeln in der Abbildung zeigen die Abstände einiger Sternenpaare in benachbarten Konstellationen. Am einfachsten bestimmt man diese Abstände mit einem programmierbaren Taschenrechner, sie sind aber auch in Abb. 11-3 graphisch dargestellt.*

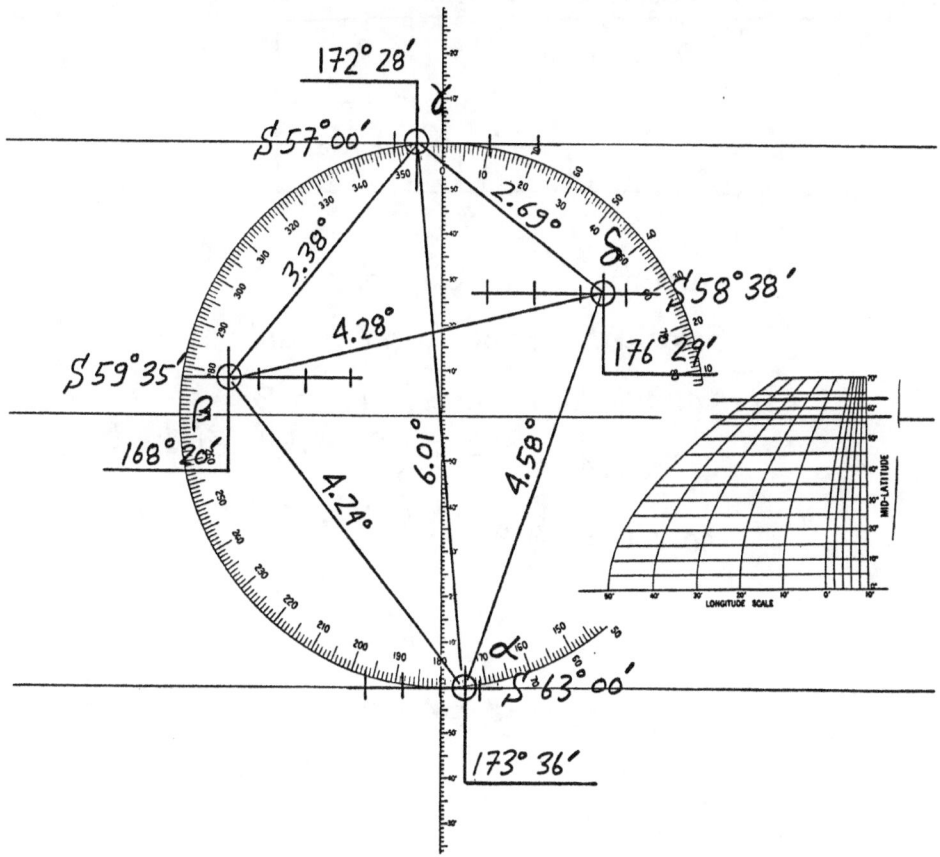

Abbildung 11-3. *Graphische Bestimmung der Abstände der Sterne im Kreuz des Südens. Die Positionen der Sterne werden in ein universelles Plotting Sheet eingetragen, wobei man deren Deklination anstatt der Breite, und deren SHA anstatt der Länge heranzieht. Man beachte, dass ein so großer „Breitenbereich" bei jedem Stern einen anderen Maßstab der Länge erfordert.*

Man kann auch die Distanzen von anderen Sternenpaaren, die in der Praxis vielleicht angenehmer sind, messen. Die einfachste Methode ist, die Sternenpositionen in ein universelles Plotting-Sheet zu übertragen (s. Abb. 11-3), indem man die Deklinationen als Breite und die Sternenwinkel als Länge annimmt. Aus dem Breitendiagramm bekommt man dann den Abstand der Sterne in Winkelgraden.

Natürlich muss man das machen, bevor ein Notfall eintritt. Aber die Abstände benachbarter Sterne, auf diese Art (oder direkt mit einem Sextant) gemessen, sind wertvolle Hilfen bei der Notfall-Navigation. Man kann z.B. auf diese Weise die Breite seiner Hand oder Dicke seiner Finger messen und kalibrieren. Für die meisten in den Kapiteln 5 und 6 beschriebenen Arten des Steuerns nach Gestirnen genügen ungefähre Winkel, und wenn man den Winkel z.B. seiner Handbreite einmal kennt, kann man ihn auch dafür verwenden. Die typische Breite eines Daumens auf Armeslänge ist rund 2°, die einer gespreizten Hand (von der Daumenspitze zu der des kleinen Fingers) ungefähr 20°.

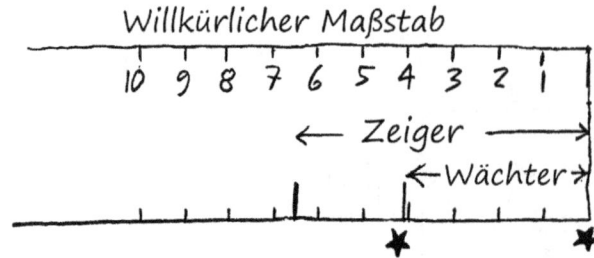

(1) Kamal beliebig kalibrieren
(2) Bekanntes Sterenpaar markieren
(3) Kalibrierung berechnen, z.B.

$$\text{Wächter} = 3.2° = 4.1 \text{ Einheiten}$$

$$\text{somit ist eine Einheit} = \frac{3.2}{4.1} = 0.78°$$

$$\text{Zeiger} = 5.4° = 6.5 \text{ Einheiten}$$

$$\text{somit ist eine Einheit} = \frac{5.4}{6.5} = 0.83°$$

$$\text{Durchschnitt} = \frac{0.78 + 0.83}{2} = \boxed{0.8° \text{ pro Einh.}}$$

Abbildung 11-4. *Kalibrierung eines Kamals. Man richtet das Kamal auf ein Sternenpaar bekannten Abstands aus, markiert diesen Abstand auf der Platte und berechnet schließlich den Maßstab wie beschrieben. Das gezeigte Beispiel verwendet die* Zeiger *und die* Wächter *des Großen- und des Kleinen Wagens.*

Hat man erst einmal einige Sterndistanzen auf das Kamal übertragen, so kann man errechnen, wie die Skala aussehen muss, da die Winkelskala für kleine Winkel linear ist. Der Vorgang wird in Abbildung 11-4 beschrieben.

Um große Winkel zu messen benötigen wir ein spezielleres Werkzeug: ein größeres, breites Brett von ca. 40 cm Seitenlänge (Tür eines Kästchens o. ä.); ein Stück Rohr oder Schlauch (ev. Abschnitt der Maststütze); zwei Nägel, Schrauben oder andere Hilfsmittel, um Löcher zu bohren; ein Stück Faden und ein Gewicht. Das Design zeigt Abbildung 11-5. Das Schaurohr soll die Oberkante eines großen Quadranten bilden, dessen Radius 57 Einheiten beträgt; dann überprüft man die andere Seite des Quadranten mit dem Horizont, wie beschrieben. Der Faden kann beim Zeichnen des Bogens als Konstruktionszirkel dienen. Um die Skala am Bogen festzulegen, wenden wir eine Regel an, die besagt, dass auf einem Bogen mit einem Radius von 57 Einheiten jede Einheit einen Winkel von 1° bedeutet. Das Gerät verwendet man, indem man durch das Rohr einen Stern anpeilt und den Winkel dort abliest, wo der Faden mit dem Gewicht den Bogen kreuzt.

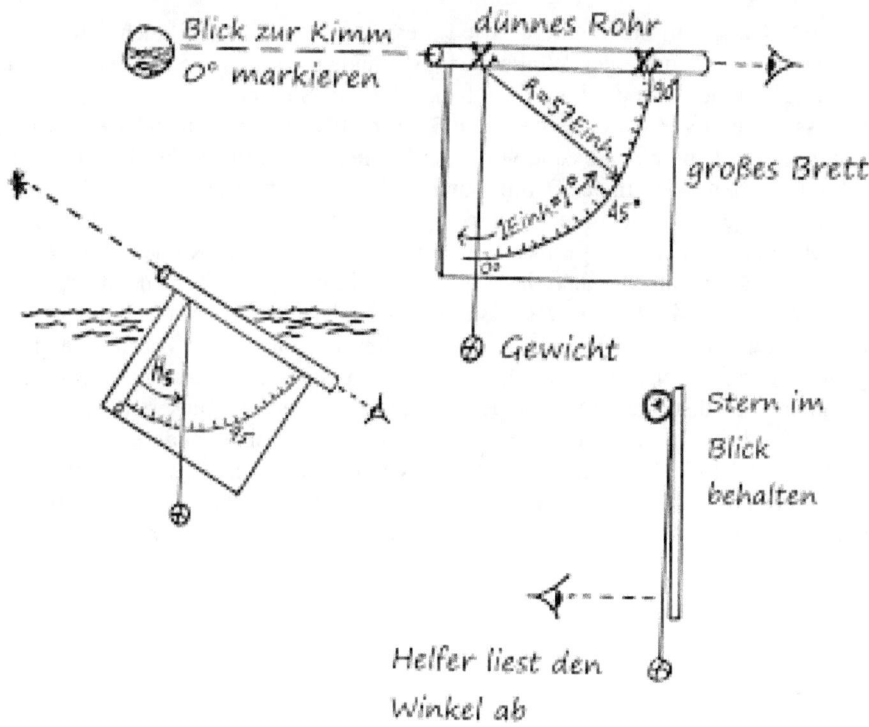

Abbildung 11-5 *Konstruktion und Verwendung eines Senkblei-Sextanten. Obwohl das Basteln eines solchen Gerätes – wenn es genau messen soll – natürlich viel Sorgfalt erfordert, so wird es beim Einsatz bei relativen Winkeln doch sehr verlässlich sein. Ist die Skala sauber eingeteilt, so kann man damit zum Beispiel herausfinden, dass ein Stern um 0,5° tiefer gesunken ist, es wird jedoch sehr viel schwieriger sein zu entscheiden, ob dieser Stern von 35,5° auf 35,0°, oder von 35,0° auf 34,5° abgestiegen ist. Auf jeden Fall muss man für ein gutes Resultat mehrere Messungen vornehmen und deren Ergebnisse mitteln.*

Wenn das Boot rollt wird der Faden pendeln und außerdem muss man die Platte senkrecht halten, damit er nicht an der Platte schleift. Mit etwas Geduld und Übung aber wird man Sternenwinkel auf 1° genau messen können, vorausgesetzt, die Skala wurde gewissenhaft konstruiert. Um Messungen alleine zu machen, muss man den Faden, sobald man den Stern im Visier hat, gegen die Platte drücken und dann ablesen. Für einen guten Durchschnittswert müssen mehrere „Schüsse" gemacht werden. Zwei Personen gemeinsam können das jedenfalls wesentlich besser tun als nur eine. Während Einer das Gestirn durch das Rohr anpeilt, beobachtet der Andere das Lot an der Skala und stellt dessen durchschnittliche Position fest.

Die solcherart durchgeführten Messungen von Sternenhöhen sind nicht auf Dämmerungszeiten beschränkt – man muss ja den Horizont dafür nicht sehen können -, was einen guten „Senkblei-Sextanten" bei vielen Anwendungen der Breiten- und Richtungsbestimmung extrem wertvoll macht. Es bedeutet jedoch viel Arbeit, sich selbst von der Richtigkeit der Ergebnisse zu überzeugen. Will man auch die Sonne verwenden, so muss man entweder irgendeinen transparenten Sonnenfilter einbauen, oder die Messungen bei bedecktem Himmel machen. Trotzdem sind diese

Beobachtungen für die Augen potentiell gefährlich. Außer bei bedecktem Himmel, oder mit adäquaten Materialien, um gute Schattengläser herzustellen, ist dieses Gerät zur Messung von Sonnenhöhen eher ungeeignet.

Relative Winkel kann man auf mehrere Arten messen, und oft genügt auch schon ein „gutes Auge", um die Größe von den kleinen Winkeln der Abstände zwischen zwei Sternen zu beurteilen. Betrachtet man z.B. eine Gruppe von drei benachbarten Sternen, so ist es meistens leicht festzustellen, dass – sagen wir – die Sterne 2 und 3 doppelt so weit voneinander entfernt sind wie die Sterne 1 und 3. Man kann den Abstand von zwei Sternen auch mittels Fingerbreite oder Kamal verifizieren. Ähnlich können wir in der Dämmerung auch leicht feststellen, dass die Höhe über dem Horizont von Stern 3 gerade gleich oder eben weniger als der Abstand zwischen Stern 2 und Stern 3 ist. Ein anderer Trick ist, einen Stern über einen Finger oder über das Kamal zu peilen, während man ein Auge geschlossen hält. Man hält das Visier so ruhig wie möglich, öffnet dann dieses Auge und schließt das andere (s. Abb. 11-6). Das Visier (Finger oder Kamal) wird sich um ca. 6° seitlich verschieben, und zwar immer im gleichen Ausmaß – dieser Winkel wird vom Abstand zwischen Auge und Visier (Kamal- oder Armeslänge), sowie vom Abstand zwischen den Augen bestimmt. Mithilfe bekannter Sterndistanzen oder eines Sextanten können wir unseren „Daumensprung" kalibrieren – nämlich herausfinden, ob es sich um 6°, 7° oder um einen anderen Winkel handelt – und diesen praktischen Trick für schnelle Messungen von kleinen Winkeln verwenden, welche, bei einiger Übung, ziemlich genau sein können. Mit einem Augenzwinkern Richtung Kielwasser kann man z.B. seine Abdrift bestimmen.

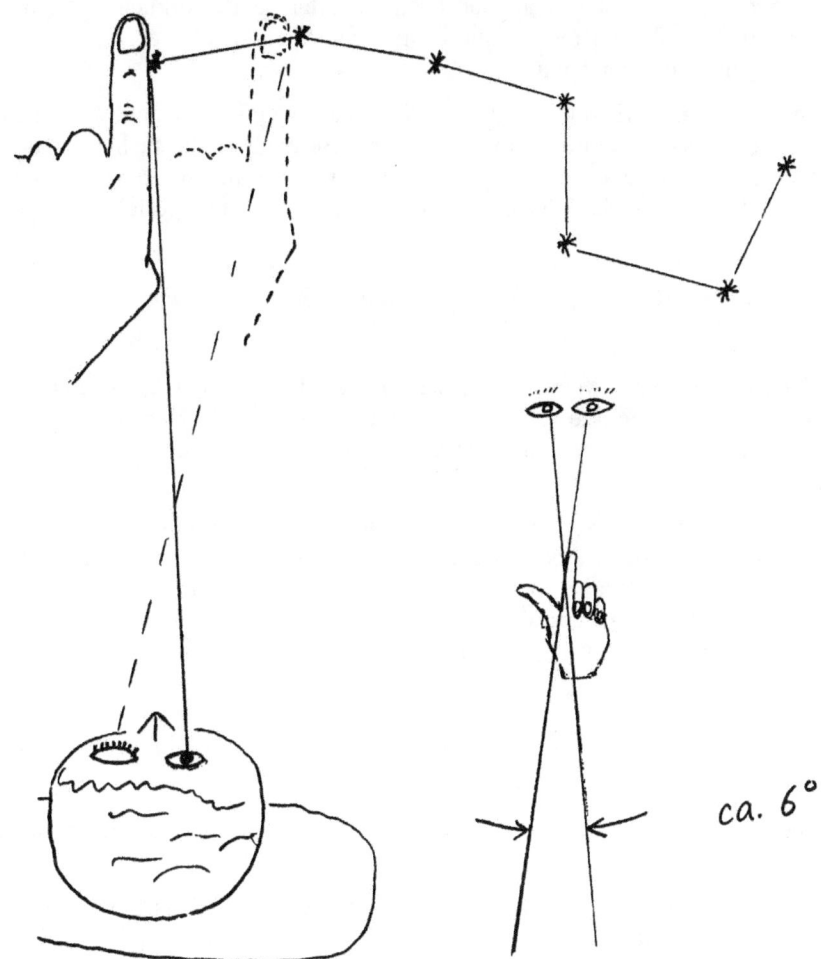

Abbildung 11-6. *„Zwinkern" beim Peilen entlang eines Fingers bei ausgestrecktem Arm zur Winkelmessung (Daumensprung). Bringt man seinen Finger mit einem Stern eines Sternenpaares in Linie und zwinkert dann abwechselnd mit dem rechten und dem linken Auge, so sind die beiden Sterne – wenn der Finger dabei von einem Stern zum anderen springt – 6° von einander entfernt. Springt der Finger nur den halben Weg von einem zum anderen Stern, so beträgt der Abstand zwischen diesen Sternen 12°. Kalibrieren Sie Ihr „Zwinkern" durch die Verwendung bekannter Sternenpaare oder durch den Einsatz eines Sextanten und entfernter Landmarken. Ein typisches „Zwinkern" umfasst ungefähr 6°. Die Verwendung der Kante eines Kamals anstatt des Fingers ist dabei einfacher und genauer.*

11.2 Behelfsmäßige Höhenkorrekturen

Relativ zum Horizont gemessene Höhenwinkel müssen um mehrere Faktoren korrigiert werden, um die Berechnung der geographischen Breite mit optimaler Präzision machen zu können. Die

Korrekturen sind im Nautical Almanac angeführt und ihre Anwendung ist in der astronomischen Navigation eine Routineprozedur. Jede einzelne Korrektur ist ziemlich klein aber ihre Summe kann signifikant sein, vor allem wenn man zufällig einen Sextant zur Hand hat und Sonnen- bzw. Sternenhöhen wirklich genau messen kann. Selbst ohne Sextant und Jahrbuch sollte man diese Korrekturen bei der behelfsmäßigen Breitenbestimmung nicht außer Acht lassen, da man sie ja auch ohne Almanach recht genau schätzen kann.

Die Höhe, oder auch Höhenwinkel, direkt mittels Sextant oder Kamal gemessen, nennt man „Sextantenhöhe" (HS). Nach Berücksichtigung aller Korrekturen bezeichnet man diesen Höhenwinkel als „Beobachtete Höhe" (HB, oder HO – Observed Height). Wir beginnen mit HS und wollen HO errechnen. Die Summe der Höhenkorrekturen kann wie folgt dargestellt werden:

$$HO = HS +/- IC - Dip - Refraktion +/- halber\ Gestirnsdurchmesser$$

„IC" ist die Indexberichtigung. Man wendet sie nur bei Beobachtungen mit einem genauen Sextanten an, indem man das direkte und das gespiegelte Bild des Horizontes (der Kimm) in Übereinstimmung bringt (Kimmprobe, Anm. d. Ü.), und das Ergebnis direkt vom Sextanten abliest. Der Wert kann positiv oder negativ sein.

„Dip" (Kimmtiefe) ist die Korrektur für die Augenhöhe des Beobachters zur Zeit der Beobachtung. Mann berücksichtigt sie bei allen Beobachtungen mit konventionellem Sextant oder Kamal, nicht jedoch bei einem Blasen- oder Senkbleisextant. Es ist immer eine kleine negative Berichtigung, die man aus der Quadratwurzel aus der Augenhöhe des Beobachters über dem Wasser, ausgedrückt in Fuß, genau ausrechnen kann:

$$Dip = 1'\ x\ Wurzel\ Augenhöhe\ in\ Fuß$$

Bei einer Augenhöhe von 9 Fuß beträgt die Kimmtiefe (Dip) 3', und die Dip-Korrektur daher – 3'.

Der „halbe Gestirndurchmesser", der Radius, ist die Hälfte des Winkels, unter dem man die Sonnenscheibe sieht, und um diesen Wert sollte man alle Sonnenbeobachtungen verbessern. Die Breite (und auch jede andere Sonnenstandlinie) errechnet man mit der Höhe des Sonnenmittelpunktes; wir können aber nur den Ober- oder Unterrand messen. Auf 0,5' genau bleibt der Sonnenradius das ganze Jahr über mit 16' konstant. Daher beträgt die Berichtigung für Beobachtungen des Unterrandes + 16' und für jene des Oberrandes – 16'. Ähnliche Korrekturen muss man bei Mondbeobachtungen berücksichtigen, welche aber ohne Nautical Almanac nicht sinnvoll sind; in diesem sind aber gegebenenfalls alle Berichtigungen für den Mondradius aufgelistet.

„Refraktion" nennt man das Phänomen, dass Lichtstrahlen beim Eintritt in die Erdatmosphäre gebeugt werden. Es verursacht bei allen Messungen mit jeglichen Instrumenten Fehler. Bei niedrigen Gestirnsbeobachtungen ist die Refraktion am größten, was sie bei der Notfall-Navigation so bedeutend macht. Der Korrekturwert ist immer negativ, seine Größe hängt aber von der Höhe der Sonne oder der Gestirne ab. Bei „Sextantenhöhen" (HS) größer als 6° gilt:

$$Refraktion = 60'\ /\ HS$$

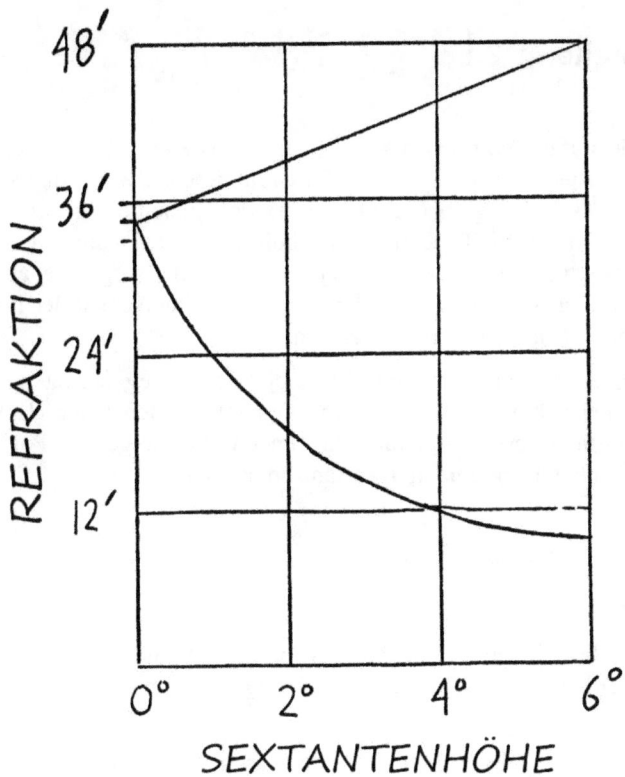

Abbildung 11-7. *Die Korrektur von Sextantenhöhen für die Refraktion bei niedrigen Winkeln. Um eine Kurve für die Refraktions-Korrekturen zu erstellen, zeichnet man – wie gezeigt – ein Rechteck, und zieht einen Bogen, ausgehend von 34,5' (etwa 1/8 unterhalb von 36') bei einer Sextantenhöhe von 0°, um das rechte, obere Eck des Rechtecks bis zur Senkrechten. Die Kurve zeigt die auf etwa 1' genauen Werte. Bei einer Sextantenhöhe von 1° beträgt die Refraktions-Korrektur 24', bei einer Sextantenhöhe von 4° beträgt diese 12'. Dieser Trick wurde nur durch brutale Gewalt (Versuch und Irrtum) entwickelt. Bei größeren Winkeln entspricht die Refraktion 60', dividiert durch die Sextantenhöhe in Graden.*

Bei einer Sternenhöhe von 15° würde die Refraktion 60' / 15 = 4', und die Korrektur daher – 4' betragen. Dieser Näherungswert ist auf ungefähr 1' genau, wenn die Sextantenhöhe größer als 6° ist. Für kleinere Höhen muss der Wert mithilfe eines Diagramms ermittelt werden, da die Refraktion mit abnehmender Höhe stark zunimmt.

Zur Berechnung der Refraktion bei kleineren Winkeln erstellt man eine Graphik, wie in Abb. 11-7 erläutert. Man zeichnet ein rechtwinkeliges Diagramm mit 3 Einheiten auf der horizontalen Achse, um 6° Sextantenhöhe darzustellen, und eine vertikale Achse mit 4 Einheiten für eine Refraktion von 48'. Danach zeichnet man einen Kreisbogen ein, mit dem rechten, oberen Eckpunkt des Diagramms als Mittelpunkt, beginnend bei einem Refraktionswert von 34,5' und bei 0° HS. Dieser Kreisbogen, der bei 6° HS eine Refraktion von 9' angibt, zeigt die Kurve der Korrekturen bei verschiedenen kleinen Winkeln. Im Prinzip funktioniert dies auf 1' genau. Mit etwas Übung kann sogar eine Freihand-Skizze die Korrekturen binnen weniger Minuten wiedergeben. Der Maximalwert von 34,5° ist leicht zu merken und einzutragen, da der Punkt um ein Achtel einer Einheit unterhalb der dritten Markierung liegt, wie in der Abbildung dargestellt.

11.3 Polarsternbreite

Eine Routinemethode, auf der nördlichen Hemisphäre die Breite zu bestimmen, ist, die Höhe des Polarsterns (Polaris) über der Kimm zu messen. Das funktioniert, weil Polaris ganz in der Nähe vom Nordpol der Himmelskugel liegt, und die Höhe des Pols gleich der geographischen Breite des Beobachters ist. Selbst ohne spezielle Korrekturen liefert die Sextantenhöhe von Polaris unsere Breite auf – schlimmstenfalls – 1° genau, in den meisten Fällen sogar genauer. Mit genaueren Ergebnissen können wir aber nicht rechnen, solange wir den Unterschied der Position von Polaris und der des Himmelsnordpols nicht in Betracht ziehen.

Um die verbleibende Unsicherheit von 1° auch noch wegzubringen, müssen wir die Sextantenhöhe (HS) um die üblichen Korrekturen zur beobachteten Höhe (HO) verbessern, und anschließend auch noch die Polaris-Korrekturen anwenden, um die genaue Position des Sterns zu einem bestimmten Zeitpunkt zu bekommen. Das kann so ausgedrückt werden:

Breite = HO + Polaris-Korrektur

In der Routine-Navigation finden wir die Polaris-Korrekturen im Nautical Almanac, aber es ist – wie wir gleich sehen werden – sehr leicht, diese Berichtigungen im Notfall auch ohne Jahrbuch zu schätzen.

Verbleiben einem in einem Fall von Seenot auf der nördlichen Hemisphäre lediglich ein intakter Sextant und sonst keine Hilfsmittel, so ist die Höhe des Polarsterns unser bester Weg, die Breite zu bestimmen. Ohne Sextant ist der optimale Wert dieser Methode jedenfalls auf Breiten zwischen 5° N und 15° N beschränkt. Auf höheren Breiten ist es ohne Sextant sehr schwierig, Sternenhöhen genau zu messen, obwohl ein großer Senkblei-Sextant (Abschnitt 11.1) auf 1° oder 2° genau sein könnte; auf niedrigeren Breiten ist Polaris kaum sichtbar, da er im Dunst über dem Horizont nicht hell genug scheint. Auf der südlichen Hemisphäre ist Polaris nicht sichtbar und es gibt dort auch kein entsprechendes Gegenstück.

Um die Polaris-Korrektur zu errechnen, rufen wir uns in Erinnerung, dass die Deklination des Polarsterns N 89°12' beträgt, was ihn um 48' neben den Himmelsnordpol setzt. Er umkreist, wie alle Sterne, den Pol einmal in 24 Stunden. Das Besondere an Polaris ist jedoch der Kreis seines Umlaufs (mit dem Radius von lediglich 48'), der so klein ist, dass sich der Stern im Laufe der Nacht scheinbar überhaupt nicht bewegt. Wenn wir die exakte Breite suchen, müssen wir aber dennoch diese kleine Bewegung beachten, auch wenn wir sie nicht sehen können. Es ist nämlich die Höhe es Pols (des Kreismittelpunkts) unsere Breite, und nicht die Höhe des Sterns. Da wir den Pol nicht sehen können, müssen wir die Polarsternhöhe messen und dann den Unterschied zwischen dieser und der Polhöhe berechnen. Dieser Höhenunterschied ist die Polaris-Korrektur – früher auch „Regiment des Pols" genannt – und wir können ihn von der relativen Position benachbarter Sterne ablesen.

Unser modernes „Regiment" verwendet die Konstellationen von Kassiopeia und vom Großen Wagen, welche sich - einander gegenüberliegend - neben Polaris befinden. Die Linie zwischen den „nachgeschleppten" Sternen von Kassiopeia und Großem Wagen geht durch den Polarstern und den Himmelspol, mit Polaris auf der Seite von Kassiopeia. Diese Linie zeigt, wo sich Polaris – im Verhältnis zum Pol – gerade befindet. Steht die Linie senkrecht zum Horizont und Kassiopeia liegt oben, so befindet sich Polaris genau oberhalb des Pols und die Korrektur wäre – 48'. Befindet sich die Spitze der Deichsel vom Großen Wagen oberhalb, so liegt Polaris genau unterhalb des Pols und die Korrektor wäre + 48'. Liegt die Linie parallel zum Horizont, so sind Polaris und Pol gleich hoch und es ist keine Korrektur anzubringen.

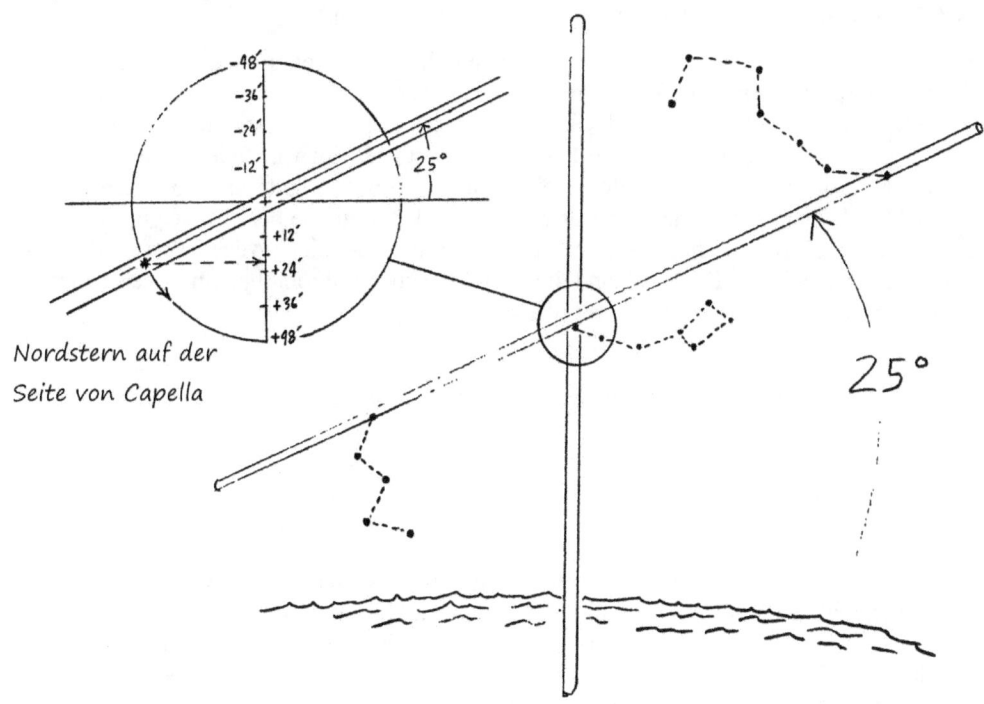

Abbildung 11-8. *Die erforderliche Korrektur bei der Breitenbestimmung nach Polaris. Die Linie zwischen den Folgesternen von Kassiopeia und dem Großen Wagen verläuft sowohl durch den Himmelsnordpol als auch durch den Polarstern. Der Stern liegt auf der Seite von Kassiopeia. Man hält zwei Stäbe wie gezeigt oder legt die Ausrichtung der Folgestern-Linie mittels anderer Hilfsmittel fest, um schließlich die Korrektur lt. der Abbildung zu errechnen. Polaris umkreist den Himmelsnordpol entgegen dem Uhrzeigersinn mit einem Radius von 48'.*

Wir werden aber nicht immer das Glück haben, diese Referenzlinie so passend orientiert vorzufinden, vor allem nicht während der Morgen- oder Abenddämmerung, wenn wir die Höhe messen müssen. Normalerweise ist die Linie im Verhältnis zum Horizont gekippt, sodass sich eine Korrektur irgendwo zwischen + 48' und – 48' ergibt. Dann ist der erste Schritt, den Winkel zwischen der Linie und dem Horizont zu schätzen (s. Abb. 11-8). Das kann mit einem gefalteten Stück Papier oder mit zwei Stöcken gemacht werden. Man bringt einen Stab in Deckung mit unserer Linie und hält den anderen senkrecht auf die Kimm durch Polaris. Der Winkel zwischen den beiden Stöcken zeigt nun die momentane Orientierung der Linie.

Danach zeichnen wir einen Kreis mit dem Radius von 4 Einheiten, der den Weg des Polarsterns rund um den Pol darstellt, und legen eine Gerade durch den Mittelpunkt, mit derselben Orientierung, welche wir bei o. g. Linie beobachtet haben. Nun markieren wir die Position von Polaris auf dem Kreis, dort wo die Linie auf der Seite von Kassiopeia den Kreis schneidet. Weiters zeichnen wir eine senkrechte Gerade durch den Mittelpunkt, welche wir in Einheiten (analog Kreisradius) einteilen. Jede dieser Einheiten entspricht einer Höhendifferenz von 12', gerade richtig für unsere Korrektur. Um nun die aktuelle Korrektur zu bekommen, verschieben wir den Polarstern in die vertikale Gerade, ohne seine Höhe zu verändern, und lesen den Wert ab.

Um diese Berichtigung zu erhalten ist es nicht notwendig, dass Kassiopeia und der Große Wagen gleichzeitig sichtbar sind. Die Orientierung kann man auch nur durch Polaris und dem „nachgeschleppten" Stern einer der beiden Konstellationen herausfinden. Auf niedrigen Breiten kann eines der beiden Sternbilder teilweise oder zur Gänze unter der Kimm liegen.

Nun wollen wir den ganzen Prozess nochmals wiederholen. Angenommen wir haben die Höhe von Polaris mehrere Male mit dem Kamal gemessen und der Durchschnittswert beträgt 10,4° (oder 10° 24'). Wir haben weiters bemerkt, dass zum Zeitpunkt der Messungen die Linie der „nachgeschleppten" Sterne gegenüber dem Horizont um 25° geneigt war (wieder der Durchschnitt von mehreren Messungen), wobei sich der Große Wagen rechts oberhalb vom Polarstern befunden hat. Wie in Abb. 11-8 gezeigt, beträgt die Korrektur der Polarsternhöhe bei 25° Neigung der Linie + 20'. Wir kehren zurück zu Abschnitt 11.2 und errechnen, dass bei einer Augenhöhe von 9 Fuß die Korrektur für die Augenhöhe (Dip) – 3', und die Refraktionsberichtigung bei einer Sternenhöhe von 10° 24' ungefähr -6' (-60' / 10,4) beträgt. Es gilt also

$$HO = HS - Dip - Refraktion = 10°24' - 3' - 6' = 10°15'$$

und

$$Breite = HO + Polariskorrektur = 10°15' + 20' = 10°35' N$$

Mit einem Sextanten und nur diesen behelfsmäßigen Korrekturen können wir unsere Breite auf der Nordhalbkugel üblicherweise auf 10 bis 15 Meilen genau bestimmen. Haben wir anstelle eines Sextanten nur ein Kamal zur Verfügung, so können wir üblicherweise (auf Breiten von weniger als 15° Nord) die Breite unter günstigen Bedingungen auf 30' genau, zumindest aber besser als auf rund 50' genau eruieren. Auf höheren Nordbreiten bleibt unsere Genauigkeit auf 1° bis 2° auf oder ab begrenzt, abhängig von unserer Geschicklichkeit mit dem Senkblei-Sextanten.

Üben Sie diese Methoden, wenn Sie einen Sextanten und ordentliche Tafeln zur Verfügung haben um die Resultate zu kontrollieren, und Sie werden wissen, wie gut Sie das auch ohne diese Hilfsmittel könnten.

11.4 Breitenbestimmung nach Zenith-Sternen

Der Punkt am Himmel genau oberhalb des Scheitels des Beobachters wird Zenith genannt. Ein Stern, dessen Bahn durch den Zenith geht, heißt Zenith-Stern. Unsere geographische Breite entspricht der Deklination unserer Zenith-Sterne. Das Prinzip ist einfach und fundamental. Es ist aber in der Praxis problematisch zu entscheiden, ob ein bestimmter Stern mit bekannter Deklination unseren Zenith exakt passieren wird. Befindet sich ein Stern am höchsten Punkt seiner Bahn (Meridian-Passage) nicht direkt über uns, so müssen wir abschätzen, wie viel Grad nördlich oder südlich unseres Zeniths er unseren Meridian passiert. Geht ein Stern 2° nördlich an unserem Zenith vorbei, ist unsere Breite 2° südlicher als seine Deklination – die Höhe des Sterns würde, wenn er unseren Meridian kreuzt, 88° über dem nördlichen Horizont liegen. Andererseits würden Sterne mit einer Deklination südlicher als unsere Breite mit entsprechendem Abstand südlich unseres Zeniths passieren (s. Abb. 11-9).

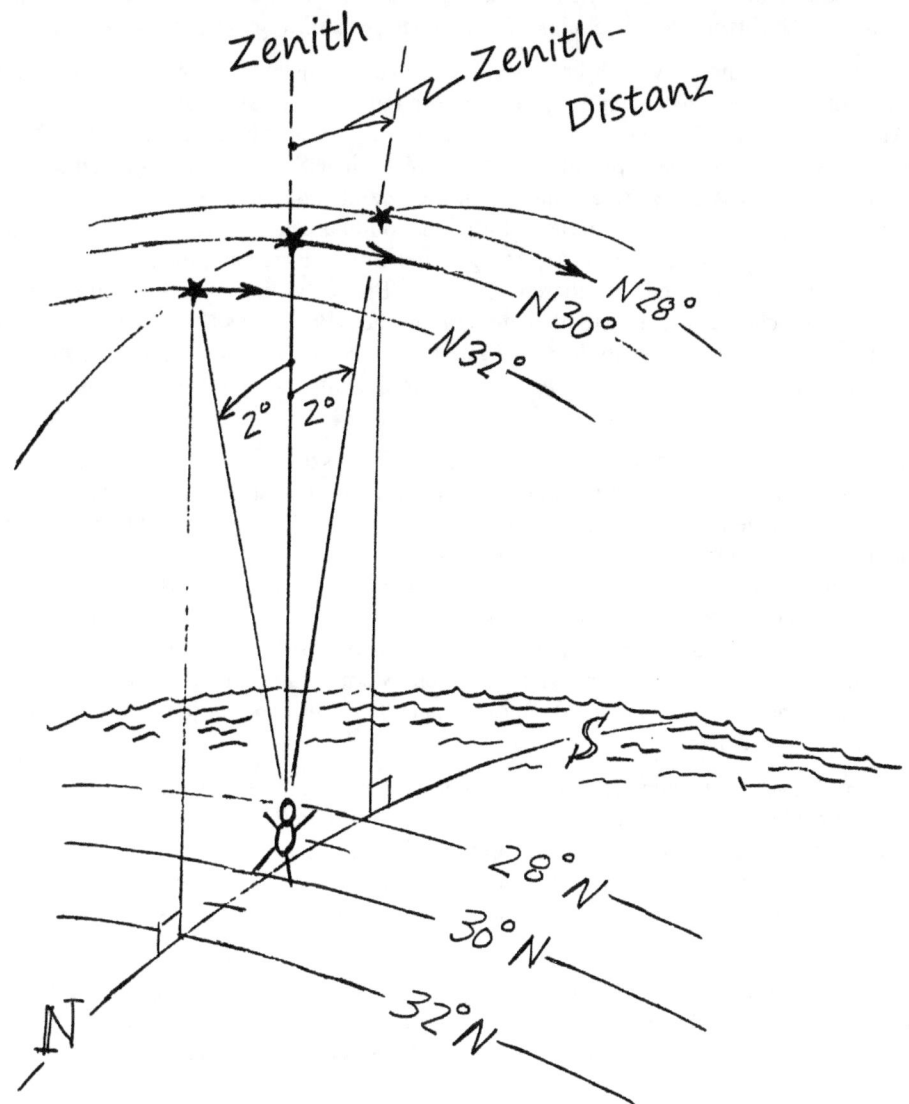

Abbildung 11-9. *Breitenbestimmung nach Zenith-Sternen. Steht ein Stern direkt über unseren Köpfen, so entspricht seine Deklination unserer geographischen Breite. Zieht ein Stern 2° südlich von unserem Zenith durch den Meridian, so ist unsere Breite um 2° nördlicher als die Deklination des Sterns. Siehe auch Abb. 5-20.*

Die Breite mittels Zenith-Sternen zu bestimmen ist ein erprobtes Verfahren der instrumentenlosen Navigation und wurde routinemäßig von den traditionellen Navigatoren des Pazifik angewandt. Die praktische Bedeutung dieser Methode wurde von vielen zeitgenössischen Navigatoren dokumentiert (vgl. Artikel von David Lewis und Marvin Creamer in der Bibliographie). Mit entsprechender Übung kann eine ständige Genauigkeit von ungefähr 1° erreicht werden. Ganz offensichtlich beeinflusst aber der Zustand der See und die Stabilität des Schiffes unsere Fähigkeit, die Überkopf-Position eines Sternes zu beurteilen. Ist der Himmel jedoch klar genug, um Zenith-Sterne zu erkennen, so kann man mit ihnen aber meistens die Breite bestimmen. Da wir dabei den Horizont nicht sehen müssen, um die Zenithdistanz zu beurteilen, kann diese Methode zu jeder Nachtzeit, in der bekannte Sterne über uns „hinwegziehen", eingesetzt werden.

Ein anderer Vorteil dieses Verfahrens ist, dass wir seine Unsicherheit abschätzen können. Wir verwenden hier die Winkeldistanzen anderer Sterne in der Nähe unseres Referenzsternes. Man legt den Punkt des Zeniths am Himmel fest und vergleicht dessen Distanz zu dem ausgewählten Stern mit den Abständen anderer Gestirne im Blickfeld. Nach einer Serie von Messungen kommen wir z.B. zu dem Schluss, dass ein Stern 2° südlich unseres Zeniths durchzugehen scheint, während uns andere Messungen im Umfeld des Sterns lediglich davon überzeugen, dass es sich um mehr als 1° und um weniger als 3° handelt. Diese Art von genauer Information kann man mit der Genauigkeit der Koppelbreite – oder mit jedem anderen Mittel zur Breitenbestimmung – kombinieren, und so die bestmögliche Schätzung der aktuellen geographischen Breite zusammensetzen. Wenn unser Kurs uns nach Koppelbesteck jeden Tag 60 Meilen nach Süden bringt, so müssten Zenith-Sterne täglich um 1° nach Norden auswandern. Wenn nicht, dann ist irgend etwas falsch in unserer Navigation.

An Land sind Zenith-Sterne oder Zenitdistanzen leicht auszumachen, indem man entlang eines Pfahles oder eines Lotes (irgendeine Schnur mit einem daran befestigten Gewicht) aufwärts peilt. Auf See hingegen ringen wir mit den Bewegungen des Bootes. Einige Arten, Sterne über Kopf zu beobachten, sind in Abschnitt 5-19 vorgeschlagen und in Abb. 5-17 illustriert. Eine Möglichkeit ist, entlang des Mastes zu blicken. In diesem Fall muss man die Krängung des Bootes sowie mögliche Neigung oder Durchbiegung des Mastes berücksichtigen. Man wird weiters den optimalen Kurs für eine ruhige Fahrt finden müssen. Fährt man Richtung Osten oder Westen, ist es - mit dem Mast als Peileinrichtung - besonders leicht festzustellen, ob ein Stern gerade im Zenith, oder zumindest am höchsten Punkt seiner Bahn angelangt ist. Der optimale Kurs wird aber in jedem speziellen Fall von Wind und Seegang abhängen.

Ein anderer Zugang ist, zum Zenith zu blicken und sich dabei im Kreis zu drehen. Dies ist vielleicht nicht die genaueste Art, Zenithsterne zu beurteilen, aber es ist eine angenehme Möglichkeit herauszufinden, welche Art für einen selbst die richtige ist. Indem wir uns im Kreis drehen überwinden wir unsere Tendenz, die Höhe der Sterne zu unterschätzen (bei niedrigen Sternen neigen wir übrigens zum Gegenteil, nämlich die Sternenhöhe zu überschätzen).

Obwohl es manchmal frustrierend und für Augen und Nacken ermüdend ist, findet der Autor, dass auch der Einsatz eines Lotes bei solchen Messungen auf See ganz nützlich sein kann. Die optimale Lösung wurde in Form einer 1 Meter langen, an einen Stab gebundenen Leine gefunden. In einer komfortablen liegenden Position hält man den Stock über sich und beobachtet die Sterne entlang der beschwerten Leine. Das Gewicht muss laufend ausbalanciert werden, aber dennoch kann man manchmal eine genaue durchschnittliche Position feststellen. Oder, noch besser, man sucht einen Platz, wo man den Stab fixieren kann, ohne diesen selbst halten zu müssen. Ein am Ende der Schnur befestigter Zeiger kann für die Kalibrierung der Zenithwinkel verwendet werden (s. Abb. 11-10).

Man kalibriert entsprechend der Regel, dass eine Einheit bei einem Abstand von 57 Einheiten 1° ergibt.

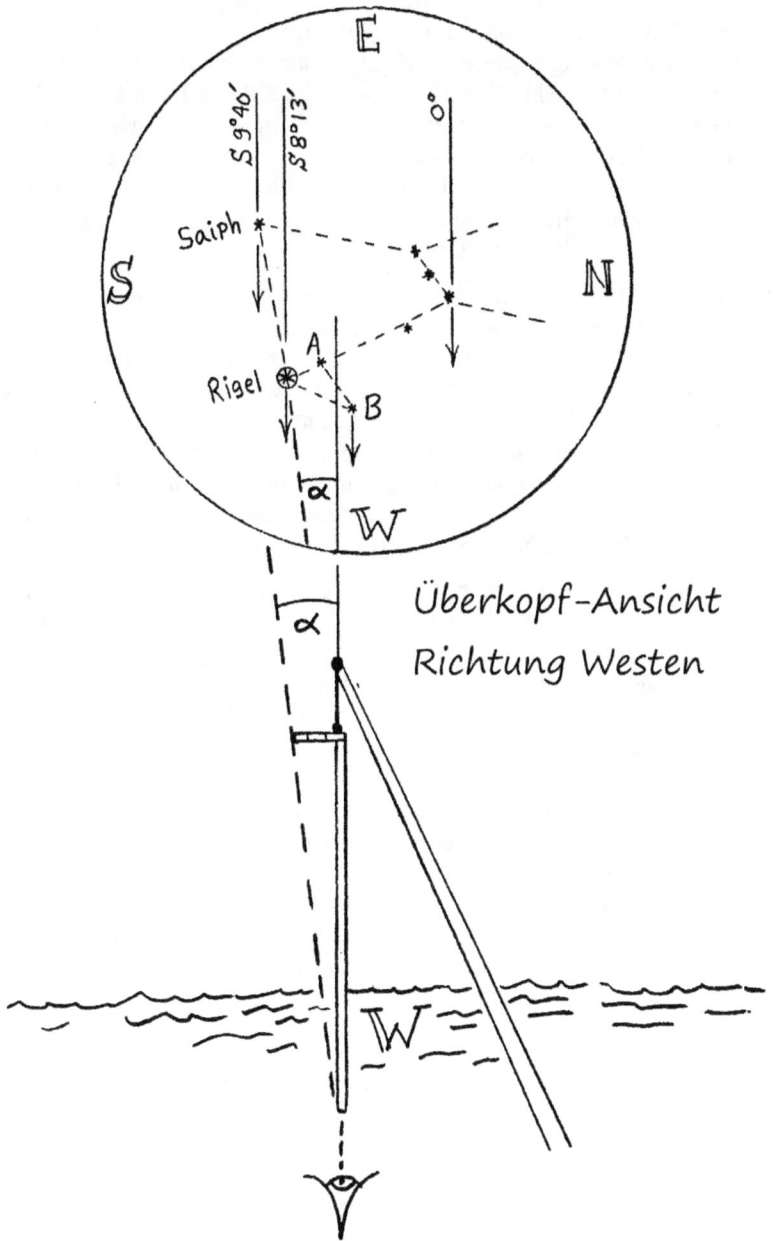

Abbildung 11-10. *Die Verwendung eines Lotes bei der Beobachtung von Zenith-Sternen. Hier besteht das Lot aus einem geraden Stock, welcher durch ein kurzes Stück Faden an einem längeren Stab befestigt ist. Der kleine Zeiger oben auf dem Stock repräsentiert einen Winkel von 4°, der zur Beurteilung der relativen Positionen von Sternen über dem Kopf verwendet werden kann. Noch besser wäre die Messung der Distanzen zwischen nahen Sternen (wie etwa bei* Rigel, *Stern A und Stern B) mittels eines Kamals, und die anschließende Verwendung dieser relativen Winkel bei der Beurteilung der Lage des Zenith. Hier sehen wir die Gegend etwas nördlich der Knie des Orion (*Rigel *und* Saiph*), ungefähr auf halbem Weg zwischen Stern A und Stern B. Aus den gemessenen Abständen zwischen diesen Sternen können wir unsere Breite in Bezug auf die bekannte Deklination von* Rigel *errechnen. Der Zenith liegt im gedachten Zentrum des Kreises, welchen die Bewegung des Lotes vor dem Hintergrund der Sterne beschreibt. Das Lot muss häufig mit der Hand beruhigt werden.*

Zum Beispiel ergibt bei einem Abstand zwischen Zeiger und Auge von 28,5 Zoll (57 x 0,5 Zoll; ca. 70 cm, Anm. d. Ü.) jeder halbe Zoll (ca. 12 mm) am Zeiger 1 ° Zenithdistanz. Ein Zeiger von 2 Zoll würde 4 ° ergeben. Wir benötigen diese Information, um zu beurteilen, wie weit vom Zenith entfernt ein bekannter Stern vorbeizieht. Eine andere günstige Art, die Distanz zwischen Sternen in der Umgebung zu einem ausgesuchten Referenzstern zu messen, ist die Verwendung eines Kamals. Es ist leichter auf einen Blick festzustellen, dass ein Referenzstern - sagen wir – den halben Abstand zwischen zwei bekannten Sternen südlich vom Zenith steht, als diese Zenithdistanz ohne Hilfsmittel einfach zu schätzen. Mit einem Kamal kann man den Abstand zwischen zwei nahe beieinander liegenden Sternen ziemlich genau messen.

Lassen Sie sich nicht entmutigen, wenn Sie beim ersten Blick auf Ihren Referenzpunkt (Masttop oder Lot) feststellen müssen, dass sich dieser über den ganzen Himmel bewegt, was er in jedem Fall tun wird, auch in sehr ruhigem Wetter (s. Abb. 5-17). Beim Beobachten werden Sie in der Lage sein, ein sich wiederholendes Muster zu erkennen. Ihr Referenzpunkt wird die Mitte oder ein Eck dieses Musters sein, dessen Ausdehnung Sie mit einem Kamal oder einem anderen Winkelmesser messen können. Ihre Aufgabe besteht nun darin, die Anzahl von Winkelgraden zwischen einem Stern, der gerade seinen höchsten Punkt am Himmel passiert, und Ihrem Referenzpunkt abzuschätzen. Mit einiger Übung kann man sich bei dieser Beurteilung helfen, indem man den Zenithstern beim überqueren des Referenzpunktes „erblinzelt" (Abschnitt 11.1).

Die beste Art, sich die Deklinationen wichtiger Sterne entlang seiner Route zu merken, ist, diese Sterne mit jenen Inseln oder Landmarken an der Küste, welche sie überqueren, zu assoziieren. Beispiele werden in Abb. 11-11 gezeigt. Zu Beginn jeder langen Reise (noch bevor ein navigatorischer Notfall eingetreten ist) sollte man den Himmel während einer ganzen Nacht über beobachten, um festzustellen, welche Sterne gerade Saison haben. Danach sucht man mithilfe eines Almanachs einige auffällige Sterne, die über der geographischen Breite der Reise ihre Bahn ziehen, heraus und merkt sich deren Deklinationen, indem man anhand einer Seekarte feststellt, welche Landmarken sie überqueren. Dann sind Sie für den Fall, allein nach den Sternen navigieren zu müssen, gerüstet. Auch ohne sich in einer Notsituation zu befinden liefert dies eine interessante Aufzeichnung des Himmels entlang der Route. Man kann den Fortschritt der Zenithsterne für die Aufzeichnung des Reisefortschritts verwenden. Die Sterne zu lernen wird bei routinemäßiger Astronavigation fast zur Gewohnheit. Nach einigen Höhenberechnungen desselben Sterns merkt man sich oft dessen Deklination, ohne dies beabsichtigt zu haben.

11.5 Breitenbestimmung nach horizontnahen Sternen

Überquert ein heller Stern bekannter Deklination den Meridian in der Dämmerung in einer Höhe von 15° oder weniger, so verfügen wir über ein einzigartiges und genaues Mittel, die Breite ohne Sextant zu bestimmen. Die in Frage kommenden Sterne müssen sehr hell strahlen, denn üblicherweise kann man nur helle Sterne tief über der Kimm sehen. Weiters – betrachten wir die typische Segeldomäne von 60° N bis 60° S – müssten diese Sterne recht hohe Deklinationen haben, um beim Meridiandurchgang auf niedrigen Höhen sichtbar zu sein. Kurz gesagt: hinsichtlich Lage und Helligkeit gibt es für diese Methode nur etwa sechs bis sieben verlässliche Kandidaten. Trotzdem bieten allein diese wenigen Sterne eine bemerkenswert ausgedehnte Abdeckung, wenn wir ihr volles Potential betrachten.

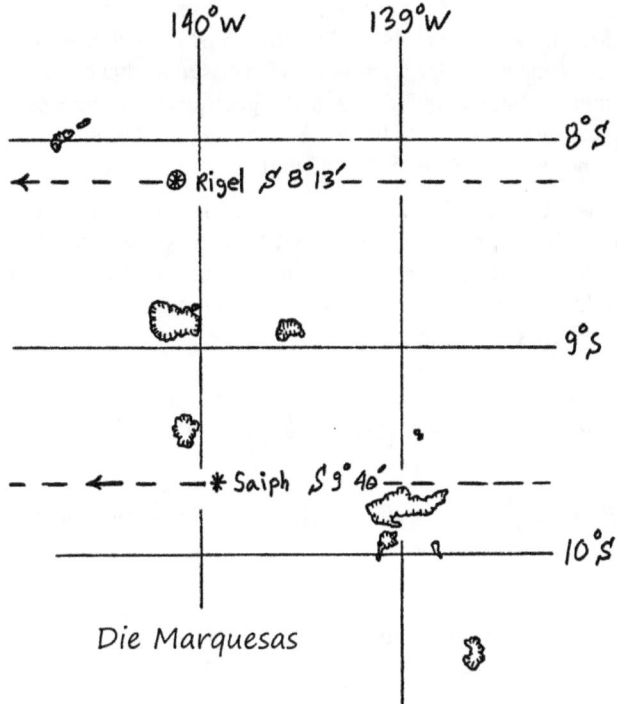

Abbildung 11-11. *Stier und Orion über den Inseln des mittleren Pazifik, mit Details der Marquesas. Man beachte, dass die Sterne in der Nähe von Orions erhobener Hand Zenith-Sterne für Hawaii sind, sein Bogen hingegen für die Line-Inseln und seine Knie für die Marquesas.* Mintaka, *der Leitstern des Gürtels des Orion, umkreist die erde über dem Äquator. Ungefähr auf halber Strecke zwischen* Rigel *und* Saiph *würde man eine günstige Breite für eine winterliche Reise zu den Marquesas finden.*

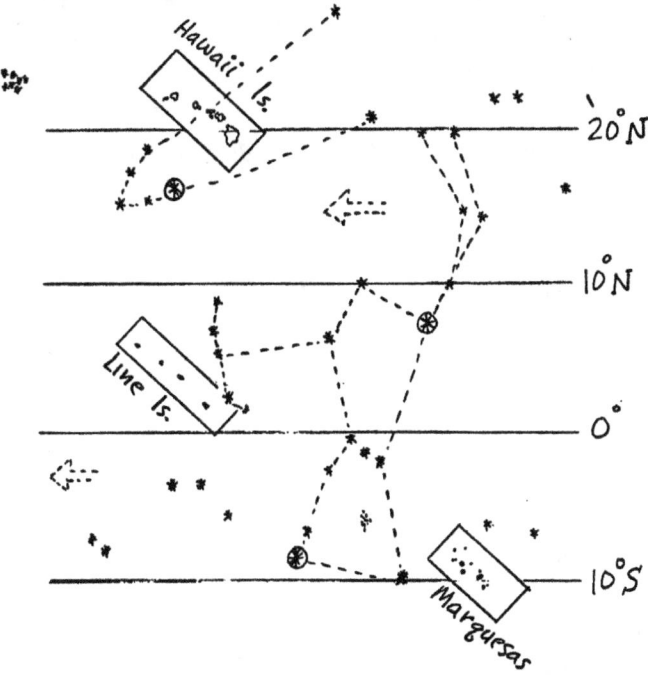

Diese Methode ist nichts weiter als die konventionelle Breitenbestimmung durch die Meridian-Passage, angewandt auf Sterne niedriger Höhen. Das Prinzip ist dasselbe, welches wir in Abschnitt 11.4 bei der Breitenbestimmung nach der Zenithdistanz verwendet haben. Ein Stern, welcher im Süden den Meridian in einer beobachteten Höhe von 10° überquert, hat eine Zenithdistanz von 80°. Können wir die Höhe eines Sterns in der Nähe des Meridians messen, so können wir auch unsere Breite errechnen. Die Geometrie ist in Abb. 5-20 erläutert.

Jeder nach Westen ziehende Stern, der den Meridian tief über der Kimm durchläuft, muss eine Deklination (Nord oder Süd) mit einem unserer Breite entgegengesetztem Vorzeichen haben. Befinden wir uns auf nördlicher Breite, so muss es sich um einen südlichen Stern handeln und vice versa. Um die Breite in solch einem speziellen Fall von Meridianpassage zu bestimmen, muss man zuerst die „Poldistanz" des Sterns errechnen:

$$\textit{Poldistanz des Sterns } = \textit{ 90° - Deklination des Sterns}$$

Die Regel zur Berechnung der Breite nach der Meridianpassage eines Sterns mit entgegengesetzter Deklination ist:

$$\textit{Breite } = \textit{ Poldistanz des Sterns } - \textit{ maximale beobachtete Höhe (Ho}_{max}\textit{) des Sterns}$$

Das Vorzeichen unserer geographischen Breite (Nord oder Süd, gleich oder entgegengesetzt, engl. „same name" oder „contrary name", Anm. d. Ü.) muss immer das Gegenteil von jenem der Deklination des Stern sein.

Als spezielles Beispiel nehmen wir an, dass wir in der Dämmerung *Canopus* (Deklination S 52° 41') niedrig am südlichen Meridian beobachten, bei einer Augenhöhe von 6 Fuß. Mittels eines Kamals messen wir seine Sextantenhöhe (Hs) mit 5° 30'. Aus Abschnitt 11.2 wissen wir, dass die Korrektur für die Kimmtiefe -2', und jene für die Refraktion -10' beträgt, also

$$Ho \ = \ Hs - Kimmtiefe - Refraktion \ = \ 5° \ 30' - 2' - 10' \ = \ 5° \ 18',$$

und

$$Poldistanz \ = \ 89° \ 60' - 52° \ 41' \ = \ 37° \ 19'$$

Dies ergibt

$$Breite \ = Poldistanz - Ho_{max} \ = \ 37° \ 19' - 5° \ 18' \ = \ 32° \ 01' \ N$$

Canopus ist der zweithellste Stern am Himmel und daher ein Kandidat ersten Ranges für diese Methode.

Ein besonders gutes Beispiel für diese Methode wird in Abb. 11-12 gezeigt. Wenn der uns bekannte helle Stern einen Nachbarn in Linie mit dem Pol hat, so kann man auf einen Blick erkennen, wann er den Meridian überquert – das Paar wird „aufstehen".

Das Verfahren kann auch bei zirkumpolaren Sternen angewandt werden, welche auf der unteren Hälfte ihrer Kreisbahn um den Pol den Meridian ostwärts überqueren. Die Prozedur ist dieselbe. Wir verwenden ein Kamal, um die Höhe des Sterns beim Durchgang oder bei der Annäherung an den Meridian festzustellen. Auf der nördlichen Hemisphäre sucht man die Höhe des Sterns, wenn er sich unterhalb von *Polaris* befindet.

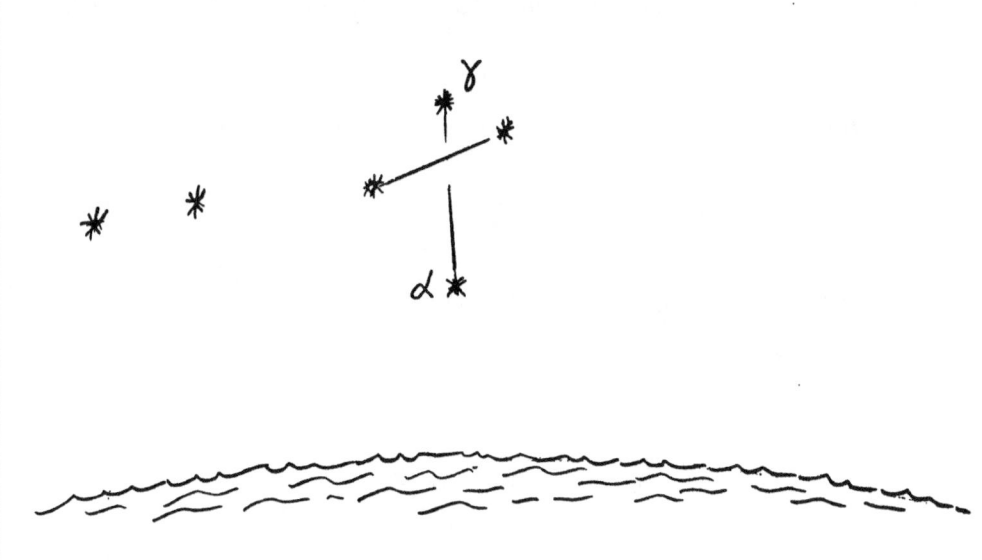

Abbildung 11-12. *Szene aus dem Traum eines Navigators. Der untere Stern im Kreuz des Südens,* Alpha Crucis *oder Acrux, hat eine Deklination von fast genau 63° 00' S; die Deklination des oberen Sterns,* Gamma Crucis *oder Gacrux, beträgt fast exakt 57° 00' S. Diese Referenzen sind leicht zu merken, und da die beiden Sterne auf einer Linie mit dem Südpol liegen, bedeutet dies, dass der Abstand zwischen ihnen genau 6° beträgt. Bei dieser Ansicht wissen wir aufgrund der aufrechten Position des Kreuzes, dass es sich auf dem Meridian befindet und wir können auch mit freiem Auge erkennen, dass* Acrux *eine Kreuzlänge (oder 6°) über der Kimm steht. Seine Zenith-Distanz beträgt daher 84°, und unsere Breite ist folglich 84° nördlich von 63° S, also 21° N. Oder, durch Anwendung der Breitenregel aus dem Text,: seine Poldistanz beträgt 27°, seine maximale Höhe 6°, also ist unsere Breite 27° minus 6°, oder 21°.*

Auf Südbreiten haben wir diesen Luxus nicht, aber dennoch ist es einfach, ostwärts ziehende Sterne zu erkennen. Von jeder südlichen Breite aus betrachtet liegen alle ostwärts ziehenden Sterne im Süden und ihre Höhe ist kleiner als unsere Breite. Dasselbe gilt in umgekehrtem Sinn, wenn man auf Nordbreiten nach Norden schaut.

Für nach Osten ziehende zirkumpolare Sterne gilt, dass ihre Höhe beim Meridiandurchgang ein Minimum erreicht, wenn sie unter dem Himmelspol durchtauchen. Die Regel zur Berechnung der Breite nach der Meridianpassage von ostwärts ziehenden zirkumpolaren Sternen ist:

$$Breite = Poldistanz\ des\ Sterns + Ho_{min}\ des\ Sterns.$$

Um einen zirkumpolaren Stern sehen zu können, müssen wir uns auf derselben Hemisphäre wie der Stern befinden, sodass unsere Breite immer dasselbe Vorzeichen wie seine Deklination hat.

Beachten Sie, dass diese beiden Regeln zur Breitenbestimmung gleich sind, abgesehen von der beobachteten Höhe; wir addieren Höhenminima bei ostwärts ziehenden Sternen und subtrahieren Höhenmaxima bei Sternen, welche nach Westen ziehen. Macht man dies verkehrt, so erhält man nur Unsinn (verglichen mit unserer Koppelbreite), ein sofortiges Signal, es umgekehrt zu versuchen. Diese Symmetrie ist der Grund für die Form der Breitenregeln.

Ich erkenne zum Beispiel *Capella* (Deklination N 45° 58') in der Dämmerung unterhalb von *Polaris* und messe dessen Sextantenhöhe (Hs) mit 3° 20' über der Kimm, bei einer Augenhöhe von 9 Fuß. Es gilt also:

$$Ho = Hs - Kimmtiefe - Refraktion = 3° 20' - 3' - 13' = 3° 04',$$

und

$$Poldistanz = 89° 60' - 45° 58' = 44° 02'.$$

Dies ergibt

$$Breite = Poldistanz + Ho_{min} = 44° 02' + 3° 04' = 47° 06' N.$$

Unglücklicherweise gibt es in der nördlichen Hemisphäre außer *Capella* und *Vega* nur wenige helle Kandidaten für diesen Zirkumpolar-Trick; in besonders klaren Nächten können jedoch andere nördliche Sterne hilfreich sein, sofern wir diese zufällig kennen oder Deklinationstabellen zur Hand haben. Jedenfalls stehen beim Segeln südlich der südlichen Tropen einige helle Sterne für diese Anwendung zur Verfügung.

Betrachtet man sowohl die westwärts gerichteten (upper-transit genannten) als auch die ostwärts gerichteten (lower-transit genannten) Anwendungen dieser Methode, jeweils in der Morgen- bzw. Abenddämmerung, so finden sich doch zahlreiche Gelegenheiten zu solchen Beobachtungen, auch wenn die Auswahl auf sieben helle Sterne begrenzt ist. Die Bereiche der Breite und die verfügbaren Daten sind in Abb. 11-13 und in der Tafel 11-1 dargestellt.

Ein Faktor, der den brauchbaren Datumsbereich dieser Sterne vergrößert, ist deren niedrige Höhe beim Meridiandurchgang. Da die Sterne niedrig stehen, ändert sich ihre Höhe nahe dem Meridian kaum und es ist daher nicht notwendig, sie exakt zum Meridiandurchgang zu erwischen, um die Breite zu bestimmen. Nehmen wir zum Beispiel an, dass ein Stern zu Beginn der Dämmerung Richtung Meridian zieht und bei Dämmerungsende noch rund 5° von diesem entfernt ist, wenn es also schon zu hell oder zu dunkel für die Messung ist. Da der Bogen so flach ist, wird die Höhe des Sterns, auch wenn er noch 5° vom Meridian entfernt ist, weniger als 30' kleiner als seine Kulmination sein. Dieser Faktor wurde in den Daten von Tafel 11-1 mit einbezogen. Die gebotenen Informationen sollen keine wirkliche Hilfe bei einer echten Notfall-Anwendung dieses Verfahrens bieten; ihr Ziel ist lediglich, die Häufigkeit der Gelegenheiten, wann und wo man sie üben könnte, aufzuzeigen.

Wir dürfen nicht vergessen, dass selbst der hellste Stern nicht hell erscheinen wird, wenn er tief über der Kimm steht. Ist der Himmel knapp über dem Horizont jedoch bis auf einen einzigen, lichtschwachen Stern leer, so können Sie wetten, dass es sich dabei um einen hellen Stern handelt, denn andernfalls könnte man ihn überhaupt nicht erkennen. Und da helle Sterne meistens auch wohlbekannt sind, genügt oft auch ein einziger, um ihn zu identifizieren. In außerordentlichen Fällen, bei kristallklarem Himmel und Dreiviertel-Mond (der strahlende Vollmond ist oft zu hell), ist diese Art der Beobachtung manchmal auch in der Nacht und mit der Kimm im Mondlicht möglich; dies ist jedoch ein ziemlich seltenes Zusammentreffen der geeigneten Ereignisse. Begegnen Sie diesen, so ziehen Sie Ihren Nutzen daraus, warten Sie aber nicht darauf.

Hat man Vertrauen in die Ergebnisse, welche man von einem Senkblei-Sextant abliest, so kann man diese Methode auf den Meridian-Durchgang jedes Sterns mit bekannter Deklination ausdehnen. Die oben genannte Breitenregel für „lower-transit" gilt für jegliche Sternenhöhe, wogegen diese des „upper-transit" nur auf Sterne mit entgegengesetztem Vorzeichen anzuwenden ist. Für Sterne gleichen Vorzeichens, oder in der Nähe des Äquators, wenn man sein Vorzeichen (Nord- oder Südbreite) nicht kennt, verwendet man die Breitenregel der Sonne, wie in Abschnitt 11.7 beschrieben.

Obwohl wir bei der genauen Breitenbestimmung grundsätzlich auf Beobachtungen in der Dämmerung beschränkt sind, so liefert das Prinzip dieser Methode doch eine viel allgemeingültigere Art, seine ungefähre Breite herauszufinden. Segeln wir zum Beispiel auf hoher nördlicher Breite Richtung Süden, so würden wir *Canopus* zu keiner Zeit der Nacht sehen können – ein Stern mit solch südlicher Deklination würde die ganze Nacht lang unter der Kimm bleiben. Gelangen wir jedoch weiter nach Süden, so wird *Canopus* zu einer bestimmten Zeit der Nacht über dem Horizont auftauchen – natürlich nur in der entsprechenden Jahreszeit. Sehen wir *Canopus* – ungeachtet des Zeitpunktes - zum ersten Mal, so können wir errechnen, wie weit im Süden wir stehen.

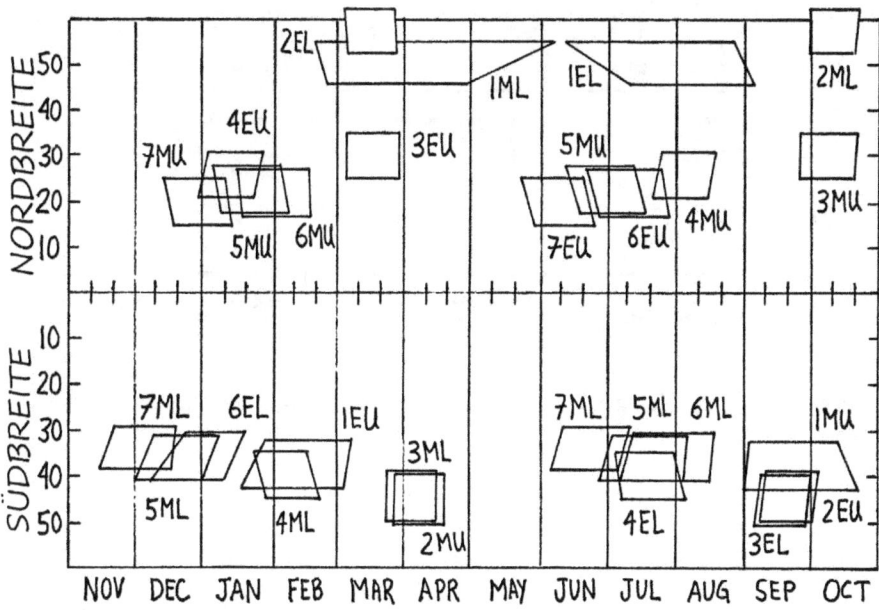

Abbildung 11-13. *Gelegenheiten zur Breitenbestimmung durch Sterne entlang der Kimm. Die umrissenen Felder zeigen, wo und wann ein heller Stern in der Dämmerung tief am Horizont durch den Meridian gehen wird. Für genaue Werte und Abkürzungen s. Tafel 11-1. Acrux, der in Abb. 11-12 niedrig über der Kimm gezeigt wird, ist der Stern Nr. 7. Die hier gezeigte Ansicht muss entweder die Morgendämmerung (M) zwischen Mitte Dezember und Mitte Januar, oder die Abenddämmerung (E, „evening") zwischen spätem Mai und spätem Juni widerspiegeln. Diese Computer-Berechnungen zeigen, dass sich die Methode in vielen Teilen der Welt als nützlich erweisen könnte. Sie funktioniert aber nicht in der Nähe des Äquators, da sich hier keine hellen Sterne in der Nähe der beiden Pole befinden.*

TAFEL 11-1 Gelegenheiten zur Breitenbestimmung durch Sterne am Horizont

Star & Transit	Latitude and Dates for a height of about 2°		Latitude and Dates for a height of about 12°	
1 EL:	46° N	July 11 to Sept. 04	54° N	June 12 to Aug. 25
1 ML:	46° N	Feb. 24 to April 27	54° N	Feb. 19 to June 07
1 EU:	42° S	Jan. 17 to March 04	32° S	Jan. 29 to March 07
1 MU:	42° S	Aug. 31 to Oct. 22	32° S	Sept. 03 to Oct. 13
2 EL:	53° N	March 06 to March 27	63° N	March 03 to March 25
2 ML:	53° N	Sept. 29 to Oct. 22	63° N	Sept. 29 to Oct. 22
2 EU:	49° S	Sept. 08 to Sept. 30	39° S	Sept. 10 to Oct. 01
2 MU:	49° S	March 27 to April 17	39° S	March 27 to April 17
3 EL:	39° S	Sept. 06 to Sept. 30	49° S	Sept. 05 to Sept. 29
3 ML:	39° S	March 23 to April 16	49° S	March 24 to April 16
3 EU:	35° N	March 04 to March 28	25° N	March 05 to March 28
3 MU:	35° N	Sept. 26 to Oct. 19	25° N	Sept. 26 to Oct. 20
4 EL:	35° S	July 05 to July 31	45° S	July 08 to Aug. 04
4 ML:	35° S	Jan. 24 to Feb. 16	45° S	Jan. 29 to Feb. 21
4 EU:	31° N	Jan. 02 to Jan. 28	21° N	Dec. 30 to Jan. 23
4 MU:	31° N	July 25 to Aug. 18	21° N	July 21 to Aug. 14
5 EL:	32° S	Dec. 10 to Jan. 08	42° S	Dec. 01 to Dec. 31
5 ML:	32° S	July 03 to Aug. 06	42° S	June 03 to Aug. 06
5 EU:	28° N	June 12 to July 12	18° N	June 19 to July 18
5 MU:	28° N	Jan. 04 to Feb. 04	18° N	Jan. 09 to Feb. 06
6 EL:	31° S	Dec. 18 to Jan. 18	41° S	Dec. 09 to Jan. 10
6 ML:	31° S	July 13 to Aug. 18	41° S	July 06 to Aug. 17
6 EU:	27° N	June 21 to July 23	17° N	June 28 to July 28
6 MU:	27° N	Jan. 13 to Feb. 15	17° N	Jan. 17 to Feb. 16
7 EL:	29° S	Nov. 22 to Dec. 18	39° S	Nov. 15 to Dec. 12
7 ML:	29° S	June 11 to July 11	39° S	June 06 to July 07
7 EU:	25° N	May 23 to June 20	15° N	May 29 to June 25
7 MU:	25° N	Dec. 14 to Jan. 10	15° N	Dec. 18 to Jan. 13

Star	Relative Brightness	Sight Abbreviations
1. Capella	9	E = Evening Twilight
2. Vega	10	M = Morning Twilight
3. Canopus	25	
4. Achernar	6	L = Lower Transit
5. Hadar	5	U = Upper Transit
6. Rigil Kentarus	10	
7. Acrux	4	

*For example, "1 EL" means Evening Lower transit sight of Capella, which is possible at any latitude between about 46° N and 54° N on any date between about July 11 and August 25.

Dafür verwenden wir die grundlegende Formel für den Meridian-Durchgang westwärts ziehender Sterne:

$$Breite = Poldistanz\ des\ Sterns - Ho_{max}$$

Taucht der Stern nun zum ersten Mal auf, so muss seine Höhe ungefähr Null betragen und unsere Breite grob seiner Poldistanz entsprechen. Die Deklination von *Canopus* ist S 52° 41', sodass die Breite bei seinem ersten Erscheinen 90° - 52° 41', also 37° 19' N entspricht. Wenn ich *Canopus* – zu irgendeiner Zeit der Nacht – also sehe, so kann ich sicher sein, zumindest bis auf 37° 19' N nach Süden vorangekommen zu sein. Dieselbe Begründung gilt, wenn ich von einem Stern „wegsegle", und dieser zum ersten Mal nachts nicht mehr auftaucht; dennoch ist „sehen" immer ein besserer Beweis als „nicht sehen". Auch hierbei sind, aufgrund ihrer Helligkeit und Position, die Sterne der

Tafel 11-1 die primären Kandidaten bei solcher Breitenbestimmung, jetzt aber mit dem Vorteil eines viel weiter ausgedehnten Datumsbereiches, da es keine Rolle spielt, zu welchem Zeitpunkt der Nacht wir sie sehen können.

11.6 Breitenbestimmung nach doppeltem Durchgang zirkumpolarer Sterne

Auf höheren Breiten können wir mit einem ordentlich arbeitenden Senkblei-Sextanten unsere Breite bestimmen, wenn die Nacht zumindest 12 Stunden lang ist. Alles was wir wissen müssen, ist die Mindesthöhe eines Sterns, wenn dieser unter dem Pol nach Osten zieht, bzw. seine größte Höhe oberhalb des Pols auf seinem Weg nach Westen. Das Mittel dieser beiden Werte ist die Polhöhe, welche unserer Breite entspricht:

$$Breite = (Ho_{max} + Ho_{min}) / 2$$

Nehmen wir zum Beispiel an, dass wir im Sommer auf südlicher Breite stehen und feststellen, dass sich ein Stern von mittlerer Helligkeit am frühen Abend im Süden von uns befindet. Wir beobachten seine Höhe mit einem Senkblei-Sextanten (oder einem Kamal) und finden heraus, dass seine niedrigste Höhe 13° beträgt. Unmittelbar vor dem ersten Licht am Morgen hat er seinen Halbkreis um den Pol vollendet und erreicht seine maximale Höhe von 67°, was wir mit dem Senkblei-Sextanten messen müssen. Unsere Breite ist daher (13° + 67°) / 2 = 40° S. Die Methode erfordert zwar bestimmte Umstände, welche aber nicht besonders selten vorkommen, da wir ja jeden beliebigen zirkumpolaren Stern verwenden können. Wir müssen auch seine Deklination nicht kennen.

11.7 Breitenbestimmung nach der Sonne zum Schiffsmittag

In der Astronavigation ist die Breitenbestimmung mittels des Meridian-Durchgangs der Sonne (Mittagsbreite, Anm. d. Ü.) eine Standard-Prozedur, wohingegen die Beobachtung der Meridian-Passage von Sternen, wie in den letzten drei Abschnitten beschrieben, dabei höchst unüblich ist. In der Notfall-Navigation ist das Gegenteil der Fall. Obwohl wir die Sonne zur Richtungsbestimmung verwenden können, so ist es im Normalfall doch unmöglich, die Höhe der Sonne ohne ordentlichen Sextanten für eine exakte Breitenbestimmung ausreichend genau zu messen.

Die Probleme dabei sind die Höhe der Sonne und deren Helligkeit. Ausnahmen davon könnten sich nur in einer Notlage auf sehr hoher nördlicher Breite im Dezember oder Januar, bzw. hoher südlicher Breite im Juni oder Juli ergeben. In diesen Fällen könnte die Sonne zu Mittag tief genug stehen, um mit einem Kamal mit provisorischer Sonnenblende gemessen werden zu können. Hat man jedoch einen Sextanten zur Verfügung, so ist die mittägliche Sonne bei der Breitenbestimmung überall sehr wertvoll, vor allem auf Südbreite, wo die Polhöhe dafür ja nicht festgestellt werden kann. In besonderen Fällen von bedecktem Himmel könnte ein Senkblei-Sextant mit Sonnenschutz zwar eine ungefähre Breite liefern, die Beobachtung wäre aber dennoch für die Augen potentiell gefährlich. Dieses Verfahren kann nicht empfohlen werden.

Um die Breite nach der Sonne beim Meridian-Durchgang zu errechnen, müssen wir ihre Deklination kennen, welche sich von Tag zu Tag langsam ändert. Diese ist in Almanachen aufgelistet, wir können sie jedoch auch ziemlich genau anhand des Datums berechnen. Die Regel zur Berechnung der Breite nach der Sonne beim Meridian-Durchgang hängt davon ab, wo man sich gerade relativ zur Sonne befindet. Um alle Fälle, auch die große Unsicherheit der Koppelbreite in Äquatornähe, zu berücksichtigen, ist es am einfachsten, der Breite, der Deklination und der Zenithdistanz wie folgt Vorzeichen (+ oder -) zu geben:

Nördliche Breite ist (+).	Südliche Breite ist (-).
Nördliche Deklination ist (+).	Südliche Deklination ist (-).
Blick zur Sonne Richtung N,	Blick zur Sonne Richtung S,
Zenithdistanz ist (+).	Zenithdistanz ist (-).

Mit diesen Vorzeichen lautet die Breitenregel:

$$Breite = Deklination - Zenithdistanz$$

wobei gilt:

$$Zenithdistanz = 90° - Ho_{max}$$

Um die maximale beobachtete Höhe zu bestimmen, messen wir ungefähr jede Minute die Sextantenhöhe der Sonne bei ihrem Meridian-Durchgang zu Mittag und wenden dann die Höhenkorrekturen (Abschnitt 11.2) beim größten Wert der Sextantenhöhe an.

Wir beobachten zum Beispiel zu Mittag im Süden die Sonne und messen ihre größte Höhe mit 70°, wobei ihre Deklination 21° S beträgt. Die Zenithdistanz ist − (90° - 70°) = − 20°, und die Deklination ist − 21° - (- 20°) = - 21° + 21° = -1° = 1° Süd. Ein zweites Beispiel: man blickt zu Mittag in Richtung Norden zur Sonne, die größte beobachtete Höhe beträgt 60° bei einer Deklination der Sonne von 15° N. Die Zenithdistanz ist + (90° - 60°) = + 30°, die Deklination ist + 15°, und die Breite = Deklination − Zenithdistanz = +15° - (+30°) = 15° S.

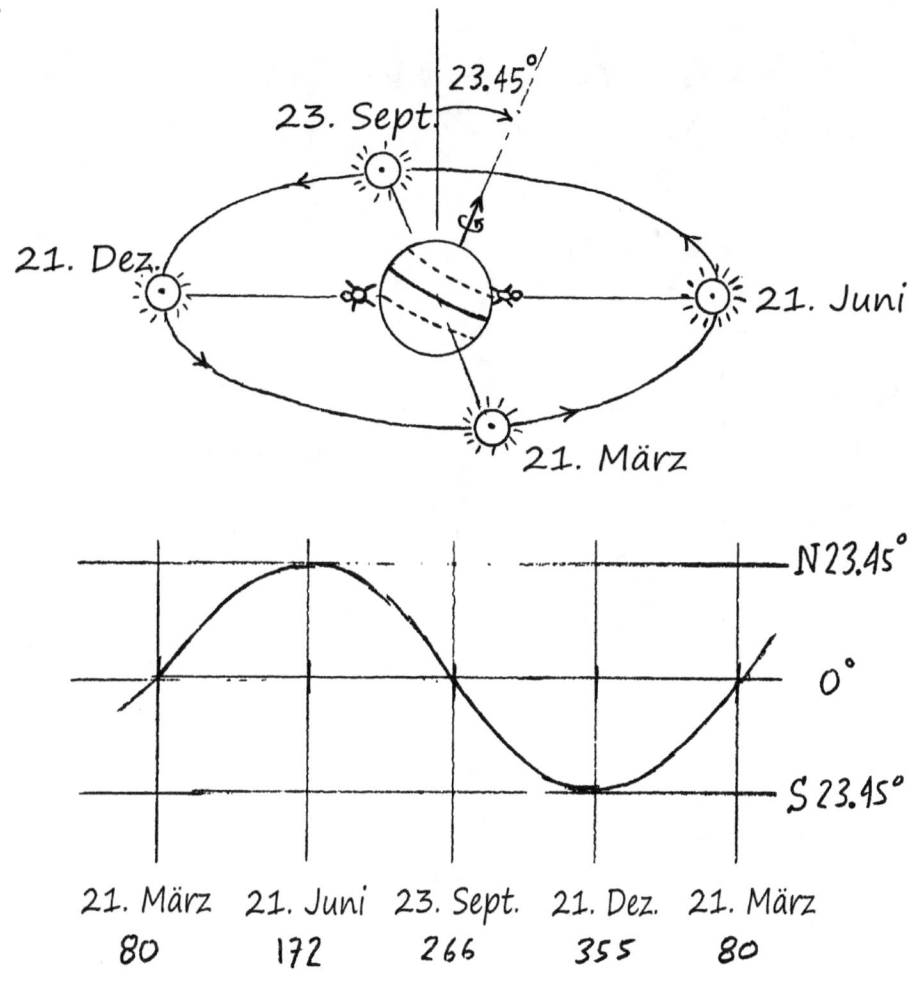

Abbildung 11-14. *Die Deklination der Sonne. Die Deklination der Sonne variiert zwischen 23,45° N (23° 27') und 23,45° S. Wir verwenden hier die Dezimalform, um die einzigartige Zahlenfolge hervorzuheben, welche es so einfach macht, sich diese Maximalwerte zu merken. Die Wendepunkte sind die Sonnwenden, der 21. Juni und der 21. Dezember, der längste und der kürzeste Tag des Jahres. Zu den Äquinoktien (Tag- und Nachtgleichen) überquert die Sonne den Äquator, am 21. März bzw. am 23. September; hier ist die Länge von Tag und Nacht gleich. Rund um die Äquinoktien ändert sich die Deklination der Sonne am schnellsten (etwa um 24' pro Tag), in der Nähe der Sonnwenden ändert sie sich am langsamsten. Die Oszillation der Deklination mit den Jahreszeiten rührt aus der Tatsache, dass die Neigung der Erdachse während des gesamten Umlaufs der Erde um die Sonne konstant bleibt – hier umgekehrt dargestellt, wobei die Sonne um die Erde kreist.*

Um die Deklination der Sonne zu berechnen müssen wir zuerst ermitteln, wo innerhalb der aktuellen Jahreszeit wir uns gerade befinden, indem wir die Tage zählen. Danach wandeln wir diese Position in einen Winkel um, da sich die Deklination der Sonne im Laufe des Jahres in Form eines kreisförmigen Musters ändert. Die Jahreszeiten werden darin durch die Äquinoktien (Tag- und Nachtgleichen) und die Sonnwenden markiert, wie in Abb. 11-14 gezeigt, sodass sich der Winkel „Alpha" wie folgt errechnet:

$$Alpha = S / (S + E) \times 90°,$$

wobei

S = die Anzahl der Tage zur nähesten Sonnwende
E = die Anzahl der Tage zur nähesten Äquinoktie

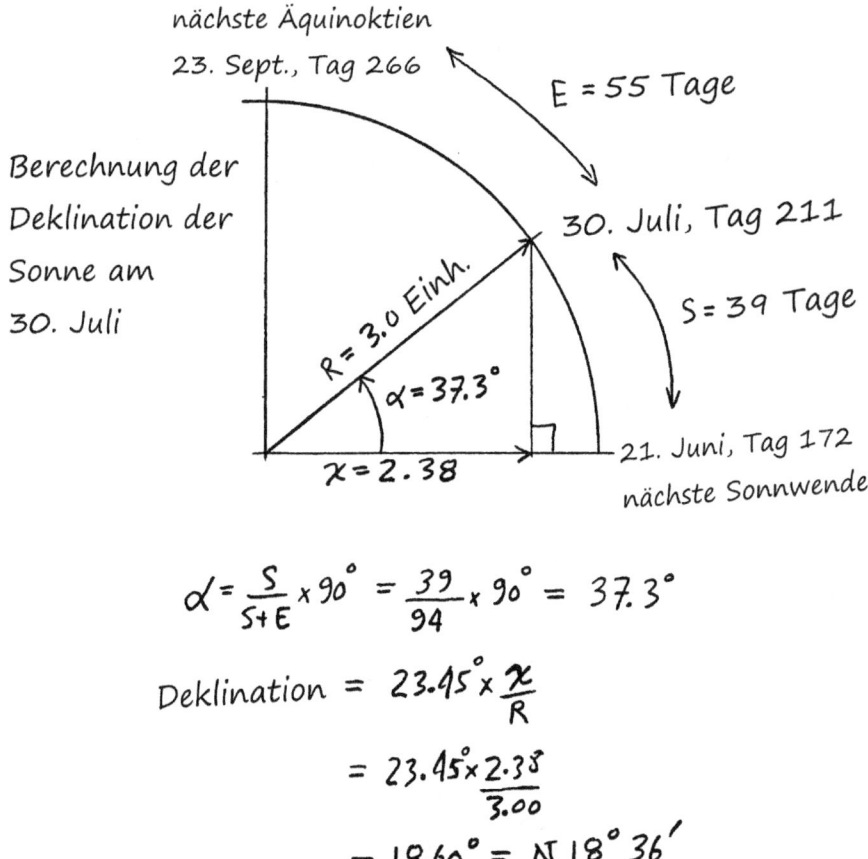

Abbildung 11-15. *Berechnung der Deklination der Sonne nach dem Datum. Man zählt die Tage, um seine Position innerhalb der Jahreszeiten in Form eines Winkels zu bestimmen, konstruiert diesen Winkel und misst das Seitenverhältnis wie oben angegeben; dann legt man dieses Verhältnis einem Maßstab mit dem Maximum von 23,45° zugrunde. Der Radius R kann von beliebiger Länge sein. Man beachte, dass sich die Deklination nur langsam verändert, wenn der Winkel (das Datum) über die Sonnwenden hinaus zunimmt, sich dann aber, bei Annäherung an die Äquinoktien, immer schneller ändert. Bei sehr genauem Plotten ist diese Methode auf etwa 10' genau, obwohl in der Praxis eine Genauigkeit von 20° bis 30° sicher ein realistischeres Ziel wäre. Die Lösung mittels Taschenrechner würde so aussehen: Deklination = 23,45° x Cos(alpha). Der genaue Wert für den Mittag des 30. Juli ist 18° 29', plus oder minus 6', abhängig davon, wo wir uns innerhalb des Schaltjahr-Zyklus befinden. Die Deklination zu einem bestimmten Datum variiert innerhalb dieses Zyklus um etwa 10', aber jedes Datum hat alle vier Jahre dieselbe Deklination. Die Zeiten von Sonnenauf- und -untergang wiederholen sich auf dieselbe Weise.*

Anschließend zeichnen wir mittels einer behelfsmäßigen Kompassrose (Abschnitt 3.3) einen Viertelkreis und messen das Verhältnis X/R, wie in Abb. 11-15 beschrieben. Für die Längenmessung kann man jede beliebige Maßeinheit verwenden, da nur das Verhältnis benötigt wird. Daraus ergibt sich die Deklination der Sonne folgendermaßen:

$$\textit{Deklination der Sonne } = 23{,}45° \text{ x } (X/R)$$

Trotzdem müssen wir beachten, wann die Deklination nördlich (Sommerhalbjahr) und wann sie südlich (Winterhalbjahr) ist, wie in Abb. 11-14 gezeigt. Prinzipiell ist diese Methode auf rund 10' genau, wobei ein Teil der Genauigkeit beim Zeichnen verloren geht. Mit einiger Sorgfalt sollte ein auf etwa 30' genaues Ergebnis möglich sein. Hat man einen Sextant, aber keinen Almanach, so würde der erste Schritt sein, einige Zeit für die Erstellung einer Deklinationstafel aufzuwenden, eher als diese jedes Mal bei Bedarf neu zu berechnen.

11.8 Breitenbestimmung nach der Länge des Tages

Während der meisten Zeit des Jahres hängt die Länge des Tageslichts (Sonnenaufgang bis Sonnenuntergang) von der geographischen Breite ab. Segelt man im Sommer Richtung Süden, so werden die Tage kürzer; segelt man im Winter Richtung Süden, so werden die Tage länger. Nur während der Äquinoktien bleibt die Tageslänge auf allen Breiten gleich. Zu den Tag- und Nachtgleichen, am 21. März und am 23. September, geht die Sonne überall auf der Welt um 0600 h auf und um 1800 h (Sonnenzeit) unter – Äquinox bedeutet „gleiche Nacht", da zu dieser Zeit der Tag und die Nacht gleich lang sind. Die Länge von Tag und Nacht ändert sich am raschesten rund um die Zeiten der Sonnwenden, am 21. Juni und am 21. Dezember, den Tagen der längsten bzw. kürzesten Nacht des Jahres.

Während mehrerer Monate vor bzw. nach den Sonnwenden ändert sich die Tageslänge mit unserer Breite schnell genug, um diese aktuelle Breite tatsächlich durch eine Messung der Tageslänge bestimmen zu können. Dafür benötigen wir eine Uhr sowie einen Satz Tafeln, in dem die Zeiten von Sonnenauf- und -untergang für verschiedene Breiten aufgelistet sind. Solche Tafeln findet man im hinteren Teil der U.S. Tide Tables. Die Uhr muss nicht genau auf eine Zeitzone eingestellt sein. Wir brauchen nur Zeitintervalle zu messen, keine absoluten Zeiten.

Zur Messung der Tageslänge notiert man den Zeitpunkt, zu dem der Oberrand der Sonne auf der östlichen Kimm erscheint, und dann wieder, wenn er im Westen untergeht. Die Länge des Tageslichts ist der Zeitraum zwischen diesen beiden Zeitpunkten. Erscheint die Sonne um 091530 h, und geht um 201650 h wieder unter, so beträgt die Länge des Tages 11 Stunden, 01 Minuten und 20 Sekunden.

Ist sowohl Sonnenaufgang als auch Sonnenuntergang sichtbar, so ist dies eine simple Messung. Wir können aber, wie in Abschnitt 6.3 über den Schiffsmittag beschrieben, den präzisen Zeitpunkt des Sonnenauf- bzw. -untergangs aufgrund der Undeutlichkeit der aktuellen Kimm oft nicht feststellen, selbst mitten auf dem Ozean nicht. Der Rand des Horizontes ist häufig von Wolken verdeckt. Glücklicherweise ist es bei dieser Methode nicht notwendig, sowohl Sonnenaufgang als auch Sonnenuntergang zu beobachten. Wir müssen nur einen der Beiden erkennen können – auch wenn es leichter und genauer ist, wenn man Beide sieht.

Der Trick ist, den Schiffsmittag (LAN), wie in Abschnitt 6.3 beschrieben, mittels eines Kamals zu messen. LAN liegt immer genau in der Mitte zwischen Sonnenaufgang und Sonnenuntergang, sodass wir, wenn wir LAN kennen, nur die halbe Tageslänge messen müssen. Um zu sehen wie dies funktioniert, definieren wir fünf spezielle Zeiten: T_{sr} = Zeit des Sonnenaufgangs (sunrise); T_{am} = Zeit einer beliebigen niedrigen Höhe am Kamal am Vormittag; T_{pm} = Zeit derselben Höhe der Sonne am Nachmittag; T_{ss} = Zeitpunkt des Sonnenunterganges (sunset); und T_{lan} = Zeit des Schiffsmittags, welchen wir folgendermaßen errechnen:

$$T_{lan} = (T_{am} + T_{pm}) / 2$$

Nun können wir die Tageslänge auf drei verschiedene Arten bestimmen, abhängig von dem, was wir sehen. Die Tageslänge = Tss – Tsr, wenn wir sowohl Sonnenaufgang als auch Sonnenuntergang sehen; oder Tageslänge = (Tlan – Tsr) x 2, wenn wir nur den Sonnenaufgang beobachten können; oder die Länge des Tages = (Tss – Tlan) x 2, wenn wir nur den Sonnenuntergang sehen. In den letzten beiden Fällen finden wir nur die halbe Tageslänge heraus und multiplizieren diese mit zwei. Außerdem müssen die Zeiten nicht vom selben Tag stammen. Wir können auch um ein, zwei Tage entfernte Zeiten verwenden, vorausgesetzt, dass wir uns in dieser Zeit nicht besonders weit bewegt haben. Diese Zeitmessungen sind in Kapitel 6, Abschnitt 6.8, erklärt.

Hat man die Länge des Tages errechnet, so geht man mit dem richtigen Datum und der ungefähren Breite in die Tafeln der Sonnenauf- und -untergänge. Man subtrahiert für dieses Datum und diese Breite die Zeit des Sonnenaufgangs von der Zeit des Sonnenuntergangs der Tafel und vergleicht diese Tageslänge mit jener, die man selbst gemessen hat. Danach macht man dasselbe nochmals für die nächsthöhere und nächstniedrigere Breite der Tafeln. Hat man so eine größere und eine kleinere Tageslänge als die selbst gemessene gefunden, so kann man die aktuelle Breite daraus interpolieren. Möglicherweise muss man auch das genaue Datum interpolieren, da nicht alle Daten in den Tafeln aufgelistet sind.

Sollten die Tafeln der Sonnenauf- und -untergänge (tide-tables) bereits abgelaufen sein, so spielt das keine Rolle. Die Zeiten des Sonnenaufgangs und des Sonnenuntergangs sind jedes Jahr gleich, zumindest für alle praktischen Anwendungen.

Diese Methode der Breitenbestimmung funktioniert am besten auf höheren Breiten, über etwa 30°, während der beiden Monate vor bzw. nach jeder Sonnwende. Näher zu den Sonnwenden funktioniert sie auf allen Breiten ziemlich gut. Keinesfalls funktioniert das Verfahren während einiger Wochen zu beiden Seiten der Äquinoktien. Auf jeden Fall kann die Frage, wie genau die Methode unter bestimmten Umständen arbeiten wird, immer im Vorhinein getestet werden. Schlagen Sie einfach nach, um wie viele Minuten sich die Tageslänge zu dem aktuellen Datum und auf Ihrer ungefähren Breite pro 1° Breitenänderung ändert. Ist diese Zahl hoch, sagen wir 5 Minuten oder so, dann haben Sie ein empfindliches Instrument zur Breitenmessung. Wenn die Zahl niedrig ist, etwa 1 bis 2 Minuten pro Breitengrad, so wird die Methode nicht sehr präzise sein, aber die Breite immer noch auf wenige Grade genau angeben, möglicherweise auch genauer, wenn man eine gute Sicht auf den Sonnenaufgang und den Sonnenuntergang hatte. Ändert sich die Tageslänge um weniger als eine Minute pro Grad, so ist dieses Verfahren nicht brauchbar.

Auch haben wir bisher angenommen, dass sich das Schiff nicht bewegt. Auf Westkurs laufen wir morgens von der Sonne weg und am Nachmittag hinter ihr her. Das Ergebnis ist, dass wir die Tageslänge bei Fahrten nach Westen ausdehnen. Gleicherweise kürzen wir auf jeder Breite die Länge des Tageslichts bei Fahrten Richtung Osten, was unsere Methode natürlich beeinträchtigt, da wir die Tageslänge ändern, ohne die Breite zu wechseln. Hat man die Prinzipien und grundlegende Kartenarbeit aber erst einmal verstanden, so ist dieses Problem leicht zu korrigieren.

Bewegt man sich während einer solchen Messung nach Westen, so muss man die Länge des Tages für jedes Grad Änderung der geographischen Länge (oder um eine Zeit-Minute pro 15 Längen-Minuten), die man in diesem Zeitraum nach Westen gemacht hat, verkürzen – ungeachtet etwaiger Breitenänderung an diesem Tag. Läuft man auf Ostkurs, so verlängert man die Tageslänge um denselben Betrag. Dann verwendet man diese korrigierten Zeiten beim Eingang in die Tafeln. Für die Breitenänderung ist keine Korrektur erforderlich, aber wenn sich die Breite geändert hat, dann gibt das Ergebnis durch die Tageslänge die Breite an, auf der man sich zwischen Sonnenaufgang und Sonnenuntergang befunden hat, an. Bei stetem Kurs und gleichmäßiger Geschwindigkeit findet man so die Breite vom Mittag (s. Abb. 11-16).

Als Beispiel war am 5. Juli meine Koppelbreite 39° N (auf ungefähr 2° genau), und ich befand mich auf westlicher Länge. Die Sonne ging um 054820 Bordzeit auf und mein Kurs war Nordwest (315°) bei 6 Knoten Fahrt, gleichmäßig den ganzen Tag lang. Der Sonnenuntergang wurde um 203812 Bordzeit beobachtet. Die gemessene Tageslänge betrug 203812 – 054812, oder 14 Stunden, 49 Minuten, 52 Sekunden, was 14,8 Stunden entspricht. Bei 6 Knoten Speed lief ich zwischen Sonnenaufgang und Sonnenuntergang rund 89 Meilen Richtung 315°, was eine Bewegung nach Westen von 63 Meilen ergibt, wie ich beim Plotten feststellte. Auf der Breite von 39° entspricht eine Längenänderung von 1° rund 47 Meilen (erklärt in Abb. 12-9, nächstes Kapitel); so nahm meine Länge bei 63 Meilen Distanz um 63 x (1°/47 Meilen), oder 1,34° zu. Die verlangt eine Korrektur der Länge um 1,34° x (4 Minuten / 1°), oder 5,36 Minuten, was 5 Minuten und 22 Sekunden entspricht. Die korrigierte Tageslänge ist daher 144952 – 5 Minuten und 22 Sekunden, oder 144430. Die Tafeln sagen mir, dass die Tageslänge am 5. Juli auf einer Breite von 38° N 1443 und auf 40° N 1455 beträgt. Ich kann dies, wie in Abb. 11-16 gezeigt, graphisch darstellen und werde entdecken, dass meine Breite am Mittag des 5. Juli 38°15' N war.

SUNRISE AND SUNSET, 1985

Date	34° N. Rise	34° N. Set	36° N. Rise	36° N. Set	38° N. Rise	38° N. Set	40° N. Rise	40° N. Set
	h m	h m	h m	h m	h m	h m	h m	h m
July 5	04 54	19 15	04 49	19 20	04 43	19 26	04 37	19 32
10	04 57	19 14	04 51	19 19	04 46	19 25	04 40	19 30
15	05 00	19 12	04 54	19 17	04 49	19 22	04 43	19 28
20	05 03	19 10	04 58	19 14	04 53	19 19	04 47	19 25
25	05 06	19 06	05 02	19 11	04 57	19 16	04 52	19 21
30	05 10	19 03	05 05	19 07	05 01	19 11	04 56	19 16

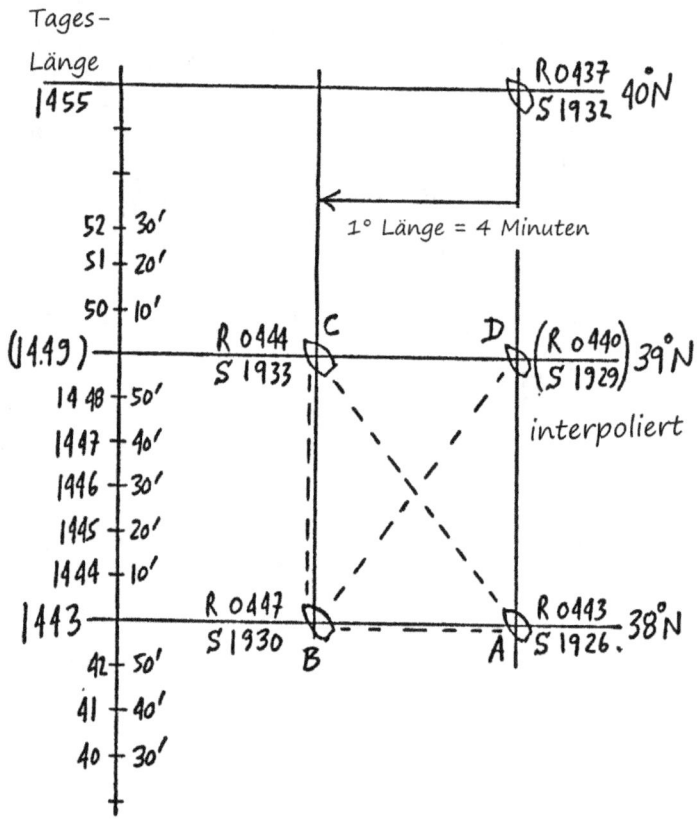

Abbildung 11-16. *Wie sich die Zeiten von Sonnenauf- und -untergang am 5. Juli mit dem Ort ändern. Segelt man nach Westen, so nehmen diese Zeiten um 4 Minuten pro 1 Längengrad zu. Segelt man in Richtung der Breite der Deklination der Sonne, so geht die Sonne immer später auf und immer früher unter, die Länge des Tages nimmt also ab, aber nicht auf eine Art, die sehr einfach vorherzusagen wäre. Um unsere Breite nach der Tageslänge zu bestimmen, müssen wir die gemessene Länge des Tages für die Längenänderung korrigieren. Segeln wir von A nach B um 1° nach Westen, so findet der Sonnenaufgang (R, „rise") um 0443, und der Sonnenuntergang (S, „set") um 1930 statt; die gemessene Tageslänge ist dabei 1447. Die korrigierte Tageslänge wäre 1447 minus 4 Minuten, also 1443, was – wie wir aus den Tafeln entnehmen – auf 38° N der Fall ist. Die Antwort, die wir bekommen, wird immer auf halbem Weg zwischen unserer Breite zu Sonnenaufgang und unserer Breite zu Sonnenuntergang liegen, was in diesem Fall dasselbe ist. Segelt man nun von B nach D um 1° nach Osten, so geht die Sonne um 0447 auf und um 1929 unter, die gemessene Tageslänge beträgt dabei 1442. Die korrigierte Tageslänge wäre 1442 plus 4 Minuten, also 1446, was – laut Tafeln – einer mittleren Breite von 38° 30' N entspricht. Überprüfen Sie andere Routen unter den gezeigten Punkten, um mehr darüber zu erfahren, wie dies funktioniert.*

Hätte ich die Korrektur der Länge nicht vorgenommen, so wäre meine Breite um etwa 1° falsch. Die Korrektur ist also wichtig. Diese Methode funktioniert auf höheren Breiten besser, da sich die Länge bei Ost-West-Fortschritt dort rascher ändert. Die Umwandlung von abgelaufener Distanz in Längenintervalle wird in Kapitel 12 diskutiert.

11.9 Aufzeichnung der Breite

Die primäre Art der Breitenaufzeichnung ist das Koppeln (DR, dead reckoning). Beim Segeln genau nach Norden oder Süden ändert sich die Breite alle 60 Meilen um 1°. Fährt man von Ost nach West (oder umgekehrt), so ändert sich die Breite überhaupt nicht. Auf diagonalem Kurs benötigt man eine behelfsmäßige Karte, um die Breitenänderung darzustellen.

Um so eine Karte anzufertigen zieht man eine vertikale Linie für die Breite und eine horizontale Linie für die Länge. Der Schnittpunkt der beiden Linien markiert die Ausgangsposition. Dann wählt man einen geeigneten Maßstab für die geplante Reise. Ein Zoll oder eine Fingerbreite könnte einer Meile oder 60 Meilen entsprechen, abhängig von der Länge der Fahrt. Da 60 Meilen einem Grad Breite entsprechen, kann man bei diesem Maßstab die Breitenskala in Graden auftragen und die Breitenkreise einfach einzeichnen. Siehe das Beispiel in Abb. 11-17.

Beginnend mit der Ausgangsposition der Reise zeichnet man nun seine Koppelorte in diese behelfsmäßige Karte ein. Von einer solchen Karte kann man seine Breite in Graden ablesen, die Länge würde jedoch in Meilen östlich oder westlich des Ausgangspunktes dargestellt werden (der Abschnitt 12.4 erklärt Ihnen, wie Sie Ihre Länge mittels einer solchen Karte in Grade umrechnen können).

Wir sollten unsere Koppelbreite immer so genau wie möglich aufzeichnen, und diese bei jeder Gelegenheit mit unseren Gestirnsmessungen vergleichen. Diese beiden unabhängigen Quellen der Breitenmessung unterstützen und stärken sich gegenseitig. Die Methoden, welche wir bisher besprochen haben, die Breite mittels der Sonne oder der Sterne zu finden, sind besonders wertvoll, wenn man von unbekannter Position aus startet. In diesem Fall müssten wir unsere Breite erst „entdecken". Beim Start von bekannter Breite ist der Job, die Breite nach den Sternen einfach weiterzuverfolgen, wesentlich leichter. In dem Fall müssen wir nur die Änderung der Breite messen.

Das Prinzip hinter der Messung von Breitenänderungen ist sehr simpel. Segeln wir nach Süden, so tauchen neue Sterne am südlichen Meridian auf und jene am nördlichen Meridian verschwinden. Weiters ändert sich ihre Höhe exakt mit unserer Breite. Das Gegenteil geschieht bei einer Breitenänderung nach Norden.

Um Änderungen der Breite zu messen, können wir jeden Stern verwenden, der in der Dämmerung den Meridian passiert. Wir können nördliche oder südliche Sterne verwenden, und Sterne jeglicher Höhe – aber, nochmals, wir werden von niedrigeren Sternen grundsätzlich genauere Resultate erhalten.

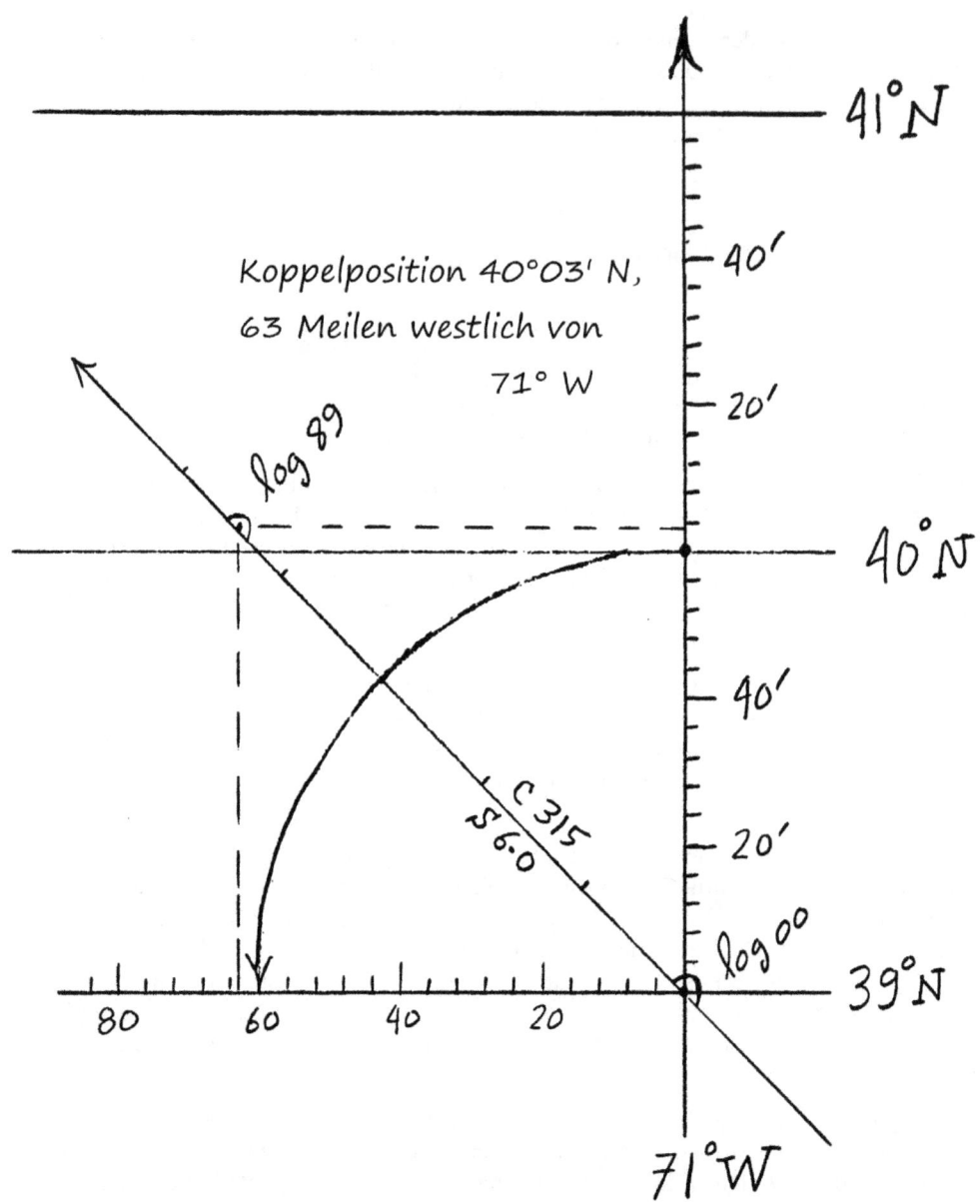

Abbildung 11-17. *Ein behelfsmäßiges „Plotting-Sheet". Eine Fahrt von 89 Meilen nach Nordwesten ergibt einen Fortschritt nach Westen um 63 Meilen. Die Koppelbreite kann direkt aus dieser Karte gelesen werden, die Länge muss jedoch extra berechnet werden, wie in Abschnitt 12.4 und Abb. 12-9 erklärt.*

Der große Vorteil dabei ist, dass wir weder Namen noch Deklination des betreffenden Sterns kennen müssen. Wir sollten lediglich in der Lage sein, jede Nacht denselben Stern auszumachen. Es hilft jedoch in der „Buchhaltung", den verwendeten Sternen Namen zu geben.

Das Verfahren sieht die Herstellung eines Kamals vor, um die Höhe eines Sterns beim Meridiandurchgang in der Dämmerung festzustellen: Da wir keine absoluten, sondern nur relative Höhen messen wollen, kann die Höhe des Stern auch recht groß sein. Während der Reise können wir nun die Positionsänderung dieses Sterns am Kamal erkennen, wie in Abb. 11-18 gezeichnet.

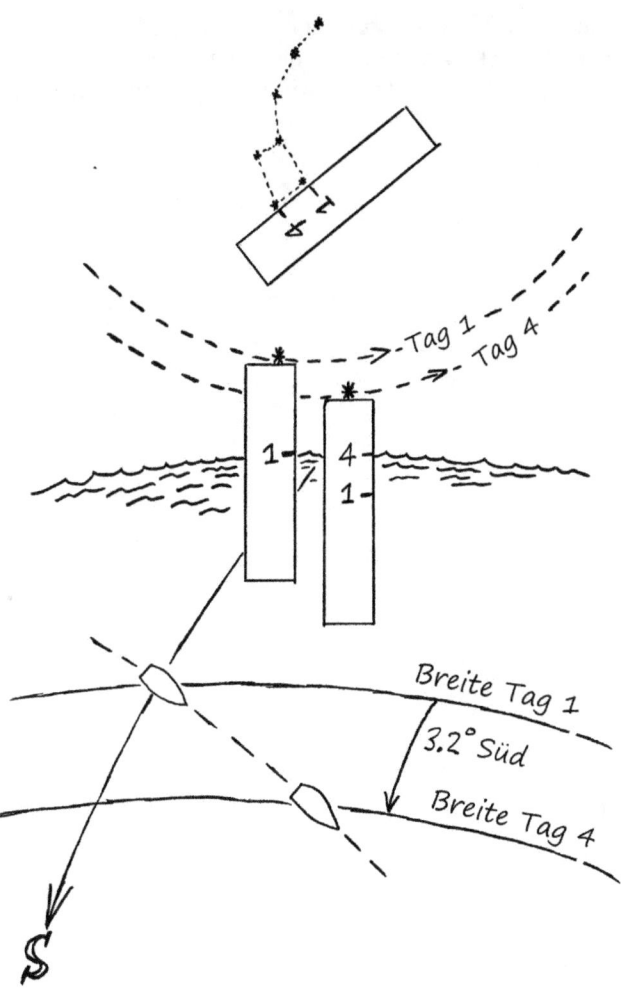

Abbildung 11-18. *Fortschritt nach Süden, aufgezeichnet durch absteigende Sterne. Hier wird ein Kamal verwendet und darauf die Höhe eines Sterns bei seinem Durchgang durch den nördlichen Meridian in der Dämmerung, zuerst am Tag 1 und dann am Tag 4, markiert. Während dieser 4 Tage ist der Stern um den Abstand der „Wächter" abgestiegen, woraus wir folgern können, dass wir 3,2° nach Süden gutgemacht haben. Diese Messung gibt keinerlei direkte Auskunft über eine mögliche Längenveränderung, sie könnte uns aber einiges über unsere Koppelgenauigkeit sagen. Stimmen unsere Koppelaufzeichnungen mit diesen 3,2° in Richtung Süden überein, so wissen wir, dass keine starke Nord-Süd-Komponente in unserer Abdrift vorliegt, was unter manchen Umständen unterstützende – wenngleich auch nicht definitive – Information beim Schätzen der Länge bietet. Ist in dieser Gegend zum Beispiel höchstwahrscheinlich mit südöstlichem Strom zu rechnen, so können wir daraus schließen, dass dieser Strom eher schwach ist, denn sonst hätte er unsere Koppelbreite über den Haufen geworfen.*

Wir vergleichen dann diese Positionsänderung (Länge entlang des Kamals) mit einer der Standard-Referenzen, wie dem Abstand zwischen den Sternen im Gürtel des Orion, oder anderen, wie in Abschnitt 11.1 besprochen. Steigt ein bestimmter Stern während unserer Reise am nördlichen Meridian um den Betrag, der dem Abstand zwischen den Wächtern entspricht, ab, so sind wir um 3,2° bzw. 192 Meilen nach Süden vorangekommen.

Das ist eine sehr effiziente Methode der Breitenaufzeichnung. Man kann den nördlichen und den südlichen Meridian in der Morgen- bzw. Abenddämmerung verwenden. Das Verfahren zeigt uns, warum es so wichtig ist, einige Referenzabstände zwischen Sternenpaaren auswendig zu lernen.

12 Längenbestimmung auf See

Geographische Länge ist Zeit und Zeit ist geographische Länge. Kennen wir UTC (ehem. GMT, Anm.), so können wir unsere Länge an jedem Ort und zu jedem Datum bestimmen. Und – gleichermaßen wichtig - wenn wir unsere Länge zum Zeitpunkt des Notfalles wissen, so können wir UTC herausfinden (sofern nicht sowieso bekannt) und dadurch bei der weiteren Fahrt unsere Länge aufzeichnen. Befinden wir uns an unbekannter Position mit nichts als UTC, so können wir die Länge mittels der Sonne eruieren. Im Gegensatz dazu, an unbekanntem Ort mit allem außer UTC, können wir die Länge anhand des Mondes ermitteln (Abschnitt 14.3).

Wir benötigen doch etwas mehr als nur eine Uhr, um die Länge mithilfe der Sonne zu bestimmen. Vor Allem brauchen wir spezielle Informationen, welche wir in Almanachen finden oder mit Tafeln der Sonnenauf- und -untergänge leicht errechnen können. Oder wir können, auch ohne diese beiden, die Länge mittels des Datums berechnen, wofür wir behelfsmäßige Regeln festlegen.

Die Prinzipien hinter diesen Methoden sind leicht zu verstehen, zum Beispiel bei der Verwendung des Meridiandurchgangs der Sonne. Die Sonne scheint die Erde einmal am Tag westwärts zu umkreisen, sie überquert in 24 Stunden alle 360 Längengrade, was bedeutet, dass sie sich mit 15° Länge pro Stunde nach Westen bewegt. Wenn ich die Sonne jetzt auf meinem Meridian sehe, so sieht sie jemand anderer, der sich 15° weiter westlich als ich befindet, genau eine Stunde später, ungeachtet seiner geographischen Breite. Befinde ich mich gerade auf 60° West und die Sonne überquert den Meridian von Greenwich (0° Länge) um 1200 UT, so wird sie um genau 1600 UT auf meinem Meridian stehen, denn bei 15° pro Stunde dauert es 4 Stunden um 60° Länge weiterzukommen (s. Abb. 12-1). Genau dies ist das Ausmaß der Theorie. Wenn wir wissen, wann die Sonne Greenwich passiert, und feststellen können, wann sie bei uns ist, so können wir unsere Länge errechnen und als Anzahl der Stunden zwischen diesen beiden Zeitpunkten, multipliziert mit 15, angeben. Immer wenn die Sonne uns passiert nachdem sie Greenwich passierte, so ist unsere Länge westlich. Passiert sie uns auf ihrem Weg nach Greenwich, so befinden wir uns auf östlicher Länge.

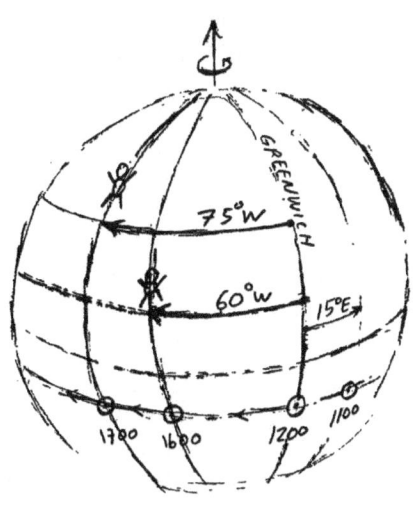

Abbildung 12-1. *Durch die Erddrehung bewegt sich die Sonne um 15° pro Stunde nach Westen. Betrachtet man lediglich einen Tag, so bleibt die Breite der Sonne im Wesentlichen konstant, wogegen sie sich im Laufe eines ganzen Jahres über den Tropen langsam hin und her bewegt.*

Dieses Prinzip kann – wie beschrieben – auf den Zeitpunkt des LAN (wahrer Schiffsmittag, Anm. d. Ü.) oder auf den Sonnenaufgang bzw. Sonnenuntergang angewandt werden. In jedem der Fälle vergleichen wir die gemessene Zeit mit der entsprechenden Zeit in Greenwich, und die Differenz ist unsere Länge. Die Zeiten von Greenwich müssen entweder Tabellen entnommen oder nach einer bestimmten Regel mittels des Datums errechnet werden. Die Uhrzeit von Greenwich UT ist in der Notfall-Längenbestimmung von fundamentaler Bedeutung. Trägt man eine Uhr und zeichnet man UT auf, so kann man mit sehr wenig Übung immer seine Länge bestimmen. Auch wenn man UT nicht kennt und anfangs auch noch nicht weiß, wo man sich befindet, so ist – wie wir sehen werden – eine Uhr für die Längenaufzeichnung dennoch extrem wertvoll. Im Gegensatz zur Breite müssen wir Koppellängen immer mittels Himmelsbewegungen überprüfen.

12.1 Längenbestimmung nach Sonnenauf- und -untergang

Die einfachste Art der Längenbestimmung unter Notbedingungen ist die Messung der Zeiten von Sonnenaufgang und Sonnenuntergang. Um dieses Verfahren verwenden zu können müssen wir UT kennen und benötigen weiters Tafeln für Sonnenauf- und -untergang aus einem Almanach oder Tide Tables. Die Methode kann überall und an jedem Datum angewandt werden, sofern man den Sonnenauf- bzw. -untergang auf der Kimm wirklich sehen kann. Da der Horizont aber oft von niedrigen Wolken bedeckt ist, wird diese Methode aber nicht an allen Tagen hilfreich sein, auch wenn die anderen nötigen Mittel zur Verfügung stehen. Die Zeit des Sonnenaufgangs hängt von der geographischen Breite ab und wir müssen diese daher zuerst eruieren, um unsere Länge solchermaßen errechnen zu können.

Der Zeitpunkt des Sonnenaufgangs, den wir suchen, ist der Moment, an dem der Oberrand der Sonnenscheibe (Upper Limb) auf der Kimm erscheint. Der Zeitpunkt des Sonnenuntergangs ist der Augenblick, an dem die Sonne zur Gänze unter der Kimm verschwindet. Zur Längenberechnung notiert man die Zeit des Sonnenaufgangs oder Sonnenuntergangs auf die Sekunde genau und wandelt diese in UT um, indem man sie um die Zeitzone, auf die die Uhr eingestellt ist, sowie um den Fehler der Uhr korrigiert. Danach schlägt man in den Tafeln die Zeit des Sonnenauf- bzw. -untergangs für das aktuelle Datum und die aktuelle Breite (was möglicherweise eine Interpolation verlangt) nach. Nun subtrahiert man die vorhergesagte Zeit von der gemessenen Zeit und wandelt diese Zeitdifferenz in Grade um. Diese Differenz ist die aktuelle geographische Länge. Die Umrechnungsrate ist 15° pro Stunde, aber kleinere Einheiten sind gleichermaßen sinnvoll und leicht zu berechnen:

$$15° = 1 \text{ Stunde} \qquad 15' = 1 \text{ Minute}$$
$$1° = 4 \text{ Minuten} \qquad 1' = 4 \text{ Sekunden}$$

Auf westlicher Länge wird die beobachtete Zeit später als jene aus den Tafeln sein. Östlich von Greenwich wird sie früher sein.

Nehmen wir als Beispiel an, dass unsere auf Pacific Daylight Saving Time gestellt ist, also 7 Stunden hinter UT. Die Uhr geht täglich um 0,5 Sekunden vor und ist am 4. Juli das letzte Mal korrekt gestellt worden. Jetzt, am 4. August, befinden wir uns auf einer Breite von 36° N und lesen zum Zeitpunkt des Sonnenuntergangs 21:49:31 von dieser Uhr ab. Wie ist unsere Länge?

Vom 4. Juli bis zum 4. August sind 31 Tage vergangen, sodass unsere Uhr jetzt rund 15 Sekunden vorgeht. Die korrekte UT bei Sonnenuntergang ist also 21:49:31 plus 7 Stunden minus 15 Sekunden, oder 28:49:16 – was natürlich 04:49:16 am nächsten Tag ist; das spielt aber keine Rolle, da wir uns nur um Zeitdifferenzen und nicht um absolute Zeiten kümmern. Aus den Tafeln (Abb. 12-2) ersehen wir, dass am 4. August auf einer Breite von 36° N die Zeit des Sonnenuntergangs mit 19:02 angegeben ist. Diese gelistete Zeit ist UT bei Sonnenuntergang, von der Länge 0° aus betrachtet. Die Zeitdifferenz ist 28:49:16 minus 19:02:00, also 09:47:16, was wir wie folgt in Grade umwandeln können: 9 Stunden = 135°; 47 Minuten = 11° 45'; 16 Sekunden = 4'. Summieren wir diese Teile auf, so ergibt dies eine geographische Länge von 146° 49' W.

Wir dürfen nicht vergessen, dass es immer um die Zeitzone, auf welche die Uhr gestellt ist, geht und nicht um die Zeitzone, in der wir uns befinden.

TAFEL 4. Sonnenauf- und –untergang, 1985

Date		30° N.		32° N.		34° N.		36° N.		38° N.		40° N.
	Rise	Set	Rise	Set	Rise	Set	Rise	Set	Rise	Set	Rise	Set
	h m	h m	h m	h m	h m	h m	h m	h m	h m	h m	h m	h m
Aug. 4	05 20	18 51	05 17	18 55	05 13	18 58	05 09	19 02	05 05	19 06	05 01	19 11
9	05 24	18 47	05 20	18 50	05 17	18 54	05 13	18 57	05 09	19 01	05 06	19 05
14	05 27	18 42	05 24	18 45	05 21	18 48	05 17	18 52	05 14	18 55	05 10	18 58
19	05 29	18 37	05 27	18 40	05 24	18 43	05 21	18 45	05 18	18 48	05 15	18 52
24	05 32	18 32	05 30	18 34	05 28	18 37	05 25	18 39	05 23	18 42	05 20	18 44
29	05 35	18 26	05 33	18 28	05 31	18 30	05 29	18 32	05 27	18 34	05 24	18 37
Sept. 3	05 38	18 21	05 36	18 22	05 35	18 24	05 33	18 25	05 31	18 27	05 29	18 29
8	05 41	18 14	05 39	18 16	05 38	18 17	05 37	18 18	05 35	18 19	05 34	18 21
13	05 43	18 08	05 42	18 09	05 42	18 10	05 41	18 11	05 40	18 12	05 39	18 13
18	05 46	18 02	05 46	18 02	05 45	18 03	05 45	18 03	05 44	18 04	05 43	18 04
23	05 49	17 56	05 49	17 56	05 49	17 56	05 48	17 56	05 48	17 56	05 48	17 56
28	05 51	17 50	05 52	17 49	05 52	17 49	05 52	17 49	05 53	17 48	05 53	17 48

Abbildung 12-2. *Ausschnitt aus den Tafeln für Sonnenauf- und -untergang der* U.S. Tide Tables. *Diese Zeiten bleiben im Wesentlichen von Jahr zu Jahr gleich, wodurch auch abgelaufene Tafeln verwendet werden können. Ähnliche Tafeln findet man auch auf den Tagesseiten des* Nautical Almanac.

> Bestimmung der Zeit des Sonnenuntergangs am 7. August auf 37°20' N

	36°N	(37°20'N)	38°N
4. Aug.	1902		1906
(7. Aug.)	(1859)	(19:01:40)	(1903)
9. Aug	1857		1901

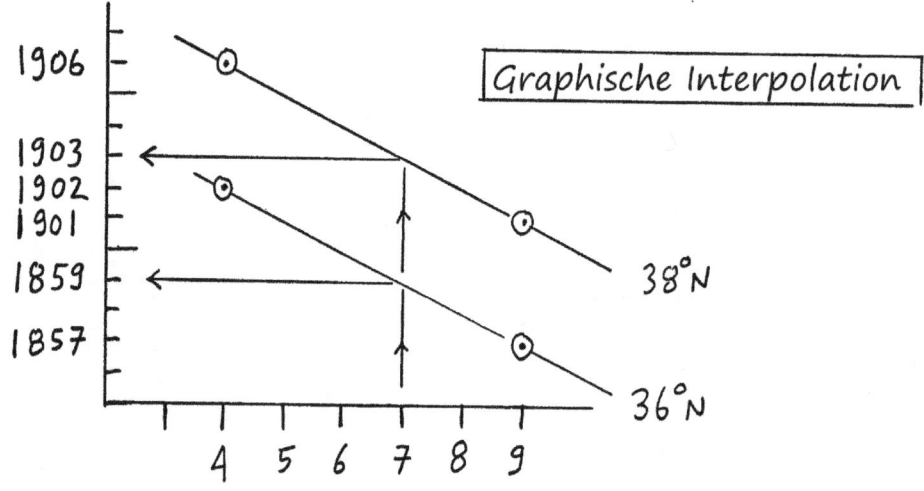

Graphische Interpolation

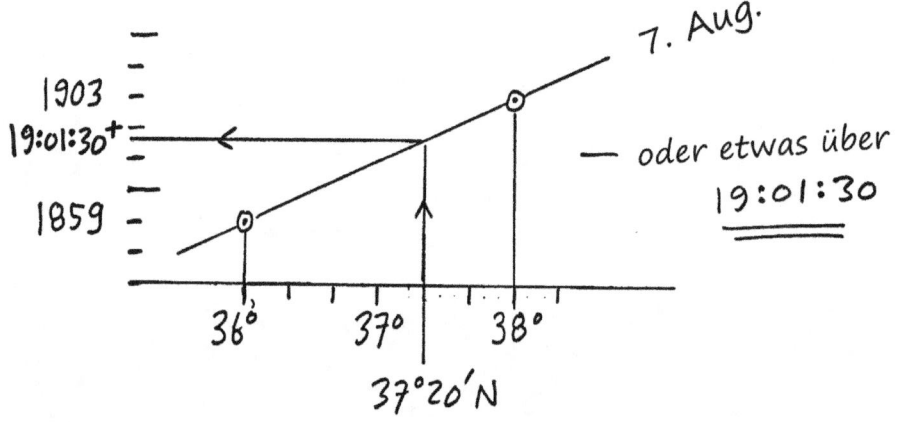

— oder etwas über 19:01:30

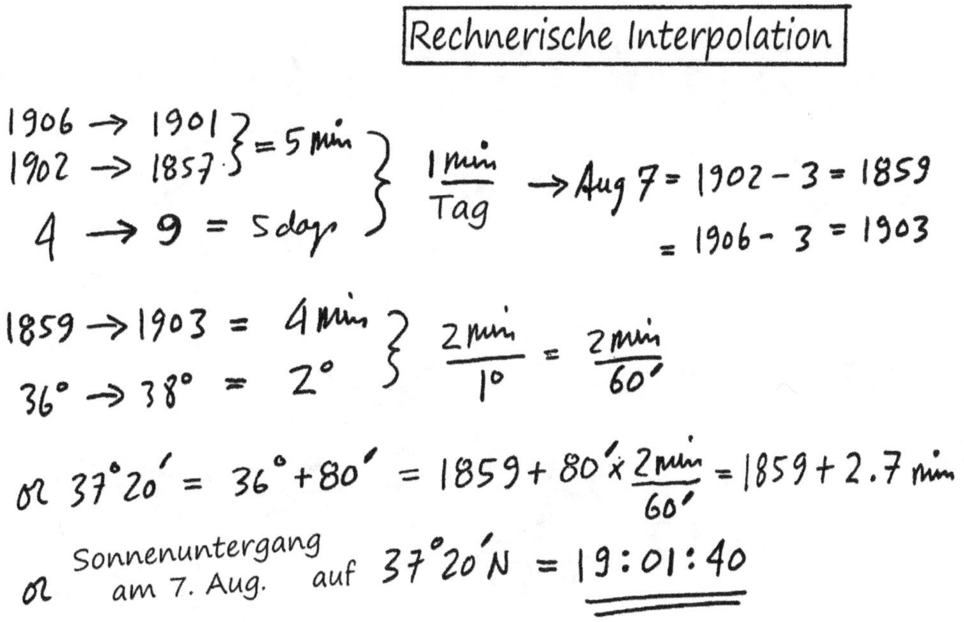

boxed{Rechnerische Interpolation}

$1906 \to 1901$
$1902 \to 1857$ $\} = 5 \text{ min}$
$4 \to 9 = 5 \text{ days}$ $\}$ $\frac{1 \text{ min}}{\text{Tag}}$ $\to$ Aug 7 = 1902 − 3 = 1859
$= 1906 − 3 = 1903$

$1859 \to 1903 = 4 \text{ min}$
$36° \to 38° = 2°$ $\}$ $\frac{2 \text{ min}}{1°} = \frac{2 \text{ min}}{60'}$

α $37°20' = 36° + 80' = 1859 + 80 \times \frac{2 \text{ min}}{60'} = 1859 + 2.7 \text{ min}$

α Sonnenuntergang am 7. Aug. auf $37°20'N = \underline{\underline{19:01:40}}$

Abbildung 12-3. *Die Interpolation der Tafeln für Sonnenauf- und -untergang für Datum und Breite. Die verwendeten Werte stammen aus Abb. 12-2.*

Mit genauer Uhrzeit und Tafeln ist diese Methode sehr verlässlich. Man kann mit einer Genauigkeit von ungefähr 20' rechnen, wenn man die Sonnentafeln interpoliert und seine Breite genau kennt. Weiters kann man mit den Tafeln immer berechnen, wie die Sensibilität der Methode von der Genauigkeit der Breite abhängt. Angenommen die Tafeln zeigen für ein bestimmtes Datum und eine bestimmte Breite, dass sich der Zeitpunkt des Sonnenuntergangs mit 2 Minuten pro 1° Breitenunterschied ändert. In diesem Fall würde – bei einer Unsicherheit der Breite von 1° - die Zeit des Sonnenuntergangs in Greenwich, welche man aus den Tafeln erhält, auf 2 Minuten unsicher sein, sodass unsere errechnete Länge auf 30' unsicher wäre. Ein Zeitfehler ist immer gleichbedeutend mit einem Längenfehler. Geht unsere Uhr um 1 Minute falsch, so wird die berechnete Länge um 15' falsch sein. Üblicherweise müssen wir die Tafeln für Sonnenauf- und -untergang für beide Breiten sowie für das Datum entsprechend der Abb. 12.3 interpolieren.

12.2 Längenberechnung nach dem Schiffsmittag (die Zeitgleiche)

Wir finden unsere Länge nach dem LAN genauso wie nach Sonnenauf- und -untergang, nur müssen wir hierbei unsere Breite nicht kennen. Ein Almanach oder Tafeln sind hier sehr hilfreich, aber notfalls geht es auch ohne diese.

Zuerst bestimmt man mittels Kamal (oder Sextant, sofern verfügbar) UT des Schiffsmittags, wie in den Abschnitten 6.3 und 11.8. Danach vergleicht man die gemessene UT des LAN mit der in den Tafeln nachgeschlagenen bzw. mit dem Datum errechneten UT des LAN in Greenwich und macht danach wie bei der Längenbestimmung mit Sonnenauf- und -untergang weiter.

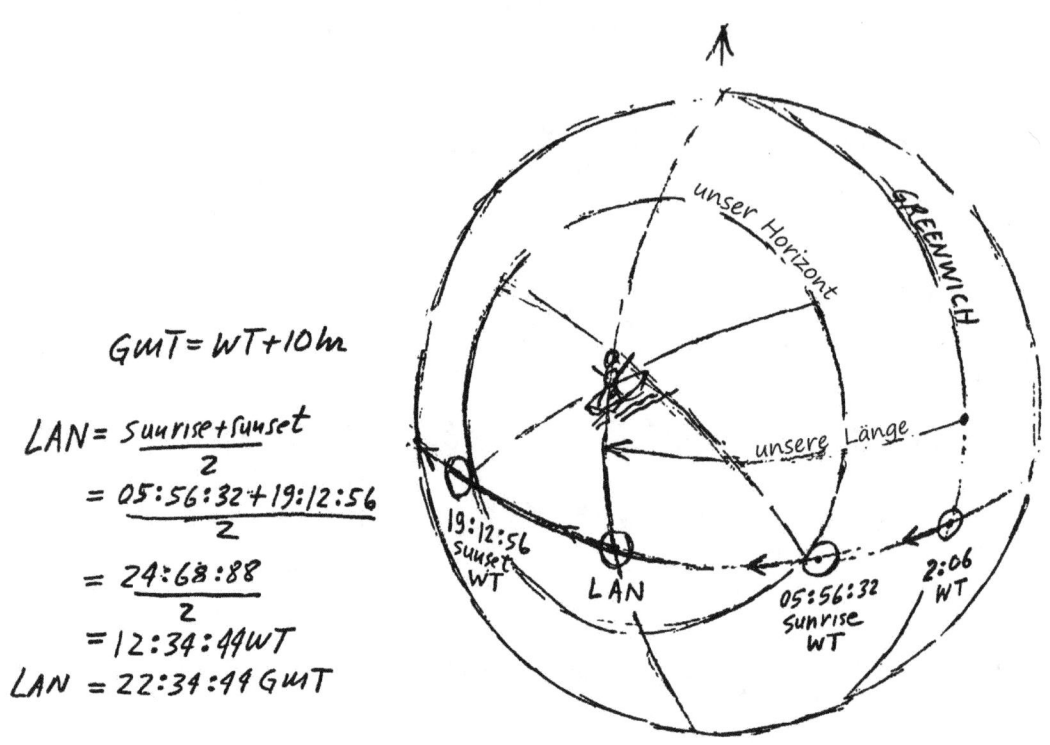

Abbildung 12-4. *Die Messung des Zeitpunktes des wahren Schiffsmittags (LAN) durch Aufzeichnung der Uhrzeiten von Sonnenaufgang und Sonnenuntergang. Die Uhrzeit (Bordzeit, Watchtime, WT) ist 10 Stunden hinter UT.*

UT des Mittags in Greenwich können wir aus den Tafeln bekommen, indem wir die Zeit des Sonnenaufgangs und jene des Sonnenuntergangs zum entsprechenden Datum mitteln und – wenn nötig – interpolieren. Dafür nimmt man eine nur näherungsweise Breite, da der Zeitpunkt des LAN breitenunabhängig ist. Zur Berechnung der Mittagszeit addiert man lediglich die gelisteten Zeiten von Sonnenaufgang und Sonnenuntergang und dividiert die Summe durch zwei. Da sich die Werte von Jahr zu Jahr kaum ändern, kann man auch abgelaufene Tafeln verwenden.

Als Beispiel, am 4. August auf einer geschätzten Breite von 30° N, bestimme ich UT zum Schiffsmittag mit 22:24:44, als Halbzeit zwischen beobachtetem Sonnenaufgang und Sonnenuntergang, wie in Abb. 12-4 gezeigt. Aus den Tafeln (Abb. 12-2) entnehme ist, dass am 4. August auf der Breite 30° N die Sonne um 05:20 auf- und um 18:51 untergeht. So wäre LAN in Greenwich um

$$(05:20:00 + 18:51:00) / 2 = 24:11:00 / 2 = 12:05:30$$

Die Zeitdifferenz zwischen der beobachteten UT zum Schiffsmittag und der entsprechenden Zeit in Greenwich ist 22:34:44 – 12:05:30, also 10:29:14. Um die Länge anzugeben wandle ich diese

Zeitdifferenz in Grade um:

$$10 \text{ Stunden} = 10h \times 15°/1h = 150°$$
$$29 \text{ Minuten} = 29m \times 15'/1m = 7° 15', \text{ und}$$
$$14 \text{ Sekunden} = 14s \times 1'/4s = 3,5'.$$

Die Summe der Teile gibt meine Länge mit 157° 18,5' W an. In der Praxis werden die Ergebnisse wohl nicht so genau sein, aber man kann sie verbessern, indem man aus einer einzigen Greenwich-Zeit aus den Tafeln Durchschnittswerte für verschiedene Breiten zum selben Datum berechnet, wie im Teil A der Abb. 12-5 beschrieben.

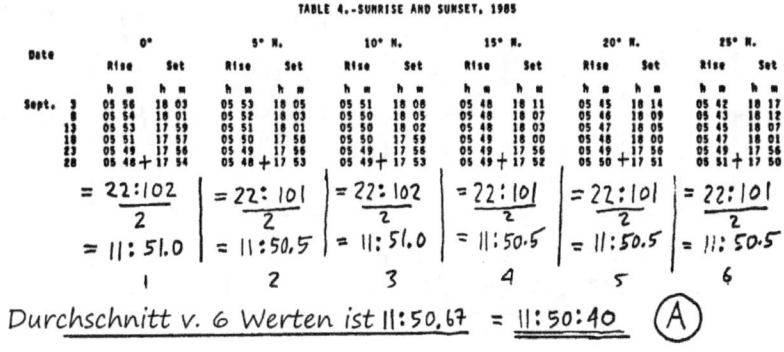

Abbildung 12-5. *Der Vergleich der drei Arten UT mittels Mittag von Greenwich zu erhalten. (A) Aus den Tafeln für Sonnenauf- und -untergang, unter Verwendung des Durchschnitts mehrerer Breiten für den Erhalt genauerer Ergebnisse zu einem bestimmten Datum. (B) Der exakte Wert aus dem Nautical Almanac, errechnet durch Addition bzw. Subtraktion der darin angegebenen Zeitgleiche (um 12 h UT) zu 12:00:00. Man beachte, dass die Zeit der „Mer. Pass." das ist, was man braucht, wobei diese Zeiten nur bis zur nächsten Minute aufgelistet sind. Es zeigt uns aber dennoch, ob wir addieren oder subtrahieren müssen. (C) Nach der behelfsmäßigen Beschreibung, welche in Abb. 12-7 illustriert wird.*

207

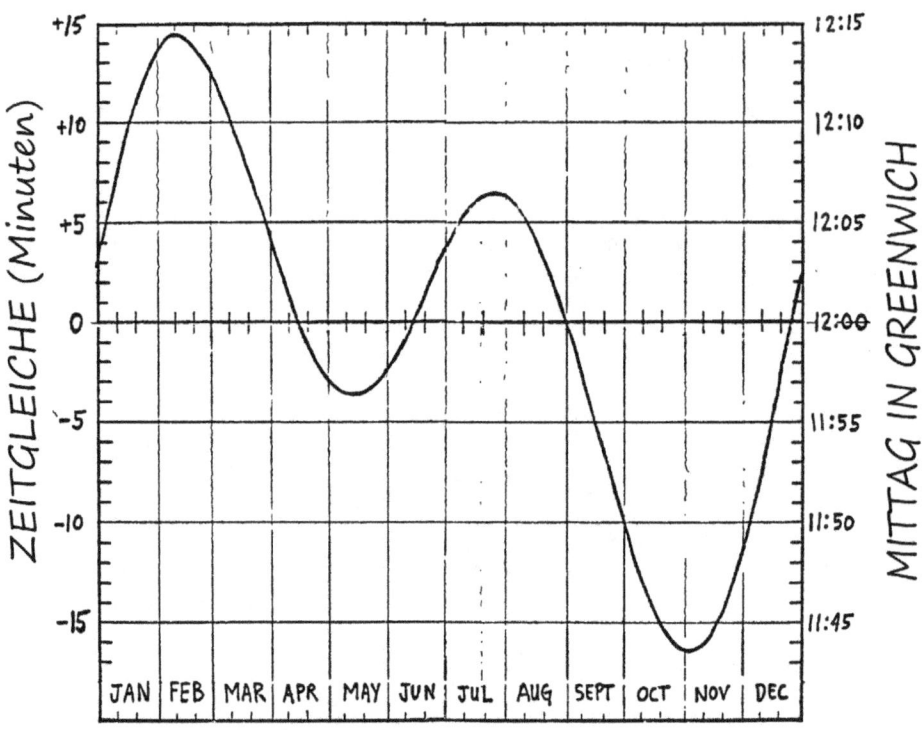

Abbildung 12-6. *Die Zeitgleiche sowie UT von Greenwich zu Mittag, was 12:00:00, korrigiert um die Zeitgleiche, bedeutet.*

Man kann den Schiffsmittag nach beobachtetem Sonnenaufgang und Sonnenuntergang bestimmen (LAN ist ja die Mitte zwischen diesen beiden), oder die Zeitpunkte derselben Höhe mithilfe eines Kamals festlegen, wie in Abschnitt 6.3 beschrieben. Steht die Sonne tief am Himmel, so ist dies oft recht genau möglich, bevor sie für die Beobachtung zu hell strahlt. Verwendet man ein Kamal, so nimmt man die Halbzeiten zwischen mehreren verschiedenen Höhen und mittelt die Ergebnisse, wie in der Abb. 6-8 des Kapitels 6 illustriert. Die Längenbestimmung wird nur so genau wie der Zeitpunkt des Schiffsmittags sein. Mit etwas Übung sollte man in der Lage sein, diese Zeit auf etwa eine Minute genau zu berechnen, was einer Längengenauigkeit von 15' entspricht – sofern man die Zeit des Mittags in Greenwich kennt. Mit einem Sextant kann man den Schiffsmittag aus Vormittags- und Nachmittagshöhen ziemlich leicht auf 30 Sekunden genau bestimmen wenn man sich nicht allzu schnell in Nord-Süd-Richtung bewegt.

Die Methode, die Länge durch den Schiffsmittag zu bestimmen, verlangt genauere Messungen als jene mit dem Sonnenaufgang, kann aber öfter eingesetzt werden, da sie nicht durch Wolken am Horizont beeinträchtigt wird. Der noch größere Vorteil aber ist, dass wir dafür im Notfall keinerlei Tafeln benötigen. Wir können den Mittag in Greenwich mit dem Datum errechnen, die Zeit des Sonnenaufgangs und des Sonnenuntergangs aber ohne Tafeln nicht feststellen.

Die UT des Mittags in Greenwich variiert im Laufe des Jahres zwischen 11:44 und 12:14, abhängig von der aktuellen Neigung der Erdachse und unserer (nicht ganz kreisförmigen) Orbitalbewegung um die Sonne. Die Änderung geht graduell vor sich, aber das jährliche Muster, dem sie folgt, ist sehr komplex, wie in Abb. 12.5 gezeigt wird. Die Differenz zwischen 12:00 und der tatsächlichen Mittagszeit in Greenwich nennt man die Zeitgleiche oder Zeitgleichung (engl. Equation of Time, Anm. d. Ü.). Sie ist in Almanachen aufgelistet (s. Teil B der Abb. 12-5) oder kann nach dem Datum ausgerechnet werden, indem man folgende Anleitung verwendet:

Wie man die Zeitgleiche ausrechnet

Am Valentinstag, dem 14. Februar, hat die Sonne auf dem Meridian 14 Minuten Verspätung (LAN um 12:14); 3 Monate später passiert sie den Meridian um 4 Minuten „zu früh" (LAN um 11:56).

An Halloween, dem 31. Oktober, steht die Sonne um 16 Minuten zu früh am Meridian (LAN um 11:44), 3 Monate davor um 6 Minuten zu spät (LAN um 12:06).

Diese vier Punkte markieren die Wendepunkte der Zeitgleiche. Wir können davon ausgehen, dass die Werte für 2 Wochen vor bzw. nach den Wendepunkten gleich bleiben, wie in Abb. 12-7 erläutert. Zwischen diesen Daten ist die Abweichung annähernd proportional zum Datum.

In dieser Beschreibung gibt es einige Symmetrien, welche es erleichtern, sich diese zu merken:

14 zu spät	3 Monate später	geht zu	4 zu früh
16 zu früh	3 Monate früher	geht zu	6 zu spät

Aber, ich gebe zu, dies ist keine sehr einprägsame Melodie. Mir jedenfalls haben eher die grundsätzliche Kenntnis der Kurve und das Verständnis der Beschreibung geholfen, diese nun schon einige Jahre lang in Erinnerung zu behalten. Es hilft auch, manchmal zu spät an den Valentinstag zu denken. Ein Beispiel der Anwendung, bei dem man interpolieren muss, wird in Abb. 12-7 gezeigt.

Die Genauigkeit der Beschreibung erkennt man in Abb. 12-8. Grundsätzlich ist sie auf etwa eine Minute genau, was bedeutet, dass eine Längenberechnung auf dieser Grundlage auf rund 15' genau sein wird.

Auf diese Art die Zeitgleiche zu berechnen mag anfangs etwas umständlich erscheinen, aber wenn man erst einmal einige Beispiele erledigt und sich selbst dabei mittels Almanach überprüft hat, dann fügt sich alles zusammen. Wenn wir uns etwas sehr Wertvolles vorstellen wollen, so ist es dies. Verfügt man über das nötige Wissen und darüber hinaus über eine genaue Uhr, so wird man seine geographische Länge immer herausfinden können. Man benötigt sonst nichts. In diesem Bewusstsein ist es die Mühe des Lernens immer wert.

Niemals darf man vergessen, dass die LAN-Methode nur angibt, auf welcher Länge man sich zu LAN befunden hat, auch wenn es den ganzen Tag gedauert hat, diese zu errechnen. Um die gegenwärtige Länge zu berechnen muss man von LAN bis zum aktuellen Zeitpunkt weiterkoppeln. Verfahren zur Umwandlung von Länge in Distanzen werden in Abschnitt 12.4 behandelt.

Der Vollständigkeit halber sollten wir hinzufügen, dass diese Methode davon ausgeht, dass sich die Breite zwischen der Morgen- und der Abendbeobachtung zwecks Bestimmung des Schiffsmittags nicht wesentlich ändert. Eine Breitenänderung verzerrt den Weg der Sonne, sodass die Halbzeit zwischen zwei Sonnenhöhen nicht mehr genau dem wahren Schiffsmittag entspricht. Betrachten wir ein extremes Beispiel, bei dem der LAN von Sonnenaufgang und Sonnenuntergang abgeleitet wird und sich diese beiden Zeiten täglich um 4 Minuten pro 1° Breite ändern (Breite über 44° rund um die Sonnwenden). Segeln wir hierbei zwischen Sonnenauf- und -untergang um 2° genau nach Süden, so wird die Zeit des Sonnenuntergangs um 8 Minuten falsch sein, was die Halbzeit des Mittags um 4 Minuten verfälscht. Der Längenfehler liegt nun bei 60' oder einem Grad.

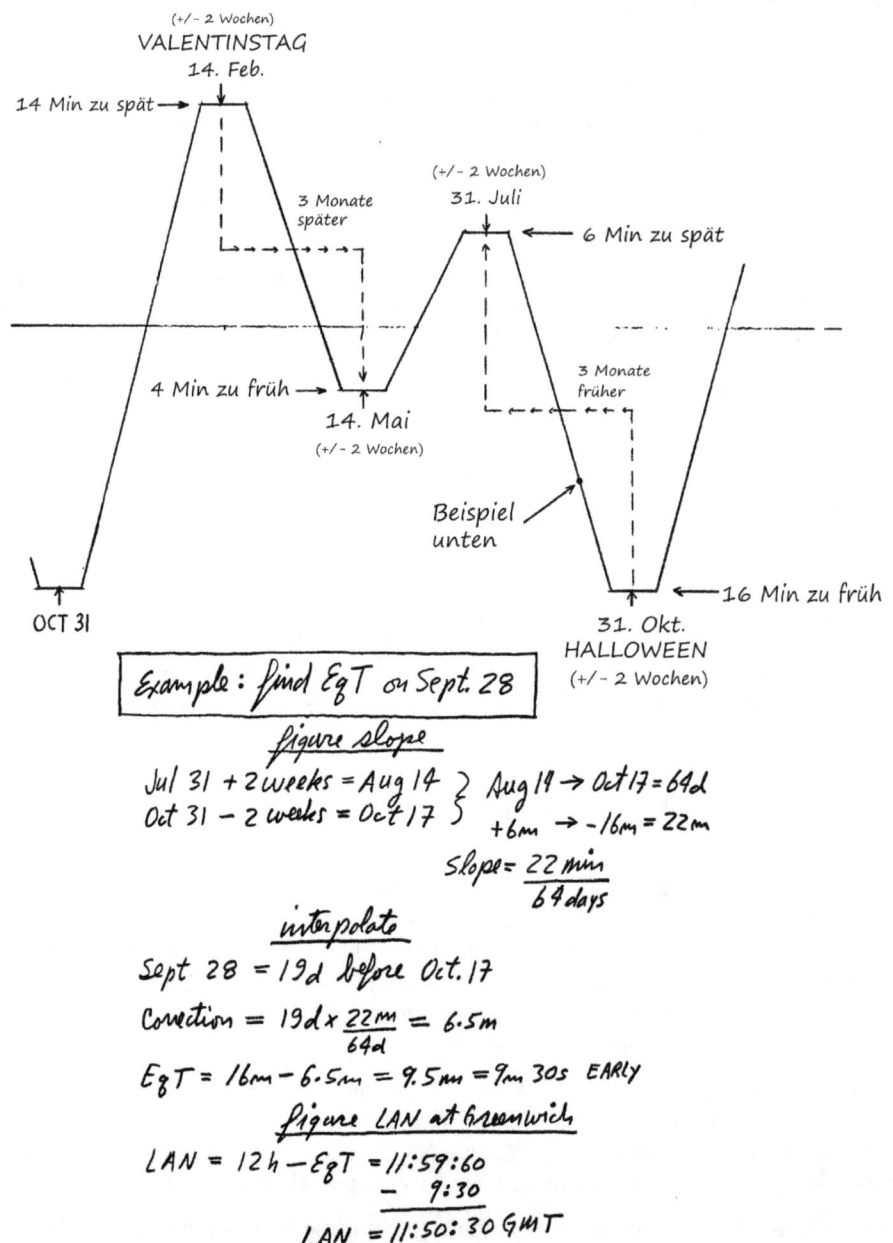

Abbildung 12-7. *Behelfsmäßige Beschreibung zur Berechnung der Zeitgleiche (Equation of Time). Die Werte werden zu beiden Seiten der Wendepunkte als für zwei Wochen konstant angenommen. Zwischenwerte müssen – wie gezeigt – interpoliert werden. Die Regel beginnt mit „14 Minuten zu spät am Valentinstag...".*

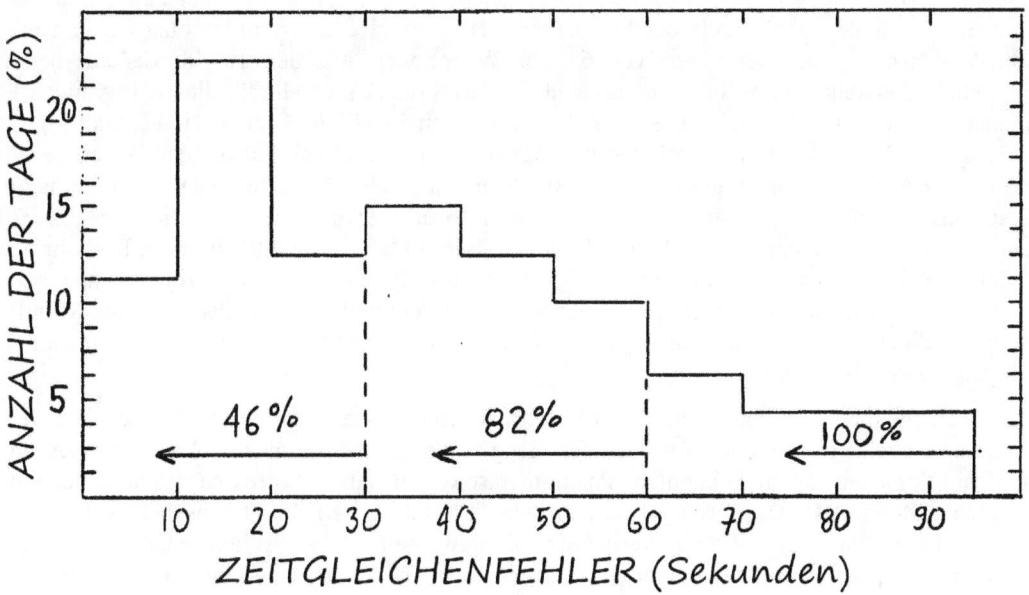

Abbildung 12-8. *Der Fehler in der behelfsmäßigen Beschreibung für die Zeitgleiche. Für 82% des Jahres sind die Werte auf etwa 60 Sekunden genau. Der maximale Fehler liegt bei 95 Sekunden und kommt während 4 % des Jahres vor.*

Aber nur so ausgefallene Situationen führen zu so großen Fehlern. Es ist nicht einfach, die Korrekturen bei der Beobachtung von niedrigen Objekten vorzunehmen. Bei der Längenbestimmung im Notfall können wir über dieses Problem jedoch hinwegsehen.

Beim Vorbereiten auf Notfall-Navigation vor langen Reisen ist es jedoch definitiv sinnvoll, sich mit der Zeitgleiche auszukennen. Grundsätzlich wird sich dabei während einer Ozean-Passage nicht sehr viel ändern. In die Vorbereitung auf behelfsmäßige Längenbestimmung ist dieselbe Gedankenarbeit involviert, welche die Breitenberechnung verlangt. Plant man zum Beispiel die Abfahrt am 1. Juli zu einer 30-tägigen Reise, so sollte man sich in Erinnerung rufen, dass sich die Deklination der Sonne von 23° 8' N auf 18° 35' N ändert, und dass sich die UT zu Mittag in Greenwich von 12:04 auf 12:06 verschiebt. Dann, in Kenntnis der Notfall-Verfahren zur Längen- und Breitenberechnung, könnte man exakte Werte für alle dazwischen liegenden Tage daraus ableiten.

12.3 Von bekannter Position aus UT berechnen

Wir haben die geographische Länge mittels der Zeit berechnet. Nun wollen wir die Zeit durch die Länge eruieren. In einer Notlage könnte es sein, dass ich zwar meine Länge kenne, nicht aber die Zeitzone oder den laufenden Fehler der einzig verfügbaren Uhr. Die Aufgabe besteht dann darin, mittels Sonne und bekannter Position die Uhr richtig einzustellen. Von da an kann dann beim Entfernen von dieser Position die Länge mittels dieser Uhr aufgezeichnet werden.

Nehmen wir das folgende Beispiel. Ohne sich tagsüber von der bekannten Position fortzubewegen findet man mittels der Uhr heraus, dass um 11:15:30 Schiffsmittag ist, und man weiß, dass man sich auf der Länge von 67° 25' W befindet. Aus den Tafeln oder aus der in Abschnitt 12.2 erwähnten Beschreibung erkennt man, dass die Zeitgleiche für diesen Tag minus 13 Minuten und 30 Sekunden beträgt, sodass die Mittagszeit in UT in Greenwich 12:00:00 minus 00:13:30, also 11:46:30 ist. Wir befinden uns westlich von Greenwich auf 67° 25' W, was – mit einer Rate von 15° pro Stunde umgewandelt – 04:29:40 entspricht. Daher sollte der Schiffsmittag in UT auf unserer Länge um 11:46:30 plus 04:29:40, also um 16:16:10 sein. Da die Uhr 11:15:30 anzeigt, geht sie gegenüber UT um 16:16:10 minus 11:15:30, also um 05:01:40 nach. Die Uhr war auf Zeitzone UT+5 eingestellt und geht um eine Minute und 40 Sekunden nach. Von jetzt an wissen wir, dass die angezeigte Uhrzeit UT plus 5 Stunden, 1 Minute und 40 Sekunden bedeutet. Mithilfe der notwendigen Tafeln hätte man dies auch durch die Beobachtung des Sonnenauf- und -untergangs feststellen können.

In Fällen wie diesem würde man fast mit Sicherheit den Gang seiner Uhr (um wie viel sie täglich vor- oder nachgeht) nicht wissen. Ohne diesen Gang zu kennen würde man im Laufe der Zeit und mit dem Verlassen einer bekannten Position rasch von einer korrekten Zeitaufzeichnung abkommen. Moderne Quarz-Uhren gehen aber jedenfalls sehr genau. Im Durchschnitt würde man vielleicht 15 Sekunden pro Monat verlieren oder gewinnen. Daher ist anzunehmen, dass die Unsicherheit, welche vom unbekannten Gang einer Uhr herrührt, über lange Zeit gering bleibt. Mit einer modernen Quarz-Uhr ist diese Unsicherheit definitiv kleiner als jene, welche durch unsere Berechnung des LAN oder durch unsere behelfsmäßige Zeitgleichung entsteht.

Ganz offensichtlich ist die Methode ohne genaue Uhr oder ohne anfänglich bekannte Position wertlos. Der Schlüssel zu guter Notfall-Navigation ist die gewissenhafte Vorbereitung, bevor diese Notlage überhaupt eintritt. Man sollte, entsprechend seiner Möglichkeiten, zu jeder Zeit so genau wie möglich wissen wo man sich befindet – und eine genaue Uhr tragen.

12.4 Aufzeichnung der geographischen Länge

Die Genauigkeit der Längenberechnung in einem Notfall nach Sonne und UT hängt sowohl von unserem Wissen als auch von unseren Fertigkeiten bei Messungen ab. In manchen Fällen wird diese Genauigkeit hoch und die Messung einfach sein. Mit genauer Uhrzeit, sauberer Arbeit und etwas Glück sollten wir in der Lage sein, bei einer unbekannten Position eine Genauigkeit von weniger als etwa 50 Meilen zu erreichen. Jedoch mit Unsicherheiten beim Fehler der Uhr, der Messungen der Sonnenhöhen sowie in der Zeitgleiche sollten wir eine Genauigkeit von weniger als 90 Meilen als realistischeres Ziel betrachten – was einem gleich hohen Niveau bei der Berechnung der Breite entspricht, wenn man nicht besonders günstige Umstände vorfindet.

Und um einen weiteren Punkt nochmals zu strapazieren: man kann von einem bekannten Ort aus mit gewissenhaftem Koppeln grundsätzlich sehr lange Distanzen laufen, bevor die Unsicherheit der Position auf 90 Meilen anwächst. In vielen Situationen tut man besser daran, Zeit und Anstrengung in genaues Koppeln zu investieren, anstatt zu versuchen, seine Position mittels Sonne oder der Sterne zu bestimmen. Manchmal bildet jedoch gerade das Zusammenspiel von Koppeln und direkter Messung auf langen Reisen den Schlüssel zur genauen Aufzeichnung von Länge und Breite.

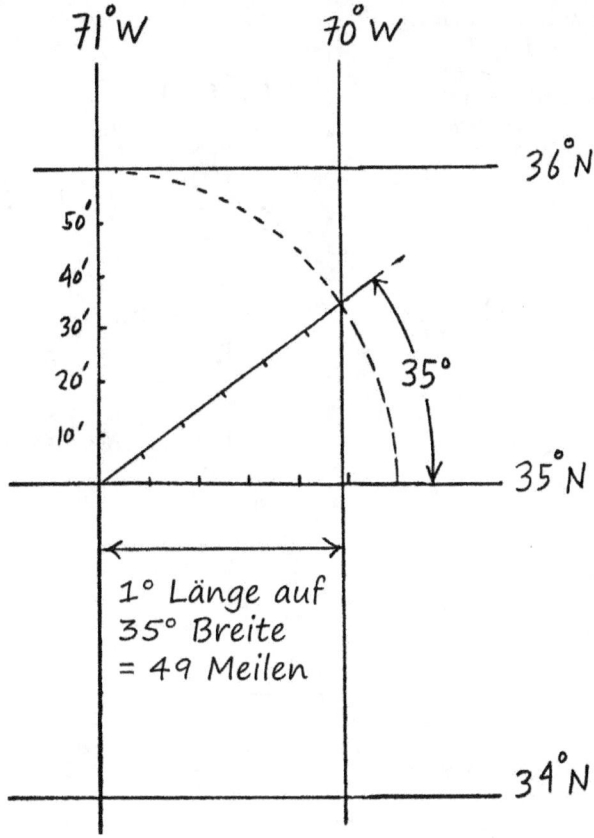

Abbildung 12-9. *Ein behelfsmäßiges „Plotting Sheet". Man zieht einen Bogen mit einem Radius von 6 Einheiten von der Achse der Mittelbreite zu jener der Länge und zeichnet anschließend – wie gezeigt – einen Winkel, der der eigenen Mittelbreite entspricht. Der nächste Meridian geht durch den Schnittpunkt des Bogens mit dem Winkel. Das Verfahren ist mit jenen, welche in den üblichen „Plotting Sheets" Verwendung finden, identisch.*

Änderungen der Breite sind leicht aus der abgelaufenen Distanz zu errechnen, da ein Breitengrad immer 60 nautischen Meilen entspricht. Längenänderungen sind nicht so einfach zu schätzen, weil sich die Anzahl der Meilen pro Längengrad mit der geographischen Breite ändert. Innerhalb der Tropen dürfen wir davon ausgehen, dass 1° Länge auch 60 nautischen Meilen entspricht, aber mit von hier ansteigender Breite beginnt die Zahl der Meilen pro Längengrad abzunehmen – und je weiter wir uns von den Tropen entfernen, desto schneller. Aufgrund dieser Komplikation könnten wir mit einer solchen Hybrid-Aufzeichnung folgendermaßen enden: Breite 35° 10' N, Länge 58 Meilen westlich von 68° 30' W.

Dieses Hybrid-System arbeitet gut beim Fortschritt der Aufzeichnungen aber um unsere Distanz von einer bestimmten Länge, etwa einer Küstenlinie oder einer Insel zu berechnen, oder die Längenänderung mittels der Sonne zu verfolgen, muss man Ost-West-Meilen in Längengrade und Minuten umwandeln. Von einer Pilot Chart oder irgendeiner anderen Karte, auf der ungefähr eine entsprechende Breite dargestellt ist, kann man Längenmeilen direkt ablesen. Oder man rechnet dies ohne Karte aus.

Ohne Karte kann man das in Abb. 12-9 gezeigte Verfahren anwenden.

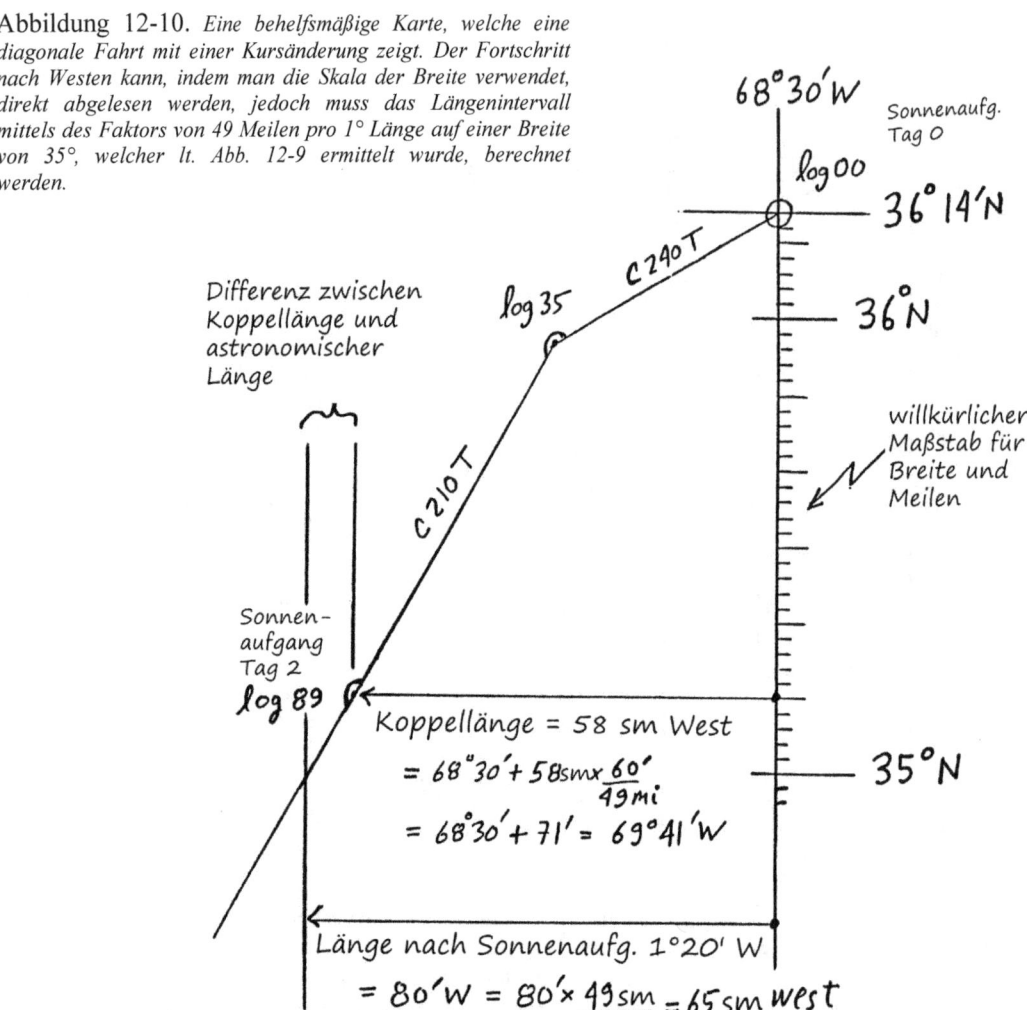

Abbildung 12-10. *Eine behelfsmäßige Karte, welche eine diagonale Fahrt mit einer Kursänderung zeigt. Der Fortschritt nach Westen kann, indem man die Skala der Breite verwendet, direkt abgelesen werden, jedoch muss das Längenintervall mittels des Faktors von 49 Meilen pro 1° Länge auf einer Breite von 35°, welcher lt. Abb. 12-9 ermittelt wurde, berechnet werden.*

Man zeichnet einen Viertelkreis mit einem Radius von 6 Einheiten, welche 60 nautischen Meilen entsprechen. Danach legt man den Schenkel eines Winkels über die Basis, beginnend im Mittelpunkt des Kreises, welcher den Kreisbogen entsprechend der aktuellen Breite schneidet (im Norden oder im Süden). Von diesem Schnittpunkt zieht man eine senkrechte Gerade auf die Basis des Quadranten. Der Abstand entlang der Basis von dieser Linie zum Mittelpunkt entspricht der Anzahl der Meilen pro 1° Länge, wenn man dieselben Einheiten wie am Radius verwendet. Indem man den Breitenwinkel verändert kann man erkennen, wie die Länge der Längenmeilen bei zunehmender Breite abnimmt.

Als Beispiel für diese Anwendung nehmen wir an, dass wir uns nahe 35° N auf westlicher Länge befinden und herausfinden, dass gemäß UT bei Sonnenaufgang unsere Länge nach einer Fahrt von zwei Tagen um 1° 20' zugenommen hat. Mithilfe des Quadranten sehen wir, dass auf einer Breite von 35° ein Längengrad 49 Seemeilen entspricht. Unter Verwendung von 1° 20' = (80/60)°

errechnen wir die Länge des Längenintervalls mit (80/60)° x 49 Meilen / 1° = 65 Meilen. Mit anderen Worten haben direkte Sonnenmessungen angezeigt, dass wir in den beiden Tagen 65 Meilen nach Westen gesegelt sind, und diesen Wert müssen wir mit unseren Koppelergebnissen vergleichen. Oder, als umgekehrte Umwandlung, wenn wir errechnen, dass wir uns 58 Meilen westlich von 68° 30' W auf 35° N befinden, so muss unsere Länge 68° 30' + (58 Meilen x 60'49 Meilen) = 68° 101' = 69° 41' W.

Vergleicht man die Ergebnisse der Längenberechnung mit dem Koppelort, so darf man nicht vergessen, dass diese Ergebnisse von Breitenänderungen unabhängig sind. Im letzten Beispiel könnten wir genau nach Westen gesegelt sein oder in den zwei Tagen 100 Meilen nach Süden gemacht haben. Bei dem Vergleich überprüfen wir lediglich unseren Ost-West-Fortschritt. Folglich müssen wir - für jede beliebige Kursrichtung - zuerst die Anzahl der Meilen auf unserem aktuellen Kurs abschlagen und diese dann auf die Ost-West-Achse projizieren bevor wir einen wie in Abb. 12-10 gezeigten Vergleich anstellen können. Eine analoge Projektion machen wir auf der Nord-Süd-Achse für den Breitenvergleich.

Ohne UT können wir unsere Länge nicht bestimmen, aber mit einer guten, funktionierenden Uhr ist es dennoch möglich, über lange Strecken die Länge aufzuzeichnen – sogar von einem unbekannten oder zumindest vagem Ausgangsort. Nehmen wir an, dass wir zwar eine gute Uhr haben, jedoch weder die Zeitzone, auf die diese eingestellt ist, noch deren Gang kennen, und unsere Ausgangsposition weiters nur eine grobe Schätzung ist. Was können wir tun?

Zuerst eruieren wir die Breite – dafür benötigen wir keine Uhr und es könnte bei der Längenberechnung helfen. Danach schätzen wir unsere Länge (wie unwahrscheinlich auch immer diese Schätzung sein mag), um Zeitzone und Gang der Uhr zu eruieren (wie in Abschnitt 12.3 erläutert) – diese wird möglicherweise falsch sein, was aber keine Rolle spielt. Ab der Abfahrt von dieser Position koppeln wir nun laufend weiter und bestimmen auch weiterhin unsere Länge nach der Sonne, als ob wir UT durch die Uhr kennen würden. Die dabei ermittelte aktuelle Länge wird nie besser als die ursprünglich geschätzte Länge sein, da die Zeit nicht stimmt, man kann aber dadurch auf langen Reisen noch immer Informationen über starke Ost-West-Strömungen oder Abdrift erhalten, indem man Längenveränderungen nach dem Koppeln mit jenen aus der Sonnenbeobachtung vergleicht.

Dies ist natürlich kein Ersatz für die Kenntnis der genauen Zeit, aber es ist viel besser als Koppeln allein, vor Allem auf langen Reisen. Nehmen wir zum Beispiel an, dass wir uns in einem starken Strom von etwa 2 Knoten nach Westen befinden, diesen aber nicht erkannt haben – obwohl wir, nachdem wir unsere Breite bestimmt haben, Strömung vermutet hätten, wenn wir mit den Gewässern vertraut sind. Unser beabsichtigter Kurs, den wir auch halten, ist genau Nord, und wir koppeln auch entsprechend. Wie lange können wir nun so laufen bevor uns die Sonne sagt, dass wir versetzt werden? Die Antwort ist: rund zwei Tage, und nach drei bis vier Tagen sollten wir auch recht genau wissen, um wie viel. Sogar mit nichts als der Beschreibung für die Zeitgleiche können wir unsere Länge auf ungefähr 50 Meilen genau herausfinden, und um rund diesen Betrag versetzt uns dieser Strom täglich.

13 Küstennavigation ohne Instrumente

Der kritische Teil der Ozean-Navigation findet kaum jemals mitten auf hoher See statt. Vielmehr stellen Beginn und Ende der Reise typischerweise die größten Herausforderungen dar, da hier potentiell die größten Gefahren lauern. Unter der Annahme, dass wir unsere Reise unter Notfall-Bedingungen absolviert haben, bringen wir sie nun zu Ende, indem wir einige Grundlagen zur Bewältigung des Landfalls behandeln. Die Reichweite der Sicht auf Lichter und Land ist von fundamentaler Bedeutung, da sie bestimmt, welche Genauigkeit wir erreichen müssen, um unser Ziel zu finden. Auch das Wissen, dass wir diese möglicherweise erst sehen können, wenn wir viel näher als erwartet sind, ist extrem wichtig, genauso wie die natürlichen Zeichen der Umwelt auf dem Meer, welche uns aus der Klemme helfen könnten.

In manchen Fällen können wir die subtilen Anzeichen von Landnähe aus Luft, Himmel und Wasser erkennen, lange bevor wir das eigentliche Land sehen. Diese Zeichen helfen uns, einen Kurs in Sicherheit abzusetzen. Anzeichen von Land schließen Wolken, Vögel, Insekten, Treibgut und Seezustand, wie auch Indikatoren von Menschenhand wie landwirtschaftliche oder industrielle Verschmutzungen, die wir sehen oder riechen können, mit ein. Abgesehen von den Wolken sind diese Zeichen beim Landfall an niedrigen Küsten potentiell besonders wertvoll, da sie den Bereich, in dem wir das Land entdecken können, nicht um mehr als 10 bis 20 Meilen – wenn überhaupt – ausdehnen. Bei klarem Wetter werden wir vermutlich alles, was höher als etwa 150 Meter ist, sehen, bevor solche Anzeichen auftauchen. Wolken sind eine Ausnahme, da sie die Erhebungen des Landes effektiv erhöhen.

Ist Land erst einmal in Sicht, so ist unser primäres Ziel bei der Annäherung, den Abstand zur Küste aufzuzeichnen. Auch ohne konventionelle Instrumente können wir dies auf verschiedene Arten tun.

13.1 Anzeichen von Land auf See

Stationäre Kumulus-Wolken weisen oft auf die Gegenwart von Hügeln oder Bergen hin. Besonders hervorstechend ist dieses Zeichen bei sonst wolkenlosem Himmel, aber auch unter ziehenden oder dünnen anderen Wolken kann man die Kappen der Cumuli manchmal erkennen. Solche Kappen entstehen bei der Erwärmung der Landmassen, also sollte man am Vormittag nach ihnen Ausschau halten und erwarten, dass sie im Laufe des Tages deutlicher werden. Unglücklicherweise entwickeln sich alle Cumuli mit der Hitze des Tages, sodass diese Indikatoren von Land vor Mittag am wertvollsten sind. Stationäre Kumulus-Wolken sind auf allen Breiten brauchbare Anzeichen von Land. Von allen Zeichen für Landnähe auf See sind Cumuli über Inseln oder Berggipfeln am höchsten einzuschätzen, da sie am weitesten gesehen werden können (s. Abb. 13-1). Trotzdem müssen wir unser grundlegendes Koppeln und andere Unsicherheiten immer beachten, bevor wir uns den Wolken zuwenden.

In gemäßigten Breiten, wo die Höhenwinde stark sein können, bilden besonders auffällige Haufenwolken überzeugende Anzeichen für die Gegenwart von Land. Es sind dies wellenförmige Wolkenberge (Altocumulus Lenticularis), welche gelegentlich bei starkem Wind über Gebirgszügen entstehen. Sie sehen wie fliegende Untertassen aus (s. Abb. 13-2) und, obwohl sie normalerweise stationär über den Gipfeln stehen, sie behalten manchmal ihre Form auch wenn sie mit dem Wind davon treiben. Die sind zwar ziemlich seltene Wolkenformationen, aber fast sichere Anzeichen von Land. Da die vorherrschenden Höhenwinde von Westen kommen, werden wir sie hauptsächlich auf Westkurs, in Richtung einer gebirgigen Küste erwarten.

Auch Vögel können unter bestimmten Umständen wertvolle Führer zu nahem Land sein, aber ihr Nutzen hängt stark von unserer Ortskenntnis ab. Man müsste ihre Gewohnheiten gut kennen um ihre Flugrichtung für Peilungen verwenden zu können. Aber auch dann sollte man die Unsicherheiten genau abwägen, bevor man einem Vogel folgt.

Einige Zeichen von Vögeln sind ermutigender als andere. Viele Vögel, die abends in eine bestimmte Richtung fliegen, und wiederum viele, welche morgens aus dieser Richtung kommen, bilden schön langsam eine ganz gute Evidenz für Land – vor Allem, wenn man diese Vögel identifiziert hat und weiß, dass sie an Land schlafen. Der Flug von Vögeln tagsüber ist generell unverlässlich, es könnte aber lokale Ausnahmen geben. Von den Gewässern der zentralen Karolinen-Inseln wird zum Beispiel berichtet (Gladwin, 1974), dass dort Seeschwalben mit Fischen seitlich im Schnabel auf jeden Fall in Richtung Land fliegen, egal um welche Tageszeit man sie sichtet. Vermutlich sind die gefangenen Fische zu groß um auf See gefressen zu werden und werden von den Vögeln deshalb an Land gebracht.

Die Distanz von der Küste, bei der ein bestimmter Vogel beobachtet werden kann, hängt von seiner Spezies und von der Gegend ab. Natürlich auch vom Zufall. Geschichten vom Meer und Vogelbeobachtungen sollten mit Vorsicht genossen werden wenn unsere Sicherheit auf dem Spiel steht. Es ist sehr wahrscheinlich, dass viele Landvögel, welche tagsüber aufs Meer hinausfliegen, bei Sonnenuntergang auf Sicht zum Land zurückkehren, genauso wie wir es tun. Da sie sich aber viel weiter in der Höhe befinden, können sie auch weiter sehen. Von einer Höhe von 60 Meter können sie eine Küste gleicher Höhe 25 Meilen weit erkennen. Studien über die Navigation von Vögeln der pazifischen Inseln haben ergeben, dass folgende Vogelarten für Peilungen zum Land am brauchbarsten sind, wobei ihr Aktionsradius aufs Meer hinaus in Klammern angegeben ist: Seeschwalben (10 bis 20 Meilen), Tölpel (30 Meilen) und Fregattvögel (50 Meilen). Aber auch unter diesen gibt es zufällige Ausnahmen, welche uns irreführen könnten. David Lewis zum Beispiel sah zwölf Tölpel 700 Meilen westlich der Line-Inseln auf der ersten instrumentenlosen Reise der Hokule'a von Hawaii nach Tahiti (aus privater Kommunikation von 1985).

Abbildung 13-1. *Wolkenkappen über einer Insel und über einem Gebirgszug an der Küste. Im Laufe des Vormittags bilden sich über Gipfeln oft stationäre Kumulus-Wolken, die ein Anzeichen von Land sein könnten, welches selbst noch nicht sichtbar ist. Solche Wolken könnten aber auch Gipfel verdecken, die sonst schon zu sehen wären, sodass der beste Zeitpunkt zum Ausmachen von Bergen am Horizont der frühe Morgen ist.*

Abbildung 13-2. *Wellenförmige Wolken in Lee von Gebirgszügen an der Küste* (**unten**). *Diese Wolken werden durch ihr sanftes, an fliegende Untertassen erinnerndes Aussehen charakterisiert. Sie können einzeln, oder – wie hier gezeigt – in Reihen vorkommen. Es handelt sich dabei um ziemlich seltene Wolkenformationen, die durch starke Höhenwinde entstehen. Sieht man sie am luvwärtigen Horizont, so sind sie ein überzeugendes Anzeichen für voraus liegendes Land.*

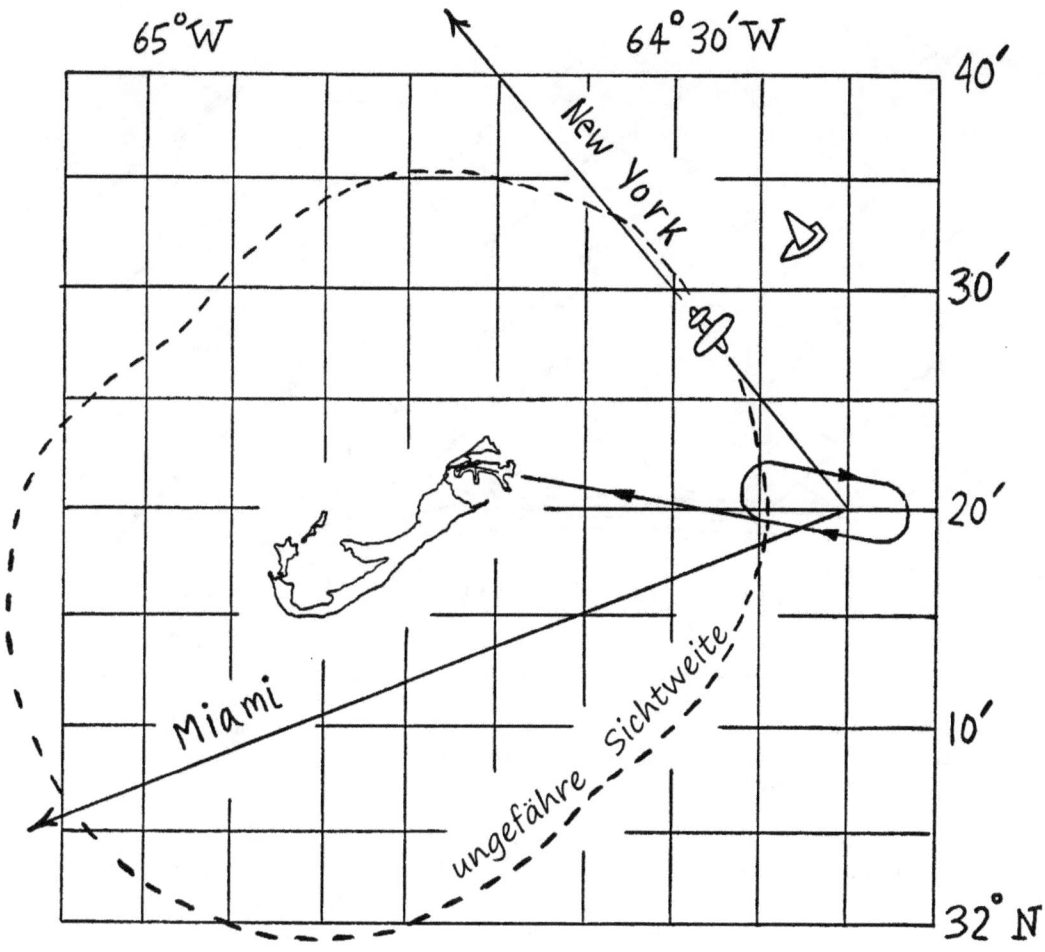

Abbildung 13-3. *Mögliche Anflugsrouten von Luftverkehr zu einer Warteschleife vor Bermuda. Das abgebildete Muster stammt aus einer Flugverkehrskarte, aber die Routen müssen nicht unbedingt so aussehen. Dies sind rein schematische Darstellungen, um zu zeigen, dass die Sichtung von Flugzeugen in der Nähe einer noch nicht sichtbaren Insel zu irreführenden Peilungen führen könnte. Nicht wahrscheinlich, aber möglich.*

Die Beobachtung von Flugzeugen als Orientierung wurde in Abschnitt 7.3 diskutiert. In der Nähe von wichtigen Flughäfen könnten sie beim Anlaufen des Zielhafens extrem wertvoll sein, sie sollten aber genauso wie Wolken oder Vögel behandelt werden. Ziehen wir die Informationen, die sie bieten, in Betracht, wiegen diese aber sorgfältig gegen unsere Koppelung sowie andere Informationen samt den damit verbundenen Unsicherheiten auf. Denken wir daran, dass Flugzeuge normalerweise gegen den Wind starten oder landen, ungeachtet ihrer Flugrouten. S. Abb. 13-3. Generell gesprochen werden Flugzeuge und deren Kondensstreifen in der Folklore der Seeleute beim Auffinden von Inseln überbewertet, wogegen der Nutzen eines Kurzwellenradios zum Einpeilen einer Inselstation, wie in Abschnitt 8.2 besprochen, in solchen Diskussionen oft übersehen wird.

Das erste Auftauchen von Insekten könnte auch ein Anzeichen für nahes Land sein. Einmal bemerkte der Autor eine Fliege an Bord, einen Tag bevor bei klarem Wetter Hawaii auftauchte.

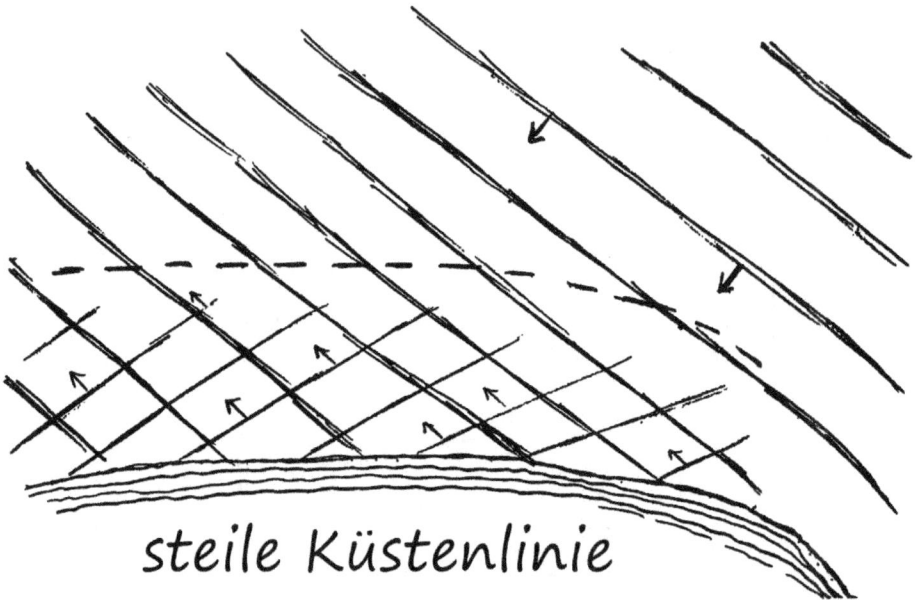

Abbildung 13-4. *Reflektierter Schwell. In der Nähe einer steilen Küstenlinie wird auflaufender Schwell zurück auf See reflektiert, was oft ein auffälliges Kreuzsee-Muster erzeugt, welches schon einige Meilen vor der Küste erkennbar ist. Bei eingeschränkter Sicht oder, in Sonderfällen, auch bei klarem Wetter, kann nahes Land durch solch reflektierten Schwell angekündigt werden – vor Allem wenn uns unsere Ortskenntnis sagt, dass es hier keine andere Quelle für Schwell aus dieser Richtung geben kann.*

Bei einer anderen Überfahrt konnte Hawaii ausgemacht werden, aber am nächsten Tag war es bedeckt und die Inseln gerieten außer Sicht. An diesem Tag tauchte ein fliegendes Insekt von unbekannter Art auf. Dies sind jedoch ausgefallene Beispiele. Meistens ist der Landfall „käferfrei". Trotzdem erscheint es sinnvoll, wenn man bei schlechter Sicht dicht unter Land beim ersten Auftauchen von Insekten an Bord zuerst einmal beidrehen um auf klares Wetter zu warten.

Den traditionellen Navigatoren der pazifischen Inseln sagt man nach, dass sie routinemäßig Wellenmuster nutzten um die Inseln ihrer Gewässer zu lokalisieren. Das ist natürlich eine sehr subtile Methode. Es erfordert grundsätzlich eine Gegend mit einer bestimmten vorherrschenden Dünung und ein sehr trainiertes Auge, um die Reflexionen bzw. Änderungen der Wellen erkennen zu können. Der durchschnittliche Seefahrer wird bestimmt keinen so großen Nutzen aus den Wellenmustern unbekannter Gewässer ziehen können. Eine Ausnahme könnte das erste Auftauchen von auffälliger Kreuzsee dicht unter einer Insel oder Küstenlinie bilden.

Kam die Dünung während mehrerer Tage ständig aus einer Richtung, wobei alle Wellen der Gegend immer aus dieser Richtung anrollten, und man bemerkt plötzlich eine weitere, schwächere Dünung aus beinahe entgegengesetzter Richtung, so ist es sehr wahrscheinlich, dass diese Dünung an einer Küstenlinie genau voraus reflektiert worden ist (s. Abb. 13-4). Die überlagernden Muster der Kreuzsee sind oft einige Meilen fernab der Küste klar und hervorstechend, wenn die Primär-Dünung an einer langen, steilen Küstenlinie reflektiert worden ist. Wenn wir versuchen wollen, die Richtung zur Küste abzuschätzen, stellen wir uns die primäre und auch die reflektierte Dünung vor wie Billardkugeln, die von einer Wand abprallen. Dieser Effekt kann in allen Gewässern mit vorherrschender Dünung beobachtet werden. Bei verringerter Sicht kann er durchaus auch außer Landsicht entdeckt werden.

Derselbe Grundtyp von Wellenmuster entsteht, wenn die Dünung an einer Insel oder einem Kap gebeugt oder gebrochen wird (s. Abb. 13-5), jedoch ist die Richtung zu dieser Insel oder dem Landvorsprung schwerer zu erkennen. Bei Schlechtwetter könnte es dennoch ein Hinweis sein, besser bis zum Aufklaren des Horizonts zu warten.

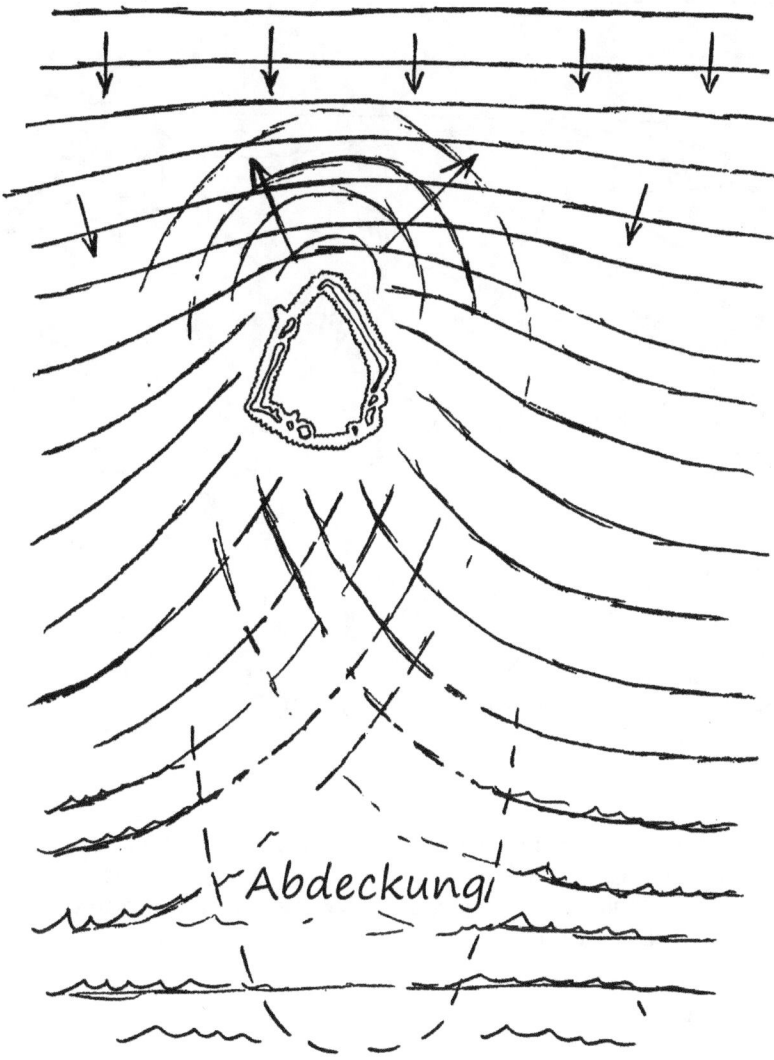

Abbildung 13-5. *Muster von abgelenkter Dünung in der Nähe einer isolierten Insel oder eines Atolls. Bei seiner Annäherung an ein einzelnes Hindernis wird die Dünung von diesem so abgelenkt, als sollte das Hindernis in ihr eingewickelt werden. Gelangt man an die Luvseite einer niedrigen Insel, so könnte das erste Anzeichen für Land schwacher, reflektierter Schwell sein. Die seitliche Ablenkung der Dünung wäre vielleicht vom Mast aus erkennbar, aber das sind in den meisten Fällen nur sehr zarte Anzeichen. Nähert man sich dieser Insel von der Leeseite, so wäre die Abdeckung mit ihrem schwächeren Seegang und Schwell bestimmt ein überzeugenderes Anzeichen für nahes, niedriges Land. Erkennbare Änderungen im Muster der Dünung erstrecken sich in manchen Fällen über mehrere Dutzende von Meilen zu beiden Seiten, wobei eine einzelne, vorherrschende Dünung mit dem Wind läuft. Diese subtilen Zeichen sollte man bei einem so isolierten Landfall beachten, man darf sich aber nicht darauf verlassen, von ihnen zu dieser einsamen Insel hingeführt zu werden.*

Eine andere Gelegenheit, Land aufgrund der Dünung zu entdecken, welche kein spezielles Training verlangt, ergibt sich, wenn wir ins Lee einer Insel segeln, wo das Wellenmuster unterbrochen ist. Weiß man, dass sich irgendwo in Luv eine niedrige Insel befindet und die Dünung (oder der Seegang im Allgemeinen), durch welche man tagelang gelaufen ist, bei unverändertem Wind auf einmal verschwindet bzw. merkbar schwächer wird, so könnte man die Abdeckung der Insel erreicht haben (s. Abb. 13-5).

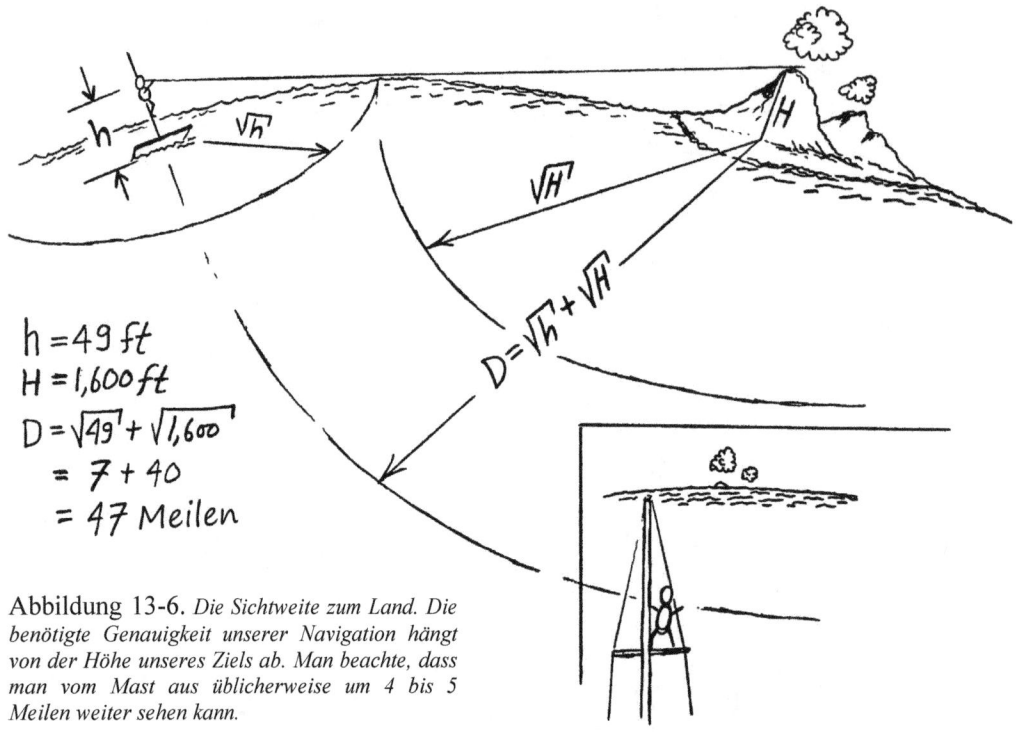

Abbildung 13-6. *Die Sichtweite zum Land. Die benötigte Genauigkeit unserer Navigation hängt von der Höhe unseres Ziels ab. Man beachte, dass man vom Mast aus üblicherweise um 4 bis 5 Meilen weiter sehen kann.*

Das ist fast sicher der Fall, wenn die Dünung später wieder kommt, und – kehrt man nochmals um – wieder entsprechend verschwindet. Sofern die Landmasse groß genug ist, kann der Seegang auch von niedrigsten Inseln und Atollen unterbrochen werden, sodass dies durchaus ein Anzeichen für noch nicht sichtbares Land sein kann.

Ein anderer subtiler Effekt, der gelegentlich recht brauchbar sein kann, ist die Farbe von Land, Riffen oder Sandbänken, welche auf die Wolken oberhalb reflektiert wird. Dies verlangt grundsätzlich den richtigen Grad von Bewölkung, um einerseits durch genug Lücken in der Bedeckung Sonnenlicht eindringen zu lassen und andererseits ausreichend Wolkendecke über der Wasseroberfläche für die Projektion zu bieten. Flache Gewässer von tropischen oder subtropischen Lagunen und Bänken zum Beispiel können sich manchmal recht deutlich in türkiser Farbe auf den Unterseiten der Wolken über ihnen zeigen.

Auch Geruch und Sichtung von Rauch am Horizont sind Zeichen für Land in Luv, genauso wie frisch abgebrochene Zweige oder die generelle Zunahme von Treibgut nach einem Sturm. Als Grundregel sollten wir dennoch nicht auf jegliche natürliche oder unnatürliche Zeichen zählen, um zum Land geführt zu werden. Bedenken Sie die Genauigkeit Ihrer Navigation und die Sichtweite bis zum Land, welche im nächsten Abschnitt behandelt wird, und lassen Sie diese die Wahl Ihrer Mittel bestimmen.

13.2 Sichtweite zu Lichtern und Land

Zuerst einmal begrenzt die Erdkrümmung unsere Sichtweite, unabhängig von der Klarheit der Atmosphäre. Ist der Gipfel eines Berges „H" Meter hoch und wir selbst stehen „h" Meter über dem Wasser, so werden wir die Bergspitze erstmals an der Kimm sehen (bei klarem Wetter und ruhiger See) wenn wir „D" nautische Meilen von diesem Gipfel entfernt sind, was mittels folgender Gleichung errechnen können:

$$D = \sqrt{H} + \sqrt{h}$$

Die Abbildung 13-6 illustriert diese Gleichung graphisch. Es ist eine einfache Formel, auch wenn sie das Ziehen einer Quadratwurzel verlangt – das Quadrieren einiger geschätzter Zahlen wird diesen Job erledigen. Ein 3600 Fuß hoher Gipfel taucht in einer Entfernung von rund 63 Meilen am Horizont auf wenn unsere Augenhöhe 9 Fuß über Wasser beträgt (Wurzel aus 3600 + Wurzel aus 9 = 60 + 3 = 63). Eine niedrige Insel, deren höchste Erhebung eine 64 Fuß (ca. 20 Meter) hohe Palme ist, können wir bei einer Augenhöhe von 9 Fuß (3 Metern) erst von einer Distanz von 11 Meilen sehen (8+3). Stehen wir in 49 Fuß Höhe auf der Saling, so könnten wir die Insel schon aus 15 Meilen Entfernung entdecken (8+7). Offenbar hängt die geforderte Genauigkeit in unserer Navigation davon ab, wonach wir suchen. Die Formel für die Sichtweite stellt eine Näherung an die mathematisch korrekten Werte, welche man in der Light List und anderen Büchern findet, dar (die mit der Formel errechneten Werte sind etwa 15% kleiner als jene in den Büchern). Die einfache Formel der Quadratwurzeln ist aber nicht nur genauso in Ordnung wie die Bücher, sondern sogar sicherer. Die geringste Bewegung der Wasseroberfläche oder schwacher Dunst rund um das Land verringert die Sichtweite um viel mehr als 15%. Auch kleine, mittels der Formel berechnete Distanzen, dürfen optimistisch eingeschätzt werden.

Oft, auch wenn wir unter klarem Himmel segeln, sind die Inseln oder Küstenlinien, welche wir suchen, in Dunst oder lokale Schauer gehüllt. Außerdem verdecken die Kappen von Wolken die Berggipfel selbst bei sonst sichtigem Wetter. Die Berechnung der Sichtweite sagt uns nur, wann die höchsten Punkte der gesuchten Objekte erstmals in Sicht kommen können, aber bei starker Bewölkung sehen wir diese möglicherweise auch dann nicht, wenn sie bereits über der Kimm liegen. Aus diesem Grunde sind unsere Chancen Land zu finden am frühen Vormittag am besten, bevor sich Wolkentürme aufgebaut haben.

Seekarten zeigen die durchschnittliche Erhebung von Küstenländern, zusätzlich zur Höhe von Gipfeln und deren Lage. Mit der Sichtweiten-Formel und einer Seekarte – oder auch lediglich durch vage Erinnerung an bzw. grobe Schätzung der Erhebungen – können wir die Sichtweite zum Land einschätzen. Verwendet man dabei Berggipfel, so darf man nicht vergessen, dass man die Entfernung zu diesen Gipfeln und nicht zur Küstenlinie berechnet. Versuchen wir eine Insel zu finden, so sagt uns die Formel grob, wie genau unsere Navigation sein muss. Um konservativ zu bleiben würde ich es trotzdem gerne etwas besser machen, als wenn diese Insel nur ein isoliertes Ziel darstellen würde.

Sucht man nach Leuchtfeuern, so gelangt dieselbe Formel zur Anwendung. Ein 144 Fuß über dem Meer gelegenes Leuchtfeuer kann bei einer Augenhöhe von 16 Fuß aus einer Entfernung von 12 plus 4, also 16 Meilen gesehen werden. Die Helligkeit des Lichts sowie die Klarheit der Luft limitieren aber auch die Sichtweite zu Lichtern bei Nacht.

Die Art der Sichtweite, welche wir bis jetzt diskutiert haben, nennt man „geographische

Sichtweite". Sie besagt, wann ein Objekt über der Kimm erscheint und begrenzt somit die Möglichkeiten der Sicht, ungeachtet des Zustands der Atmosphäre oder der Lichtstärke. Aber sich innerhalb der geographischen Sichtweite eines Objekts zu befinden garantiert noch nicht, dieses bei Nacht auch zu sehen. Starke Lichter sehen wir weiter als schwache, und selbst ein starkes Leuchtfeuer kann durch Nebel oder Regen beeinträchtigt werden.

Seekarten oder Light List (Leuchtfeuerverzeichnis, Anm. d. Ü.) zeigen die Stärke von Leuchtfeuern, indem sie deren „Nenntragweite" angeben, welche besagt, wie weit ein Leuchtfeuer in klarer Nacht und unbeeinträchtigt durch die geographische Sichtweite trägt.

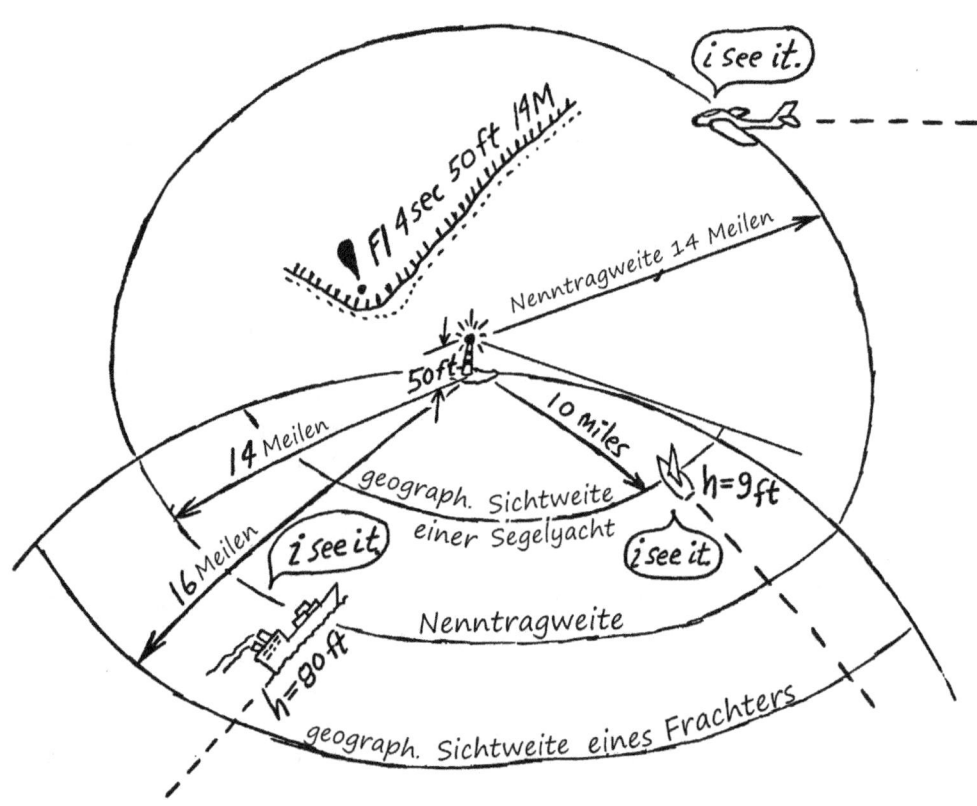

Abbildung 13-7. *Vergleich von geographischer Sichtweite und Nenntragweite. Die Nenntragweite eines Leuchtfeuers ist ein Maß seiner Leuchtstärke. Auf einem Segelboot wird die Sicht zu einem Licht oft durch dessen Höhe und nicht durch dessen Leuchtstärke limitiert.*

Betrachten wir einen 81 Fuß hohen Leuchtturm mit einer Nenntragweite von 14 Seemeilen. Bei einer Augenhöhe von 9 Fuß würde die geographische Sichtweite 3 plus 9, also 12 Meilen betragen. Gelangen wir in den Bereich von 12 Meilen, so würden wir das Feuer in klaren Nächten sehen, da die Nenntragweite größer als 12 Meilen ist. Würden wir andererseits in einer Augenhöhe von 49 Fuß auf der Saling stehen, so betrüge die geographische Sichtweite 7 plus 9, also 16 Meilen. Entfernen wir uns nun 16 Meilen von diesem Leuchtturm, so könnten wir ihn (im Prinzip) bei Tag auch sehen, nicht jedoch bei Nacht. Von der Saling aus betrachtet liegt das Licht zwar über der

Kimm, es trägt aber aufgrund seiner Stärke nur 14 Meilen weit. Wir müssten uns bei Nacht bis auf 14 Meilen annähern, um es von der Saling aus sehen zu können. Von Deck aus war das Limit die Geographie, von der Saling aus die Tragweite des Leuchtfeuers. Siehe Abb. 13-7.

Bei schlechter Sicht müssen wir die in der Seekarte oder im Leuchtfeuerverzeichnis genannte „Nenntragweite" durch die „Tragweite" (Luminous Range, ev. „Leuchtweite", in der europäischen Praxis kaum erwähnter Begriff, Anm. d. Ü.) ersetzen, welche wir erst eruieren müssen. Das Verfahren ist einfach; das Problem liegt darin, festzustellen, um wie viel die Sicht reduziert ist. Die atmosphärische Sicht ist dadurch definiert, wie weit man unbeleuchtete Objekte bei Tageslicht sehen kann. Sogar bei Tag ist diese auf See nicht einfach zu berechnen, wir benötigen sie jedoch bei Nacht, was die Unsicherheit noch erhöht. Aber auch eine grobe Schätzung, wie zum Beispiel 10 Meilen (bei klarem Wetter), 1 Meile oder 0,1 Meilen wird helfen, unsere Annäherung zu planen. Ein Trick ist, einfach festzustellen, ob man am späten Nachmittag oder am Beginn der Dämmerung eine deutliche Kimm unterscheiden kann, die Linie zwischen Himmel und Meer. Ist dies möglich, so muss die Sichtweite (in Seemeilen) größer als die Quadratwurzel unserer Augenhöhe (in Fuß) sein. Kann man die Kimm nicht erkennen, so ist die Sichtweite kleiner als die Wurzel aus „h". Haben wir die atmosphärische Sichtweite eingeschätzt, dann können wir die Tragweite aus dem Diagramm der „Luminous Range" in der Light List ersehen bzw. - ohne Hilfsmittel – mit folgender Formel selbst berechnen:

$$Tragweite = Sichtweite / 10 \times (Nenntragweite) + 1\ Meile$$

Die Formel kann für Sichtweiten bis zu einer halben Seemeile hinunter angewandt werden.

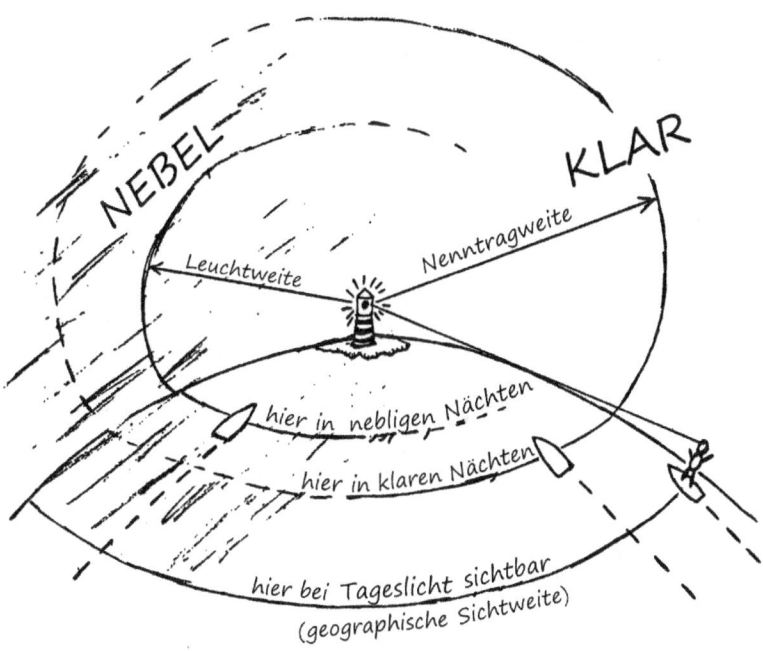

Abbildung 13-8. *Vergleich von Nenntragweite und Tragweite. Bei reduzierter Sicht müssen wir die geographische Sichtweite zu einem Leuchtfeuer mit dessen Tragweite vergleichen, um zu erkennen, wodurch die Sichtweite bestimmt wird. Die Tragweite kann durch die Angaben in der „Light List" bzw. durch die Formel im nachfolgenden Text berechnet werden.*

Als Beispiel betrachten wir ein Leuchtfeuer mit der angegebenen Nenntragweite von 22 Meilen. Schätzt man die vorherrschende atmosphärische Sichtweite auf etwa 4 Meilen, so ergibt sich eine „Tragweite" von 0,4 x 22 + 1 = 9,8 Seemeilen. Mit anderen Worten: ein „22-Meilen-Feuer" trägt bei einer Sichtweiten von 4 Meilen nur 10 Seemeilen weit. Siehe die Illustration in Abb. 13-8. Ein weiteres erwähnenswertes Beispiel: ein „5-Meilen-Feuer" kann bei einer Sichtweite von 5 Meilen nur 3,5 Meilen weit gesehen werden (0,5 x 5 + 1 = 3,5).

Die Tragweiten-Formel ist eine einfache Näherung von eigentlich komplexen Tafeln. Sie ist ungefähr auf 20 % genau, was auch ausreicht, da wir die Sichtweite ohnehin nicht genauer schätzen können. Tatsächlich ist die Formel auch in der Routine-Navigation genauso adäquat. Hält man bei eingeschränkter Sicht nach einem Leuchtfeuer Ausschau, dann berechnet man die geographische Sichtweite und die Tragweite, wobei der kleinere Wert die Tragweite angibt. Natürlich können wir keine der beiden Berechnungen anstellen, wenn wir die Nenntragweite des betreffenden Lichts nicht vernünftig einschätzen können.

Denken wir daran, dass weiße Lichter beim ersten Auftauchen über der Kimm rötlich oder irgendwie orange erscheinen, und dass die wahre Blitz-Charakteristik des Leuchtfeuers erst erkennbar sein könnte, wenn man dem Licht schon ziemlich nahe ist. Zeigt ein Leuchtfeuer farbiges und weißes Licht, so sieht man das weiße Licht üblicherweise schon von größerer Distanz als das rote oder grüne.

Manchmal sieht man das Glühen oder den Schein eines starken Lichtes schon lange bevor man das eigentliche Licht erkennen kann. Was hier geschieht ist das Phänomen, dass die Feuerhöhe auf die Höhe der Wolken oder des Dunstes darüber vergrößert erscheint, wodurch sich die geographische Sichtweite erhöht. Auch Städte oder Dörfer beleuchten den Himmel. Häufig ist der Lichtschein einer Stadt hell genug, um ihn von weit entfernt als Peilung benutzen zu können. Der Lichtschein von Miami, Florida, zum Beispiel kann routinemäßig von 60 oder 70 Meilen Entfernung erkannt werden (John Dowd, private Kommunikation).

13.3 Den Abstand zu einem Objekt berechnen

Ist ein bekanntes Navigationslicht von einem hohen Punkt am Boot aus erkennbar, nicht jedoch von einem tiefer gelegenen, so kann man davon ausgehen, dass man sich ähnlich nahe daran befindet, wie die Berechnung der geographischen Sichtweite vom oberen Punkt ergäben würde. Diese Methode, den Abstand zu beurteilen, nennt man „bobbing the light" (das „Eintauchen" des Lichts, im Deutschen nicht gebräuchlich, Anm. d. Ü.). Dies funktioniert am besten bei ruhiger See und klarem Himmel, wenn die geographische Sichtweite gut innerhalb der Nenntragweite liegt – zum Beispiel bei niedrigen, hellen Lichtern. Die daraus berechnete Distanz wird nicht präzise sein, da keine Formel und keine Tafel für die geographische Sichtweite sehr genau ist, man muss sich aber einigermaßen in der Nähe dieses geographischen Abstands befinden, damit dieses Phänomen eintritt.

Neben der Tatsache, von dort weiter sehen zu können, gibt es noch einen weiteren guten Grund, von einem erhöhten Punkt, zum Beispiel vom Großbaum aus, nach Lichtern Ausschau zu halten, nämlich die Möglichkeit, das Licht von hier aus beim ersten Auftauchen „einzutauchen". Sichtet man es erstmals von tief unten, so ist diese Chance möglicherweise vertan. Auf jeden Fall muss man sich bei der Sichtung eines Leuchtfeuers innerhalb der geographischen Sichtweite befinden, was allein schon einige Daten zum Abstand liefert.

In diesem Buch haben wir durchgehend die Bedeutung eines Kamals beim Messen kleiner Winkel bemüht. Beim Berechnen des Abstands vom Land können wir dieser Fertigkeit noch einen weiteren Anwendungszweck hinzufügen. Bei diesem Verfahren misst man den Winkel bzw. die Höhe einer Landmarke und berechnet dann (sehr genau) aus diesem Winkel und der Größe der Landmarke den Abstand zu ihr. Im Notfall kann man dies mit nichts weiter als einer Schnur und einem Stock durchführen, aber die Methode ist mehr als nur ein Notfall-Trick. Auch bei der Wahl aus mehreren Hilfsmitteln zur Abstandsbestimmung könnte man dennoch zu Schnur und Stock greifen, wenn man mit dem Verfahren erst einmal vertraut ist. Die Methode ist einfach und genau. Die Herstellung und die Kalibrierung eines Kamals sind in Abschnitt 11.1 behandelt.

Zuerst identifizieren wir aus der Karte und der Umgebung (oder unserer Ortskenntnis und Umgebung) eine weite Landmarke mit deutlichen Rändern, oder auch zwei nahe beieinander liegende Objekte, mit ähnlichem Abstand von uns und von unserem Standort aus gesehen nicht weiter als 15° auseinander liegend. Es könnten beispielsweise zwei Seiten eines großen Felsens, zwei Felsen, zwei Türme oder Säulen, zwei Gipfel, die beiden Seiten einer Bucht oder eines Tales, oder auch zwei Enden einer Insel sein. Man hält nun das Kamal quer und misst den Horizontalwinkel zwischen zwei solchen Punkten. Der dabei gewonnene Winkel entspricht der Differenz zwischen zwei Kompasspeilungen zu diesen beiden Objekten aber grundsätzlich ist die Messung eines kleinen Winkels viel genauer als zwei einzelne Peilungen. Danach berechnet man seinen Abstand zum Zentrum zwischen den beiden Peilobjekten mit folgender Formel:

Abstand in Seemeilen = 60 x (Abstand zwischen den Objekten in Meilen) / (Winkel in Grad)

oder

Abstand in Seemeilen = (Abstand zwischen den Objekten in Fuß) / (100 x Winkel in Grad)

Die beiden Varianten der Formel sind äquivalent, da eine nautische Meile ziemlich genau 6000 Fuß entspricht. S. Abb. 13-9.

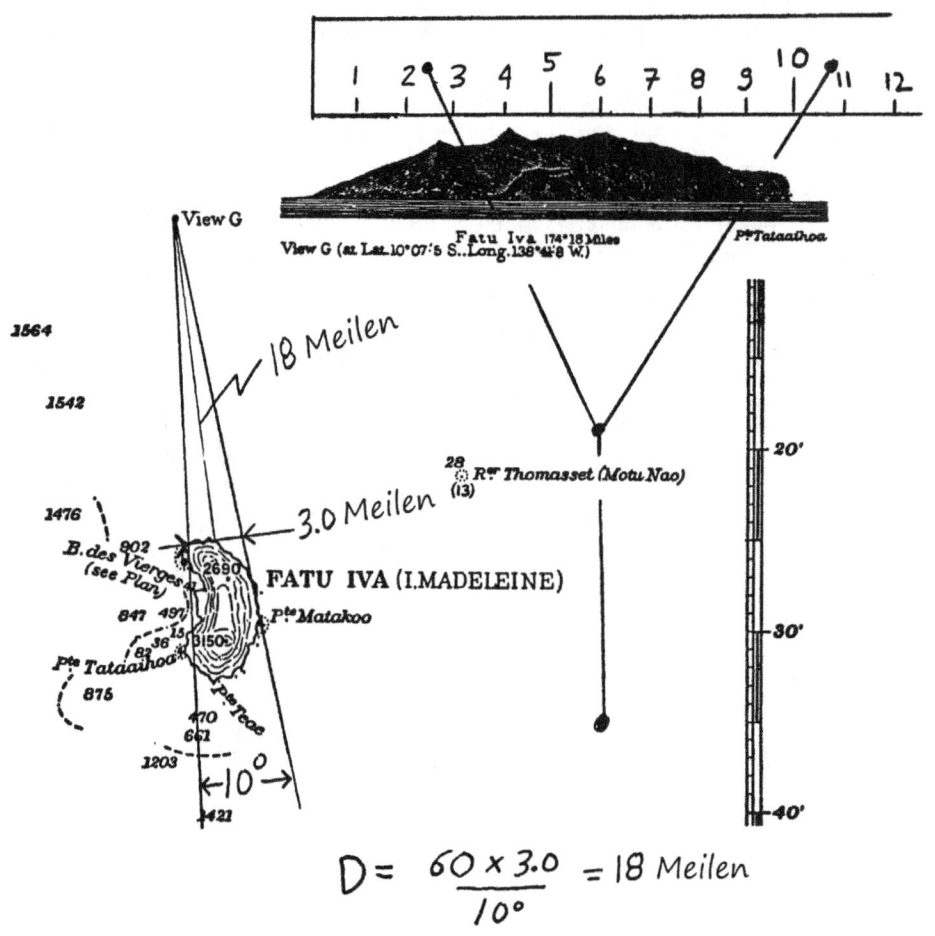

Abbildung 13-9. *Abstandsbestimmung durch Horizontalwinkel. Man misst den Winkel, den die Ausdehnung eines Objekts aus der Perspektive des Betrachters bildet, mit einem kalibrierten Kamal (oder einem Sextant, sofern vorhanden). Diesen vergleicht man dann mit der Weite des Objekts in der Karte aus derselben Perspektive und berechnet schließlich den Abstand vom Objekt mittels der im Text beschriebenen Formel. Man beachte, dass man dabei seinen Abstand zu den gemessenen Punkten erhält (nicht unbedingt zur Küste, Anm. d. Ü.)). Man kann auch seine Position durch einen Abstand und eine Peilung bestimmen, oder durch zwei Abstände zu zwei verschiedenen Objekten (am Schnittpunkt der beiden Distanzkreise).*

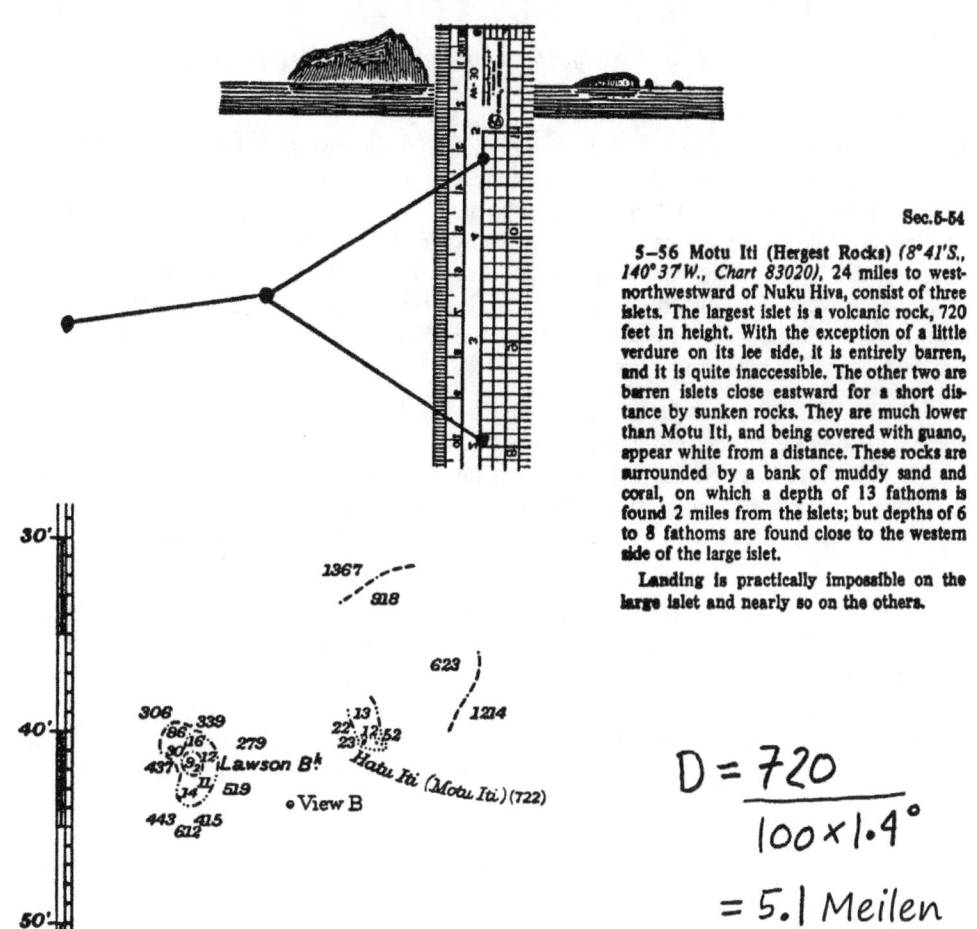

Abbildung 13-10. *Abstandsbestimmung durch Höhenwinkel. Mittels kalibriertem Kamal bzw. Sextant misst man den vertikalen Abstand zwischen dem höchsten Punkt eines Objekts und der darunter liegenden Küstenlinie. Dann entnimmt man die Höhe des Objekts der Karte, dem Leuchtfeuerverzeichnis oder den Segelanweisungen. Schließlich errechnet man seinen Abstand mit der Abstandsformel aus dem Text. Man beachte, dass man dabei den Abstand zu diesem höchsten Punkt, und nicht jenen zur Küste erhält. Der Text in der Abbildung, der dieses Inselchen beschreibt, stammt aus den DMAHTC, Pub.No.80, Segelanweisungen für die Pazifischen Inseln, Band 3. Diese Angaben differieren mit der in den Seekarten angegebenen Höhe dieses Felsens um zwei Fuß.*

Die Methode funktioniert bei jedem Abstand, solange man sich der Distanz zwischen den beiden Objekten sicher sein kann. Ich erkenne zum Beispiel zwei hervorstechende Gipfel auf einer Insel im Süden, welche laut meinem Kamal 6° auseinander liegen. Aus der Karte entnehme ich, dass diese beiden Gipfel – von Norden aus betrachtet – 2,5 Meilen voneinander entfernt sind. Mein Abstand von den Gipfeln beträgt daher (2,5 x 60) / 6 = 25 Meilen. Mit einiger Übung kann man Horizontalwinkel oft auch mit ausreichender Genauigkeit mit dem „Daumensprung" messen (Abschnitt 11.1).

Gelangt man dichter unter Land, so kann man mit dem Kamal auch Höhenwinkel messen (s. Abb. 13-10). Nachdem man die Höhe einer Landmarke über der Küstenlinie gemessen hat, berechnet man seinen Abstand von dort wie folgt:

Abstand (in Seemeilen) = (Objekthöhe in Fuß) / (100 x Winkel in Grad)

Bei dieser Anwendung sollte man sich aber innerhalb der Sichtweite auf die wahre Küstenlinie befinden, d. h. der Abstand von dort sollte nicht viel mehr als die Quadratwurzel aus der Augenhöhe betragen. Steht man bei einer Augenhöhe von 9 Fuß an Deck, geht das für Abstände bis etwa 3 Meilen in Ordnung. Man kann das etwas ausdehnen, vielleicht um 50 %, bis zu einem Abstand von rund 5 Meilen, die Resultate werden aber nicht sehr genau sein, bevor man in die geographische Sichtweite zur Küstenlinie gelangt ist. Ein Bespiel: ich sehe einen Hügel, der sich – laut meinem Kamal – 2° über die Küstenlinie erhebt. Die Seekarte gibt die Höhe dieses Hügels mit 460 Fuß an, sodass mein Abstand von dort 460 / (100 x 2), oder 2,3 Meilen beträgt.

Wir merken uns, dass die Formel für den Höhenwinkel dieselbe wie jene für Horizontalwinkel ist. In jedem Fall dividieren wir einfach die Objekthöhe (in Fuß x 100) durch den gemessenen Winkel (in Grad) um unseren Abstand (in Seemeilen) zu bekommen. Bei der Navigation in geringem Abstand sind Höhenwinkel oft angenehmer als Horizontalwinkel, da unser Objekt günstig liegt. Die Höhe von Bergen und Leuchtfeuern sind in Karten, sowie in Pilots und Segelanweisungen verzeichnet.

Hält man stetigen Kurs entlang einer Küste oder auf diese zu, so kann man seinen Abstand von einer Landmarke durch „Verdoppelung der Seitenpeilung" ermitteln. Für diesen Zweck benötigt man weder Karte noch spezielle Informationen über das Peilobjekt. Zuerst notiert man den Winkel zwischen der Kurslinie und der Richtung zum Objekt (Seitenpeilung) und zeichnet danach seinen Weg auf, bis sich der Winkel der Seitenpeilung verdoppelt hat. Der Abstand vom Peilobjekt ist dann genauso groß wie die Strecke, welche man zwischen den beiden Peilungen versegelt hat.

Ich notiere zum Beispiel die Seitenpeilung von 30° an Backbord auf einen auffälligen Felsen (beispielsweise ist mein Kurs 270 und die Peilung zum Felsen, wenn ich auf ihn zu fahre, 240). Ist der Felsen bis auf 60° vom Bug ausgewandert (Peilung 210) sehe ich, dass ich in dieser Zeit 2 Seemeilen zurückgelegt habe. Mein Abstand zum Felsen beträgt jetzt also 2 Meilen. Bei der Routine-Navigation in einem Kompasshäuschen verwendet man am besten die Peilstifte am Kompass bei 45° und 90°. Beim Segeln entlang der Küste peilt man über den mittleren Stift, und erhält so seinen Passierabstand ohne das Steuer verlassen zu müssen.

Ohne Kompass muss man die Winkelmessungen improvisieren. Jede Art von behelfsmäßiger Kompassrose wird ausreichen, auch ein gefaltetes Blatt Papier, da wir ja nicht den Winkel messen, sondern nur dessen Verdoppelung erkennen müssen. Es gibt viele Möglichkeiten, dies zu improvisieren (s. Abb. 13-11).

Der offensichtliche Vorteil dieser Methode liegt darin, dass man zur Abstandsbestimmung keinerlei Seekarte der Gegend benötigt. Man muss sich jedoch dicht genug unter Land befinden, damit die Peilung zur Landmarke, auch unter Berücksichtigung eines eventuell zu erwartenden lokalen Stromes, in vernünftiger Zeit weit genug auswandert. Der Fehler der Methode entspricht ganz grob dem Koppelfehler beim Versegeln. Sind wir eine Stunde in einem Strom von einem Knoten gelaufen, so könnten eine Meile vom Weg abgekommen sein. Dauert die Verdoppelung der Seitenpeilung für unsere Bedürfnisse zu lang, so können wir auch das Verfahren des „Running Fix" (Versegeln) - im nächsten Abschnitt diskutiert – für sichtbare Peilobjekte anwenden; auch dafür wird keine Karte benötigt.

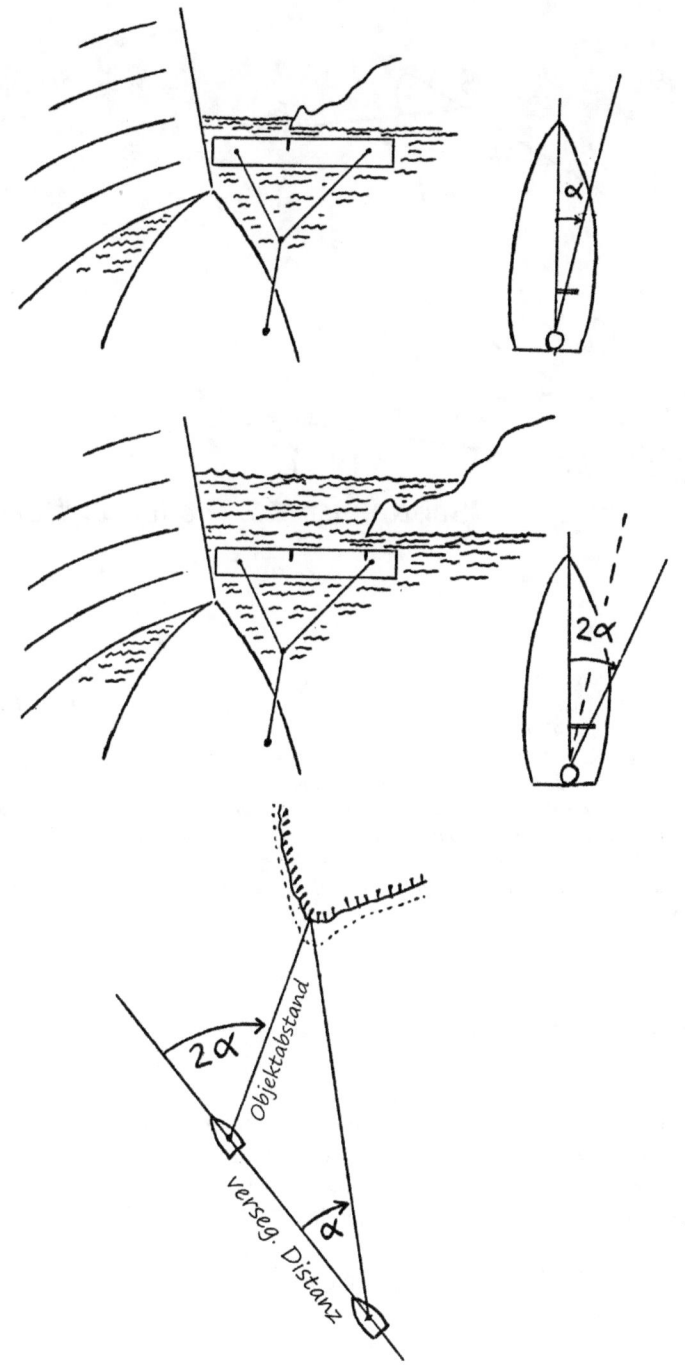

Abbildung 13-11. *Die „Verdoppelung des Winkels am Bug". Man notiert einen Winkel am Bug und hält solange genau Kurs, bis sich dieser Winkel verdoppelt hat. Der Abstand vom Objekt entspricht dann genau jener Distanz, welche man beim Verdoppeln versegelt hat. Der hier gezeigte Winkel am Bug wird mittels Kamal gemessen, aber eine tragbare Kompassrose oder auch nur ein gefaltetes Blatt Papier genügen auch. Man beachte, dass es sich dabei um relative Winkel handelt; ein auf diese Art verwendetes Kamal ist bei der Messung absoluter Werte solch großer Winkel nicht genau.*

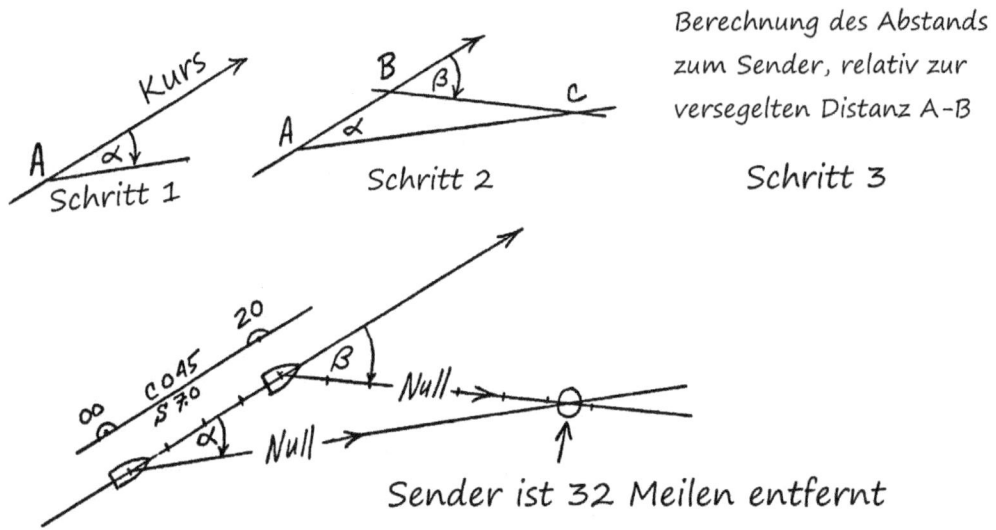

Abbildung 13-12. *Versegelung von Funkpeilungen ohne Karte. (1) Man zeichnet seinen Kurs und danach den ersten Bugwinkel, zwischen Kurslinie und Peilung („Nullrichtung" der Antenne), auf ein Blatt Papier. (2) Bei einem beliebigen Punkt B zeichnet man den zweiten Bugwinkel ein, sodass auf dem Blatt ein Dreieck entsteht. (3) Nun berechnet man – wie gezeigt – den Abstand zur Antenne, relativ zur versegelten Strecke. Der Winkel des Schnittes bei der Antenne bestimmt über die Qualität dieses Fix. Funkpeilungen sind häufig schwierig auszuwerten, sodass man manchmal weite Strecken versegeln muss, um diesen Winkel groß genug werden zu lassen. Anders gesagt, wenn die Antenne weit entfernt ist, so wird dieser Standort nur eine grobe Annäherung sein. Dieses Verfahren stellt eine Verallgemeinerung der Bugwinkel-Methode aus Abb. 13-11 dar, bei der es für die Abstandbestimmung nicht erforderlich ist, so große Entfernungen wie bei der Verdoppelung des Winkels abzulaufen. Im Bedarfsfall können wir die Methode auch bei visuellen Peilungen anwenden.*

13.4 Versegelung von Funkpeilungen

Ohne Instrumente haben wir im Nebel kaum Möglichkeiten zur Navigation, außer vielleicht behelfsmäßige Funkpeilungen eines AM-Radios. Wir würden nicht notwendigerweise wissen, wo sich die Rundfunkantenne befindet, aber wir können auch mit unbekanntem Antennenort relative Positionen aufzeichnen. Dennoch müssen wir auch hier nahe genug an der Antenne dran sein, damit sich die Peilungen in akzeptablen Zeiträumen ändern, trotz Unsicherheiten durch die örtlichen Strömungsverhältnisse. Auch müsste die Antenne überall anders als recht voraus liegen, also keine, die uns heimbringt – obwohl wir natürlich den Kurs ändern und mithilfe dieses Tricks unseren Abstand bestimmen könnten, wenn erforderlich.

Tun wir dies im Nebel und ohne Kompass, so müssten wir irgendeine Möglichkeit haben, sauber Kurs zu halten, wie in Abschnitt 8 besprochen. Im Nebel auf See könnte dabei eventuell eine stetige Windrichtung helfen. Bei Strahlungsnebel könnte es ruhig genug sein um eine Leine nachzuschleppen. Der Wert dieser Art von „Running Fix" ist aber nicht unbedingt auf Nebel beschränkt, den AM-Rundfunk kann weit außerhalb von Landsicht empfangen werden.

Zuerst notieren wir die Seitenpeilung zum AM-Sender, wie in Abschnitt 8.2 beschrieben. Wenn verfügbar kann man echte Peilungen verwenden, wir brauchen sie aber nicht. Danach hält man solange genau Kurs, bis sich diese Seitenpeilung um 15° oder mehr verändert hat (um brauchbar zu sein, benötigt diese Methode ein gutes „Null").

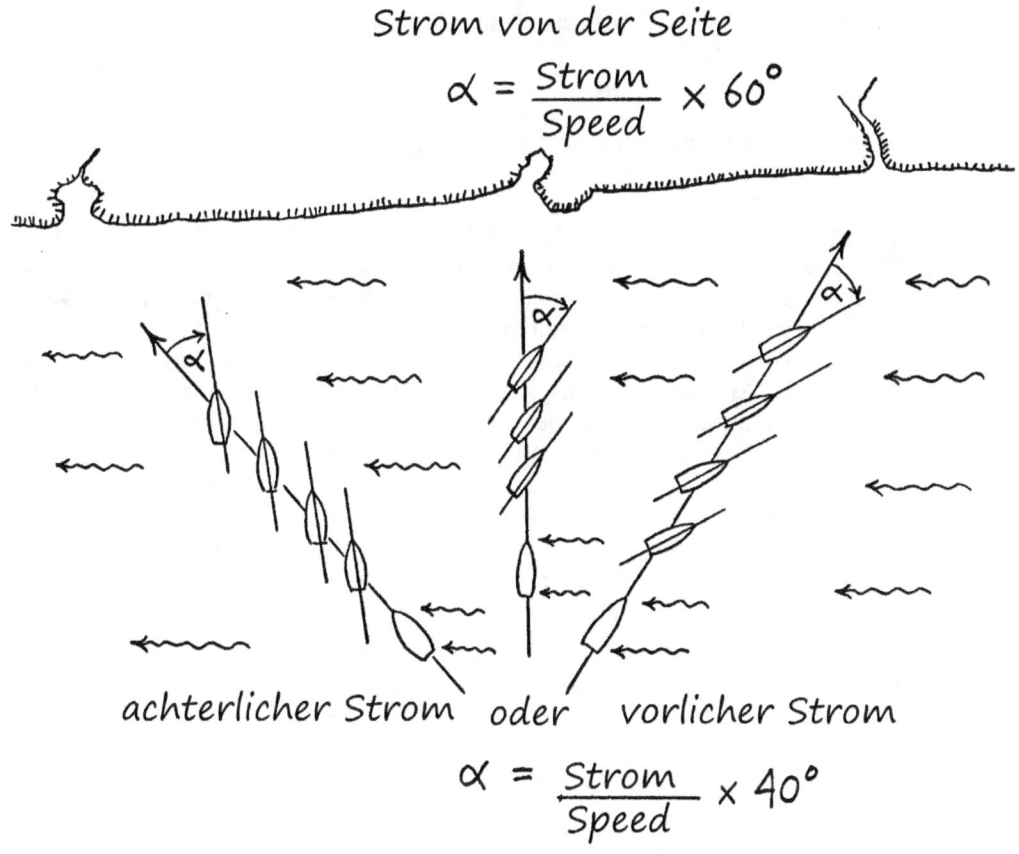

Abbildung 13-13. *Berechnung der Stromversetzung. Die gezeigten Schätzungen sind Näherungen an die genauen Vektorlösungen. Solche Näherungen sind in den meisten Fällen mehr als ausreichend und kaum jemals kennen wir Stärke oder Richtung eines Stromes genau genug, um exakter arbeiten zu können. Bei schrägem Gegenstrom wird die Bootsgeschwindigkeit um etwa drei Viertel der Strömungsgeschwindigkeit reduziert, was ungefähr demselben Betrag entspricht, den man bei schräg achterlich einkommender Strömung gewinnt. Der geschätzte Winkelversatz geht davon aus, dass der Boots-Speed zumindest dreimal so groß wie die Geschwindigkeit des Stromes ist.*

Vermutlich wird man aufs Land zu fahren und die Peilung sollte nach achtern auswandern – tut sie das nicht, dann könnten wir etwas Wichtiges gelernt haben. Durch die beiden Winkel zum Bug und die versegelte Strecke können wir unseren Abstand zum Sender mittels Plotten (wie in Abb. 13-12 gezeigt) ermitteln.

Man zeichnet die Kurslinie und darauf den Winkel der ersten Seitenpeilung. Danach legt man in beliebigem Abstand dazu den Winkel der zweiten Seitenpeilung darüber, sodass auf dem Blatt ein Dreieck entsteht. Die beiden Peilstrahlen werden sich in der unbekannten Position der Antenne schneiden, indem sie den kleinsten Winkel des Dreiecks bilden, welcher der Differenz der beiden

Seitenpeilungen entspricht. Die Linie, welche wir gerade zogen um das Dreieck zu vervollständigen, zeigt unseren Abstand zur Antenne, den wir direkt ablesen können, wenn wir die versegelte Strecke zwischen den beiden Peilungen auf der Kurslinie als Maßstab zugrunde legen. Mit diesem Verfahren können wir unsere Position relativ zum Sender verfolgen. Dies ist eine potentiell sehr effektive Methode in einigen Küstenregionen oder nahen Inselketten mit mehreren verfügbaren AM-Sendern. Sie könnte sich beispielsweise dann als hilfreich erweisen, wenn man die Küste zwar schon in Sicht hat, für gute optische Peilungen aber noch zu weit entfernt ist.

13.5 „Course Made Good" in der Strömung

Koppelkorrekturen wegen Strömungen auf hoher See wurden in Abschnitt 10.3 diskutiert. Auch wenn es bemerkenswerte Ausnahmen gibt, so sind Strömungen in Küstengewässern grundsätzlich doch stärker, was die Navigation dort kritischer macht. Hat man zum Beispiel den Einfahrtskanal zu einer Insel in starkem Passatwind verpasst, weil man die Strömung falsch eingeschätzt hat, so kann es sehr problematisch werden, sich dorthin zurückzukämpfen. Auf hoher See wird es ausreichen, die täglich abgelaufenen Strecken zu korrigieren, aber in Küstennähe werden wir vielleicht sofortige Information benötigen, wie etwa über die aufs Ziel gutgemachte Strecke (Course Made Good, CMG, Anm. d. Ü.) oder über den Vorhaltewinkel aufs Ziel, um einen gewünschten Kurs halten zu können. Obwohl diese beiden nicht genau dasselbe Problem darstellen – der Betrag, den wir vorhalten müssen, um einen geraden Kurs zu laufen, entspricht nicht immer jenem, um den wir versetzt werden, wenn wir dies nicht tun – sind sie sich in den meisten Fällen doch sehr ähnlich. Betrachten wir die involvierten Unsicherheiten, so können wir für beide dieselbe Lösung verwenden.

Den Betrag, um den wir versetzt werden, wenn wir nichts unternehmen, oder den Betrag, um den wir unseren Bug in die Strömung halten müssen, um geradeaus zu laufen, nennt man den „Versatz". Um diese Versetzung zu berechnen müssen wir sowohl die Strömungsgeschwindigkeit schätzen als auch den Speed unseres Bootes kennen. Die Stromversetzung hängt dann davon ab, ob wir quer durch die Strömung laufen und diese genau von der Seite einkommt, oder diagonal dazu, mit dem Bug schräg zum Strom (s. Abb. 13-13). Die Resultate können leicht und ohne Zeichnungen ermittelt werden. Bei Strom von querab:

$$Versatz = Stromgeschwindigkeit / Boots\text{-}Speed \times 60°,$$

bzw. bei Strom schräg von vorne oder von schräg achtern:

$$Versatz = Stromgeschwindigkeit / Boots\text{-}Speed \times 40°.$$

Dies ist die vereinfachte Lösung eines Vektorenproblems, aber für genauere Ergebnisse werden wir kaum jemals ausreichend exakte Kenntnis der Stromstärke oder -richtung haben. Beachten Sie, dass der Versatz bei Strom schräg von vorne wie schräg von achtern gleich groß ist und der Unterschied lediglich darin liegt, wie schnell wir dabei vorwärts kommen. Eine Strömung schräg von vorne bremst uns ab, jene schräg von achtern beschleunigt uns. Als Beispiel wollen folgende Rechnung anstellen: wir laufen mit 5 Knoten Fahrt durchs Wasser auf ein Ziel zu und erkennen, dass wir beim Näherkommen in ein Gebiet mit einer Strömung von rund 2 Knoten auf unseren

Backbord-Bug gelangen. Der Versatz wird ungefähr (2 / 5) x 40°, also 16° betragen. Unternehmen wir nichts dagegen, so werden wir um rund 16° nach rechts versetzt werden. Sollten es die Windverhältnisse erlauben, so sollten wir um 16° nach Backbord, gegen den Strom, vorhalten, um auf dem ursprünglich geplanten Kurs geradeaus zu laufen.

Merken wir uns, dass diese Näherung von Versatz-Winkeln nur dann einigermaßen stimmt, wenn die Stromgeschwindigkeit geringer als zwei Drittel der Bootsgeschwindigkeit ist.

14 Was tun mit dem was man hat (eine Zusammenfassung)

Bis jetzt haben wir Notfall-Navigation besprochen, bei der nur wenige (wenn überhaupt welche) konventionelle Hilfsmittel zum Einsatz gelangten. Eine Uhr und Tafeln für Sonnenauf- und -untergänge waren die einzigen speziellen Dinge, welche wir uns zunutze machten. In den meisten Fällen ist der ergänzende Wert bzw. die Anwendung von anderen Hilfen offensichtlich – sofern diese zur Verfügung stehen. Ein ordentlicher Marine-Sextant zum Beispiel würde das Bestimmen von Position und Richtung entscheidend verbessern, auch ohne andere Standard-Hilfsmittel und Tafeln. Gleichermaßen eröffnet uns ein Almanach den Himmel viel weiter beim Steuern oder beim Auffinden unseres Standortes.

Nur ein spezielles Hilfsmittel zur Verfügung zu haben ist eine Sache, nur ein solches zu verlieren eine andere. Mit nur wenig mehr Mühe können wir mit nur einem der Instrumente, welche wir oft als lebenswichtig erachten, zurechtkommen, ohne in der Navigation viel an Genauigkeit und Effizienz zu verlieren. Diese Verfahren für Eventualfälle sind einfach wenn man einmal mit den Notfall-Methoden, welche wir bis jetzt besprochen haben, vertraut ist. Navigatoren, welche mit diesen Notverfahren nicht vertraut sind, werden finden, dass vor Allem der Verlust des Almanachs besonders schwer wiegt – was bemerkenswert ist, da besonders vom Almanach kaum jemals ein Reserveexemplar mitgeführt wird.

14.1 Routine-Navigation mit Allem

In der Astronavigation alles Wichtige zu haben bedeutet: Kompass, Sextant, Nautischer Almanach, Sight Reduction Tables (HO-Tafeln, Anm. d. Ü.) wie zum Beispiel DMAHTC Pub. No. 249 oder 229, Plotting-Sheets, sowie einige kleine Werkzeuge. Ein 2102-D Star Finder (oder das britische Äquivalent N.P. 323) ist in der Routine- wie auch in der Notfall-Navigation besonders wertvoll, wenn auch nicht unabdingbar.

Ein durchdachtes Back-Up-System könnte einen Reservekompass, zwei wasserdichte Quarz-Uhren, einen Davis Mark III Plastik-Sextant, eine Kopie der Concise Tables for Sight Reduction von Davis, ein paar universelle Plotting-Sheets, einen Winkelmesser und ein Lineal (C-Thru Modell 376E und B-70), Bleistifte, Radiergummi, Notizbuch sowie Pilot Charts enthalten. Diese Gegenstände sind in Kapitel 1, Abb. 1-2 gezeigt. Die Concise Tables von Davis sind klein und leicht und beinhalten darüber hinaus einen Langzeit-Almanach für Sonne und Sterne. Dieses Back-Up-System bringt Sie überall hin wo Sie auch das primäre System hinbringen würde, nur bedeutet es mehr Arbeit – der Nonius-Sextant aus Plastik ist klein und leicht, aber niemals so genau und einfach zu bedienen wie ein hochqualitatives Gerät aus Metall, und die Verfahren der Sight-Reduction sind mit den Concise Tables viel umständlicher als mit den 249- oder 229-Tafeln.

Auf jeden Fall ist sowohl bei der primären als auch bei der Back-Up-Navigation nicht der Stil der Geräte entscheidend, sondern was wir mit ihnen machen. Auch wenn unsere Navigation in erster Linie mittels SatNav oder Loran (heute GPS, Anm. d. Ü.) erledigt wird, so bleiben die empfohlenen Verfahren in der routinemäßigen Hochsee-Navigation dieselben – und wir benötigen dafür natürlich Ersatzausrüstung; keine vorhersehbare Entwicklung in der Elektronik wird das ändern.

Das wichtigste Ziel der Routine-Navigation sollte genaues Koppeln sein, egal welche anderen Hilfsmittel oder Systeme wir sonst nutzen. Der Grund dafür ist simpel. Es kann gut sein, dass wir mit Koppeln allein das Auslangen finden müssen, auch wenn wir andere Hilfsmittel an Bord haben. Auch die besten Systeme von SatNav, Omega oder Loran sind in kleinen Booten auf See nicht 100-prozentig verlässlich, und wir können astronomisch keinen Standort bestimmen wenn der Himmel bedeckt ist. Es kommt häufig vor, dass man seinen Landfall nur mit Koppeln und Funkpeilungen bewältigen muss.

Um akkurates Koppeln zu entwickeln müssen wir auch ein genaues Logbuch mit allen Kursänderungen und den Logständen führen, und darüber hinaus täglich unseren Koppelort mit astronomisch oder elektronisch gewonnenen Fixen vergleichen. Dabei ist es praktisch, die Differenz zwischen dem Koppelort und dem wahren Ort in einen effektiven „Strom" umzuwandeln, und diese Distanz zwischen den beiden Punkten durch die Zeit, welche seit dem letzten Fix vergangen ist, zu dividieren (gemeint ist eine „Besteckversetzung pro Stunde, Anm. d. Ü.). Über diese Besteckversetzungen und die vorherrschenden Windverhältnisse führt man dann extra Aufzeichnungen. Um unser Koppeln zu evaluieren und vorausplanen zu können benötigen wir die „Rate", um die wir bei bestimmten Windverhältnissen vom Kurs abkommen könnten (s. Abb. 14-1).

Lag zum Beispiel meine Koppelposition 26 Meilen südwestlich von meinem Fix, und dieses Fix erstellte ich 13 Stunden zuvor, so entspricht die Summe meiner Fehler einem „Strom" von 2 Knoten nach Südwest. Der Grund dafür könnte wirkliche Strömung, Instrumentenfehler oder einfach ein Schnitzer bei meinen Logbucheintragungen sein. Überprüft man dies regelmäßig, so wird man dennoch schnell einige ständige Abweichungen erkennen, welche auf einen Fehler bei Logge oder Kompass hinweisen. Auch schlampige Eintragungen ins Logbuch würden sich zeigen. Kämpft man gegen das Wetter an, so sollte man sich an die „unsichtbaren" Faktoren erinnern, die das Fortkommen behindern, wie in Abschnitt 10.4 diskutiert. Auf jeden Fall zeigt uns dieses Verfahren sehr klar, wie gut wir mit Koppeln allein zu Recht kommen würden, sollten wir dazu gezwungen sein. Einfache Koppelaufzeichnungen werden in Abb. 14-2 gezeigt.

Stellt sich heraus, dass dieser „Strom" jeden Tag ungefähr gleich bleibt, so könnten wir ihn in unser künftiges Koppeln miteinbeziehen, auch wenn wir nicht sicher sind, woher er eigentlich kommt.

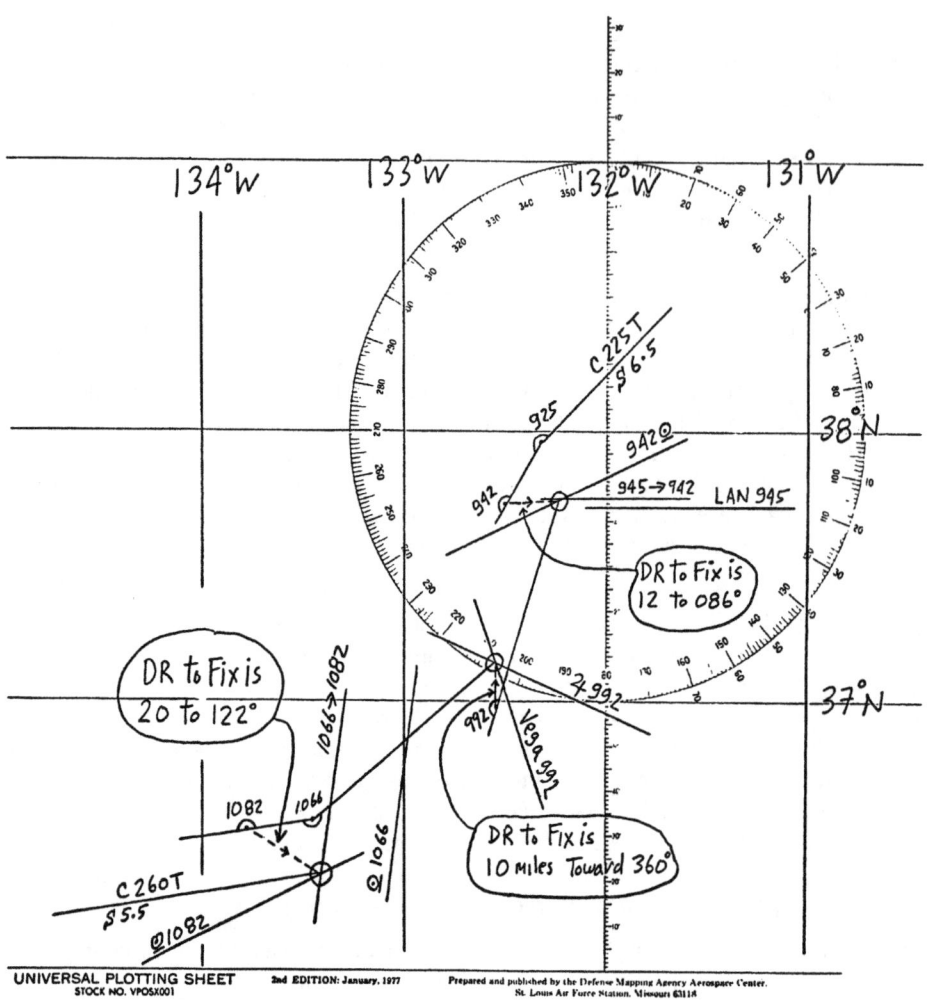

Abbildung 14-1. *Besteckversetzung auf einem Plotting Sheet. Der astronomische Fix beim Logstand 942 liegt 12 Meilen östlich des entsprechenden Koppelortes. Gute Praxis wäre, diese Besteckversetzung beim Koppeln weiter mitzunehmen. Ein roter Pfeil vom Koppelort zum wahren Ort ist nur eine Art, diese wichtige Information hervorzuheben. Diese Zeichnung gehört zum Ausschnitt des Logbuchs von Abb. 14-2.*

Log reading	Time/date	Fix position	Type of fix	Distance and bearing DR to Fix	Hours to last fix	Error current (knots)	Average Speed (knots)	Miles logged	DR error percentage
0075	0400/4	48-23, 124-45	Bearing Fix						
0272	0900/5	46-00, 128-10	Rfix sun-Venus	11 T 215	29.0	0.4	6.8	197	6
0480	1530/6	44-04, 131-11	Rfix sun	17 T 012	30.5	0.6	6.8	208	8
0634	1400/7	41-38, 132-03	Rfix sun	07 T 300	22.5	0.3	6.8	154	5
0789	1330/8	39-02, 130-55	Rfix sun	30 T 095	23.5	1.3	6.6	155	19
0942	1330/9	37-45, 133-14	Rfix sun	12 T 086	24.0	0.5	6.4	153	8
0992	2130/9	37-09, 132-32	Vega-Jupiter	10 T 360	8.0	1.3	6.3	050	20
1082	1400/10	36-22, 133-24	Rfix sun	20 T 122	16.5	1.2	5.5	090	22
1161	0530/11	35-17, 133-48	Venus-2 star	19 T 084	15.5	1.2	5.1	079	24
1181	1100/11	34-58, 133-55	sun-moon	02 T 280	5.0	0.4	3.6	020	10
1285	1600/12	34-08, 135-12	Rfix sun	07 T 035	29.0	0.2	3.6	104	7
0364	0600/13	33-15, 136-16	moon-venus	15 T 122	14.0	1.1	5.6	079	19
1412	1700/13	32-28, 136-13	Rfix sun	06 T 110	11.0	0.5	4.4	048	13
1696	0930/15	29-56, 139-54	Rfix sun-moon	28 T 320	40.5	0.7	7.0	284	10
1730	1330/15	29-30, 140-23	Rfix sun	07 T 162	4.0	1.8	8.5	034	21
1865	0600/16	28-34, 142-40	moon-*-Venus	03 T 270	16.5	0.2	8.2	135	2
1923	1430/16	28-12, 143-21	Rfix sun	17 T 032	8.5	2.0	6.8	058	29
1981	2200/16	27-52, 144-12	Jupiter-Vega	08 T 105	7.5	1.1	7.7	058	14
2265	1100/18	25-44, 149-09	Rfix sun	11 T 285	37.0	0.3	7.7	284	4
2343	2200/18	25-15, 150-26	Vega-Alkaid	05 T 360	11.0	0.5	7.1	078	6
2401	0700/19	24-42, 151-11	Venus-3 star	07 T 057	9.0	0.8	6.4	058	12
2486	2200/19	24-12, 152-30	Altair-Jupiter	15 T 360	15.0	1.0	5.7	085	18
2573	1530/20	23-17, 153-32	LAN (lat, lon)	11 T 074	17.5	0.6	5.0	087	13
2614	2200/20	22-49, 154-06	Jupiter-2 star	07 T 310	6.5	1.1	6.3	041	17

Abbildung 14-2. *Ausschnitt aus einem Logbuch, welches Koppel- und Strömungsfehler (Besteckversetzungen) zeigt. Der Fix beim Logstand 942 zum Beispiel wurde 24 Stunden nach dem letzten beobachteten Ort gemacht. Nach diesem Zeitraum liegt der Koppelort um 12 Meilen falsch, was bedeutet, dass in Wirklichkeit auf diesem Teil der Reise ein Strömungsfehler von 0,5 Knoten in Richtung Osten vorgelegen ist. Diese „Strömung" kann viele Ursachen haben, inklusive Fehler bei den Logbucheinträgen und den Standortbestimmungen selbst. Wenn die Meeresströmung nicht riesig ist, so ist es unwahrscheinlich, dass diese „Strömung" wirklich eine Bewegung des Wassers wiedergibt. Die Korrektur des Koppelortes um 12 Meilen wurde nach einer Fahrt von 153 Meilen gemacht, was in der Terminologie des Textes einen Koppelfehler von 8 % bedeutet. Weitere Einträge im Logbuch, die hier nicht gezeigt sind, geben Auskunft über Kompasskurs, Boots-Speed, Windgeschwindigkeit und -richtung, Barometerstand, Fahrt über Grund und Segelführung.*

Beträgt dieser „Strom" hingegen etwa einen Knoten in verschiedensten Richtungen, so schließen wir daraus, dass wir nach zwei Tagen reiner Koppelnavigation etwa 48 Meilen vom Kurs abgekommen sein könnten, vermutlich aber nicht viel mehr, auch auf langen Fahrten, sofern die „Versetzung" der Fehler wirklich willkürlich ist. Siehe Abb. 14-3 und 14-4.

Mit zunehmendem Einsatz von Loran und SatNav beim Hochsee-Segeln werden die Grundlagen der Navigation immer mehr übersehen. Wir geraten in Versuchung, nur mehr alle paar Stunden den elektronischen Fix ins Logbuch einzutragen. Das ist eine gefährliche Praxis. Wenn die elektronischen Geräte nicht auch Kompasskurs und abgelaufene Logge beobachten und aufzeichnen – und dafür ist anspruchsvollere, noch nicht sehr verbreitete Ausrüstung nötig – so lernen wir nichts über die Genauigkeit unseres Koppelns.

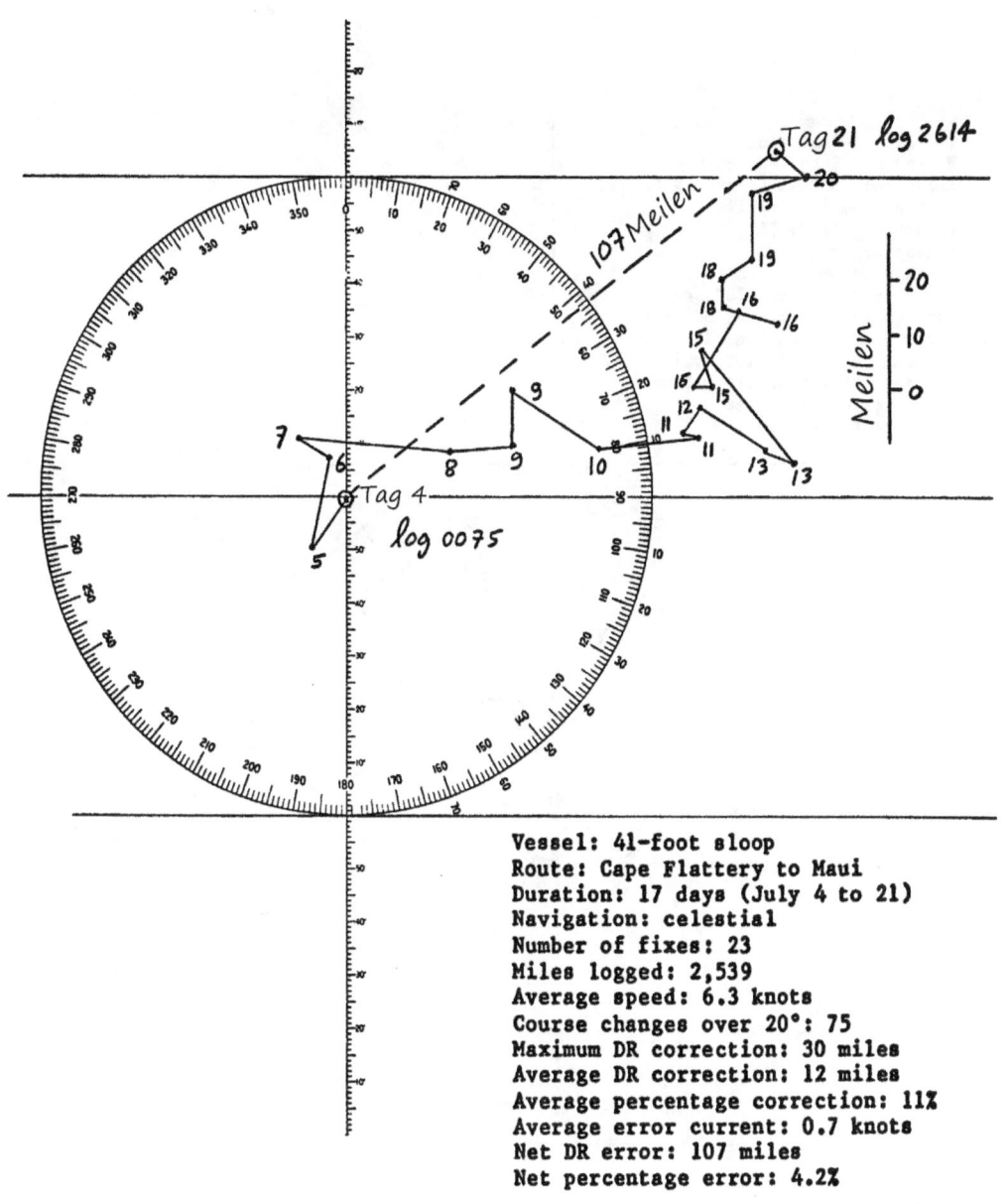

Abbildung 14-3. *Vektorenzeichnung von Koppelfehlern. Die einzelnen Besteckversetzungen aus Abb. 14-2 sind hier der Reihe nach geplottet, um zu zeigen, wie das Schiff immer weiter vom Kurs abgekommen wäre, hätte man keine Korrekturen vorgenommen. Ohne astronomische Standortbestimmung hätte sich das Boot auf dieser Reise bis zum Logstand 2614 um 107 Seemeilen von der geplanten Position entfernt, auch wenn es in diesem speziellen Fall zufälligerweise gar nicht weit vom Kurs abgekommen wäre. Man beachte, dass – obwohl der Durchschnitt der einzelnen Fehler bei etwa 11 Prozent liegt (sofern man auch die Distanzen auf jedem einzelnen Teil der Fahrt in Betracht zieht) – der Netto-Gesamtfehler lediglich 4 Prozent beträgt, was zeigt, wie wahllos sich Koppelfehler auf einer langen Reise gegenseitig aufheben können, teilweise auch, weil diese „Koppelfehler" auch Ungenauigkeiten der astronomischen Fixe beinhalten. In Abb. 14-4 wird dies für eine andere Reise auf noch dramatischere Art gezeigt. Der durchschnittliche Koppelfehler wegen Strömung beträgt (unter Berücksichtigung der verstrichenen Zeit auf allen Abschnitten der Reise) 0,7 Knoten, also geringfügig mehr, als für ein Segelboot, das sorgfältig koppelt, typisch ist – der Wind während dieser Fahrt war ziemlich unbeständig.*

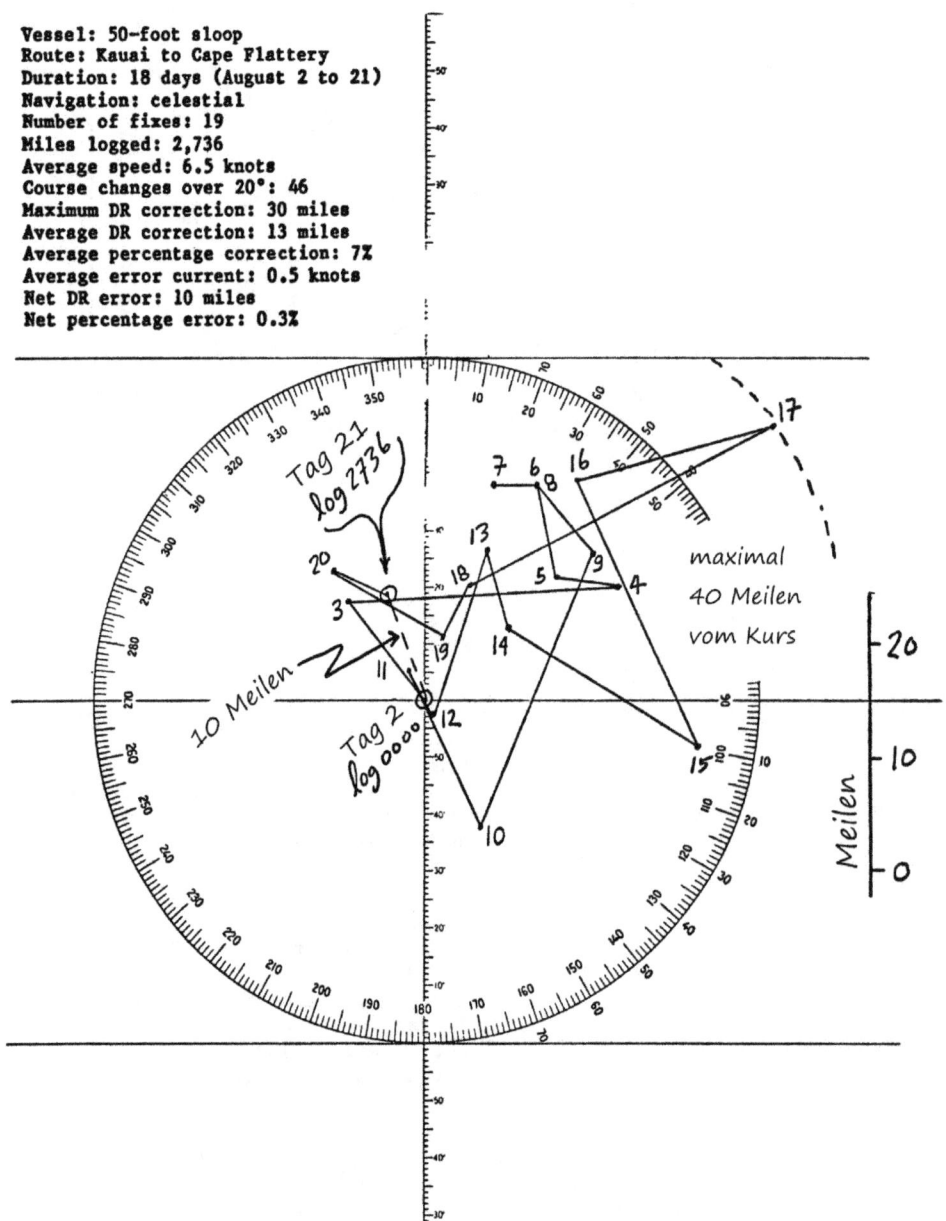

Abbildung 14-4. *Eine andere Vektorenzeichnung von Koppelfehlern. Hier heben sich die Fehler fast zur Gänze gegenseitig auf. Zum Teil ist dies Glück, aber nicht ausschließlich. Die vorhergesagten Meeresströmungen auf dieser Route heben sich fast auf, sodass von dieser Seite mit keinerlei Auswirkungen gerechnet wurde. Wichtiger war aber, dass sowohl Kompass als auch Logge auf diesem Boot genau funktionierten, und weiters exakte Aufzeichnungen geführt wurden. Jede bestätigte Kursänderung über 5° wurde berücksichtigt – die oben angeführten 46 Kursänderungen geben lediglich alle Änderungen von 20° oder mehr wieder, entweder auf einmal, oder nach vier Kurswechseln von je 5°. Aber auch bei dieser Sorgfalt mussten Korrekturen von 30° gemacht werden, wobei die größten Berichtigungen aufgrund tagelanger Stürme mit anhaltenden Windstärken von 30 bis 35 Knoten notwendig wurden.*

Sollte die Elektronik unter diesen Bedingungen versagen, so müssen wir ohne aktuelle Daten der Bootsinstrumente und ohne Crew, welche mit guten Logbucheinträgen vertraut ist, mit der „echten" Navigation beginnen, vermutlich auch von einer unbekannten Position aus. Kurz, unsere Position wird sich verschlechtern bevor sie besser wird.

Ein weiterer wichtiger Punkt bei der Vorbereitung auf einen Notfall ist die Zeitaufzeichnung. Am besten navigieren wir mit der Uhr die wir tragen, überprüfen sie täglich mittels Funk und zeichnen ihren Gang laufend im Chronometer-Log auf, ohne die Uhr neu zu stellen. Sollten wir nun das Funksignal verlieren, so haben wir noch immer eine Uhr mit bekanntem Gang. Die Uhr alle paar Tage mithilfe des Funksignals neu zu stellen bzw. überhaupt mit einer Stoppuhr direkt nach dem Funksignal astronomisch zu navigieren ist gefährlich, denn bei Funkausfällen würden wir UT verlieren. Eine Uhr mit bekanntem Gang und Stand wird uns die Berechnung von UT immer ermöglichen, egal wo wir uns befinden und ob wir noch weitere Hilfsmittel verlieren. Auf Langfahrt ist die genaue Greenwich-Zeit zweifellos die wertvollste Hilfe, die wir haben können.

In Gebieten guter Loran-Abdeckung sind häufige Logbucheintragungen der Loran-Werte über gutgemachten Speed bzw. Weg aufs Ziel dennoch von größter Bedeutung für die Überprüfung der Abdrift, Einschätzung des Stromes und Kalibrierung der Instrumente.

14.2 Position durch Funkkontakt

Mit 2-Weg-Funkkontakt zum Land oder zu einem anderen Schiff ist man grundsätzlich niemals verloren. Ein Schiff in Sichtweite könnte uns unsere Position durchgeben, aber selbst außer Sicht kann uns ein Schiff oder eine Station an Land mit UKW-Funkkontakt helfen, unsere Position exakt zu bestimmen, auch wenn die Reichweite von UKW-Funk auf die Sichtweite beschränkt ist – die geographische Sichtweite von Antenne zu Antenne nämlich. Um den maximal möglichen Abstand zu schätzen, verwendet man die Formel aus Abschnitt 13.2, mit „H" entsprechend der Antennenhöhe der Funkstation (welche angegeben wird) und „h" entsprechend der Höhe der eigenen Antenne. Auch Intensität und Klarheit der Funksignale lassen Rückschlüsse auf die Entfernung zu.

Außerdem kann die Küstenwache in einem Notfall eine Antenne im Funkbetrieb mittels RDF (Radio Direction Finding) einpeilen. Dies kann auf jeder Marinefrequenz geschehen, auf UKW im Nahbereich oder Einzel-Seitenband (SSB) bei der Kommunikation über weite Entfernungen. Dieser Service sollte aber auf jeden Fall für echte Notfälle reserviert bleiben, da er manchmal eine Reihe von kostspieligen Koordinationen an Land, auf See und in der Luft nach sich ziehen könnte. Wenn wir uns zwar verirrt haben aber nicht direkt in Gefahr sind sollten wir andere Lösungen zuerst versuchen.

Auf jeden Fall können wir bei Funkkontakt immer UT bekommen. Auch erfahren wir möglicherweise die Zeitgleiche und wir könnten dadurch unsere Länge nach dem Schiffsmittag berechnen (Abschnitt 12.2). Unser Gegenüber am Funk gibt uns möglicherweise auch unsere ungefähre Breite durch, wenn wir ihm die Tageslänge nennen, und wenn wir mangels Tafeln für Sonnenauf- und -untergang nicht in der Lage sind, diese selbst zu bestimmen. Auch aufgrund unserer Angaben der Deklination von Sternen über uns könnte man uns die ungefähre Breite nachschlagen. Bei jeder Art solcher Hilfestellung sollten wir aber wissen, wonach wir fragen müssen – Funker und sogar Skipper von anderen Schiffen sind kaum jemals auf diese Spezialfälle der Astronavigation trainiert. Andererseits sind wir, wenn wir diese Prinzipien verstanden haben, beim Empfang eines Notrufs auch in der Lage, anderen zu helfen. Der Funkruf würde übrigens PAN, PAN, PAN lauten, und nicht MAYDAY.

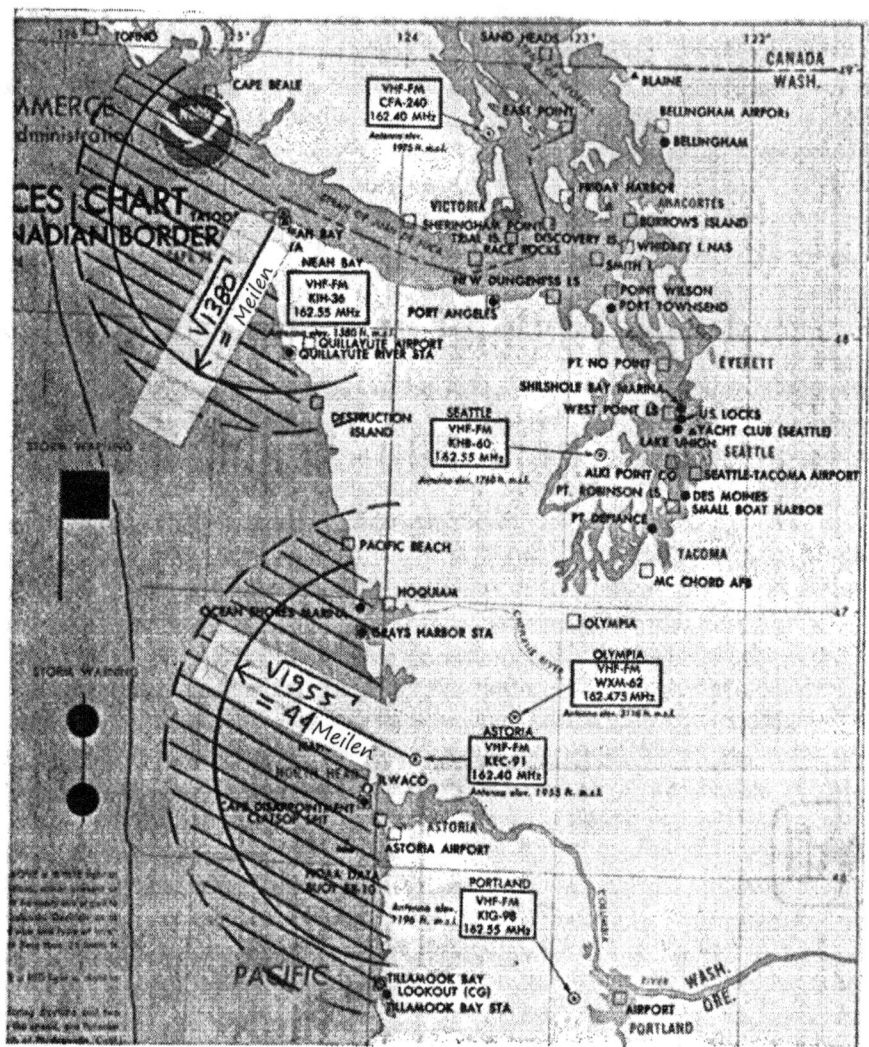

Abbildung 14-5. *Ausschnitt aus einer Karte des Seewetterdienstes. Diese Karten zeigen alle Wetterdienste der Gegend, inklusive der Orte und Höhen ihrer Funksender. Sie sind für alle Gewässer der USA erhältlich. Man kann die ungefähre Reichweite jeder einzelnen Funkstation berechnen (sofern nicht ohnehin in der Karte angegeben), indem man die Quadratwurzel der Antennenhöhe in Fuß annimmt. Bei dieser Anwendung könnte man – wie gezeigt – die geschätzte geographische Reichweite um etwa 20 % erhöhen, da die Reichweite des Funks in der Praxis näher bei den theoretischen Maxima liegt als dies bei der visuellen Sichtweite der Fall ist, auch wenn der Empfang im Grenzbereich möglicherweise zeitweise gestört sein wird, da Wellen und die Bewegung der eigenen Antenne das Signal unterbrechen. Empfängt man zum Beispiel den Wetterbericht von KEC-91, so befindet man sich vermutlich in dem gezeigten abgedeckten Bereich des Senders. Ist das Signal gut, so steht man wahrscheinlich gut innerhalb dieser Region, ist es jedoch manchmal unterbrochen, so dürfte man sich eher an der Grenze des Empfangsbereichs befinden. Dieser spezielle Ausschnitt stammt von NOAA, Pub. MSC-10-Point St. George, CA bis zur kanadischen Grenze. Die Anschlusskarte für die Gewässer von Hawaii (MSC-13) ist ein besonders wertvolles Hilfsmittel, denn sie enthält eine Karte der Bodenwinde rund um die Inseln.*

Haben wir unsere Position einmal ungefähr bestimmt, so werden wir möglicherweise über nahen Schiffsverkehr informiert, welcher über Funk unsere Position genauer verifizieren könnte. Manche UKW-Geräte verfügen über eingebaute RDF-Peiler. Mithilfe dieser kann man auf ein anderes Schiff zulaufen oder sogar Peilungen zu Antennen des Küstenwetterberichts erhalten (Lage und Höhe solcher Antennen sind in den NOAA Weather Service Charts aufgelistet, wofür in Abb. 14-5 ein Beispiel vorliegt).

14.3 Alles außer UT

Grundsätzlich betrachten wir UT zu recht als das wichtigste und unverzichtbarste Hilfsmittel in der Astronavigation. Aber mit Übung, Mehrarbeit und Abstrichen hinsichtlich der Längengenauigkeit können wir auch ohne diese zurechtkommen – vorausgesetzt, wir haben sonst alles. Kurz – ein erfahrener Navigator kann auf unbekannter Position durchaus auch ohne UT seine Länge bestimmen. Aber auch mit UT verleiht uns Kenntnis und Übung dieser Techniken Vielseitigkeit und Vertrauen in unsere Navigation. Es ist höchst unwahrscheinlich, dass ein gut vorbereitetes, sonst mit allen Hilfsmitteln ausgestattetes Schiff die Spur von UT verliert, aber auf See sind schon seltsamere Dinge vorgekommen.

Der größte Vorteil dieser Methode ist, dass Astronavigatoren sie bereits kennen, ohne sich dessen bewusst zu sein. Sie verlangt lediglich Standard-Ausrüstung und Routineverfahren der Astronavigation. Die historisch besser bekannte Methode der Längenberechnung mittels Monddistanzen ist heutzutage nicht sehr attraktiv, außer man verfügt zufällig über die dafür erforderlichen speziellen Tafeln oder über einen Taschenrechner und spezielle Formeln. Mit diesen besonderen Vorbereitungen jedoch ist das Verfahren der Monddistanz vielseitiger und genau. Weitere diesbezügliche Informationen können Sie John Letchers Buch, welches in der Bibliographie genannt ist, entnehmen. Der bessere und praktischere Zugang im Notfall jedoch ist zu lernen, wie man mittels der Mondhöhe UT berechnen kann, da dafür weder spezielle Messungen noch besondere Prozeduren erforderlich sind. Der Mond ist der einzige Himmelskörper, welcher schnell genug durch die Sterne zieht, um aufgrund seiner Stellung zwischen den Sternen die Zeit zu bestimmen. Das Verfahren verlangt lediglich, dass sich der Mond während der Dämmerung im östlichen oder westlichen Quadranten befindet, was ziemlich häufig der Fall ist. Tut er dies nicht, so können wir einige Tage warten bis es soweit ist. Dies garantiert zwar keine optimalen Bedingungen für die Methode, genügt aber in der Regel. Weiters wird bei der Anwendung offensichtlich, wie gut diese funktioniert, sollte sie einmal wirklich erforderlich sein.

Zuerst schätzt man UT so gut wie eben möglich und stellt die Uhr auf diese Zeit ein. Wir können die Uhr so genau stellen wie wir unsere Länge kennen, indem wir den Zeitpunkt des LAN verwenden (Abschnitt 12.3) – mit einem Sextant ist dies sehr einfach durch Beobachtungen ein paar Stunden vor bzw. nach dem Schiffsmittag. Dann, mit der auf diese geschätzte Zeit gestellten Uhr, macht man in der Dämmerung eine sorgfältige Runde von Beobachtungen des Mondes und der Sterne, unter Verwendung des östlichen oder westlichen Mondes und zweier beliebiger Sterne, welche – wüsste man UT – ein gutes Fix ergeben würden. Nun misst man reihum die Höhen – erster Stern, Mond, zweiter Stern – und wiederholt den Vorgang solange bis man zumindest vier gute Beobachtungen von jedem Objekt hat. Wir machen das so schnell wir können, ohne dabei Genauigkeit zu opfern.

Als nächstes müssen wir die schlechtesten „Schüsse" graphisch ausscheiden und gleichzeitige Höhen ermitteln – als ob wir alle drei Höhen gleichzeitig abgenommen hätten. Das ist noch immer ein Standardverfahren, auch wenn es nicht alle Navigatoren auf diese Art machen. Auf einem Blatt Zeichenpapier stellen wir die beobachteten Höhen den Zeitpunkten der Beobachtungen gegenüber. Danach legen wir eine Kurve über die Sichtungen aller Objekte, wobei wir alle „Ausreißer" ignorieren. Abschließend entnehmen wir der Kurve nun drei zeitgleiche Beobachtungen. Diese Graphik mittelt die Beobachtungen sehr effektiv und berücksichtigt dabei auch die Bewegung des Bootes während der Prozedur. Wir bekommen die gesuchten Höhen aus der Kurve, obwohl wir diese nicht zu einem bestimmten, identischen Zeitpunkt beobachtet haben. Nun verfügen wir über drei gute, zeitgleiche Höhen, auch wenn wir wissen, dass dieser Zeitpunkt nicht präzise ist. Wir müssen jetzt herausfinden, um wie viel die Zeit falsch ist.

Nun berechnen wir die Standlinien für alle drei Objekte auf die übliche Art, verwenden dabei die bestmögliche Schätzung unseres Koppelortes und plotten die Standlinien sehr sorgfältig. Die Standlinien der beiden Sterne werden sich auf unserer wirklichen Breite schneiden, aber jene des Mondes wird – sofern unsere Zeit falsch war – woanders verlaufen. Der Trick ist jetzt, den Fehler der Uhr so zu korrigieren, dass die Mondstandlinie mit den beiden anderen korrespondiert, woraus wir unsere genaue Länge sowie den Chronometerfehler erkennen können.

Wenn der Mond „vorgeht" (die Mondstandlinie liegt westlich vom Sternenfix), so geht die Uhr nach und vice versa. In jedem Fall liegt unsere wahre Position auf der Mondseite des Sternenstandortes. Von den gezeichneten Standlinien liest man den Abstand vom Sternenfix zur Mondstandlinie (zu dem Punkt auf der Mondstandlinie, der auf der Breite des Fix liegt) ab und berechnet den Uhrenfehler mit 2 Minuten pro 1' dieser Längendifferenz. Nun berechnen wir die Standlinien neu, mit dieser korrigierten Greenwich-Zeit und dem neuen Koppelort, den wir nach jüngstem Wissen korrigiert haben. Unsere neue Breite ist jene des Sternenfix, die neue Länge ist jene des Sternenfix, korrigiert um den ersten vermuteten Uhrenfehler. Für jede Minute Uhrenfehler verschieben wir unsere Länge um 15' vom Sternenfix zur Mondstandlinie hin bzw. über diese hinweg.

Nach dieser neuerlichen Standlinienberechnung wird die Mondstandlinie näher am Fix kreuzen, und wir wiederholen diese Prozedur solange, bis alles übereinstimmt. Der Prozess ist überschaubar, erfordert aber sorgfältiges Plotten. Verwendet man Standard-Plotting-Sheets mit Parallelen im Abstand von 3 Zoll, so wird es anfangs vermutlich sinnvoll sein, auf einem verdichteten Maßstab von 3 Zoll pro 6° Breite zu zeichnen, bis man den Fehler der Uhrzeit auf rund 20 Minuten reduziert hat, um anschließend im Maßstab 3 Zoll pro 60', 6' und schließlich möglicherweise sogar 0,6' Breite weiterzumachen, entsprechend der Reduktion des Uhrenfehlers.

Die Sextantenmessungen müssen sehr genau sein um akkurate Werte für Länge und UT zu erhalten. Der Mond bewegt sich gegenüber den Sternen nur mit rund 12° pro Tag, was 0,5' pro Minute entspricht. Umgekehrt bedeutet dies 2 Minuten Zeit pro 1' Differenz der Länge zwischen Mond und Sternen, welche wir für unsere grobe Korrektur des Uhrenfehlers verwenden. In der Folge bedeutet ein Fehler von 1' bei der Sextantenhöhe einen Zeitfehler von 2 Minuten und dieser wiederum einen Längenfehler von 30'. Aber selbst diese Annahme ist optimistisch, da sich der Mond selten in der optimalen Richtung für die Beobachtung bewegt. Mit anderen Worten: wenn wir unsere Länge ohne UT von einer unbekannten Position aus auf 30' genau bestimmen können, dann haben wir gut gearbeitet. Mit einiger Vorsicht sollten wir es trotzdem nicht viel schlechter hinbringen.

Dieses hübsche Verfahren wurde erstmals im Jahre 1964 von John Letcher beschrieben, wobei auch andere (inklusive Sir Francis Chichester) später unabhängig voneinander darauf kamen. John Letchers Buch Self-Contained Celestial Navigation with H.O. 208 (Camden, Maine: International Marine Publishing Co., 1973) beinhaltet verschiedene Zahlenbeispiele und Variationen dieser Prozedur. Verfeinerungen, Erweiterungen und Grenzen der Methode wurde hinzugefügt (Kerst 1975, Luce 1977), aber für die Anwendung im Notfall benötigen wir nur die einfachste Form davon. Beim Üben wird klar, dass sorgfältiges Messen, Berechnen und Plotten für eine optimale Genauigkeit unverzichtbar sind. Aber natürlich erwarten wir in einer Notlage nicht, dieselbe Genauigkeit wie in der Routinenavigation zu erreichen.

Betrachten wir zum Beispiel ein Schiff, welches nach mehreren Tagen des Sturmsegelns ohne Funkgerät und UT, sowie mit dürftigen Navigationsaufzeichnungen endet. Nachdem sich die Dinge beruhigt haben, ergibt die Beobachtung eine Mittagsbreite von 35° 30' N, die genaue Länge jedoch ist unbekannt. Die beste Schätzung für die Mittagslänge ergibt ungefähr 74° W. Unter Verwendung dieser Längenschätzung und des beobachteten Schiffsmittags wird die Uhr auf UT gestellt. Das Schiff geistert mit ca. 2,5 Knoten nach Süd-Süd-West und die gegisste Position in der Abenddämmerung ist 35° 14' N und 74° 07' W, wo eine Reihe von Messungen von Mond- und Sternenhöhen durchgeführt wird. Das Datum ist der 24. März 1985.

Vier bis fünf mal reihum werden Regulus, Sirius und der Unterrand des Mondes geschossen und mittels Plotten den korrespondierenden Uhrzeiten gegenübergestellt. Eine Beobachtungszeit von 23:15:00 UT (bezogen auf die zu LAN eingestellte Zeit) wird ausgewählt und die folgenden drei beobachteten Höhen werden aus den Sextantenhöhen aus der Graphik errechnet:

Regulus	Ho =	39° 51,6'
Sirius	Ho =	38° 07,1'
LL Mond	Ho =	30° 32,1'

Die erste *Sight Reduction* vom Koppelort 35° 14' N und 74° 07' W um 23:15:00 ergibt folgende Standlinien:

Regulus	a =	262,2'	Toward	100,9°
Sirius	a =	11,6'	Toward	175,0°
LL Mond	a =	266,8'	Away from	263,6°

Diese Standlinien, im Maßstab 3 Zoll = 6° Breite geplottet, lieferten folgendes Ergebnis: das Sternenfix liegt ungefähr auf 35° 26' N und 68° 37' W, und die Mondstandlinie befindet sich ca. 12' westlich davon, was anzeigt, dass die Uhr mit ihrer UT um rund 12 x 2', also 24' nachgeht. Diese Werte sind alle ziemlich grob, da ein so großer Maßstab beim Plotten verwendet werden musste, um die riesigen a-Werte (Intercepts) auftragen zu können. Dies ergibt eine Längekorrektur von 24 m x (15'/1 m) = 360' = 6° West für das Sternenfix. Wir addieren 24 Minuten zur ersten UT, korrigieren die Länge des Sternenfix um 6° nach Westen und führen die nächsten Standlinienberechnungen mit der angenommenen Breite des Sternenfix durch.

Die zweite Sight Reduction (s. Abb. 14-6) von 35° 26' N und 74° 37' W ergibt folgende Standlinien:

Regulus	a =	4,8'	Toward	105,0°
Sirius	a =	15,8'	Toward	181,7°
LL Mond	a =	6,2'	Away from	266,8°

Diese im Maßstab von 3 Zoll pro 6' Breite gezeichneten Standlinien ergeben folgendes Resultat: Sternenfix auf 35° 9,2' N und 74° 36' W, mit der Mondstandlinie 7,7' östlich davon, was uns anzeigt, dass die verwendete UT um 7,7 Minuten x 2, also 15,4 Minuten, oder 15 Minuten und 24 Sekunden voraus lag. Daraus ergibt sich eine Längenkorrektur von 15,4 Meilen x (15'/1 Meile) = 231' = 3° 51' östlich vom Sternenfix. Wir subtrahieren 15 Minuten und 24 Sekunden von der letzten UT, korrigieren die Länge des Sternenfix um 3° 51' nach Osten, nehmen die letzte Breite des Sternenfix an und führen nun die dritte Berechnung durch.

Die dritte Sight Reduction von 35° 9,2' N und 70° 45' W um 23:23:36 UT ergibt folgende Standlinien:

Regulus	a =	0,1'	Toward	104,8°
Sirius	a =	1,0'	Away from	181,7°
LL Mond	a =	0,7'	Toward	263,6°

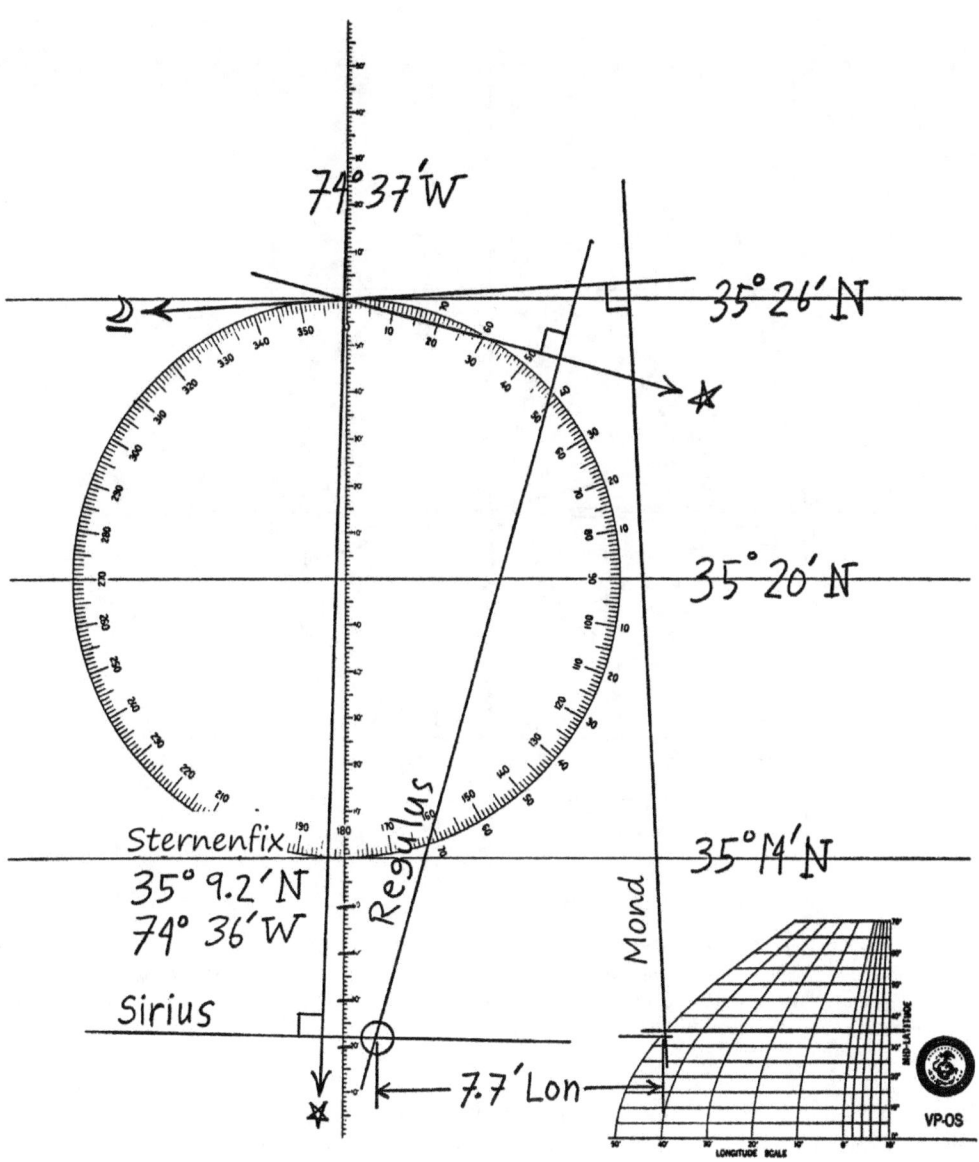

Abbildung 14-6. *Zweites Plotten eines Sternen-Mond-Fix zur Ermittlung von UT. Nachdem man alle drei Standlinien mit dem größtmöglichen Maßstab für die Breite gezeichnet hat, misst man die Längendifferenz vom Sternenfix zur Mondstandlinie, die in diesem Fall 7,7' entspricht. Hier „geht der Mond nach" (er steht hinter, bzw. östlich vom Fix), was bedeutet, dass die Uhr vorgeht. Wir müssen also die bei dieser Beobachtung verwendete UT um 7,7 x 2 Minuten oder 15 Minuten und 24 Sekunden, reduzieren und die Standlinienberechnung damit neuerlich durchführen. Wir wiederholen den Prozess solange, bis die Mondstandlinie das Sternenfix kreuzt; erst dann wissen wir, dass wir die korrekte UT – und damit auch unsere geographische Länge – gefunden haben. Man beachte, dass bei allen drei Standlinien vom selben angenommenen Ort (Assumed Position) ausgegangen wurde, was nur möglich ist, wenn – wie in diesem Fall – mit einem Taschenrechner gearbeitet wird. Auch Sight Reduction Tables würden den Zweck erfüllen, dies würde jedoch mehr Arbeit bedeuten. Mit den Tafeln würde sich für jede Standlinie eine eigene angenommene Länge (Assumed Longitude) entlang der angenommenen Breite ergeben.*

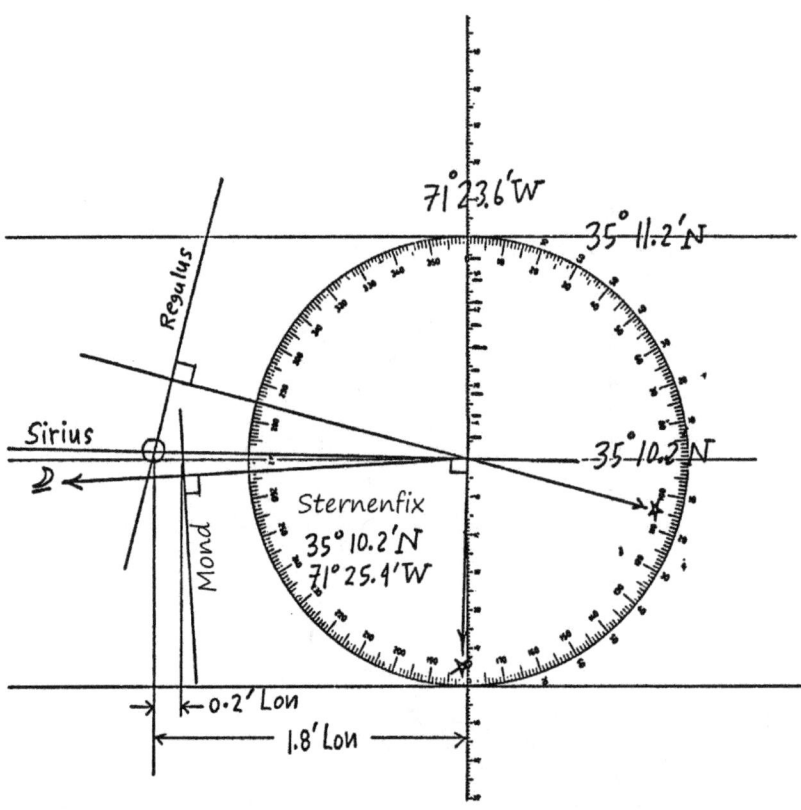

Abbildung 14-7. *Letzte Zeichnung des Sternen-Mond-Fix zur Bestimmung von UT. Weiter zu gehen wäre in der Praxis nicht mehr sinnvoll. Die Mondstandlinie stimmt mit dem Sternenfix auf 0,2 Längenminuten überein. Wahrscheinlich wären die Sextantenhöhen der Sterne und des Mondes nicht präzise genug, um dies noch weiter zu führen. Siehe Abb. 14-6 für weitere Informationen zu dieser Art des Plottens.*

Diese im Maßstab von 3 Zoll pro 0,6' Breite gezeichneten Standlinien ergeben folgendes Resultat: Sternenfix auf 35° 10,2' N und 70° 44,6' W, mit der Mondstandlinie 1,3' westlich davon, was uns anzeigt, dass die verwendete UT ungefähr 1,3' x 2 Minuten = 2,6 Minuten = 2 Minuten und 36 Sekunden „nachging". Dies ergibt eine Längenkorrektur um 2,6 Meilen x (15'/1 Meile) = 39' vom Sternenfix nach Westen. Wir addieren 2 Minuten und 36 Sekunden zur letzten UT, korrigieren die Länge des Sternenfix um 39' nach Westen, nehmen die letzte Breite des Sternenfix an und führen die vierte Berechnung durch.

Die vierte Sight Reduction (s. Abb. 14-7) von 35° 10,2' N und 71° 23,6' W um 23:26:19 UT ergibt folgende Standlinien:

Regulus	a =	1,4'	Away from	104,8°
Sirius	a =	0,0'	Toward	181,8°
LL Mond	a =	1,3'	Toward	267,0°

Diese im Maßstab von 3 Zoll pro 6' Breite gezeichneten Standlinien ergeben folgendes Resultat: Sternenfix auf 35° 10,2' N und 71° 25,4' W, mit der Mondstandlinie 0,2' östlich davon, was uns anzeigt, dass die verwendete UT um 0,2' x 2 Minuten = 0,4 Minuten = 24 Sekunden voraus lag. Dies ergibt eine Längenkorrektur von 0,4 Meilen x (15'/1 Meile) = 6' vom Sternenfix nach Osten. Wir ziehen 24 Sekunden von der letzten UT ab, korrigieren die Länge des Sternenfix um 6' nach Osten und legen schlussendlich unsere letztgültige Länge und UT folgendermaßen fest: 71° 19,4' W um 23:25:55 UT. Die Uhr geht um 10 Minuten und 55 Sekunden nach und unsere Längenschätzung lag um einiges daneben.

Die Genauigkeit der UT hängt letztlich von der Genauigkeit der gemessenen Höhen ab, obwohl auch exakte Berechnungen und Zeichnungen für stimmige Ergebnisse erforderlich sind. Plottet man nicht sehr exakt, so benötigt man weitere Sight Reductions, bis man die Zeit herausfindet, zu der alle Standlinien zusammentreffen. Es gibt Möglichkeiten, dieses Verfahren abzukürzen, aber wahrscheinlich ist es am besten, sich die Grundlagen dieser Philosophie zu merken und die Antwort durch schieres Wiederholen festzunageln.

Arbeitet man sich zur Übung durch dieses Beispiel, so würde man kaum dieselben a-Werte und dieselben Sternenfixe erhalten, da diese von der Methode der Berechnung und der Genauigkeit beim Plotten abhängen – das Beispiel wurde nur zufällig ausgewählt, mit einem Taschenrechner berechnet und mit nur durchschnittlicher Sorgfalt gezeichnet – man sollte aber bei jedem Schritt zu ähnlichen Schlussfolgerungen bezüglich Länge und UT gelangen, und am Ende wirklich dasselbe Ergebnis erhalten. Um die Funktionsweise zu erkennen sollten Sie mit unterschiedlicher geschätzter Länge und UT beginnen. Die nachfolgende Zusammenfassung zeigt, wie sich Position und UT mit jeder neuen Berechnung verbessern:

	Breite	*Länge*	*UT*	*Zeitfehler*	
Koppelort	35° 14,0' N	74° 7,0' W	23:15:00	?	
1. Berechnung	35° 26,0' N	74° 37,0' W	23:39:00	24m	"nach"
2. Berechnung	35° 9,2' N	74° 45,0' W	23:26:36	8m 36s	"nach"
3. Berechnung	35° 10,2' N	71° 23,6' W	23:26:19	11m 36s	"nach"
4. Berechnung	35° 10,2' N	71° 19,4' W	23:25:55	10m 55s	"nach"

Wir bemerken, dass sich die Breite rasch verbessert, wobei die erste Berechnung nicht wirklich zählt. Auch mit bekannter UT hätten wir diese Sight Reduction wiederholen müssen, da der Koppelort so weit daneben lag.

Diese Prozedur ist eine gute Übung in der Astronavigation. Mit einiger Erfahrung wird man weiters erkennen, dass sie auch für Sonne-Mond-Beobachtungen am Tage gültig ist. Mit einer durch den Schiffsmittag bestimmten Breite kann man das Verfahren immer dann anwenden, wenn Sonne und Mond sehr ähnlich oder entgegengesetzt peilen.

Kennen wir zwar die Zeit, haben aber das Datum verloren – was nicht so unwahrscheinlich ist, wie wir an Land vielleicht glauben – so genügt eine Berechnung eines Sternen-Mond- oder Sonnen-Mond-Fixes für jeden fraglichen Tag um Klarheit zu gewinnen. Der Mond bewegt sich täglich um 12°, sodass nur der korrekte Tag ein Fix in der Nähe des Koppelortes bringen wird. Es genügt auch, wie in Abb. 7-1 gezeigt, den nächtlichen Himmel zu betrachten um die Änderung seiner Stellung zu den Sternen um 12° zu bemerken. Um die richtige Position des Mondes zwischen den Sternen an den fraglichen Tagen zu lokalisieren, errechnet man seinen Sternenwinkel (SHA, Star Hour Angle) für jenen Zeitpunkt, an dem man zu beginnen plant:

SHA des Mondes = GHA (Stundenwinkel von Greenwich) des Mondes minus GHA des Aries

Mit diesem und der Deklination des Mondes plottet man nun in den Sternenkarten im Nautical Almanac. Ein 2102-D Star Finder wird dabei eine große Hilfe sein.

14.4 Alles außer einem Sextant

Sollten wir jemals den einzigen Sextant an Bord verlieren, aber immer noch über UT sowie alle anderen Routine-Hilfsmittel der Astronavigation und Bücher verfügen, so haben wir noch immer Gelegenheit zu Routinenavigation – wir können Sonne und Mond am Horizont beobachten. Dafür notiert man die Zeit des Sonnenauf- und -untergangs auf die Sekunde genau, benennt die Sextantenhöhe des Oberrandes der Sonne zu diesem Zeitpunkt mit 0° 0' und berechnet diese Standlinien auf die übliche Weise. Anschließend erstellt man einen normalen „Running Fix" zwischen Sonnenaufgang und Sonnenuntergang.

Bei dieser Methode nur die Sonne allein zu verwenden liefert keine sehr genauen Ergebnisse, ergänzt aber andere Notfall-Prozeduren sehr sinnvoll. Da sie so niedrig sind, werden alle Sonnenstandlinien auf etwa 10 Meilen ungenau sein, und auch beim „Running Fix" während des ganzen Tages bzw. der ganzen Nacht werden Fehler entstehen.

Sollte man in derselben Nacht oder am selben Tag zufälligerweise auch den Mond am Horizont entdecken, mit einer Peilung ungefähr 30° von jener der Sonne entfernt, so könnte man einen Sonne-Mond-Fix bekommen, welcher die Unsicherheit des „Running Fix" eventuell reduziert. Zu kleine Winkel zwischen den Peilungen sollten vermieden werden, da die große inhärente Unsicherheit bei den Beobachtungen auch große Fehler der Positionen durch sehr spitze Schnittwinkel verursachen könnte.

In besonderen Fällen könnten wir dies auch mit Venus oder Jupiter, manchmal sogar mit den beiden hellsten Sternen, Sirius und Canopus, tun. Diese Gelegenheiten würden sich nur bei Nacht bieten, sodass die Beobachtung des Aufgangs dieser Himmelskörper zuerst vorausberechnet und in der folgenden Nacht durchgeführt werden müsste. Auf jeden Fall würde es einen außerordentlich klaren Himmel und sehr ruhige See voraussetzen, um diese Gestirne beim Überqueren der Kimm beobachten zu können.

Ein hilfreicher Trick, solch nächtliche Auf- und -untergänge zu verifizieren, ist von Leonard Gray in dessen Buch Celestial Navigation Planning (Centreville, Cornell Maritime Press, 1985) vorgeschlagen worden. Da wir üblicherweise in der Nacht die Kimm nicht genau erkennen, können wir versuchen, den Stern oder Planet bei seinem ersten Erscheinen „einzutauchen", genauso wie wir es mit einem Leuchtfeuer tun, wenn wir in dessen geographische Reichweite kommen (gut innerhalb der Nenntragweite) und zu einer groben Einschätzung unseres Passierabstandes gelangen wollen (Abschnitt 13.2). Man hält nach dem aufgehenden Himmelskörper von einem hochgelegenen Punkt (sagen wir, auf dem Großbaum stehend) Ausschau und springt bei seinem ersten Auftauchen aufs Deck hinunter, um die Kimm vorwärts zu bringen. War der Stern von oben betrachtet wirklich genau am Horizont, so müsste er jetzt wieder verdeckt sein. Danach steigt man wieder auf den Baum hinauf, um die Beobachtung zu verifizieren. Wartet man unten an Deck, so könnte das Objekt bei der ersten Entdeckung über der Kimm sein. Beobachtet man einen Untergang, so schaut man von unten und springt schnell hinauf, sobald das Gestirn verschwindet, um zu sehen, ob man es dadurch wieder zurückbringen kann. In beiden Fällen muss man sich aber sehr schnell bewegen, da es bei einem Planeten nur rund 10 Sekunden dauert, bis sein Höhenwinkel zu groß zum Eintauchen geworden ist. Wir dürfen auch nicht vergessen, dass solche Beobachtungen bei Nacht – wie auch immer durchgeführt – immer danebenliegen können. Sie müssen wie alle anderen Daten behandelt und mit all ihren Unsicherheiten in die Gesamtheit aller zur Verfügung stehenden Informationen eingefügt werden.

Ferngläser sind bei Beobachtungen am Horizont eine große Hilfe, vor allem bei Nacht. Der größte Feind dabei sind niedrige Wolken über der Kimm, in der Nacht wie auch tagsüber. Man muss diese Sichtungen am Horizont genau dann durchführen, wenn ein Objekt über die echte Kimm kommt, und nicht über eine Wolkenbank – und diese Wolken sind öfter vorhanden als nicht vorhanden. Bei Tageslicht kann man diese Wolken erkennen und manchmal sogar schätzen, wie lange Sonne oder Mond von einer Wolkenbank zur Kimm brauchen würden; in der Nacht kann man die Wolken nicht sehen, was den Wert von Mondbeobachtungen verringert. Ist man jedoch in der Lage, wirklich den Oberrand von Mond oder Planeten „einzutauchen" (und kann man weiters sicher sein, dass das nicht vom Meer erledigt wird), so kann man einigermaßen darauf vertrauen, dass dieser auch wirklich zu diesem Zeitpunkt die Kimm kreuzt.

Die Standlinienberechnung von Beobachtungen am Horizont ergibt oft negative Werte von beobachteter Höhe (Ho), berechneter Höhe (Hc) oder auch von beiden, sodass wir sehr sorgfältig bei den erforderlichen algebraischen Korrekturen und den Subtraktionen dieser beiden Höhen sein müssen, wenn wir das Intercept (a-Wert) berechnen. Abgesehen davon sind die betreffenden Sight Reductions reine Routine.

Die HO 229 Tafeln sind hierbei aufgrund ihrer Art, negative Höhendaten zu verzeichnen, eher ungeschickt. Details entnehmen Sie bitte den Instruktionen. Die Prozedur läuft auf Folgendes hinaus: Bringt einen die korrekte Deklination über die C-S-Linie hinaus (vom korrekten LHA am Seitenende), so gibt man dem aufgelisteten Hc-Wert ein negatives Vorzeichen, kehrt das Vorzeichen des d-Wertes um und errechnet Z, indem man dessen Wert von 180° subtrahiert. Die Ausgabe HO 249 ist viel praktischer, da negative Hc-Werte mit entsprechendem „d" und „Z" angegeben werden. Die geringere Präzision der HO 249 Tafeln ist bei diesen Beobachtungen, welche ja schon mit so hoher Unsicherheit beginnen, kaum von Bedeutung. Vorprogrammierte Taschenrechner erledigen diesen Job recht ordentlich, auch wenn sie einige Meilen danebenliegen könnten, je nach ihrer Art der Höhenkorrektur in der Nähe von 0°.

Die großen Unsicherheiten dieser Beobachtungen rühren von der Refraktion her, welche am Horizont ihr Maximum erreicht. Die Refraktion hängt von der Dichte der Luft ab, welche wiederum von Temperatur und Druck beeinflusst wird. Im Nautical Almanac findet man spezielle Tafeln für die Korrektur von abnormaler Refraktion bei verschiedenen Zuständen der Atmosphäre. Die Korrekturen können bei Beobachtungen an der Kimm Werte bis zu fünf oder sechs Seemeilen erreichen. Mein Gefühl sagt mir jedenfalls, dass die Unsicherheiten bei diesen besonderen Korrekturen mindestens so groß wie die Korrekturwerte selbst sind, sodass ich sie bei Routinebeobachtungen ignoriere. Schließlich sind Luftspiegelungen lediglich Fälle von abnormaler Refraktion, und sollten Sie jemals eine besonders eindrucksvolle Fata Morgana sehen, so werden Sie erkennen, wie groß dieser Effekt sein kann. Ich vermute, dass alle sehr niedrigen Sichtungen auf etwa 10 Meilen (gemeint sind 5' plus oder minus bei den a-Werten) ungenau sind und ziehe daher alle anderen Standardverfahren vor.

Dutton's Navigation and Piloting berichtet, dass Kapitän P.V.H. Weems bei sechs verschiedenen Gelegenheiten 10 Beobachtungen am Horizont mit einem durchschnittlichen Fehler von 2 Meilen und einem maximalen Fehler von 4 Meilen machte. Weitere Details werden nicht angegeben. Meine eigenen Daten (aus zusammengetragenen Logbüchern und Notizen auf Plotting Sheets) für die gleiche Anzahl von Beobachtungen sind ähnlich – ungefähr die Hälfte waren so gut wie meine bekannte Position (zwei bis fünf Meilen), aber dieselbe Anzahl lag anscheinend um rund fünf Meilen - oder sogar mehr – daneben. Ich ermittelte lauter Sonnenstandlinien auf hoher See, und meistens standen dafür nur Koppelpositionen zur Verfügung. Etwas wissenschaftlichere Resultate (sogar von der Küste aus) wären interessant, aber ich würde eine Menge davon brauchen, um diesbezüglich optimistischer zu werden. Lokale, weit vom Schiff entfernte Luftmassen könnten die Resultate beeinflussen, genauso wie die vorherrschende Temperaturdifferenz zwischen Luft und Wasser, die Windstärke und vermutlich noch weitere Faktoren.

Beispiele für Sight Reduction und Plotten von Sonnen-Mond-Fix durch Beobachtungen am Horizont werden in den Abbildungen 14-8 und 14-9 gegeben.

14.5 Alles außer HO-Tafeln (Sight Reduction Tables)

Die Breitenbestimmung nach Polaris sowie Breite und Länge vom Schiffsmittag (LAN) verlangen keine Standlinienberechnung und daher stehen diese Methoden auch ohne HO-Tafeln zur Verfügung. Man kann die Breite auch mittels jedes Sterns, der in der Dämmerung zufällig am Meridian steht, bestimmen, wie in Abschnitt 11.5 behandelt.

Normalerweise vermeiden wir in der Astronavigation jeden allzu großen Höhenwinkel, da diese schwierig zu messen sind und besondere Berechnungen erfordern. Diese speziellen Verfahren verlangen aber keine Sight Reduction Tables, sodass sie attraktiver werden, wenn uns solche Unterlagen nicht zur Verfügung stehen.

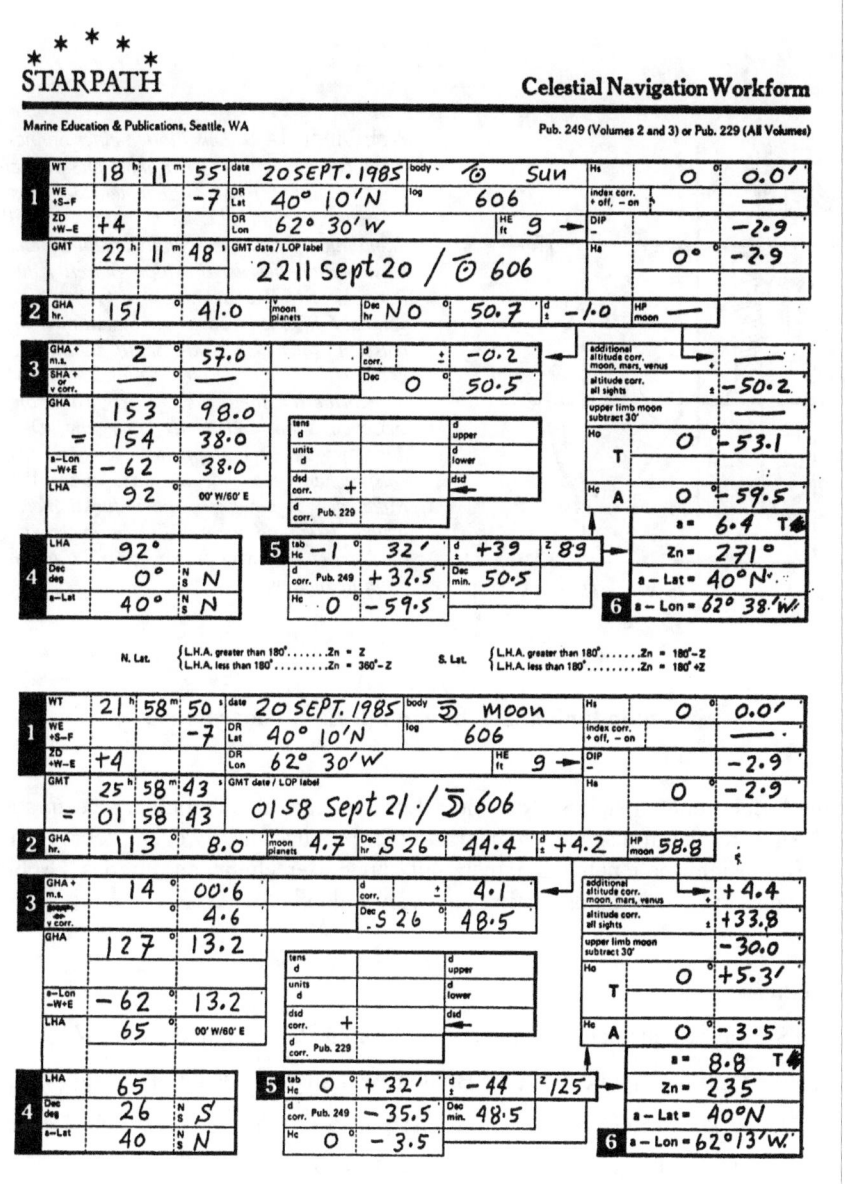

Abbildung 14-8. *Standlinienberechnung von Beobachtung von Sonne und Mond am Horizont. Es sind dies Standardprozeduren, abgesehen von der Tatsache, dass wir mit negativen Vorzeichen für Hc und Ho enden. Man beachte, dass bei der Sonnenstandlinie Hc von -59,5' weniger als Ho -50,2' ist, aber – da beide Vorzeichen negativ sind – ergibt sich für das Intercept „a" der Name „toward". Bei der Mondstandlinie hingegen ist die Differenz von Hc und Ho eigentlich die numerische Summe dieser beiden Werte, da Ho positiv und Hc negativ ist; was wir suchen, ist der Winkel zwischen den beiden. Im Gegensatz dazu stellt aber die negative Korrektur eines positiven Winkels noch immer eine Differenz dar, wie in den „d-corrections" für Hc bei jeder Beobachtung. Diese Berechnungen wurden mit den HO 249-Tafeln gemacht, da sie bei diesen speziellen Beobachtungen geeigneter als die HO 229-Tafeln sind. Die d-Korrekturen für Hc wurden interpoliert. Zum Vergleich: die Ergebnisse bei den HO 229-Tafeln wären: Hc der Sonne = -0° 59,4', Zn = 271,9, und Hc des Mondes = -0° 3,3', Zn = 234,0. Die Lösungen des Taschenrechners für Ho könnten um etwa 2' differieren, abhängig davon, welche Formeln für die Höhenkorrektur von niedrigen Winkeln diese verwenden.*

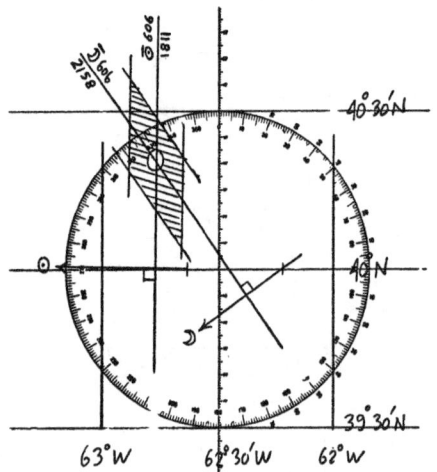

Abbildung 14-9. *Das Plotten eines Sonne-Mond-Fix von Beobachtungen über der Kimm. Die Berechnungen dazu stammen aus Abb. 14-8. Beachten Sie, dass die inhärente Unsicherheit von plus oder minus 5 Meilen bei jeder Standlinie bei spitzen Schnittwinkeln zu einer erheblichen Unsicherheit bei der Position führen kann (schraffierter Bereich). Die Beobachtungen erfolgten in einem Abstand von ca. 5 Stunden, sodass die Standlinien versegelt werden müssten, sofern sich das Schiff zu dieser Zeit in Fahrt befunden hat. Eine üblichere Methode der Standortbestimmung dieser Art wäre die Versegelung zwischen Sonnenauf- und -untergang. Der Schnittwinkel dabei würde dem Doppelten der Amplitude der Sonne entsprechen, was bedeutet, dass dieses Verfahren in der Nähe der Äquinoktien nicht funktionieren würde und grundsätzlich auf höheren Breiten geeigneter wäre. Unten: die Verwendung von SatNav oder Loran-Geräten bei der Sight Reduction.*

Standlinienberechnung mit Loran oder SatNav

In einem Notfall könnten sich SatNav- oder Loran-Geräte als nützlich erweisen, auch wenn sie keine verlässlichen elektronischen Standorte liefern. Auch mit wegen gebrochener Antenne unnützen Positionsinformationen kann man mit ihnen Berechnungen für das Großkreis-Segeln anstellen, und diese für die Standortbestimmung verwenden.

Das Verfahren:

(1) Geben Sie die aktuelle oder angenommene Position als Wegpunkt 1 ein (WP1)

(2) Geben Sie Deklination und GHA als Breite bzw. Länge als Wegpunkt 2 ein (WP2)

   (bei GHA > 180° geben Sie 360° minus GHA ein, und nennen es „Östliche Länge")

(3) Fragen Sie Abstand und Peilung von WP1 zu WP2 ab

   (verwenden Sie den Großkreis anstatt der Loxodrome, sofern diese Auswahl zur Verfügung steht)

(4) Die Antwort für die Peilung bzw. den Anfangskurs (Hi, Initial Heading) ist das Azimut, Zn

(5) Die Antwort für den Abstand ist die Zenitdistanz in Bogenminuten. Nun dividieren Sie diesen Wert durch 60, um Grade zu erhalten, subtrahieren dies von 90°, um Hc in Graden zu bekommen, und wandeln schließlich in Grade und Minuten um

Beispiele:

WP 1 Koppelbreite Koppellänge	WP 2 Deklination GHA	GC Hi Zn	Loran-Ergebnisse GC Range			
45°20' N	03°40,8' S	182,3°	2942'	=	49,038°	= z
124°15' W	126°01,2' W	Zn	40,962°	=	40°57,7'	= Hc
45°20' N	58°22,1' N	346,7°	4454,9'	=	74,248°	= z
124°15' w	279°13,8' W	Zn	15,752°	=	15°45,1'	= Hc
	(verwenden Sie 80°46,2' E)					
40°00' N	26°48,5' S	234,0°	5403,4'	=	90,057°	= z
124°15' W	127°13,2' W	Zn	-00.057°	=	-0°03,4'	= Hc

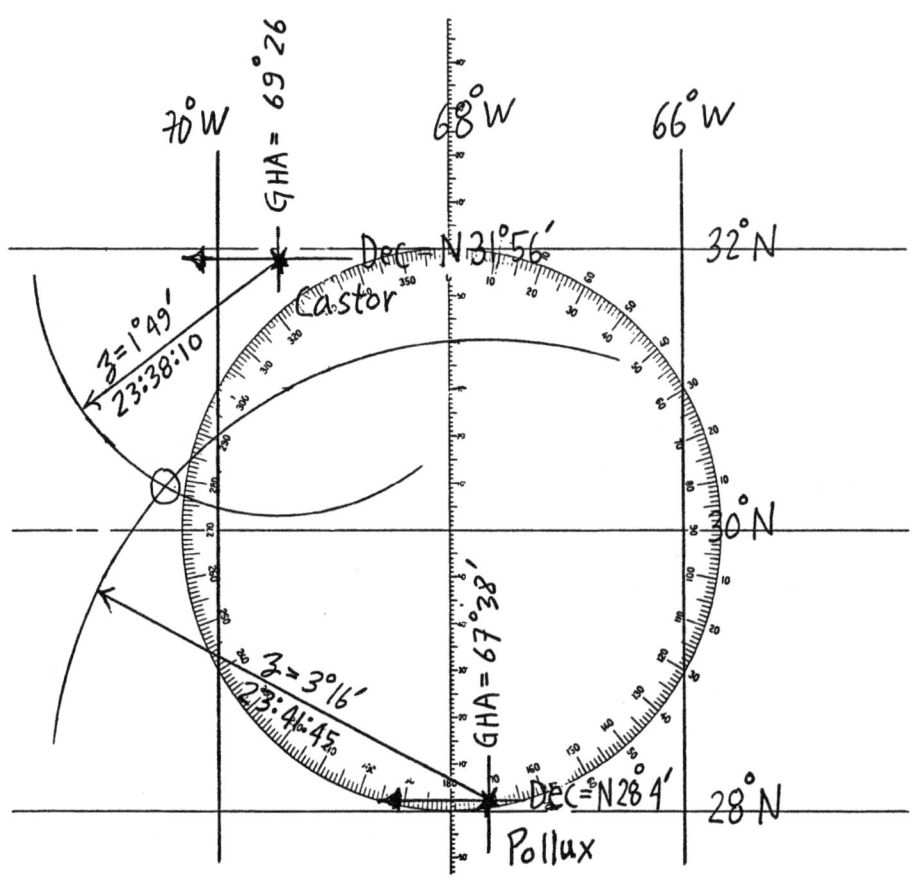

Abbildung 14-10. *Die Zeichnung eines Fix von Überkopf-Sternen in großer Höhe, erstellt ohne Sight Reduction. Man misst die Sextantenhöhe Hs von zwei hohen Sternen, wandelt diese auf die übliche Art in Ho um, und berechnet dann die Zenith-Distanz (90° - Ho) der beiden Gestirne. Danach zeichnet man die geographische Position (GP) jedes Sterns zum Zeitpunkt der Beobachtung in gerafftem Maßstab in ein Plotting-Sheet. Jede Beobachtung ergibt eine kreisförmige Standlinie um die GP, wobei der Radius der Zenith-Distanz entspricht. Hier werden* Castor *und* Pollux *aus dem Sternbild der Zwillinge (am 30. März 1985) bei ihrem Durchgang durch den Zenith verwendet. Die Beobachtungen sind schwierig, bei ruhiger See aber durchführbar. Der Trick dabei ist, zum Stern orientiert zu bleiben, und diesen wieder ins Bild zu bekommen, nachdem er aufgrund der Bootsbewegung außer Sicht geraten ist. Wenn man versucht, dem Stern trotz dem Schaukeln des Bootes nachzujagen, so wird man nur schlechte Ergebnisse erzielen. Es hilft auch, so früh wie möglich zu beginnen und dem Stern bei seinem Aufstieg zu folgen, um sich an den Blick in die richtige Richtung zu gewöhnen. Die Beobachtungen müssen nicht so hoch wie hier gezeigt sein, um einen Standort zu bekommen. Ein paar Grad niedriger sind die Beobachtungen viel leichter, aber die Zeichnung wir dann weniger genau. Sogar dieser Fix liegt um etwa 5 Meilen (in Richtung Westen) daneben, eine Folge der für solche Standorte typischen Fehler beim Plotten.*

Die Methode basiert auf einem fundamentalen Prinzip der Astronavigation. Wir messen und korrigieren die Sextantenhöhe eines Sterns um dessen beobachtete Höhe (Ho) zu eruieren. Mit dieser beobachteten Höhe berechnen wir seine Zenith-Distanz (90° - Ho), welche unserer Distanz zur geographischen Position (GP) des Sterns zum Zeitpunkt der Beobachtung entspricht. Der Almanach sagt uns, wo die GP zu diesem Zeitpunkt gelegen ist und wir wissen nun, dass wir uns auf einem Kreis mit dem Radius dieser Zenith-Distanz und der GP als Mittelpunkt befinden. Mit zwei solchen Beobachtungen erhalten wir einen Fix am Schnittpunkt der beiden Kreise. Bei normalen (niedrigen) Höhenmessungen können wir diese Kreise wegen ihrer riesigen Radien nicht zeichnen; bei sehr großen Höhen ist dies jedoch möglich. Für diesen Fix nehmen wir normale Sextantenhöhen von etwa 85° von zwei Sternen.

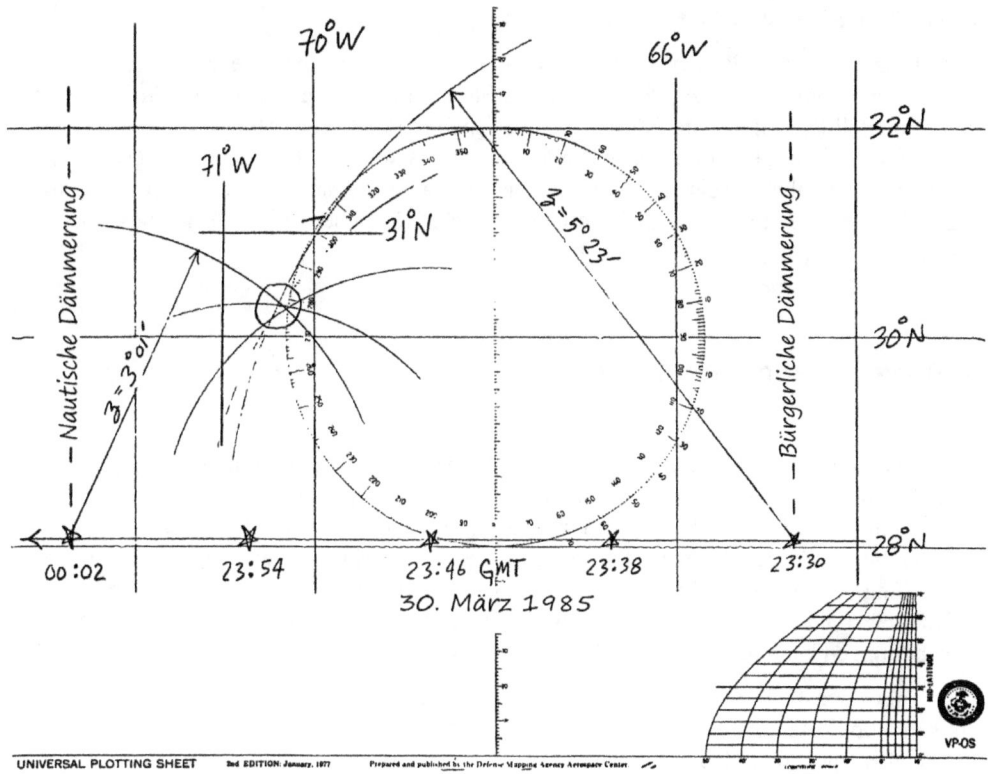

Abbildung 14-11. *Ein Standort mit sehr großer Höhe, von nur einem Stern und ohne Sight Reduction. Zeitpunkt und Ort sind gleich wie in Abb. 14-10, aber hier wird der Fix nur mit* Pollux *gemacht. Man beachte, dass bei der ersten Beobachtung (um 23:30) die Höhe 84° 37' beträgt, was entscheidend einfacher ist, als eine Höhe von – sagen wir – 88° zu nehmen. Die wahre Position lag auf 30° 15' N und 70° 20' W.*

Diese Beobachtungen sind schwierig, sodass wir mehrere „Schüsse" benötigen, um einen brauchbaren Durchschnittswert zu bekommen; anschließend berechnen wir die beobachtete Höhe auf die übliche Weise. Danach suchen wir die präzisen Orte der GPs für beide Zeitpunkte und zeichnen diese Orte in ein Universal Plotting Sheet, dessen Mittelpunkt in der Nähe unseres Koppelortes liegt. Wir verwenden dabei einen verdichteten Maßstab von etwa 3 Zoll pro 2° Breite. Die Breite der GP entspricht der Deklination des Sterns und die Länge der GP dem Stundenwinkel (GHA, Greenwich Hour Angle) des Sterns, bzw. 360° - GHA auf östlicher Länge. Wir berechnen die Zenith-Distanz beider Sterne und zeichnen die Positionskreise um die GPs. Die Abb. 14-10 zeigt einen solchermaßen ermittelten Fix von *Castor* und *Pollux*. Es wird zwei Schnittpunkte geben, aber der Koppelort oder die Peilungen der Sterne werden den falschen schnell ausscheiden wenn die Sterne weit genug voneinander entfernt sind.

Zwei Sterne ähnlicher Höhe, welche ungefähr 90° auseinander liegen, bieten dafür die besten Voraussetzungen; man kann die Kandidaten aber im Vorhinein plotten um das geeignetste verfügbare Paar herauszufiltern. Für diese Methode (oder auch für die Breitenbestimmung durch die Meridian-Passage von Sternen) wird man wahrscheinlich am besten auf Sterne im hinteren Teil des Nautical Almanac, wo Daten von 173 Sternen angeführt sind, zurückgreifen. Bei langer Dämmerung kann man einen solchen Fix manchmal auch mit nur einem Stern bekommen, da sich die Peilung eines sehr hohen Stern rasch ändert. Ein auf diese Weise berechneter wahrer Ort mit einem einzelnen Stern ist in Abb. 14-11 illustriert.

Diese Prozeduren des Plottens und der Positionsbestimmung durch sehr hohe Sterne sind auf niedrigen Breiten am genauesten. Für niedrigere Sterne und höhere Breiten ist ein Kreis auf einer Mercator-Darstellung keine gute Näherung eines „Kreises" gleicher Höhen mehr. Die eigentlich elliptische Form dieses „Positionskreises" müsste mittels Großkreis-Berechnungen eruiert werden – diese werden aber üblicherweise mit Sight Reduction Tables gemacht, welche wir jetzt ja nicht zur Verfügung haben. Bleibt man aber bei Sternen mit einer Höhe über 85°, so sollte dies kein Problem darstellen.

14.6 Alles außer einem Kompass

Der Verlust von unserem Kompass macht das Steuern im Sturm erheblich schwieriger, aber die normale Navigation bei klarem Himmel ist dadurch kaum beeinträchtigt, wenn wir sonst alle übrige Ausrüstung für die routinemäßige Astronavigation zur Hand haben. Man sollte lediglich einige Sight Reductions von den Koppelorten bei Tag und bei Nacht machen, um exakte Sonnen- und Sternenpeilungen zu erhalten. Methoden des Steuerns ohne Kompass, wie in den Kapiteln 3 und 4 beschrieben, werden dabei hilfreich sein. Mithilfe von Standlinien und daraus gewonnenen genauen Referenzpeilungen kann man dies noch feiner abstimmen.

Wenn „alles sonst" auch einen D-2102 Star Finder inkludiert – was es auch sollte – so ist das Bestimmen von Referenzpeilungen besonders einfach. Es nimmt jeden Tag einige Minuten in Anspruch, aber man erhält dadurch rechtweisende Peilungen zu allen Himmelskörpern, welche man tagsüber oder bei Nacht verwenden kann. Man muss diese lediglich von einer Skala ablesen, wenn man die Scheibe auf andere Zeiten einstellt. S. Abb. 14-12.

14.7 Alles außer einem Almanach

Mit etwas Übung in Notfall-Navigation können wir auch ohne Almanach das Auslangen finden, wie in diesem Buch schon öfter besprochen. Mit behelfsmäßigen Richtlinien können wir zwecks Breitenbestimmung die Deklination auf rund 30' genau und bei der Längenbestimmung die Zeitgleiche auf etwa 1 Minute genau ermitteln (Abschnitt 12.2). Die Verfahren sind oben beschrieben worden. Hier wollen wir noch eine behelfsmäßige Regel für den Stundenwinkel (GHA) der Sonne hinzufügen, welche uns erlaubt, zu jeder Stunde des Tages Sonnenstandlinien ohne Almanach zu gewinnen. Mit allem außer einem Almanach wird die Genauigkeit unserer Position von der Präzision beim Anwenden dieser behelfsmäßigen Vorschriften bestimmt, inklusive der Höhenkorrekturen von Abschnitt 12.2.

Der Greenwich-Stundenwinkel der Sonne kann wie folgt berechnet werden:

GHA der Sonne = (UT – Zeit des Meridiandurchgangs) x 15°/Stunde

wobei mit „Zeit des Meridiandurchgangs" die UT des Mittags (LAN) in Greenwich gemeint ist, welche wir mittels der Zeitgleiche lt. Abschnitt 12.2 berechnen. Immer wenn die UT früher als die Meridian-Passage ist addiert man 24 Stunden zur UT um durchgehend positive Werte zu erhalten. Als Beispiel suchen wir den GHA der Sonne am 28. September um 17:28:40 UT.

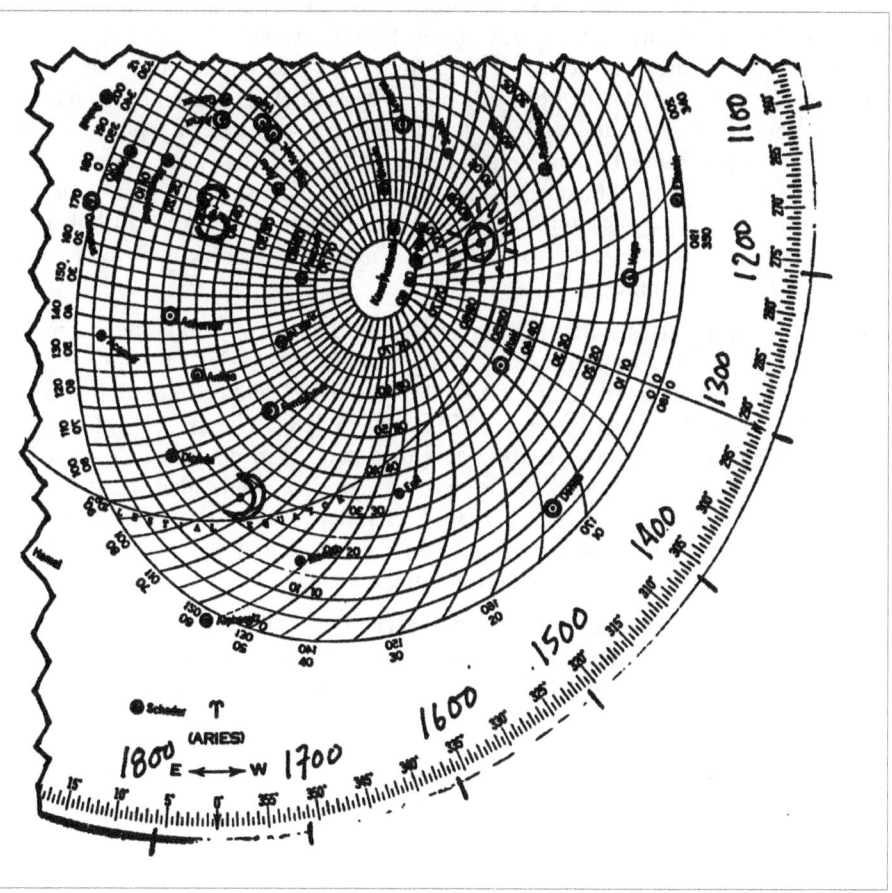

Abbildung 14-12. *Ausschnitt aus dem 2102-D Star Finder. Dieses Hilfsmittel, bzw. das im Wesentlichen identische englische Gegenstück N. P. 323, sind enorme Hilfen in der Routinenavigation, und ein Geschenk des Himmels in einer Notlage. Um den Star Finder einzusetzen, benötigt man lediglich einen Langzeit-Almanach, und man erhält dadurch Peilungen zu allen Himmelskörpern, bei Tag und bei Nacht. Dieser ist auf Lokalzeit 1300 auf der Breite von 35° S eingestellt. Zu dieser Zeit beträgt die rechtweisende Peilung zum Mond 080 und die Höhe 25°, jene zur Sonne 330 bei einer Höhe von 60°. Für Peilungen zu späteren Zeitpunkten muss man lediglich die Gitterschablone auf die neue Zeit weiterdrehen und die Peilungen dann ablesen. Beim Drehen der Scheibe werden die Sonne unter- und der Mond aufgehen, und es erscheinen die Peilungen zu allen helleren Sternen auf diesem Teil des Himmels. Das Buch „Celestial Navigation with the 2102-D Star Finder" (Sausalito: Paradise Cay Publications, 1986) des Autors erklärt das ganze Potenzial dieses Hilfsmittels mit vielen praktischen Beispielen.*

Dazu berechnen wir zuerst die Zeitgleiche vom 28. September und damit die UT des LAN, wie in Abb. 12-7 dargestellt. Die Antwort lautet 11:50:30. Also ist der GHA (17:28:40 − 11:50:30) = 5:38:10 = 5 Stunden und 38,2 Minuten = 5,636 Stunden. Abschließend wandeln wir dies in einen Winkel um: GHA = 5,636 Stunden/15°/Stunde = 84,542° = 84° 32,5'. Die Genauigkeit dieser Methode hängt von der exakten Berechnung der Zeitgleiche ab, welche in den meisten Fällen gut innerhalb von 1 Minute liegen sollte, was einen auf etwa 15' genauen GHA ergibt.

Mit GHA und Deklination der Sonne können wir Sonnenstandlinien anfertigen und aus deren Versegelung die Position bestimmen. Bei genauer Ermittlung von GHA und Deklination sollten wir auch ohne Almanach in der Lage sein, unsere Position täglich auf ungefähr 30 Meilen genau zu bestimmen.

Auf der Nordhalbkugel können wir die Breite nach Polaris ohne Almanach auf etwa 60 Seemeilen genau herausfinden, aber auch dabei benötigen wir Tricks und Regeln um die Unsicherheiten zu reduzieren (Abschnitt 11.3). Andere Methoden der Breitenbestimmung aus Kapitel 11 können mit Sextant und ohne Almanach wesentlich genauer angewandt werden, sie verlangen aber generell die Kenntnis einiger Sterndeklinationen. Bei der Längenberechnung ist die Sonne unsere einzige Hoffnung. Es gibt einfach keinen Weg, die Länge nach Sternen, Planeten oder Mond ohne irgendeine Art von Almanach zu bestimmen. Es ist daher klar, dass jedes Schiff einen Langzeit-Almanach für Sonne und Sterne als Back-Up mitführen sollte. Aber auch dann sollten wir uns zweimal überlegen, das einzige nautische Jahrbuch bei Sonne und frischem Wind für eine Sight Reduction mit an Deck zu nehmen.

Ein Langzeit-Almanach nur für Sterne ist in der Ausgabe 249, Vol. 1, inkludiert. Einen Langzeit-Almanach für Sonne und Sterne findet man im „Bowditch" (DMAHTC Pub. No. 9, Vol. 2) und anderen Referenzwerken der Astronavigation. Man sollte daran denken, dass man auch mit einem abgelaufenen Nautical Almanac nach Sonne und Sternen navigieren kann. Die Anleitung dafür wird im Almanach des folgenden Jahres gegeben, und dies kann man dann noch zwei weitere Jahre wiederholen. Jedes vierte Jahr wiederholen sich die Daten von Sonne und Sternen (zum Beispiel entsprechen die Daten von 1986 jenen von 1982) – zumindest bis zu jenem Grad an Genauigkeit, welchen wir in einem Notfall benötigen. Abgesehen von vorprogrammierten Rechnern gibt es für Mond und Planeten keinen brauchbaren Langzeit-Almanach.

Erinnert man sich zufällig an die Sternwinkel und Deklinationen einiger Sterne aus vorhergegangenen Arbeiten (bevor der Almanach verloren ging), so kann man damit normale Berechnungen anstellen, wenn man den GHA des Aries erst einmal ermittelt hat. Die Formel ist ziemlich kompliziert, funktioniert aber.

GHA Aries = (DD + (UT / 24)) x (360° / 365 d) + UT x 15°/Std. − 15' für jedes Jahr nach dem letzten Schaltjahr,

wobei DD die Anzahl der Tage nach dem 21. September bedeutet. Die Formel ist auf rund 10' genau. Als Beispiel wollen wir den GHA des *Aries* am 28. September 1985 um 17:28:40 UT berechnen. Der 28. September ist 7 Tage nach dem 21. September, sodass DD = 7. UT ist 17:28:40 = 17 Stunden und 28,67 Minuten = 17,478 Stunden, und 1985 ist 1 Jahr nach dem letzten Schaltjahr (die Jahreszahl eines Schaltjahres ist durch 4 teilbar, bzw. durch 400, wenn es sich um eine hundertjährige Zahl handelt), sodass die Korrektur −1 x 15' beträgt.

GHA Aries = (7 + (17,478 / 24)) x (360° / 365) + 17,478 x 15° - 15'
           = 7,622° + 262,170° - 15'
           = 269,792° - 15'
           = 269° 47,5' – 15'
           = 269° 32,5'

Ganz offensichtlich wäre es eine gute Idee, einen Almanach als Reserve mitzunehmen – es braucht Zeit, ohne Taschenrechner auf drei Dezimalstellen zu rechnen. Trotzdem, auch ungeachtet unserer Back-Ups und deren Back-Ups, könnte es geschehen, dass wir am Ende mit nichts als unserer Erinnerung dastehen, welche – wie wir schnell hoffen werden – auch die Deklination der Sonne, die Zeitgleiche und die Deklinationen einiger wichtiger Sterne enthält.

Um die Zeitgleiche nach einem Langzeit-Almanach zu berechnen, ermittelt man zuerst den GHA der Sonne um 1200 UT. Dies wird entweder ein kleiner Winkel von höchstens 4° sein (LAN vor 1200), oder ein großer Winkel von mindestens 356° (LAN nach 1200). Im ersten Fall ist die Zeitgleiche der kleine Winkel, mit 15° pro Stunde in Zeit umgewandelt (4 Minuten pro 1°, 4 Sekunden pro 1'), oder, im zweiten Fall, 360° minus dem großen Winkel, in Zeit umgewandelt.

14.8 Nichts als UT

Mit nichts als der genauen Zeit von Greenwich und den nun ausführlich besprochenen Methoden sollten Sie in der Lage sein, von jedem Punkt der Erde den Weg in die Sicherheit zu finden. UT ist ultimativ das Einzige, was verhindert, dass wir verloren gehen. Wir können ohne Uhrzeit die Breite bestimmen, aber für die Länge benötigen wir die genaue UT. Mit UT und nichts weiterem als einigen notdürftigen Regeln der Zeitgleiche können wir immer unsere Position bestimmen. Natürlich muss man über eine gute Uhr verfügen und die Zeit genau aufzeichnen.

Und obwohl für die vollständige Nutzung von UT einige Übung und Gedächtnisarbeit vonnöten sind, kann das Erlernen davon und der übrigen Notfall-Navigation für Hochsee-Segler ein recht lohnender Zeitvertreib sein. Es ist eine gute Übung für die Navigation, auch wenn wir sie niemals benötigen sollten. Manchmal kommen wir mit dem, was wir haben, besser zurecht, wenn wir wissen, dass wir es auch ohne alles könnten.

15 Bibliographie

Über die Grundlagen maritimer Navigation

Bowditch, Nathaniel. *The American Practical Navigator*. Washington, D.C.: DMAHTC, Pub. No. 9: Vol. I, 1985, Vol. II, 1982.

Die Enzyklopädie der maritimen Navigation auf allen Gewässern. Sie inkludiert einen kurzen Abschnitt über die Navigation in Rettungsbooten sowie wertvolle Informationen über Ozeanographie und Wetter.

Burch, David. *Self Study Course on Coastal Navigation*. Seattle: Starpath, 1984.

Praktische Navigation auf kleinen Booten, in einfachen Worten und mit umfangreichen Übungsbeispielen. Thematisch beschränkt auf das, was wir brauchen und verwenden. Erhältlich bei Starpath School of Navigation, 1900 N. Northblake Way, Seattle, WA 98103-9051. Inkludiert eine nautische Karte.

Burch, David. *Self Study Course on Celestial Navigation*. Seattle: Starpath, 1984.

Ein gründlicher Kurs über Navigation auf hoher See mit umfangreichen Übungsbeispielen. . Erhältlich bei Starpath School of Navigation, 1900 N. Northblake Way, Seattle, WA 98103-9051. Inkludiert alles notwendige Material und Tafelwerk.

Chapman, Charles F. *Chapman's Piloting, Seamanship, and Small Boat Handling*. 54th ed. New York: Hearst Books, 1979.

Die klassische Einführung in die Seemannschaft und Navigation auf kleinen Booten auf Binnen- und Küstengewässern.

Davies, Thomas D. *Concise Tables for Sight Reduction*. Centreville, Md.: Cornell Maritime Press, 1984.

Eine sechzigseitige Broschüre, welche sowohl einen Almanach, als auch Sight Reduction Tables inkludiert. Obwohl weniger geeignet als ein Nautischer Almanach und HO 229 bzw. 249 Tafeln, erfüllt sie ihren Job hervorragend. Die beste Wahl für einen Satz Tafeln als Back-Up. Seit 1989 NOA-Tafeln genannt und teilweise im *Nautical Almanac* inkludiert.

Dunlap, G. D., und H. H. Shufeldt, *Dutton's Navigation and Piloting*. 14th ed. Annapolis: Naval Institute Press, 1985.

Der "andere Bowditch", von Vielen für eine besser lesbare Alternative einer maßgeblichen Behandlung der maritimen Navigation gehalten. Im Wesentlichen auf reine Navigation beschränkt, mit einigen kurzen Ausflügen in Notfall-Verfahren.

Eyges, Leonard. *The Practical Pilot*. Camden, Maine, International Marine Publishing Company, 1989.

Text über Grundlagen der Navigation mit Schwerpunkt auf vereinfachten Schätzungen, vor Allem Messungen kleiner Winkel mit kamal-ähnlichen Geräten.

Rousmaniere, John. *The Annapolis Book of Seamanship*. 2nd ed. New York: Simon & Schuster, 1989.

Ein "neuer *Chapman's*" mit praktischer Ausrichtung auf Segelboote.

Über die technische Seite der Almanach-Daten

Almanac for Computers. Washington, D.C.: Nautical Almanac Office, U.S. Naval Observatory, 1985.

Eine jährlich erscheinende Publikation mit Auflistungen von Gleichungen und Parametern für genaue Almanach-Berechnungen am PC. Die Gleichungen können für die Verwendung am Rechner vereinfacht werden, ohne wesentlich an Präzision zu verlieren.

Explanatory Supplement to the Astronomical Ephemeris and to American Ephemeris and Nautical Almanac. 3rd ed. London, WC1V 6HB, England: H.M. Stationary Office, 49 High Holborn, 1974.

Die offizielle Erklärung der mathematischen Grundlagen hinter Almanach-Rechnungen.

Duffet-Smith, Peter. *Practical Astronomy with Your Calculator*. 2nd ed. New York: Cambridge University Press, 1981.

Erklärt in einfacheren Worten die bei Almanach-Daten verwendeten Gleichungen.

Über Sterne und deren Identifizierung

Allen, Richard H. *Star Names Their Lore and Meaning*. New York: Dover Publications, 1963.

Die klassische Studie.

Burch, David. *Celestial Navigation with the 2102-Star Finder – A User's Guide*. Sausalito: Paradise Cay Publications, 1986.

Eine umfassende Erklärung dieser wichtigen Hilfe in der Astronavigation, mit vielen numerischen Beispielen und einem Abschnitt über die Verwendung in der Notfall-Navigation.

Kyselka, Will und Ray Lanterman. *North Star to Southern Cross*. Honolulu: The University Press of Hawaii, 1976.

Kurze Zusammenfassung von Astronomie und Mythologie der Sternbilder mit einzigartigen Sternenkarten aller Monate. Ein hilfreicher Anreiz beim Erlernen der Sternbilder.

The Heavens. Washington, D.C.: National Geographic Society.

Eine große, attraktive, haltbare und nützliche Karte im selben Format wie die runden Sternenkarten im *Nautical Almanac*.

Über die Längenbestimmung ohne Zeit

Chichester, F. *Longitude without Time*. Journal of the Institute of Navigation 19 (1966): 105.

Kerst, D. W. *Longitude without Time*. Journal of the Institute of Navigation 22, no. 4 (1975-76): 283, und 25, no. 1 (Frühjahr 1978): 87.

Letcher, John. *Self-Contained Celestial Navigation with H.O. 208*. Camden, Maine: International Marine Publishing Company, 1973.

Obwohl die HO 208-Tafeln kein populäres Mittel der Standlinienberechnung darstellen, bleibt dieses Buch eine exzellente Behandlung der praktischen Astronavigation. Neben vielen anderen speziellen Themen werden darin die Bestimmung von UT durch den Mond, sowie die Korrektur der Längenbestimmung zum wahren Schiffsmittag wegen Änderungen der Breite während der Messung behandelt.

Luce, J. W. *Longitude without Time*. Journal of the Institute of Navigation 24, no. 2 (1977): 112

Über instrumentenlose Navigation

Burch, D. *Emergency Navigation Card*. Sausalito: Paradise Cay Publications, 1988.

Enthält einen Sonnen-Almanach als Back-Up, die kürzesten Sight Reduction Tables der Welt, Wege zur Bestimmung von Sonnen-Peilungen, sowie kurze Zusammenfassungen zum Steuern nach den Sternen, zur Positionsbestimmung und Anderes.

Creamer, Marvin. *Incredible Journey, a Star to Steer Her By*. Cruising World. Mai und September 1984.

Zweiteilige Zusammenfassung seiner 17-monatigen Weltumsegelung ohne Instrumente. Siehe auch: *What Makes a Good Navigator* im *Navigator's Magazine*, August 1985. Ein Artikel über Marvin

Creamer und seine Reise.

Finney, B. R., B. J. Kolonsky, S. Somsen und E. D. Stroup. Eingereicht zur Veröffentlichung im *Journal of the Polynesian Society*. Auckland, Neuseeland: 1985.

Beschreibt Nainoa Thompson's Training instrumentenloser Navigation und seine anschließende Fahrt im segelnden Einbaum „Hokule'a" von Hawaii nach Tahiti und zurück.

Gatty, Harold. *Nature is Your Guide – How to Find Your Way on Land and Sea*. New York: Penguin Books, 1979.

Ein "Raft Book fürs Land", mit einer Zusammenfassung von Raft-Book-Methoden auf See. Eine einzigartige Quelle für natürliche Orientierungshilfen in verschiedenen Teilen der Welt, auch wenn einige der berichteten Methoden an Land eher anekdotisch sind.

Gatty, Harold. *The Raft Book – Lore of the Sea and Sky*. New York: George Grady Press, 1943.

Die erste Pionierarbeit, speziell der Notfall-Navigation gewidmet. Enthält eine Fülle von Informationen über die Orientierung im Notfall, mit einer sorgfältigen Aufstellung aller verschiedenen Anzeichen von Land auf See. Der potentielle Wert der darin enthaltenen astronomischen Methoden mag in einigen Fällen überschätzt sein. Einige Methoden basieren auf speziellen, in dem Buch angebotenen Hilfen, gedacht als Begleiter in einer Rettungsinsel.

Gladwin, Thomas. *East is a Big Bird – Navigation and Logic on Puluwat Atoll*. Cambridge: Harvard University Press, 1974.

Ein interessantes Buch über Gesellschaft, Psychologie und Techniken der traditionellen Navigatoren dieserRegion.

Lewis, D. H. *An Experiment in Polynesian Navigation*. *Journal of the Institute of Navigation* 19 (1966): 154.

Navigatorische Details seiner instrumentenlosen Reise von Tahiti nach Neuseeland.

Lewis, David. *We the Navigators – The Ancient Art of Landfinding in the Pacific*. Honolulu: University of Hawaii Press, 1975.

Die klassische Studie über die polynesische Navigation; enthält eine umfassende Bibliographie.

Owendoff, Robert S. *Better Ways of Pathfinding*. Harrisburg, Pa.: The Stackpole Company, 1964.

Behandelt die Orientierung an Land mit enthusiastischer Betonung der Schattenstift-Methoden.

Über Seemannschaft in einem Notfall

Coles, K. Adlard. *Heavy Weather Sailing*. 3rd ed. Clinton Corners, N.Y.: John de Graff, 1984.

Beschreibt und analysiert viele Berichte von Stürmen auf See und wie die verschiedenen Skipper und Schiffe diesen begegneten.

Dowd, John. *Sea Kayaking – A Manual for Long-Distance Touring*. 3rd ed. Seattle: University of Washington Press, 1988.

Enthält manch gute Seemannschaft. Der Autor hat tausende von Meilen auf hoher See in einem Kajak zurückgelegt.

Rousmaniere, John. *Fastnet Force 10*. New York: W.W. Norton, 1980.

Der Autor hat an dieser Regatta teilgenommen.

1979 Fastnet Race Inquiry. Aufgearbeitet von der Royal Yachting Society und dem Royal Ocean Racing Club. Erhältlich bei der United States Racing Union (P.O. Box 209, Newport, R.I. 02840).

Eine informative Studie über die Auswirkung eines wütenden Sturms auf das Feld von 303 Yachten einer Hochsee-Regatta. Fünfzehn Menschenleben gingen verloren, 24 Yachten wurden verlassen und 5 sanken. Extrem wertvolle Lehren über Sicherheitsausrüstung und -verfahren werden darin vermittelt. Die Thematik inkludiert Yacht-Stabilität, Verhalten in schwerem Wetter, Sturmsegel und Rigg, Sicherheitsausrüstung und deren Verwendung.

Über Meteorologie und Ozeanographie

Bigelow, Henry B., und W. T. Edmonson. *Wind Waves at Sea, Breakers and Surf*. H.O. pub. No. 602. Washington, D.C.: U.S. Naval Oceanographic Office, 1977.

Eine "unmathematische" und dennoch sorgfältige Behandlung von Wellen.

Kotsch, William J. *Weather for the Mariner*. 3rd ed. Annapolis: Naval Institute Press, 1983.

Populärwissenschaftliche Einführung in Fakten und Prinzipien.

Mariner's Weather Log – eine vierteljährliche Publikation des National Oceanographic Data Center, Netional Environmental Satellite, Data and Information Service, NOAA, Washington D.C.

Detaillierte Zusammenfassung über Seewetter und damit zusammenhängende Artikel. Die beste Quelle über jüngste Sturm- und Hurrikan-Statistiken. (Erhältlich beim Superintendent of Documents, U.S. Government Printing Office, Washington D.C. 20402).

Selected Worldwide Marine Weather Broadcasts – periodisch von der NOAA herausgegeben und vierteljährlich im Mariner's Weather Log aktualisiert. Listet Zeiten, Frequenzen, Inhalte und Sendebereiche von englischsprachigen Wetterberichten der ganzen Welt auf (anderssprachige Quellen werden nur angegeben, wenn solche in Englisch nicht verfügbar sind). Inkludiert auch Morse-Code und Wetterfax-Pläne, sowie die Erklärung des MAFOR-Codes in Wetterberichten.

Thomson, Richard E. *Oceanography of the British Columbia Coast*. Canadian Special Publication of Fisheries and Aquatic Sciences 56. Hull, Quebec: Canadian Government Publishing Center, 1981.

Obwohl sich alle Beispiele darin auf British Columbia und die Nordwest-Küste beziehen, so bleibt das Buch doch eine hervorragende Einführung in die Küsten-Ozeanographie für Leser in allen Teilen der Welt. Ein wunderbares Buch.

Walker, Stuart. *Wind and Strategy*. New York: W.W. Norton & Co., 1973.

Behandelt Details von Wind und Winddrehungen in verschiedenen Wettersystemen. Regattaorientiert und nicht leicht zu lesen, lohnt aber den Versuch.

Watts, Alan. *Weather Forecasting Ashore and Afloat*. London: Adlard Coles, 1968.

Geschrieben im Hinblick auf Seeleute, ein exzellentes, nicht allzu technisches Buch über Wetter, mit dem Schwerpunkt auf Wettervorhersage an Bord durch Beobachtung von Wolken und Wind. *Instant Weather Forecasting* und *Instant Wind Forecasting* vom selben Autor und Herausgeber.

Veröffentliche Navigationshilfen

Sailing Directions. Jährliche, regionenbezogene Publikationen des Canadian Hydrographic Service für kanadische Gewässer, erhältlich im autorisierten kanadischen Kartenhandel. In Format und Inhalt ähnlich den U.S. Coast Pilots. Abgelaufene Ausgaben für generelle Informationen weiterhin erhältlich.

Light List. U.S. Coast Guard Publications CG-162.

Jährliche, in 5 Bänden nach Regionen geordnete Publikation für alle Gewässer der USA. Gibt eine vollständige Beschreibung aller Leuchtfeuer, Bojen, Funkbaken und anderer Hilfen jeder Region, wie auch allgemeine Informationen über deren Verwendung. Diese Daten ersetzen alle jene, welche auf Seekarten früheren Datums zu finden sind. Erhältlich bei Kartenhändlern oder beim U.S. Government Printing Office, Washington, D.C. 20402.

Sailing Directions für ausländische und internationale Gewässer, nach Regionen geordnet, werden vom DMAHTC herausgegeben und bei Bedarf aktualisiert. In Format und Inhalt ähnlich den *U.S. Coast Pilots*. Abgelaufene Ausgaben für generelle Informationen weiterhin erhältlich. Ähnliche Ausgaben, so genannte *Pilots*, werden von der Britischen Regierung herausgegeben.

U.S. Coast Pilots. Für bestimmte Küsteregionen und nur für amerikanische Gewässer, werden jährlich in 9 Bänden vom National Ocean Survey, NOAA, herausgegeben. Im autorisierten Kartenhandel erhältlich. Enthalten ausführliche navigatorische und damit verwandte maritime Informationen, für alle betreffenden Regionen. Die Lektüre ist für alle Seeleute zwingend vorgeschrieben. Abgelaufene Ausgaben für generelle Informationen weiterhin erhältlich.

U.S. National Weather Service, NOAA. *Marine Weather Charts*.

Erscheinen jährlich, in 15 Regionen unterteilt, und für alle Gewässer der USA. Erklärungen aller verfügbaren Wetterdienste der Region, mit Hinweisen auf lokales Wetter. Ein wertvolles Hilfsmittel für alle Seeleute. Erhältlich beim National Ocean Survey, Distribution Division (C44), Riverdale, Md. 20737.

16 Index

Abdrift: tatsächliche vs. Theoretische 164; Korrekturen 165; Unterscheidung vom Stromversatz 162f; Auswirkungen auf den Kurs 26, 27, 41, 166 ; Messung 163f

Abensterne (Planeten), 130 ff

Achernar, 81

Acrux (Alpha Crucis), 186, 189

Aldebaran 68, 75, 74

Almanach: Back-Up 19, 262, 264; Formeln 193 f, 263 f; Langzeit-; s. auch Nautischer Almanach, 19, 236, 262

Alpha Crucis (Acrux), 186, 189

Altair, 71

Amplitude, 89f, 98 ff

Antares, 68, 76

Antarktis: s. Polarregionen 65, 22

Antenne (Radio, Funk), 141 ff

Anzeichen für Land, 132 f, 218 ff, 220, 224

Äquator: Ströme 146; Tageslänge 195 f; tropische Störungen 133; Breitenbestimmung 190; Längenintervalle 23; Nordstern kaum sichtbar 63; Überkopf-Sterne 59, 74, 81 f; Sternenfolgen 76f; Bewegung der Sterne 20, 66, 79, 87; Deklination der Sonne 191 ff

Äquinoktien (Tag- und Nachtgleiche), 97 193 ff

Arbeitsblätter, 258 ff

Arc to Time (Umwandlung), 203 ff

Arcturus, 60, 67 f, 61

Aries (Widder), 255, 265

Arktis: s. Polarregionen, 20 f, 82

Armbanduhren: s. Uhren 23, 249

Astronavigation (routinemäßige): 14, 58, 191, 239, 255; lernen der Sterne 183 (s. auch Starfinder); Sextanten-Beobachtungen 191, 248, 257, 261 f; Arbeitsblätter 258 ff

Aufgangs- (und Untergangs-) Winkel, 74f, 91, 101 f

Augenhöhe: für die geographische Sichtweite zu Leuchtfeuern und Land 226 ff; für die Korrektur von Sextantenhöhen (Dip) 175, 179, 185

Auriga (Fuhrmann), 71

Barre (Flußbarre), 52, 149

Beaufort-Skala, 47

Bedeckter Himmel 139: Mond- und Planetenpeilungen112; Sonnenbeobachtung112 139; (s. auch Nebel)139

Behelfsmäßige Mittel: s. Winkelmessungen 168 ff; Kompass-Karten 34; Kamal 168 gefaltetes Papier 233 f Schattenbretter 112; Stäbe; Sonnenkompass116ff; Sonnenschatten; Verklicker 43

Behelfsmäßiger Sextant: s. Kamal 105 f, 118 f 168 ff, Senkblei-Sextant 172 ff

Beidrehen, 52, 222

Beobachtete Höhe 173f: UT bestimmen 247 f; von Sternen am Horizont 184 ff; bei Kimmbeobachtungen 252 f; von Polaris 176, 178; bei der Zenith-Distanz 189 f, 259

Berechnete Höhe (Hc), 252

Bermuda, 137, 221

Beteigeuze, 68, 7, 74

Bewegung der Sonne: Tageslänge vs. Breite 183 ff; Pfade 97, 99; Rate und Richtung 102 f, 201 f; Änderung der Peilung in Abhängigkeit von der Höhe 108; relativ zum Mond 123; zwischen den Sternen 121, 130; Dauer des Horizont-Durchgangs 103 f

Bewegung der Sterne, 59 f, 98: scheinbare Rate 82 f; um den Himmelssüdpol 77 f; bei Breitenänderung 90; zirkumpolare Sterne 91 f (s. auch zirkumpolare Sterne); ostwärts unter den Polen 185; Leitsterne 64; niedrige Sterne nahe des Meridians 186; auf- und untergehende Zenith-Sterne 83; einfacher in Äquatornähe 20; Sternfolge nahe des Orion 74 f; auf tropischer Breite 91; Überkopf-Beobachtung 81; (s. auch Auf- und Untergangswinkel)

Blitzschlag, 30

Bodenwind: vorherrschend; aus Pilot Charts 47; als Referenz 40 f; Riffel 46 ff; bei starkem Höhenwind 134 f; wahr vs. Scheinbar 44 f; Wellen 46, 49 f; Wetter 47 f; (s. auch Passat-Winde)

Bootsgeschwindigkeit, 153 ff

Bowditch, 265, 267, 47, 19

Breite (geographische): Bestimmung von Änderungen 25, 197 ff; Inkrement (Meilen vs. Grad) 22 f, 197 f; durch die Tageslänge 139 ff, 243; durch den ersten beobachteten Stern 183 ff; durch die Sonne 173 f; durch Zenith-Sterne 178 ff, 243

Breitenregionen: 20 ff, (s. auch Äquator, Tropen)

Canopus, 67, 81, 80

Capella, 87

Chichester, Sir Francis, 249, 269

Chronometer (s. auch Uhren), 23 f; Fehler 249

Coast Pilots, 17, 48, 272

Concise Tables für Sight Reduction, 17, 239

Coriolis-Kraft, 150, 166

COSPAS/SARSAT, 16
Course made good (Weg aufs Ziel), 237 f
Creamer, Marvin, 181, 269
Cygnus (Schwan), 71
Dämmerung, 139, 187 f, 199, 211
Datum (finden), 213 f, 245
Davies Tables: s. Concise Tables für Sight Reduction 17, 239
Davison-Strom: s. Kalifornien-Strom
Deklination 60: der Sterne 60 ff, 82, 88 ff; der Sonne 115 f
Deneb, 71
Deneb-Vega-Linie, 71
Deviation (Kompass), 30 ff
Dowd, John, 229
DR (Dead Reckoning): s. Koppeln 152,
Dreiecke: für Berechnungen 39, 157, 163, 165, 194, 236; Sterndreiecke 70 f, 76, 78 f
Dubhe, 63, 93, 61
Dünung 48 ff: scheinbar bei Winddrehung 53; als Anzeichen von Land 222 ff; steuern 37, 97, 99
Dutton's Navigation and Plotting, 256, 267
Eintauchen (von Leuchtfeuern und Himmelskörpern), 229, 255 f
EPIRB, 16
Faden, 155
Falklandinseln, 81
Farbe: von Himmelskörpern 68, 130; von Leuchtfeuern 229; von ozeanischen Strömen 147
Fatu Iva, 231
Fehler durch Strom, 146, 162
Fehler: Akkumulation 152, 161, 239, 241; Auflösung 58, 94, 242 ff; Kombination 157 f; Koppeln vs. Astro 160, 239 ff; Prozentsätze 152, 242 ff; Grundlagen vs. Praxis 40, 86; Tendenz bei Winkelmessungen 119, 181
Fernglas, 130
Float Plan, 16
Flugverkehr (Sichtungen), 138
Frontensystem, 54
Funk: AM 108, 141 ff, 235f; Kurz-/Grenzwelle 16, 24, 246; UKW 16, 246
Funkantennen, 13, 235
Funkgeräte, 16
Gacrux (Gamma Crucis), 186
Gefaltetes Papier (als Navigationsbehelf), 233 f
Gemini-Procyon-Linie, 76 f

Genauigkeit: Koppeln vs. Astro 152, 161, 181, 214; Längenbestimmung im Notfall 214; Beispiele für das Mitteln 107, 171, 209, 248; Wichtigkeit beim Mitteln 36, 105, 112, 167, 174; Prozentsätze 156; Position 24 f; Anforderungen 40 f, 159, 218, 226; Statistik 161, Steuern 34 ff, 159; s. auch „Fehler"
Geographische Position, 261 f
Geographische Reichweite, 226 ff, 232, 246 f
Gewitter (Schauerböen), 54 ff
Gezeitentafeln; (s. auch Tafeln für Sonnenaufgang und Sonnenuntergang) 107 f, 128
GHA: s. Stundenwinkel von Greenwich, 255
GMT (UTC, UT): s. UT, 23 f
Golfstrom, 146 f
GP: s. geographische Position
Grand Cayman, 60
Graphische Methoden: Amplitude 90; Karten-Maßstäbe 198, 213; Interpolation 204; Polaris-Korrektur 177; Refraktion 175; „Running Fix" 232; Sextanten-Beobachtungen 245; Sternabstände 169; Steuerfehler 159; Sonnenamplitude 98; Deklination der Sonne 192; s. Dreiecksberechnung
Gray, Leonard, 255
Großer Wagen, 63
Hadar, 188
Halbmesser, 173 f
Halbmond, 125 ff
Hatu Iti (Motu Iti), 232
Hawaii: Luftverkehr in der Nähe 137 f; hypothetischer Notfall vor den Inseln 152; Insekten beim Landfall 222; Windmuster-Karten 247; Zenithsterne für Hawaii 60, 184
Hc: s. Kalkulierte Höhe (height calculated)
Helligkeit: von Leuchtfeuern 226; von Planeten 89, 130; von Sternen 67; von der Sonne 106, 191
Herbstviereck des Pegasus, 72
Himmelsnordpol; (s. auch Nordstern), 63, 72, 178
Himmelssüdpol, 64, 78 f, 81, 84
Ho: s. Beobachtete Höhe (height observed)
Hochdruckgebiete, 48
Höhenkorrekturen, 174
Höhenwinde, 36, 48, 132 ff
Horizontsterne, 183 ff
Hs: s. Sextantenhöhe, 173
Hundssterne: s. Sirius und Procyon 75 ff, 81, 87
Indexberichtigung, 175
Instrumente: s. Kompass (behelfsmäßig) 34, Hilfsmittel (behelfsmäßige), Speed, Boot
Interpolation, 204, 207

Jetstream, 38, 151
Jupiter, 130 ff
Kalibrierungslängen, 120, 168
Kaliforniastrom, 151
Kamal: Konstruktion 105, 119; Abstandsmessung, 229 ff; LAN mit Kamal finden 106, 196; Breitenänderung eruieren 200; Sternabstände bestimmen 171, 183; Sternhöhen messen 168 f, 171 ff; Geschichte des Kamals 105; Sonnenkompass 118 f
Kap Breton-Insel, 87
Karten: s. auch Plotten beim Koppeln und Pilot Charts
Kassiopeia zur Polaris-Korrektur, 68 f
Katzenpfoten: s. Riffel 46, 48, 53
Kimmbeobachtungen, 255 ff
Kimmtiefe (Dip), 175, 185
Kinder (Sternbild Fuhrmann), 71
Kleiner Wagen, 68,169; 201 f
Kochab, 68 f
Kompass: Back-Up 239; behelfsmäßig; s. auch Sonnen-Kompass 111, 116
Kompasskarte (Kompassrose) tragbar: 116 ff, 233 ff: Konstruktion 34; als Winkelmesser 194 f, relative Peilungen 33, 35, 63, 93, 99 f, 132, 193; als Sonnen-Kompass 116 ff
Kompassüberprüfungen (auf Fehler), 30 ff
Koppeln 152: Genauigkeit 24 f, 152; Streichung von Fehlern; Koppelfehler 156ff, 162
Koppel-Plots 20, 170, 251 ff
Kreuz des Nordens (Cygnus, Schwan), 71
Kreuz des Südens, 78 f
Kuroshio-Strom, 146 f
Kurs (-wahl), s. Routen
Küstenwache, 16, 246
LAN: s. wahrer Schiffsmittag, 191, 248, 250
Landfall 216, 233, 237: im Nebel 220, (s. auch Nebel, bedeckter Himmel 233, 237); bei Flußbarren 52, 148 (s. auch Strömung, Küstenstrom, Anzeichen für Land)
Länge (geographische): Genauigkeit der Sonnenaufgangs-Methode 205; astronomische Längenbestimmung vs. Koppeln 212 ff; Äquivalent zu UT 201 f, 104 f; Bestimmung von Änderungen 25, 213 f; Inkrement (Meilen vs.Grad) 23, 193, 195, 212 ff; durch Mondbeobachtung 245 ff
Leitsterne, 64
Letcher, John, 248 f
Leuchtfeuerverzeichnis (Light List), 227 f
Leuchtweite (Tragweite), 228
Lewis, David, 11, 181, 270

Line-Inseln, 184, 219
Logbuch (s. auch Koppelaufzeichnungen), 201, 240
Loran 13, 165 f, 239 ff, : Genauigkeit 24; Vorsichtsmaßnahmen 19; Bestimmung der Abdrift 166
Lot, 172, 181 ff
Luftspiegelung (Fata Morgana), 256
Magellansche Wolken, 81
Magnete (an Bord), 138 ff
Makrelen-Himmel, 135
Markab, 72
Marquesas, 61, 148, 149, 184, 30 f
Mars, 130
Menkalinan, 71
Merak, 63
Meridian von Greenwich, 108, 203
Meridian-Passage: der Sterne 179 f, 183 ff, 199 ff, 257; der Sonne (s. wahrer Schiffsmittag)
Merkur, 130 f
Mirfak, 70
Mittagsbeobachtungen: s. wahrer Schiffsmittag (LAN)
Mitteln: s. Genauigkeit 24 f, 40
Mitternacht (der Sonne), 122, 124
Mond: Peilungen 83, 122, 124; Bestimmung nahegelegener Sterne 254; UT durch den Mond bestimmen 249 ff; Bei Kimmbeobachtungen 255, 257 f; Bewegung 122 ff, 249 ff; Mondphasen 126 ff
Monddistanz, 248
Morgensterne (Planeten), 130 ff
Motu Iti (Hatu Iti), 232
N. P. 323 (Star Finder), 264
"Nachgeschleppte" Sterne, 64, 72 176 ff
Nautische Meile (Seemeile), 22 f, 153,
Nautischer Almanach: Verlust des N.A. 260 ff
Navigation (Routine): Koppelgenauigkeit 156; Ziele 13, 156, 239 f; Wert der Kenntnis der Position 15; s. auch Astronavigation
Nebel: Peilungen; 235, Landfall 222, 240; Leuchtfeuer 228 f; Steuern 139, 141; s. auch bedeckter Himmel, Funkpeilungen 240
Nenntragweite, 227 ff
Niedrige Sterne: Peilungen 59, 62, 93 f; Schwierigkeit der Beobachtung 67; Beobachtung tief über der Kimm 252 f; Breitenbestimmung 182 ff; Standlinien 252 ff; Auf- und Untergang 62, 64, 82; (s. auch Amplitude, Breitenregel)
Norden (bestimmen): durch Kassiopeia 68 f; mit Behelfskompass 139 f; durch Zeigersterne 63 f; 70 ff s. auch Nord-Süd-Richtung finden, Nordstern
Nördliche Sterne, 61 f

Nordstern (Polarstern, Polaris): Peilungen 26 f, 33, 58, 99, 158; Helligkeit 68 f; Kompass-Kontrolle 33, 140 f; Deklination 63; Polaris finden 63 f, 68 ff; Breitenbestimmung 25, 176 f, 253 f, 262; Planetenpeilungen 131; auf niedriger Breite selten zu beobachten 176; Steuern nach Polaris 158; Verwendung in der Regel der halben Breite 84

Nord-Süd-Richtung bestimmen: s. wahrer Schiffsmittag (LAN), Sonnenzeit-Methode, Sternenlinien

Notfall-Navigation, 13, 24; Beispiele 24 f, 148, 151

Notfall-Vorbereitung 15 ff: Genauigkeit kennen 154 f; Kompass-Kontrollen 30 ff; Strömung kennen 148; Zeitgleiche kennen 211, 262; UTC kennen 201 f, 212, 220; Position kennen 25, 152; Sternabstände kennen 200; Sterne kennen 86 262; Zenith-Sterne kennen 182

Optische Täuschungen (bei Sonne und Mond) 119

Orion: Gürtel des Orion (s. auch Mintaka) 169, 204, seine Leitsterne 74 f; Lage 60, 76; Aufgang auf verschiedenen Breiten 62; Saisonen 59; als Zenithsterne 59, 182, 184

Ost-West-Richtung finden: Deneb-Vega-Linie 71; Regel der halben Breite 82 f; mittägliche Sonne (s. auch Schattenstift-Methode); Mintaka 74 f; Morgensonne (s. auch Sonne, Auf- und Untergang), Planeten 130; Sternenfolgen 71 f, 84; Sonnenzeit und Gezeitentafeln 116; Tropenregel 86 ff; Höhenwinde 131 ff

Parallelsegeln, 28

Parallel-Segeln: s. Routen

Passat-Winde: Wolkenformationen 132; Strömungen 148, 162, 237; Drehungen 44, 48, 133

Passier-Abstand, 230, 252

Pegasus, 72

Peilachse, 30

Peilung: vom Handpeilkompass 33, 229; vor dem Landfall 29, rechtweisend vs. Magnetisch 29, 35 f

Pelorus: s. Kompasskarte 118

Pfadfinder-Wache, 111

Pilots (englische) 16 f; (s. auch Coast Pilots, Segelanweisungen)

Planeten, 83, 88 f, 121, 130 ff, 255

Planung in der Astronavigation, 255 f

Plejaden, 75

Polaris: s. Nordstern 63, 68 ff

Polaris-Korrekturen, 176 f

Polarregionen, 20 f, 85

Poldistanz, 185 ff

Pollux; (s. auch Zwillinge), 68, 72, 76, 261

Polynesische Navigation, 12; 270

Praktische Übungen 13 ff: Tageslänge und Bootsbewegung 196; UT durch den Mond 251; Sterne am Horizont 187 f; Breite durch Polaris 178; Sterne lernen 58 f; behelfsmäßiger Kompass 140; Zeigersterne 73; Bestimmung der Mondphase 125; exaktes Steuern 157 f; Regeln der Winddrehungen 55 f

Procyon, 76, 77

RDF (Radio Direction Finding, Funkpeilung) 139, 141 ff, 221, 225, 235 f, 240, 246 f

Referenzlängen, 156

Refraktion, 175 f, 256

Regel der halben Breite, 86 f

Regen: Auswirkungen auf Strömungen 149, 265; Auswirkungen auf die Sicht 40 f, 223; als Anzeichen für die Phase von Gewittern 53

Regulus, 250 f

Reichweite: s. geographische Reichweite, Leuchtweite, Nenntragweite, Sichtweite

Relingslog, 154

Richtungsbestimmung durch Funk, s. RDF

Riffel (auf Wellen), 46, 48

Rigel, 182, 184

Rigel Kentarus, 189 f

Robertson, Dougal 149

Rote Riesen, 68, 74

Routen: Auswahl 14, 27 ff, 158, 162, 225; Zenith-Sternen nach Ost oder West folgen 84; nach Planeten 132; Effekt von Strom 236 f; Großkreis 27 f; Bedeutung von Strömung bei der Routenwahl 40 f, 148 f, 153, 162; nach Nord oder Süd mit der mittäglichen Sonne 37 f; Prallsegeln 27 ff; Loxodrome 27 f; Schiffahrtsrouten 16, 137 f; Am-Wind-Segeln 27 f; mit Zenith-Sternen 183

Rückbewegung

Rückdrehung (Winddrehung nach links) 51 ff

Running Fix (Versegelung), 235 f, 256, 259 ff

Saiph, 182

San Diego, 148 f

San Francisco, 138

SAR (Search and Rescue), 16

Satelliten, 16; 138

SatNav, 13, 239

Saturn, 130

Schaltjahr, 265

Schatten, 30, 43, 139 ff

Schattenbrett, 112

Schattenstift-Methode, 117; 31

Scheat, 72

Schwanzfedern (Schweife von Wolken),134
Schweife (von Zirrus-Wolken), 134
Seezustand; (s. auch Dünung, Wellen)
Segelanweisungen, 17, 151
Selected Worldwide Marine Weather Broadcasts, 15 f
Self-contained Celestial Navigation with H.O. 208, 249
Senkblei-Sextant, 172 ff
Sextant, 16 f, 24 f, 105, 248: Back-Up 16, 28, 240; Messung von Sternabständen 170; Fehlen eines Sextanten 13, 252 ff; als einziges Hilfsmittel 175, 180, 191, 210, 239
Sextantenhöhe (Hs), 176 f
SHA : s. siderischer Stundenwinkel; für Sternabstände 252
Sicht (atmosphärisch), 227 f
Siderischer Stundenwinkel (SHA), 254, 263
Sight Reduction, 250 ff
Sight Reduction Tables, 257 ff
Signifikante Wellenhöhe, 51
Sirius: Helligkeit 67, 75 f , 74
Sirius-Canopus-Linie, 81
Skorpion, 76, 77
Sommer-Dreieck, 71 ff
Sonne, Auf- und Untergang 204 f: Peilungen 99 ff; Tageslänge 195 ff; Richtung 96 ff; Richtung nach Datum und Breite 90, 99, 194; Richtung durch die Sterne 35, 97, 100; Längenbestimmung 204 ff; Definition von Auf- und Untergang 204; vom Äquator aus betrachtet 82; von den Tropen aus betrachtet (s. auch Tropenregel)
Sonnenhöhen (Messung), 117, 174, 92
Sonnenkompasse; (s. auch Sonnenzeit-Methode)
Sonnenlinien, 241 f, 253 f, 263
Sonnenzeit-Methode, 40, 108, 122: angewandt für den Mond 122 ff; stellen der Uhr 103 f; Sternenpeilungen 93 ff
Sonnwenden, 97 ff, 193 ff
Spica, 61
Standlinien, durch Schiffs- oder Flugzeugsichtungen 137
Star Finder, 239, 255, 263 ff
Statistik, 157, 161
Sterne: s. Helligkeit 67; zirkumpolare Sterne 95 ff, 92; Farbe von Himmelskörpern 68, 130; Leitsterne 64; Zeiger 63 ff, 71 ff, 79; „nachgeschleppte" Sterne 64, 72, 176 ff; s. Zenith-Sterne
Sternenpfade, 89 ff
Sternkarten, 255

Sternnamen, 68, 84, 87, 91, 200
Sternpaare: Kalibrierung von Winkeln 168; aufstehend am Meridian 78, 185 f; (s. auch Zeiger)
Sternsaisonen, 59, 132
Steuern nach den Sternen, 35, 40 f, 43, 58f, 64: Schwierigkeiten auf hohen Breiten 90; Ost oder West durch Zenith-Sterne 83 f; einfache Methode 94 f; Verwendung von Sternenpfaden 73 ff
Steuern nach der Sonne 37 f, 96, 116; (s. auch Sonnenkompasse)
Steuern: Genauigkeit 34 ff, 155; Steuerhilfen durch Anzeichen von Land 132; notwendige Vorsicht bei Anzeichen von Land 121; im Nebel 139; bei Dünung 50 ff; temporäre Hilfen 42 f
Stier (Taurus), 75, 122
Stöcke und Stäbe (als Naviagtionshilfen) 13, 178, 181, 229 f: Sonnenkompass 118 f; Verwendung mit Funkpeilungen 142; Aufgangswinkel 74 f, 100, 103; Schatten 108 f, 112, 115; Sternlinien 40, 73; Lot 82 f
Strömung: Vorhersage 146, 149; Kalifornien-Strom 150; Küstenstrom 149 ff, 139; Korrekturen 27, 162, 236 ff; Koppelfehler wegen Strom 156, Auswirkungen auf den Kurs 26 f, 146, 201, 217, 233, 235, 237; Auswirkungen auf den Seezustand 146 f, 151; Äquatorialstrom 146 ff; Flugzeuge in Luftströmungen 151; ozeanisch Ströme 146 ff; aus Pilot Charts 18, 47, 146 ff; typische Stärke 40; Strom und Windrichtung 26, 40, 149f
Stundenwinkel von Greenwich, 2654, 260, 263 ff
Stürme, 135, 155
Süden finden, 76 ff; (s. auch Nord-Süd Richtung bestimmen)
Südliche Sterne, 61, 62
Survive the Savage Sea, 149
Tafeln für Sonnenaufgang und Sonnenuntergang: Tageslänge 195 ff; Ost-West-Richtung 116; Vierjahreszyklus 194; Interpolation 197, 206 f; wahrer Schiffsmittag (LAN) 208 f; Längenbestimmung 204 ff
Tag (Tageslänge), 195 ff
Tahiti, 81; 87
Taschenrechner-Lösungen: Amplitude 90; Deklination 192; GHA des Aries 262; Sight Reduction 250, 254; GHA der Sonne 260 f
Theta Aurigae, 71
Tierkreis (Zodiak), 130 ff
Titicaca-See, 87
Treiben, 146f, 152 ff

Tropen 20 f: durch die Deklination der Sonne bestimmt 204; tropische Störung 133; Längenänderung 215; Anzeichen von Land 225 f; einfaches Steuern nach den Sternen 20, 90 f; Sonnenpeilungen 115; Kreuz des Südens 78, 186

Tropenregel 86 f; 115

Tropische Störung (Easterly Wave) 133

Uhren: Chronometer 23 f; Umwandlung von Bordzeit (Uhrzeit) in UT 205; Wert im Notfall 15 26; Zeitfehler durch die bekannte Länge bestimmen 213 f; Zeitfehler durch Mondbeobachtung bestimmen 248 ff; Identifikation der Dünung 52; Tageslänge 195; Mondpeilungen 122 ff; Notwendigkeit bei der Längenbestimmung 20, 204; Sternenpeilungen 93 ff; Sonnenpeilungen 99 f, 116 ff(s. auch Sonnenzeit-Methode); Zeitfehler 156; Wert beim Koppeln 153, 159; was tun, wenn die Uhr stehen geblieben ist 103, 214 f, 217

Universal Plotting Sheets, 170, 216, 248, 250 f, 261 f; (s. auch Koppel-Plots)

Ursa Major, 63

Ursa Minor, 68

UT (auch UTC, Universal Time Coordinated bzw. GMT, Greenwich Mean Time) 23 f; Längenäquivalent 203 ff; von bekannter Länge 203 ff; durch den Mond UT finden 248 ff; durch Funk 243; durch die Uhrzeit 65 ff, 92

UT (UTC, GMT), 23

UTC: s. UT, 23 f

Variation (magnetisch), 17 f, 34

Vega ,71

Venus, 130 ff

Verdoppelung des Winkels zum Bug, 233 ff

Verklicker, 43 ff

Vögel, 137 f; 218 f

Wächter (s. auch Kleiner Wagen)

Wahrer Schiffsmittag (engl. LAN, Local Apparent Noon) 103 ff, 195: Genauigkeit der Zeitmessung 210; Breitenbestimmung 191ff, 249; Längenbestimmung 203 f, 207 ff, 257

Wake Island, 60

Weather Service Charts (NOAA), 248, 272 f

Weems, Capt. P.V.H. 256

Wellen: 46, 48 ff, Effekt von Strom 146, 150 f; Steuern 166

Werkzeuge: s. behelfsmäßige Mittel

Westen finden: s. Ost-West-Richtung finden

Wetter: s. Nebel 139; Frontensystem; Regen; Gewitterböen; Stürme; Winde

Winddrehung: Auswirkungen aufs Steuern 52 f; scheinbarer Wind 46; Böen und Fronten 52 ff; im Passat 43 ff; rückdrehen und ausschießen 54

Winde: und Strömungen 150, 165f; Nebel 139, 235; Seezustand 40, 226; Arten 132 ff

Winkelmessung: Kalibrierung 34 ff; Fehlertendenz 119, 180; mit gefaltetem Papier 34; typische Hand- und Fingerwinkel 35 f, 59 f, 63f , 102 f, 122, 169 f; Verwendung von Händen und Fingern 20, 34 ff, 96, 118; relative und absolute Winkel 171 f; kleinere Winkel genauer 88, 106, 227 f; Sternenhöhen 166; aus Dreiecken 39, 156, 161 f, 192, 232; durch zwinkern 173, 183, 229; s. auch Kamals und Kompassrosen

Wolken: Farbe 225; am Horizont 42; Bewegung; den Himmel verdeckend 134 ff, 139; Land verdeckend 40, als Anzeichen für Land 132

Zeigersterne, Nordstern, 63, 64, 71, 72

Zeigersterne, Südpol, 79

Zeitnehmung: durch zählen 154; Schwierigkeiten unter Stress 152; Verfahren 23 f, 103 f, 246; durch Sterne 93; Fehler 165

Zenith, 81 ff, 179 ff

Zenithdistanz, 86, 180 ff, 192, 262

Zenith-Sterne (zitiert): Arcturus für Grand Cayman, Hawaii und Wake Island 60; Canopus für die Falkland-Inseln 81; Capella für Cape Breton Island und den Columbia River 87; Dubhe für Anchorage 61; Sirius für den Titicaca-See und Tahiti 81, 87; Spica für die Marquesas 61; Vega für San Francisco 61; Rigel und Saiph für die Marquesas 182

Zenith-Sterne: Peilung und Bewegung 81 ff; Breitenbestimmung 179 ff; Sternenpfade 89; in den Tropen (s. Tropenregel); Methoden der Beobachtung 82 f

Zirkumpolare Sterne, 65 ff; 92

Zwillinge (Gemini), 76, 77

Zwinkern (Daumensprung): s. Winkelmessinstrumente 173 f

www.ingramcontent.com/pod-product-compliance
Lightning Source LLC
Chambersburg PA
CBHW081418230426
43668CB00016B/2275